D. LEOPOLDINA

PAULO REZZUTTI

D. LEOPOLDINA

A HISTÓRIA NÃO CONTADA

Edição revista
e atualizada

1ª edição

EDITORA RECORD
RIO DE JANEIRO • SÃO PAULO
2025

CIP-BRASIL. CATALOGAÇÃO NA PUBLICAÇÃO
SINDICATO NACIONAL DOS EDITORES DE LIVROS, RJ

R359d Rezzutti, Paulo, 1972-
D. Leopoldina / Paulo Rezzutti. - 1. ed. - Rio de Janeiro : Record, 2025.
(A história não contada ; 3)

ISBN 978-85-01-92378-3

1. Leopoldina, Imperatriz, consorte de Pedro I, Imperador do Brasil, 1797-1826.
2. Imperatrizes - Brasil - Biografia. I. Título. II. Série.

24-95630 CDD: 923.10981
CDU: 929.731(81)

Meri Gleice Rodrigues de Souza - Bibliotecária - CRB-7/6439

Tradução do francês
Adriana Moura, Marleine Cohen e Paulo Schmidt

Tradução do alemão
Cláudia Witte

Texto revisado segundo o Acordo Ortográfico da Língua Portuguesa de 1990.

Direitos exclusivos desta edição reservados pela
EDITORA RECORD LTDA.
Rua Argentina, 171 – Rio de Janeiro, RJ – 20921-380 – Tel.: (21) 2585-2000.

Impresso no Brasil

ISBN 978-85-01-92378-3

A Viviane Tessitore
(*in memoriam*)

Fui testemunha ocular e posso asseverar aos contemporâneos que a princesa Leopoldina cooperou vivamente dentro e fora do país para a independência do Brasil. Debaixo deste ponto de vista o Brasil deve à sua memória gratidão eterna.

Conselheiro Antonio de Meneses Vasconcelos
de Drummond

A morte da Imperatriz me tem penalizado assaz.
Pobre criatura! Se escapou ao veneno,
sucumbiu aos desgostos.

José Bonifácio de Andrada e Silva

Sinto o meu coração quebrar de dor
O mundo não verá mais n'outra idade
Modelo mais perfeito, nem melhor
D'honra e candura, amor e caridade.

D. Pedro I

SUMÁRIO

APRESENTAÇÃO

Sinto-me muito honrada por ter sido convidada por Paulo Rezzutti a contribuir com esta apresentação nesta nova edição de *Leopoldina: a história não contada*.

D. Leopoldina, a arquiduquesa austríaca que veio a ser a primeira imperatriz do Brasil, de alguma maneira me acompanhou durante toda a minha carreira como diplomata e, depois, embaixadora da Áustria em vários países da América Latina.

Cheguei a Brasília em 1987, como jovem diplomata da embaixada da Áustria. Ajudando o prof. Geraldo Pinheiro do departamento de história da Universidade de Brasília a preparar uma viagem a Viena, entrei pela primeira vez em contato com o vasto material brasileiro ainda hoje presente na capital austríaca.

Por intermédio do prof. Pinheiro, ouvi falar pela primeira vez de Johann Natterer, na sua época chamado "príncipe dos colecionadores", que em 18 anos no Brasil, sobretudo no Amazonas, enviou mais de 150 mil objetos para Viena.

Soube pelo Museu Brasileiro que o imperador Francisco I, pai de d. Leopoldina, teve que abrir espaço a todo aquele material, esperado pelos vienenses com muita curiosidade.

Tive o privilégio de ter em minhas mãos originais de aquarelas do jovem pintor Thomas Ender, ao acompanhar o então ministro Rubens Ricupero numa visita à Akademie für Angewandte Kunst. Foi graças ao amigo banqueiro e grande humanista Fernão Bracher que parte desse material foi mostrado pela primeira vez no Brasil.

Tomei conhecimento de que no acervo dos Habsburgo, o Haus-, Hof- und Staatsarchiv, havia mais de 70 mil documentos referentes às relações austro-brasileiras, hoje microfilmados na Fundação Alexandre de Gusmão.

Vi a incrível coleção amazônica do Weltmuseum Wien, com mais de 2.500 objetos em perfeito estado de conservação, colecionados por Natterer entre 1817 e 1835. Conseguimos financiar, como embaixada, uma documentação fotográfica da arte plumária, com curadoria do prof. Victor Leonardi, da Universidade Federal de Manaus, que chamou a atenção do saudoso embaixador Wladimir Murtinho, quem, por sua vez, me apresentou à editora Cristina Ferrão, que tem publicado vários livros importantes, entre outros as obras completas de Thomas Ender e, recentemente, um livro completíssimo sobre Johann Natterer.

E, já como embaixadora da Áustria, colaborei com a preparação e o financiamento da exposição sobre d. Leopoldina que aconteceu em 2017 no Museu de Arte do Rio, MAR. Todavia, ainda não realizei meu grande sonho de mostrar parte das coleções do Museu Brasileiro de Viena no Brasil.

E qual a razão de tanta produção científica e artística? D. Leopoldina, arquiduquesa de Habsburgo, uma mulher extraordinária que fui conhecendo pouco a pouco, porque todos os caminhos levavam a ela.

O casamento de Leopoldina, na tradição dos Habsburgo, foi de pura índole política, produto do Congresso de Viena que reordenou as forças na Europa depois das guerras napoleônicas. Portugal só conseguiu sentar à mesa com as superpotências da época porque, por recomendação de Talleyrand, a colônia foi elevada para se tornar parte do Reino Unido de Portugal, Brasil e Algarves. Com essa união, o pequeno Portugal conseguiu peso suficiente para ser ouvido.

A jovem Leopoldina, romântica e sem conhecê-lo, enamorou-se perdidamente de d. Pedro I assim que viu um retrato dele, entregue pelo marquês de Marialva. E preparou-se com muita energia para seu novo papel de esposa do príncipe herdeiro. Aprendeu português rapidamente. Lia tudo o que conseguia sobre o Brasil.

Francisco I havia iniciado a formação de um gabinete naturalista. Leopoldina interessava-se muito pela geologia. Ambos eram companheiros de estudo, algo não tão comum entre pai e filha na época.

Não era de estranhar que a missão científica, da qual se originaram as coleções mencionadas, fosse uma iniciativa da própria Leopoldina, que contou com total apoio do pai.

Francisco I financiou generosamente a "Missão austríaca". Catorze cientistas importantes da época, assim como artistas de vários países europeus, acompanharam Leopoldina na sua viagem de núpcias ao Brasil com a missão de documentá-la, assim como a nova pátria da arquiduquesa, e também de identificar possíveis produtos que se pudessem usar comercialmente.

Um dos aspectos importantes da princesa Leopoldina foi certamente o interesse pelas ciências, o que posteriormente foi herdado por seu filho, d. Pedro II. Mas era também uma política nata. Foi entendendo as mazelas políticas no período pré-independência, dominadas por Portugal e Inglaterra. E talvez tenha sido, junto com José Bonifácio, seu grande mentor e amigo, uma das primeiras personagens da corte a mudar seu olhar europeu para uma visão genuinamente brasileira.

Não deve ter sido fácil para ela, que foi para o Brasil pensando que voltaria para a Europa como rainha de Portugal, abandonar totalmente a possibilidade desse retorno que lhe permitiria rever sua família na Áustria. Foi com abnegação e clareza de espírito que, mesmo passando por crises políticas e pessoais, recomendou a d. Pedro ficar no Brasil em vez de voltar a Portugal. Coparticipante da Independência, firme nas suas convicções até o último alento, foi uma guerreira do bem, a quem o Brasil deve gratidão e carinho.

Marianne Feldmann
Diplomata e ex-embaixadora da Áustria no Brasil

PREFÁCIO À NOVA EDIÇÃO REVISTA E AMPLIADA

Anos após escrever este livro, eu projetei uma viagem para conhecer o cenário da vida de minha biografada. Eu queria caminhar pela cidade, ver as torres da Catedral de Santo Estêvão rasgando o céu de Viena, das quais d. Leopoldina, numa carta, disse ter saudades. Queria visitar os outros espaços de sua infância e de parte de sua juventude. Assim, pude conhecer o Palácio de Hofburg, onde ela nasceu, a igreja da corte, onde se casou, e até a reconstrução de uma das entradas do palácio, realizada por seu pai, o imperador Francisco I, após Napoleão ter arrasado a fortificação em 1806. Caminhei pelos jardins de Schönbrunn, onde ela e os irmãos cultivavam hortas e flores, conheci Baden, próximo de onde se localiza o Palácio de Laxenburg, lugar de felizes recordações de d. Leopoldina, sobre o qual continuo afirmando que era o que havia de mais próximo de uma Disneylândia particular no século XVIII e início do XIX.

O contato com esses ambientes abriu-me inúmeros questionamentos a respeito da pouco conhecida infância de d. Leopoldina na Áustria. Fugiam-me como seria sua relação com a mãe e os irmãos, seus passeios, estudos e outros detalhes do dia a dia. Teria talvez ela algum apelido? De uns anos para cá, devido à confusão causada por um romance histórico, determinaram que seria “Poldl”. Na realidade, ao pesquisar inúmeras cartas inéditas no Arquivo Nacional da Áustria, além das já conhecidas, em nenhum momento esse termo surgiu. Mas eu acabei localizando a fonte dele, em uma antiga obra em alemão: *Grüner Purpur: Brasiliens erste Kaiserin, Erzherzogin Leopoldine*, escrita por Olga Obry e publicada em Viena em 1958. Obry trata Leopoldina por "Poldl", algo como "Poldinha", do mesmo modo como algumas pessoas a chamam de "Leo", por exemplo, sem que nem "Poldl" nem "Leo" tenham sido efetivamente seu apelido enquanto viva.

A publicação de Obry foi a porta de entrada para a infância que eu procurava, mas também me revelou uma autora surpreendente. Olga Brodsky, judia, nascida em Kiev em 1899, mudou-se com seu companheiro para o Brasil em 1941 fugindo do nazismo. No nosso país, ela destacou-se como jornalista e escritora, publicando a obra *Catarina do Brasil*, na qual traçou a biografia de Paraguaçu. Também se envolveu na criação da Escola Nacional de Teatro. No início da década de 1950, ela retornou à Europa, sem se esquecer do país que a acolhera. Na Viena do pós-guerra, debruçou-se sobre a vida de d. Leopoldina e escreveu um perfil psicológico sobre a primeira imperatriz brasileira. Obry utilizou-se de uma gama variada de cartas e documentos que, até os dias de hoje, permaneciam parcialmente inéditos.

Infelizmente, *Grüner Purpur* não foi publicado em nossa língua, talvez devido a uma crítica devastadora à obra feita por Carlos H. Oberacker Jr., publicada em 9 de junho de 1960 no Suplemento Literário do jornal *O Estado de S. Paulo*. Oberacker desancou o livro de Obry apontando falhas terríveis no que tangia a detalhes da história brasileira. Quinze anos depois, ele lançaria o seu próprio livro a respeito da primeira imperatriz brasileira, tão calada e esquecida na época quanto sua primeira biógrafa. Obviamente, Oberacker utilizou-se de parte da documentação que Obry descobrira em primeira mão.

Graças às pistas do livro de Obry, debrucei-me no Arquivo Nacional da Áustria em cima de verdadeiros tesouros, como os desenhos feitos por d. Leopoldina, suas primeiras tentativas de escrever aos 3 anos, além de muitas cartas trocadas entre outros membros da família imperial austríaca. E aqui preciso deixar penhorada a ajuda titânica de Cláudia

Thomé Witte, que fez a tradução de vários documentos em alemão, além de grande parte do livro de Obry.

Outra fonte fundamental para esta reedição foram as cartas, inéditas em português, da ex-imperatriz dos franceses, a arquiduquesa Maria Luísa, irmã mais velha de d. Leopoldina, que Adriana Moura traduziu para esta obra. A correspondência de Maria Luísa com sua antiga camareira, a condessa von Colloredo, e com a filha desta, Victoire de Poutet, sua amiga de infância, revela com riqueza de detalhes o dia a dia da arquiduquesa e de d. Leopoldina. Pelas cartas, sabemos mais sobre a vida das duas irmãs, suas descobertas, anseios, temores, estudos, passeios, diversões e também sobre a personalidade de cada uma. Somos até informados por Maria Luísa a respeito de um pequeno incêndio produzido em Hofburg por d. Leopoldina e sua mãe.

O material inédito contribuiu para uma melhor compreensão das atitudes e do amadurecimento das arquiduquesas em meio ao cenário caótico da Era Napoleônica e todas as suas implicações. Uma hora, a família em peso está xingando Napoleão Bonaparte de Anticristo, na outra estão casando uma das filhas com ele. Mais adiante, vemos a pobre arquiduquesa, agora ex-imperatriz dos franceses, obrigada a espiar um baile da realeza europeia por um buraco no forro do teto, por ter que permanecer fora das vistas. Toda a violência infligida à irmã e ao sobrinho de d. Leopoldina forneceu uma amostra do que ela própria iria passar graças à política dos casamentos dinásticos, em que amor e paixão eram reservados aos que não tinham um Estado para representar.

Por meio de cartas e relatos, temos um vislumbre do que d. Leopoldina vivenciou ao longo dos anos, como a morte da mãe e o consequente luto, vivido de maneira solitária, somente com os irmãos menores; as fugas de Viena e o exílio na Hungria, onde seu interesse pela natureza e pelos estudos se tornou seu maior aliado contra os desastres do mundo externo.

Suas pesquisas e sua dedicação às ciências, conforme mostrado nesta nova edição, evidenciam que d. Leopoldina era mais do que uma mera colecionadora de espécimes exóticos. Ela veio para o Brasil imbuída de um entendimento de que era necessário saber o que aqui existia para criar um projeto de governabilidade amparado nas ciências. Não causa surpresa a criação do Museu Real, atual Museu Nacional, seis meses após a sua chegada ao Rio de Janeiro.

D. Leopoldina, duzentos anos após a sua morte, continua a nos surpreender. Ela não é, há muitos anos, apenas a esposa traída e humilhada pelo marido, mas também uma das personagens participantes e ativas de nosso processo da Independência, além de uma das primeiras mulheres estudiosas a buscar respostas em nossa fauna e flora.

Paulo Rezzutti

INTRODUÇÃO

Uma mulher interessante

Apagada, pouco atraente, traída são alguns dos adjetivos que me vêm à mente ao me lembrar da imagem que eu fazia da imperatriz Leopoldina há cerca de dez anos. Ao me debruçar sobre a história de um dos mais famosos casais de amantes brasileiros, d. Pedro e a marquesa de Santos, d. Leopoldina ainda me parecia sem muita vida. Como alguém poderia aguentar tanta humilhação e não se revoltar? Era o homem do século XXI vendo a questão com o olhar atual. Ao começar a escrever sobre a marquesa e, principalmente, durante os estudos para a minha biografia a respeito de d. Pedro, tudo mudou.

D. Leopoldina era uma estrategista, mais preparada e educada que d. Pedro. Teve a sua história diminuída e elevada à categoria de santa, mártir de paciência por tudo o que sofreu no Brasil. Aliás, é comum em nossa história as mulheres entrarem nela ou como santas, ou como devassas. Esse é o ponto que une d. Leopoldina à marquesa de Santos: o papel político de ambas foi apagado; afinal, a política é território dos homens há milênios, e geralmente são eles que escrevem a história, com raras exceções. Além do material que vinha coletando sobre ela desde a biografia da marquesa de Santos, muito mais surgiu durante as pesquisas para a obra a respeito de d. Pedro.

Primeiro foi o diário dela da época de sua juventude em Viena, que se encontra no Museu Imperial e que é praticamente desconhecido do público. Nele, vemos uma adolescente impetuosa, cheia de vida, que protegia o sobrinho predileto, a quem chamava de "meu tesouro", filho de sua irmã Maria Luísa com Napoleão. Divertida, descrevia de maneira caricatural os grandes reis, príncipes e até o czar da Rússia, com quem conviveu durante o Congresso de Viena, presidido pelo seu pai, o imperador da Áustria. Se essa documentação já era surpreendente, muito mais viria.

Os duzentos anos da chegada de nossa primeira imperatriz aproximavam-se, e, graças à informação fornecida pelo sr. Cássio Ramiro Mohallem Cotrim, a quem esta obra e seu autor muito devem, foi possível chegar ao arquivo da condessa Maria Ana von Kühnburg (1782-1824), nobre austríaca que acompanhou d. Leopoldina em sua viagem de Viena até o Rio de Janeiro, em 1817. Algumas das cartas do conjunto já haviam passado pelas mãos de Carlos H. Oberacker Jr., entretanto, pouco do material foi utilizado em seus escritos sobre a imperatriz. Oberacker não manteve o foco no diário da condessa para a sua amiga Ernestine, nem deu maior atenção às cartas escritas por "Nanny" ao pai. Faltou a ele agir, no dizer de Le Goff, como o "ogro historiador", o "amador da carne fresca da história que lhe é tão frequentemente recusada". Faltou a ele chegar ao tutano, ao cerne das missivas, que contam mais do que a superficialidade das palavras faz notar à primeira vista. O conjunto arquivístico da condessa chegou ao Brasil em meados dos anos 1970. Inicialmente, era composto por diários e cartas dela relativos à viagem ao Rio e um álbum de desenhos feitos por Franz Joseph Frühbeck. O desenhista amador conseguiu um lugar na comitiva da princesa Leopoldina como auxiliar de bibliotecário, vindo com o grupo principal, diferentemente dos membros da missão científica e da embaixada austríaca. Franz Joseph acabou nos legando o único registro íntimo dessa travessia, que retrata o dia a dia da nau D. João VI e de seus ocupantes.

Esse conjunto documental havia sido adquirido em 1975 pelo dr. Erico Stickel. Após o falecimento deste, em 2005, os desenhos de Frühbeck pertencentes à coleção Kühnburg passaram, em 2008, ao Instituto Moreira Salles, IMS. Imaginando que os diários e as cartas da condessa houvesserr também passado à instituição, entrei em contato com a sra. Julia Kovensky, coordenadora de Iconografia do IMS. Ela, porém, informou que o instituto havia comprado apenas as imagens e colocou-me em contato com a sra. Francis Melvin Lee, superintendente do Instituto Hercule Florence, IHF. Desde 2011, a biblioteca e o arquivo do dr. Erico Stickel, onde estava a parte manuscrita do arquivo Kühnburg, passaram ao IHF.

Além das imagens feitas por Frühbeck que se encontram no Brasil, já sabia, fazia tempo, das que se encontravam na Hispanic Society of America, em Nova York. Essa instituição e o seu acervo me são familiares. Foi lá que encontrei em 2010 a coleção de cartas inéditas de d. Pedro à marquesa de Santos que publiquei em 2011. Assim, neste livro, além das imagens do viajante austríaco que se encontram no Brasil, foi possível incluir as que estão na Hispanic Society.

Também nesta biografia de d. Leopoldina encontram-se pela primeira vez em português trechos de um dos livros do mercenário alemão Julius Mansfeldt. O relato deste, no que tange ao contato que teve com a imperatriz e às histórias coletadas pelas ruas na época, dá um colorido a mais no cenário do Primeiro Reinado, mostrando os seus costumes e bastidores.

Esta obra busca, mais que surpreender o leitor com documentação inédita, mostrar facetas quase desconhecidas sobre d. Leopoldina. Espero que, assim como eu, o leitor possa se surpreender com esta nova visão de uma estrangeira que abraçou o Brasil como seu país, os brasileiros como o seu povo e a Independência como a sua causa.

Paulo Rezzutti

PARTE I

A.E.I.O.U. — *AUSTRIAE EST IMPERARE ORBI UNIVERSO*

OS HABSBURGO

No filme *O terceiro homem*, baseado na obra de Graham Greene, Orson Welles incluiu uma frase para o seu personagem:

> Na Itália, durante 30 anos sob os Bórgias, houve guerras, terror, assassinatos, sangue. Eles produziram Michelangelo, Leonardo da Vinci e a Renascença. Na Suíça, tiveram amor fraternal, 500 anos de democracia e paz, e o que produziram? O relógio cuco.

A irônica frase não sobrevive à constatação de que a Suíça produziu, além de tantas coisas, a família Habsburgo. Essa dinastia reinou por seiscentos anos graças ao fato de saber se renovar e se adequar aos novos tempos. Moldou-se para a própria sobrevivência, mas não sobreviveu às exigências dos Estados Unidos para discutir o fim da Primeira Guerra Mundial. As condições norte-americanas para o armistício culminaram na dissolução do Império Austro-Húngaro, dividindo-o em diversas repúblicas autônomas.

O nome da família teve origem por volta de 1020, quando o conde Radbot ergueu no cantão de Argóvia, na Suíça, o Castelo de Habichtsburg. O nome do local, "Castelo do Açor",[1] seria devido ao fato de o conde ter visto uma dessas aves pousada numa das paredes do edifício. De Habichtsburg para Habsburgo, a mudança foi rápida.

O neto de Radbot, Otto II, passou a acrescentar "von Habsburgo" ao seu título, originando dessa forma a nova casa dinástica. Um dos descendentes de Radbot, Rodolfo, devido à pouca expressividade política, como julgavam os príncipes alemães, foi eleito em 1273 rei dos germanos,[2] um cargo eletivo na época e não hereditário. A eleição de um quase desconhecido objetivava que os ciosos príncipes continuassem contando com o poder que detinham, mas eles se enganaram supondo que os Habsburgo não possuíssem ambição. Poucos anos depois de eleito, Rodolfo I derrotou em batalha o rei Otakar da Boêmia, anexando em 1282 a Áustria aos territórios dos Habsburgo e fazendo da Fortaleza Hofburg, em Viena, a sede de seu reino.

Tinham, assim, início os vastos domínios da família, que controlaria durante anos um dos pontos mais estratégicos na Idade Média: o passo de São Gotardo, a ligação entre a Europa Central e a Itália.

Áustria feliz

Guerras eram caras, e os Habsburgo desenvolveram ao longo de séculos um sistema de aquisição territorial por meio de alianças de casamento que tornaria as princesas da casa da Áustria, no século XIX, um artigo de primeira grandeza. Casar-se com uma delas não seria para qualquer um, afinal, tê-las por esposas era como possuir um artigo de luxo: uma mulher com instrução suficiente para ser uma estadista.

A ideia teria surgido após o Habsburgo Rodolfo IV, duque da Áustria e bisneto de Rodolfo I, ter anexado o Tirol em 1363 aos domínios da família. O estado acabou sendo incorporado como herança após o rei Meinhard III, cunhado dele, ter morrido sem deixar herdeiros.[3] A política de Rodolfo nortearia os próximos quinhentos anos da dinastia com o mote *Bella gerant alii, tu felix Austria nube/ Aliis nam quae Marte, dat tibi diva Venus,*[4] que significa: "Deixe que os outros façam a guerra, tu, Áustria feliz, casa-te/ O que Marte dá aos demais, para ti será um presente de Vênus." Tal expressão teria sido baseada numa das cartas das *Heroides*,[5] de Ovídio, em que Laodamia escreve para seu amor, Protesilaus,[6] implorando que ele se mantenha a salvo durante a Guerra de Troia: *Bella gerant alii, Protesilau amet!* (Os outros que façam a guerra, Protesilaus ama!)

Entretanto, a história dos Habsburgo não está envolta somente em poesia e uniões para garantir terras, mas em muitas lutas, assassinatos, raptos e casamentos endógamos. As disputas internas e externas da família, suas diversas tentativas de ser reeleita — algumas com sucesso, outras não — ao posto de reis da Alemanha, além da política de expansão de seus domínios pessoais, cada vez mais para o norte e o sul da Europa, iriam fragilizar sua base inicial na Suíça. Os Habsburgo foram expulsos de lá e tiveram seu castelo destruído em 1415.

A.E.I.O.U.

Poucos anos mais tarde, em 1452, outro Habsburgo, Frederico III, dirigiu-se a Roma para ser coroado imperador do Sacro Império Romano pelo papa Nicolau V. Antes, porém, ele foi até a cidade de Siena, onde desposou a infanta d. Leonor de Portugal, da dinastia de Avis. Frederico seria o primeiro Habsburgo a ser coroado imperador. A família conservaria o título de 1452 até a dissolução do Sacro Império, em 1806. Somente por um curto lapso de tempo, de 1742 a 1745, outra família, a dos Wittelsbach, foi eleita.

Antes de ser coroado imperador pelo papa, Frederico traçou o que seria o lema da família pelos séculos seguintes, "A.E.I.O.U.", em alemão: *Alles erdreich ist Österreich unterthan*; em latim: *Austriae est imperare orbi universo*; em bom português: "O destino da Áustria [e aqui no sentido de "a casa da Áustria", ou seja, os Habsburgo] é governar o mundo."

Por mais improvável que possa parecer, durante os séculos XVI e XVII, essa pretensão, a de se transformar numa monarquia universal, esteve a ponto de se tornar real. Por diversos períodos, a família quase alcançou a hegemonia na Europa. A elevada posição dos Habsburgo no cenário político foi arduamente construída, ou melhor, conquistada, inclusive por meio da criação do mito de que seriam predestinados a governar o mundo católico.

Um dos maiores golpes da família foi transformar três coroas eletivas em hereditárias: a do Sacro Império, a da Hungria e a da Boêmia. As reivindicações dos Habsburgo, sempre audazes em seu querer e na ampliação de seus domínios, iriam fazer com que mantivessem uma relação difícil entre a realidade e a ficção. Maximiliano, filho de Frederico III, construiu em Innsbruck uma rica capela onde foi enterrado. No local, mandou erguer estátuas dos governantes que antecederam os Habsburgo, entre elas, a do mítico rei Artur dos britânicos.

Um título falsificado

Rodolfo, o Habsburgo que conquistou o Tirol na base de aliança matrimonial, foi o criador de uma das maiores fraudes políticas da Europa medieval. Ele "descobriu" em 1359 um conjunto de cinco documentos, chamados *Privilegium Maius*. Despudoradamente falsificados, afirmavam a concessão de diversos privilégios a quem controlasse as terras da Áustria. Teriam sido concedidos por Frederico Barba Ruiva, imperador do Sacro Império duzentos anos antes.

Entre as diversas cláusulas, estava a designação de que os governantes austríacos usariam o título de "arquiduques" e com isso passariam a ter tanta importância quanto os príncipes eleitores. Tal falsificação vinha em resposta à Bula Dourada do imperador do Sacro Império, sogro de Rodolfo, que previa sete príncipes eleitores para escolherem o próximo imperador, e um deles não era o Habsburgo em questão. A bula foi discutida e em grande parte recusada pelo imperador. Anos depois, com o Habsburgo Frederico III no trono do Sacro Império, o *Privilegium Maius* foi reconhecido como legítimo. Dessa forma, o título de arquiduque passou oficialmente a ser utilizado pelos membros da casa da Áustria.

Pietas Austriaca

Como imperadores do Sacro Império Romano-Germânico, os Habsburgo convenceram-se de que à casa da Áustria foi dada uma missão divina: proteger o Sacro Império e a Igreja Católica da heresia. Os membros da casa adotaram uma piedade especificamente dinástica, instituindo um catálogo de virtudes morais e religiosas que deveriam constar da educação de seus príncipes.

Parte dessa ideia, a de campeões do mundo católico, foi externada ao unirem a ideia do direito divino à da legitimidade de seu império, ainda mais após incorporarem as coroas que pertenceram a dois santos: a de São Venceslau da Boêmia e a de Santo Estêvão da Hungria.

No que hoje poderia ser considerado uma estratégia de marketing, além dos símbolos sagrados, eles passaram a fundir os rituais católicos cada vez mais em torno de seus rituais de poder. Aos eventos estatais e dinásticos, acrescentaram serviços de ação de graças e procissões sacras, e os Habsburgo passaram a ser exemplos de devoção católica, papel esse que seria bem representado por d. Leopoldina no Brasil. Com isso, sustentavam por meio da religiosidade e da piedade cristã a sua aura imperial, em franco contraste com a ostentação secular dos reis franceses.

Os Habsburgo acreditavam ter obtido essa missão divina de governar os povos católicos devido aos méritos de seus antepassados, desde o fundador da dinastia, Rodolfo. Como ele, passaram a reverenciar a Eucaristia, a *Pietas Eucharistica*, e a honrar a Virgem Maria, a *Pietas Mariana*.[7] Por exemplo, Ferdinand II, no século XVI, e seus sucessores, até Francisco José, no século XX, promoviam procissões de Corpus Christi, frequentavam congregações marianas e encorajaram as peregrinações aos santuários marianos. Dentro dessa prática, se encaixaria d. Leopoldina, que, no Rio de Janeiro, de 1817 até 1826, estaria praticamente todos os sábados na Igreja de Nossa Senhora do Outeiro para louvar a Virgem e distribuir esmolas.

Os Habsburgo encarnaram, como demonstram diversos monumentos, entre eles a Coluna da Praga, em Viena, a função de peticionários de seu povo junto aos anjos e santos católicos. Prometida por Leopoldo I caso o império se visse livre de um grande surto de peste bubônica, vemos na coluna o imperador ajoelhado, implorando para que a Santíssima Trindade ajudasse o povo sob a sua proteção. Esse imperador nomeou, em 1676, a Virgem Maria generalíssima dos exércitos imperiais. Leopoldo teria uma filha, nascida em 1683, a quem daria o nome de Maria Ana Josefa. Essa arquiduquesa se casaria com um príncipe português, o futuro rei d. João V. Eles seriam avós de outra Maria, d. Maria I, mãe de d. João VI e avó de d. Pedro I do Brasil e IV de Portugal.

Muitos Habsburgo levaram a religiosidade a extremos, confessando-se mais do que o normal, além de realizarem jejuns radicais e praticarem diversos tipos de penitência, mesmo sem culpas a expiar. Ouviam missas três vezes ao dia e rezavam por muitas horas, chegando mesmo a dias, rogando pelo bem-estar do país em tempos de crise.

As mulheres Habsburgo encarnaram em sua vida cotidiana as ideias cristãs e diversos aspectos religiosos. Desenvolveram um modelo ativo de iniciativas piedosas em que puderam sobressair por meio da caridade. Com o tempo, esses modelos passaram a ser parte inerente da feminilidade das mulheres da casa da Áustria. Ao redor desse padrão, o de imperatriz caridosa, a imagem de d. Leopoldina se consolidaria após a sua morte.

O Império Universal

O filho de Frederico III, Maximiliano I, continuou o projeto dos Habsburgo em expandir seus domínios ao se casar, em 1477, com a herdeira do duque da Borgonha. Seu filho, Filipe, o Belo, casou-se com a igualmente belíssima Joana, filha de Isabel de Castela e Fernando de Aragão. Os pais dessa princesa haviam fortalecido a Espanha sob o mais rígido catolicismo e expulsado os mouros do sul do país. Mulher forte e de visão, Isabel de Castela foi a patrocinadora da viagem de Cristóvão Colombo, o que deu início ao Império Espanhol.

Joana entraria para a história como "a louca" — "rainha e falsa demente", acrescentaria Manuel Bandeira em seu famoso poema. Seria esquizofrênica, segundo uns historiadores; de acordo com outros, mais românticos, enlouquecera de ciúmes pelas traições do marido. Existe, porém, outra hipótese: Joana seria uma mulher dotada de temperamento forte, com ideias próprias e nada submissa.

A princesa acabou sendo preterida na subida ao trono espanhol. Primeiramente pelo pai, que se tornou regente do Reino de Castela, herdado por Joana com a morte da mãe, e, posteriormente, pelo filho Carlos I da Espanha e V do Sacro Império. Este manteve a mãe e a irmã mais nova, Catarina, encarceradas juntas. Catarina só saiu do confinamento para se casar com o rei de Portugal, d. João III. Assumindo dessa forma os vastos domínios dos Habsburgo na Europa e na América, Carlos V dividiu a herança em duas partes: o trono espanhol ficou para o seu filho, Filipe II, e o irmão, Fernando, recebeu os territórios ancestrais da família na Europa Central, bem como o título de imperador do Sacro Império Romano-Germânico. Além disso, por falecimento de um cunhado, Fernando acrescentaria aos domínios dos Habsburgo as coroas da Boêmia e da Hungria.

O neto de Catarina, o rei português d. Sebastião, faleceria na Batalha de Alcácer-Quibir sem deixar herdeiros. Com isso, os Habsburgo espanhóis acabariam por unir a península Ibérica e as Américas do Sul e Central a uma só Coroa entre 1580 e 1640.

Nunca um projeto de poder por meio de alianças matrimoniais dera tantos frutos para uma única família até então. Mas os custos foram enormes em mais de um sentido. O preço de manter tantos povos sob uma mesma Coroa envolvia um enorme gasto político e financeiro. As guerras e os combates eram frequentes, e o ouro da América ajudou até certo ponto a manter os domínios unidos. Outro custo foi o genético. Segundo Andrew Marr, além de os territórios controlados pelos Habsburgo serem uma verdadeira mistura de poder político e militar:

> O princípio de infindável endogamia na família, para manter suas possessões, demonstrou o sentido do tabu do incesto — um alto preço em crianças mortas e adultos deformados ou incapazes. A esquisitice física dos últimos Habsburgo, de olhos saltados, com imensas mandíbulas inferiores e lábios salientes, foi bem registrada pelos mais bravos pintores da corte.[8]

Enquanto o número de abortos na época chegava a 20% nas aldeias espanholas, os Habsburgo da Espanha abortavam 30% dos seus bebês, sendo que 20% dos sobreviventes morriam antes de completar 10 anos.[9] Carlos II, o último Habsburgo no trono espanhol, foi um dos piores "espécimes". Além de achar que estava possuído pelo demônio, era incapaz de mastigar, pois suas mandíbulas não se encaixavam, babava constantemente e passava horas observando os corpos embalsamados de seus antepassados. Impotente, não deixou herdeiros, o que gerou a Guerra de Sucessão Espanhola. Isso pôs um ponto-final aos dias dos Habsburgo na península e, consequentemente, na América. Quarenta anos depois, ocorreria outra batalha envolvendo a herança da família: a Guerra de Sucessão Austríaca de 1740.

Lex Salica

A Lei Sálica foi a primeira tentativa dos povos germânicos de consolidar por escrito suas leis. Isso teria ocorrido entre 481 e 511, durante o reinado de Clóvis I. Além de recomendar que uma das formas de se comprovar ou não a culpabilidade do réu fosse colocar a mão dele em água fervente e depois de três dias verificar o estado da pele, a Lei Sálica instituía que a propriedade e as dívidas só poderiam ser herdadas por homens. Com o passar dos séculos, um dos poucos dispositivos da primitiva Lei Sálica que ainda continuava em vigor era a questão da herança masculina em detrimento da mulher. Se ela não podia herdar propriedades, que dirá suceder ao pai, esposo ou irmão como chefe de uma dinastia.

Devido a esse problema, o imperador Carlos VI, sem conseguir um herdeiro masculino legítimo, decretou em 1713 a Pragmática Sanção, pela qual declarava sua filha, Maria Teresa, sua sucessora. Em seguida, fez os príncipes dos territórios do Sacro Império e os monarcas de países vizinhos concordarem com a decisão. Enquanto o imperador viveu, todos mantiveram a promessa; quando morreu, o pacto foi quebrado, com Baviera, Prússia, Saxônia, Espanha e França não reconhecendo Maria Teresa como herdeira da coroa do pai. Esses Estados e reinos partiram como abutres sobre as partes dos territórios dos Habsburgo que lhes interessavam, iniciando a Guerra de Sucessão Austríaca, que durou de 1740 a 1748.

Ficou famosa a cena em que Maria Teresa, disposta a tudo para restabelecer o prestígio e o poder da dinastia e manter-se no trono, suplicou diante dos húngaros, em 1741, ajuda na Guerra de Sucessão tendo nos braços seu herdeiro, José, de apenas quatro meses. No final da guerra, a imperatriz, bisavó de Leopoldina, manteve-se no trono, mas não com a herança intacta. Parte de seus territórios foi absorvida pela Prússia e pela França. Além disso, a dinastia "pura" dos Habsburgo terminava nela. Com seu casamento com o duque de Lorena, Francisco Estêvão, a dinastia passou a ser conhecida como Habsburgo-Lorena. O marido acabou sendo eleito imperador do Sacro Império Romano-Germânico, mas, na realidade, quem governava era Maria Teresa.

A imperatriz levou a monarquia dos Habsburgo a se modernizar para os novos tempos que a aguardavam. Os nobres passaram a ser tributados, e, além da administração, o Exército também foi modernizado e ampliado. Ela própria instituiu o combate contra a varíola no império, recebendo em seu palácio 65 crianças para, junto dela e de seus filhos, serem vacinadas. Um dos seus planos mais ousados foi impor a educação ao seu povo, à força se necessário. Qualquer criança, menino ou menina, ao completar 6 anos, deveria ser matriculada numa escola, onde estudaria até os 12. O responsável que não cumprisse a lei seria preso.

A política austríaca dos casamentos dinásticos foi potencializada quando Maria Teresa conseguiu casar as filhas com três membros da casa dos Bourbon: o rei da França, o rei da Sicília e o duque de Parma. Somente Maria Cristina, filha predileta da imperatriz, conseguiu escapar de um casamento dinástico e convenceu a mãe a deixá-la se casar por amor. De todos os seus filhos, Maria Antonieta, a trágica rainha da França, seria a mais lembrada, até por ter se deixado levar pela frivolidade secular da corte francesa em detrimento da educação que recebera como uma Habsburgo.

Apesar de tudo o que Maria Teresa teve que enfrentar para suceder ao pai, ela conseguiu legar um Estado e um Exército modernos para seus sucessores. Isso até que os mesmos ventos que derrubaram sua filha do trono francês e a cabeça dela de seu pescoço vieram varrer os alicerces dos demais tronos europeus.

O segundo filho de Maria Teresa a ocupar o trono austríaco foi Leopoldo II, avô da arquiduquesa Leopoldina. Assim como a mãe, ele era um déspota esclarecido, um dos diversos governantes europeus que tentaram implementar as ideias iluministas e revolucionar de maneira positiva sua nação, uma "revolução" que partia do trono ao povo. O Iluminismo foi um processo social, político, cultural, econômico e filosófico que visava, entre outras coisas, ao uso da razão como o melhor caminho para se alcançar a liberdade, a autonomia e a emancipação do povo, dando a este amplo acesso à educação.

Leopoldo II, imbuído pelo espírito de seu tempo, viu com horror as ideias iluministas acabarem degringolando em 1789 durante a Revolução Francesa. Mais preocupado ficou quando seu cunhado Luís XVI foi obrigado a jurar obedecer à Constituição imposta pela Assembleia da França. Esse ato rompia definitivamente com a ideia, tão profundamente cultivada por gerações de Habsburgo, de que os reis haviam sido colocados em seus tronos e de lá governavam por direito divino. Era o colapso do que ficaria conhecido como o Antigo Regime. O novo regime, o do povo, na realidade o da burguesia, fez irromper em diversos pontos da Europa, como nos Países Baixos, então controlados pelos Habsburgo, e em diversos locais da Itália, movimentos descontentes com o sistema absolutista. Muitos governantes, visando à garantia da ordem em seus domínios, acabaram aliando-se à aristocracia e retrocedendo em suas reformas anteriores.

Em 1791, o avô de Leopoldina e o rei da Prússia fizeram a chamada Declaração de Pillnitz, na qual condenavam os acontecimentos na França e ameaçavam o país de invasão caso algo ocorresse com a família real francesa. Isso resultou não só na França decretando guerra contra eles, mas, em última análise, na deposição e na prisão dos seus reis. Maria Antonieta, tia-avó de Leopoldina, foi acusada, entre outras coisas, de conspiração contra a França. Declarada culpada, sem que houvesse provas, foi levada à guilhotina em 16 de outubro de 1793.

UMA INFÂNCIA ENTRE A GUERRA E A PAZ

Na manhã de 22 de janeiro de 1797, Viena jazia silenciosa, com suas ruas cobertas por uma grossa camada de neve, cujos flocos dançavam perante o sopro dos ventos glaciais que varavam a cidade e se chocavam contra Hofburg. Centro do poder dos Habsburgo desde 1282, a antiga fortaleza medieval havia sido modificada, ampliada e modernizada, e acabou por se transformar em ícone da confusão de povos e línguas que era o império que de lá se governava. Até hoje ainda é possível verificar que cada um dos séculos e dos soberanos imprimiu nela a sua marca. Do estilo barroco ao Secession,[1] o local impressiona por sua arquitetura e sua história.

Naquele domingo, há mais de duzentos anos, aguardava-se o nascimento do quinto filho do imperador Francisco II do Sacro Império Romano-Germânico e de sua segunda esposa, Maria Teresa das Duas Sicílias, sua prima-irmã, já que ambos eram netos da imperatriz Maria Teresa.

A criança, uma menina gorducha, chegou ao mundo às sete e meia da manhã e foi batizada no mesmo dia. Porém, devido ao clima que congelava a cidade, o batismo não seria na imponente Igreja de Santo Agostinho, frequentada pela corte, mas sim na antecâmara do próprio palácio, às seis da tarde.

Segundo relata o jornal *Wiener Zeitung*, de 25 de janeiro:

> Para o batizado se reuniu a alta nobreza, de ambos os sexos, em grande gala, na vasta antecâmara. Logo em seguida, precedido pelos dignitários da corte, dava entrada no salão Sua Majestade, o Imperador, acompanhado por cinco Arquiduques e cinco Arquiduquesas. Seguia o Primeiro Marechal da corte, o Príncipe de Starhemberg, acompanhado por dois Camaristas Imperiais, os Príncipes de Schwarzenberg e de Ligne, carregando sobre uma almofada dourada a recém-nascida. Sua Majestade e Suas Altezas Imperiais dirigiram-se para os genuflexórios preparados para a ocasião. Ao lado deles colocou-se, como de costume, o Núncio Papal, num oratório especialmente aprontado. O Primeiro Marechal da corte se colocou com a recém-nascida arquiduquesa diante do altar, que se encontrava debaixo de um baldaquim. A madrinha foi a arquiduquesa Maria Clementina, noiva do Príncipe Herdeiro de Nápoles. A pequena arquiduquesa recebeu os nomes *Leopoldina, Carolina, Josefa* [grifo do autor]. Após a cerimônia se entoou o *Te Deum*, ao som dos tambores, enquanto os canhões, colocados sobre os muros de cinta da cidade, salvaram três vezes. Realizou-se, da mesma maneira, como na vinda, o cortejo na volta, dirigindo-se para os grandes salões da Imperatriz. Em seguida Sua Majestade o Imperador e Suas Altezas Imperiais apareceram na grande antecâmara da Imperatriz, na qual se realizou a solene cerimônia das felicitações pela Alta Nobreza que ali se havia reunido.[2]

Vale ressaltar aqui o nome do bebê e a ordem em que ele surge inicialmente: Leopoldina Carolina Josefa. Tanto no jornal de 25 de janeiro quanto no extrato da certidão de nascimento da arquiduquesa, feito em 1909,[3] bem como no Protocolo das Funções Episcopais, feito em latim pelo cardeal Migazzi, encontram-se referências de que Leopoldina era, indubitavelmente, o primeiro nome escolhido e usado pela menina recém-nascida.

Futuramente, durante as tratativas de casamento dela, seu nome acabaria embaralhado de tal forma que, ao chegar à América, seria saudada como princesa Carolina. A confusão chegou a ponto de a letra "C" surgir entrelaçada com o "P" de seu marido em arcos triunfais e outras arquiteturas efêmeras erguidas no Rio de Janeiro para celebrar a união. Dessa época, ainda existe um leque comemorativo que, por trazer a inicial "C", foi considerado equivocadamente como uma homenagem a sua sogra d. Carlota Joaquina.

O Corso

O nascimento de um bebê saudável seria motivo para comemoração, mesmo não sendo um herdeiro masculino, mas o clima não estava para festas. O ancestral trono dos Habsburgo estava ameaçado. Em 1792, primeiro ano do reinado de Francisco II, pai de Leopoldina, os Estados fronteiriços à revolucionária França — a Áustria, a Espanha e os reinos da Sardenha, da Prússia e de Nápoles, além da Inglaterra — declararam guerra aos franceses.

A união desses países não visava apenas dar uma lição a quem se aventurasse a depor seus governantes. Além de servirem de exemplo, punindo um povo e um governo insurgente, os aliados queriam sufocar os ideais de liberdade, igualdade e fraternidade que começavam a florescer nos campos franceses encharcados com o sangue dos aristocratas. Se, em meio ao processo, os vizinhos conseguissem abocanhar alguns trechos do território francês, não iria ser nada ruim.

Mas, surpreendentemente, não foi bem isso que aconteceu. A França, em meio ao caos interno, conseguiu se reerguer e estruturar um Exército que fizesse frente a essa coalizão de países invasores. Ironicamente, a primeira grande tentativa de se destruir o novo Estado francês fez surgir perante o mundo a figura de um militar nascido na Córsega, que havia feito sua carreira na França e assumido o comando das tropas na Itália.

Napoleão Bonaparte, recém-casado com Josefina de Beauharnais, partiu para a Itália em março de 1796 como um quase desconhecido e retornou a Paris um ano depois como herói, após derrotar as tropas austríacas e seus aliados. Além disso, ele havia conquistado grande parte da Itália Central para a França. O Reino da Sardenha fora subjugado, além de vários principados e ducados italianos, incluindo Estados papais. Milão, até então austríaca, passou a pertencer aos franceses. Em março de 1797, um ano após sair de Paris, Napoleão marchava contra a própria Áustria, chegando a 150 quilômetros de Viena em 9 de abril. O grão-duque Carlos, comandante do Exército austríaco e tio da recém-nascida arquiduquesa Leopoldina, enviou mensageiros para discutirem o fim da guerra. A paz entre a França e o Sacro Império foi oficializada pelo Tratado de Campo Formio, em 17 de outubro, no qual Napoleão assinava a paz com os austríacos em nome dos franceses.

Os pais de Leopoldina

Francisco II sofria uma das primeiras grandes perdas do território herdado e arduamente construído com sangue, mentiras e muito casamento de interesses ao longo de séculos pelos seus antepassados. De uma só tacada, a Áustria perdia parte dos Países Baixos e diversas possessões italianas, além de ser obrigada a reconhecer a República francesa.

O imperador Francisco foi descrito como um homem reservado, inseguro, lacônico e dado à melancolia.[4] Indivíduos melancólicos geralmente não encontram graça na vida, são pessoas para quem o meio-termo inexiste: ou está tudo bem ou está tudo ruim. Sua filha, Leopoldina, comungaria com o pai nesse aspecto por toda a sua vida. Talvez isso explique algumas questões, como o fato de ambos quererem se refugiar no seio da própria família e não desfrutarem completamente da vida da corte.

Francisco era muito culto, falava diversos idiomas e, seguindo a tradição dos Habsburgo, era profundamente devoto e dado à caridade. Inteligente, era dotado de raciocínio rápido, o que facilitava piadas e gracejos espirituosos. Mas não possuía muita força de vontade nem visão de estadista. Esse ponto seria compensado pelos homens dos quais se cercou, como o chanceler Klemens Wenzel von Metternich.

Estudioso de ciências naturais e botânica, Francisco gostava de colecionar retratos da família, desde os mais antigos membros até os contemporâneos. Sua biblioteca deu início à Biblioteca Nacional da Áustria. O imperador — como os demais Habsburgo desde o tempo de seu tio José II — praticava um ofício burguês, no caso a jardinagem, que se transformaria numa paixão transmitida aos filhos.

Francisco acreditava que o melhor para o seu povo era o governo que herdara do pai. Era um déspota esclarecido, profundamente absolutista. Antiliberal convicto, um dos esteios de seu governo era o aparatado estado policial forte, que perseguia os liberais e lotava com eles as prisões austríacas, levando muitos a ser condenados à morte.

O imperador tentava se equilibrar num mundo de contradições: se por um lado desejava que seus povos usufruíssem de um estado de "bem-aventurança"[5] — desde que não tivessem direito de se manifestar, até mesmo contra a carestia e a inflação crescente que devorava as finanças austríacas —, por outro, sufocava o nacionalismo que começava a brotar no seio desses povos unidos sob a sua coroa. Entendia-se, não sem razão, que o nacionalismo seria um passo para que cada um desses povos reivindicasse mais direito e representatividade para influir no Estado. Apesar disso, e assim como seus sucessores, Francisco já havia começado a realizar mudanças profundas, como a reforma agrária em alguns pontos do império.

Dada a influência iluminista, Francisco II odiava o modo como via o povo e os servos serem tratados pelos latifundiários[6] e buscava fazer algo a respeito, mas todo cuidado era pouco: seu próprio governo havia sido tachado de jacobinista[7] por conta da reforma agrária. Perder o amor do povo e o apoio da aristocracia, como demonstrado pela Revolução

Francesa, era um péssimo negócio. Assim, tentando fazer o possível para governar, e bem, Francisco acabou "adotando" o povo como uma grande família. Viajava muito, dava audiências e ouvia a população, chegando ao extremo de ler pessoalmente cada processo da enorme e burocrática máquina governamental que fazia o império funcionar. Por um lado, tentava ser o mais justo possível e fazer o melhor que podia; por outro, seu controle sobre tudo causava mais lentidão ao governo.

Num arranjo feito por seu tio, o imperador José II, Francisco casou-se em 6 de janeiro de 1788 com Isabel, a filha do duque de Württenberg. O casamento durou pouco mais de dois anos. Grávida, Isabel ficou muito abatida quando, em fevereiro de 1790, teve início a agonia de José II. A arquiduquesa acabou tendo um parto prematuro, durante o qual faleceu, e a criança sobreviveu à mãe por um ano. O imperador faleceu dois dias após Isabel.

Viúvo, Francisco casou-se em segundas núpcias com sua prima, a princesa Maria Teresa das Duas Sicílias. Ela era elegante, engraçada, enérgica e talentosa, além de bem-humorada e inteligente. Não era bonita, mas tinha traços bem marcantes, como os retratos e as gravuras demonstram. Seus lábios cheios, uma das características dos Habsburgo, foram herdados por sua filha Leopoldina, assim como os olhos azuis e os cabelos louros.

A imperatriz, bastante espirituosa, era incapaz de fingir indiferença e disfarçar o ciúme pelo marido. Em 1793, bem antes do nascimento de Leopoldina, surgiu nos palcos vieneses madame Viganò, a primeira dançarina a se apresentar usando apenas uma malha cor da pele. Os espetáculos de Viganò na Ópera da Corte de Viena causaram imensa sensação porque ela parecia estar praticamente nua. O artifício da malha não só revolucionou a arte do balé, mas o próprio palácio. Maria Teresa descobriu que seu marido não era nem um pouco indiferente aos muitos encantos da bailarina. Como vingança, a imperatriz mandou colocar no parque do Castelo de Laxenburg uma estátua com a pose e o figurino da artista, porém com a cabeça de uma cabra.[8]

Além de ciumenta e espirituosa, não faltava a Maria Teresa interesse pelo poder. E ela buscou várias vezes exercer influência sobre os assuntos de estado e obter algum papel político. Obviamente, isso não foi visto de forma positiva dentro da corte, e ela era constantemente objeto de críticas.

Maria Teresa adorava festas, carnaval e danças. Sempre buscando diversões, quer no seio da família ou fora dela, na corte, com bailes, mascaradas e outras brincadeiras, seria acusada de perdulária. Em certas ocasiões, chegava a trocar mais de duas vezes de vestido numa única noite. O período era de recessão e alta inflação em todo o império.

Sendo a primeira família da nação, os Habsburgo deveriam dar o exemplo. Mas o mote de Maria Teresa, pelo visto, era se divertir de qualquer maneira, tanto num baile faustoso na corte quanto na convivência íntima, por exemplo, preparando surpresas com os filhos para os aniversários do marido. Podia ser a apresentação de uma peça, com as crianças como atores, ou mesmo um concerto familiar, no qual todos, incluindo o imperador, participavam tocando algum instrumento. Além das peças e dos serões musicais, os imperadores brincavam com os filhos de cabra-cega e esconde-esconde. Às vezes, alguém do serviço do palácio era chamado para se juntar à brincadeira. A mãe da arquiduquesa Leopoldina, assim como os demais Habsburgo, foi uma incentivadora das artes de seu tempo. Dedicava-se à pintura e tinha bom ouvido musical, além de uma bonita voz de soprano, tendo chegado a atuar como cantora em eventos na corte, como missas e oratórios. Foi protetora dos irmãos Michael e Joseph Haydn. Joseph dedicou a Maria Teresa uma missa, a que chamou de *Theresienmesse*. A própria imperatriz cantou-a como soprano solista na apresentação privada à corte vienense em maio de 1801. Ludwig van Beethoven, que dedicou a ela o *Septeto em mi bemol maior*, e o poeta Friedrich Schiller eram patrocinados pelo cunhado de Maria Teresa, o arquiduque Rodolfo. A prática dos Habsburgo como fomentadores da arte era tão arraigada a eles como seu apoio à filantropia.

Uma influência que Maria Teresa incutiu nos filhos foi a falta de preconceito social. Em um dos divertimentos que preparou num dos aniversários de Francisco II, por exemplo, a filha mais velha, a arquiduquesa Maria Luísa, divertiu-se dançando com o filho do cozinheiro.[9] Certos tipos de preconceito são adquiridos na infância, no seio familiar, e o de se achar superior a pessoas de classe, cor e posição social diferentes das suas não foi passado a Leopoldina pela família. Esse fato iria fazer uma grande diferença no modo como o povo brasileiro veria, anos depois, aquela princesa loura e de pele bem clara sempre disposta a parar para conversar com os necessitados, independentemente de suas condições sociais ou da cor da pele.

A imperatriz Maria Teresa teve ao todo doze filhos durante os dezessete anos de casada: Maria Luísa (1791-1847), Fernando I (1793-1875), Maria Carolina (1794-1795), Carolina (1795-1799), Leopoldina (1797-1826), Maria Clementina (1798-1881), José Francisco (1799-1807), Maria Carolina (1801-1832), Francisco Carlos (1802-1878), Maria Ana (1804-1858), João Nepomuceno (1805-1809) e Amália (1807).

Como foi praxe até o século XX, as crianças, principalmente dentro da realeza e da nobreza, eram divididas em pares, que, além de muitas vezes serem vestidos iguais, tinham aulas juntos com os mesmos professores. Cada dupla também desenhava e brincava entre si. O par de Leopoldina era Maria Clementina, sua irmã um ano mais nova, com quem não tinha muita paciência. Tudo para Leopoldina girava ao redor da irmã mais velha, Maria Luísa, que ela considerava mais inteligente, charmosa, bonita e extrovertida, ao contrário de si mesma, que era considerada tímida, fechada, teimosa e, às vezes, passiva. Mas o contato entre as duas era restrito. Leopoldina e Maria Luísa só podiam se visitar em determinados horários, ou se encontravam quando visitavam os pais pela manhã.[10]

A irmã mais velha seria para sempre a grande confidente de Leopoldina, como se depreende das cartas trocadas entre elas ao longo dos anos. Além das irmãs, Leopoldina também foi ligada aos irmãos Fernando e, principalmente, Francisco Carlos, o seu preferido. Os meninos seriam os mais afetados pelo casamento dos pais, dois primos-irmãos, que era apenas mais um caso na longa e incestuosa história genética dos Habsburgo. Fernando, nascido com hidrocefalia, chegaria a reinar como Fernando I, mas sua inteligência afiada era anulada pelos problemas neurológicos e pela epilepsia. Chegou a ter vinte ataques epilépticos por dia, cinco quando tentou consumar seu casamento. Abdicaria em 1848 em favor do sobrinho Francisco José, filho de Francisco Carlos, que, fraco e sem ambições políticas, abriu mão do trono.

Além das relações familiares, havia também aquelas que as crianças estabeleciam com as pessoas de sua própria corte. Leopoldina, por exemplo, tinha predileção pela sua camareira, Francisca Annony, que provavelmente também teria sido a sua ama de leite.

Maria Luísa, em comparação, era muito próxima de sua aia, a condessa von Colloredo, a quem chamava de "mamã".[11] Também era muito amiga da filha dela, Victoire, com quem iria manter correspondência ao longo de toda a vida.

Muitas vezes, na correspondência trocada entre os membros da família imperial e essas pessoas da corte, são revelados os bastidores íntimos da vida no palácio. É o caso de uma carta de Maria Luísa para a condessa von Colloredo, de 2 de março de 1799,[12] na qual a arquiduquesa conta que seria levada para brincar com Leopoldina, um bebê na época. Em outra missiva, em 4 de novembro de 1799, Maria Luísa escreve: "Minha irmã Leopoldina se tornou tão linda que eu fiquei surpresa!".

As cartas de Maria Luísa para Victoire são o maior testemunho da infância dela e dos irmãos. Nelas vemos até mesmo um pouco da monotonia da vida de uma princesa, como na de 9 de agosto de 1801:

> Diário de ontem: levantar, rezar, me vestir, tomar café da manhã com mamãe, ir à missa com mamãe, depois da missa aula, daí pintar um desenho, almoçar, depois brincar com meu irmão e minha irmã [Leopoldina], ir para a aula, brincar, rezar, jantar, ir para a cama e dormir.[13]

Claro que nem sempre tudo era tão entediante, como ela conta numa outra carta datada de 29 de outubro de 1804:

> Estive presente a um pequeno incêndio que Leopoldina começou com Mamãe. O fogo saiu pela chaminé, de maneira que foi

> visto na praça, a guarda tocou os tambores, uma quantidade de gente se reuniu, meu tio Carlos, Wohlleben, o príncipe Esterházy, os guardas, comissários de polícia, granadeiros [...] vieram, em cinco minutos estava tudo resolvido e todos estavam no corredor ao mesmo tempo, meu tio Carlos e o homem negro entraram sozinhos na sala, o fogo foi ocasionado por muito papel e madeira. [...][14]

Claramente, o incêndio foi provocado por alguma experiência entre mãe e filha que quase levou a um quarto destruído. É interessante imaginarmos Leopoldina observando que quanto mais papel e lenha eram colocados na lareira, maior era o fogo produzido. Esse experimento científico, que poderia ter incendiado Hofburg, revela uma jovem de 7 anos bastante curiosa. Ao mesmo tempo, demonstra a passividade da irmã mais velha, tão idolatrada pela mais nova.

No inverno, além de quase colocar fogo no palácio, Leopoldina divertia-se com os irmãos com patinação no gelo ou em visita a um grande presépio que havia sido montado nos aposentos da mãe. Em carta de 6 de janeiro de 1805, Dia de Reis no calendário católico, Maria Luísa conta sobre ele a Victoire: havia carros e uma enorme cachoeira, uma roda que girava, uma fonte, um canal, um pescador com a sua rede e vários outros personagens. Na lista que a arquiduquesa fez das pessoas presentes, ela, por já ter feito primeira comunhão, figurava como a primeira dos adultos, enquanto Leopoldina aparecia como a primeira das crianças mais velhas.[15]

Leopoldina, junto da família, passou grande parte da infância e da juventude entre Hofburg, no centro de Viena, o Palácio de Schönbrunn, na época localizado fora da cidade, e, eventualmente, no Palácio de Hetzendorf. Um dos locais preferidos, longe da corte e bastante utilizado no verão, era o Castelo de Laxenburg, especificamente seu enorme parque, que acabou sendo transformado numa espécie de Disneylândia do século XIX.

Ao contrário dos jardins franceses de Schönbrunn, os de Laxenburg seguiram o modelo inglês, com amplos gramados, florestas, grutas e ilhas artificiais. Neles, foram instalados pavilhões e até um espaço para torneios medievais. Numa das ilhas, Maria Teresa mandou que fosse construído um refúgio idílico para sua família, o Castelo de Franzensburg. A construção seguiu o estilo medieval, com direito até mesmo a uma masmorra na qual um prisioneiro mecanizado arrastava suas correntes. Completavam o complexo um labirinto e um teatro ao ar livre, no qual representavam os filhos dos imperadores.

No verão, cada membro da família imperial cultivava seu próprio pequeno jardim, onde plantavam flores, legumes e frutas, tanto em Schönbrunn quanto em Laxenburg. O que hoje pode parecer somente uma diversão ou passatempo na realidade fazia parte do programa de estudos dos arquiduques, que Leopoldina tentaria implementar junto aos seus filhos no Brasil. Anos depois, sua experiência com a terra faria com que comentasse, em carta ao irmão, sobre o atraso do cultivo no Brasil: "Se não vier mais população e não for revolvido o solo com muitos esforços e paciência, dificilmente algo mudará".[16]

Além de cultivarem a terra, em Laxenburg, as crianças adoravam pescar com a mãe e alimentar os cisnes do lago. Em Schönbrunn, a diversão era visitar os animais e suas crias no zoológico do palácio, além de observarem, impressionadas, as árvores nas grandes estufas, onde laranjas e plantas de clima mais quente eram cultivadas.

Além do cultivo da terra, Leopoldina, ao longo de sua infância e juventude, coletaria inúmeras espécies vegetais e minerais, uma vez que suas matérias preferidas eram mineralogia e botânica. Mas os animais também estavam no radar de seus interesses. Uma diversão que ela e Maria Luísa compartilhavam era a caça aos sapos. Elas adoravam fazer isso juntas, e chegavam a receber apoio dos funcionários dos palácios, como Maria Luísa relatou em uma carta para Victoire de 29 de outubro de 1804: "Ontem, minha camareira me trouxe 4 sapos, dei 2 para minha irmã Leopoldina. Eles são muito bonitos".[17]

O Anticristo

Mas a infância de Leopoldina estaria longe de ser totalmente idílica. Em 1799, com a expansão da França em direção à Itália, à Suíça e ao Egito, as potências aliaram-se mais uma vez contra os franceses na chamada Segunda Coalizão. Novamente o desfecho foi favorável à França, que, após a Paz de Lunéville, em 1801, passaria a dominar novos territórios que antes pertenciam aos Habsburgo na Itália, na Toscana e em Mântua, além de diversos estados germânicos, até então sob o controle do Sacro Império. Era o princípio do fim. Napoleão, graças ao seu gênio militar e estratégico, além de tomar rapidamente novos territórios para a França, levava aos antigos domínios dos Habsburgo na Europa um novo modo de vida.

Como herdeiro que se achava dos ideais da Revolução Francesa, Napoleão modificou social e comercialmente os antigos domínios do Sacro Império. O Código Napoleônico, implantado em 1804 e válido para todos os territórios ocupados, era revolucionário em vários aspectos. Por exemplo, regulava questões referentes a liberdade individual, direito de propriedade e heranças e separava definitivamente o Estado da Igreja. O Estado, e não mais a Igreja, nos territórios ocupados pelos franceses, passou a ser responsável pelas notações sobre casamento, nascimento e morte, transformando o divórcio num assunto civil e não mais eclesiástico. Também as medidas de comprimento, volume e capacidade foram unificadas pelo sistema métrico decimal em toda a Europa napoleônica. A servidão terminava com a chegada dos franceses. Não é de estranhar que muitos dos súditos do antigo Sacro Império vissem, a princípio, com satisfação e esperança a invasão francesa.

A escalada de Napoleão política e militarmente acabou levando-o a se proclamar imperador da França em 1804 e, depois, rei da Itália. Em paralelo a esses fatos, Francisco II estabeleceu como um império à parte os principais domínios ancestrais dos Habsburgo: a Áustria, a Boêmia e a Hungria, então pertencentes ao Sacro Império. Elevou o grão-ducado da Áustria ao status de império e proclamou-se seu primeiro imperador, passando a ser denominado Francisco I.

Em 1805, a Inglaterra, seguida pela Rússia e pela Áustria, formou a Terceira Coalizão, que entrou em confronto com Napoleão. Uma vez mais, a guerra foi catastrófica — principalmente para a Áustria, que logo foi invadida pelas tropas francesas —, obrigando os Habsburgo a fugir de Viena, em novembro de 1805. Napoleão instalou-se no Palácio de Schönbrunn. Grande parte da família imperial austríaca buscou refúgio em Ofen, nome alemão de Buda,[18] na Hungria. Maria Teresa, acompanhada de Leopoldina, então com 7 anos, foi se juntar ao marido no seu quartel-general em Brünn, na Morávia.[19] Lá, a imperatriz procurou injetar a coragem necessária que faltava ao desanimado imperador, que via a capital do império ancestral de sua família tomada e todos os seus territórios sob perigo iminente.

A esperança de vencer os franceses chegou ao fim em 2 de dezembro, quando a Áustria e a Rússia foram derrotadas por Napoleão na Batalha dos Três Imperadores, ocorrida perto de Austerlitz. A irmã mais velha de Leopoldina, a arquiduquesa Maria Luísa, então com 14 anos, quando soube da derrota do pai na batalha, irrompeu num choro convulso e descarregou o ódio em seu diário, afirmando que Napoleão era a "Besta do Apocalipse" e que desejava ardentemente que ele morresse naquele ano.[20] Com a derrota austríaca, Maria Teresa fugiu com sua filha Leopoldina do acampamento do imperador em direção à Silésia Austríaca, onde se refugiou na cidade de Friedeck.

Assim, Leopoldina ficou afastada dos outros irmãos, que estavam inicialmente reunidos em Budapeste sob a proteção do tio, o arquiduque José, palatino da Hungria. Posteriormente, as crianças seriam enviadas para a Galícia,[21] ficando sob responsabilidade da condessa von Colloredo.

Nessa época, os pequenos arquiduques brincavam com soldadinhos feitos com cera ou madeira. Ao boneco mais feio do exército francês, deram o nome de Napoleão, a quem espetavam com agulhas de bordado e xingavam.[22]

A família imperial só se reuniria novamente em Viena no início de 1806, como relata Maria Luísa em carta para Victoire:

> 22 de janeiro de 1806 [...] que felicidade de rever meus pais tão queridos, isso por si só me consola pela perda de você, estou fora de mim de os rever, eles parecem estar ótimos, Leopoldina cresceu muito depois do sarampo. Eu reconheço, minha sempre querida amiga, as angústias que ela teve por Mamãe, eu ainda as tenho muito vivas, isso e as viagens me fizeram crescer quatro dedos. [...][23]

Além de sabermos que, no meio de todas as fugas, a família acabou separada e Leopoldina teve sarampo, uma frase solta de Maria Luísa na carta revela um drama: "Isso por si só me consola pela perda de você". Com a derrota da Áustria, tudo o que era francês, ou pró-francês, acabou sendo afastado, inclusive pessoas que serviam à casa imperial. Esse foi o caso da condessa von Colloredo. A aia de Maria Luísa era francesa de nascimento, e ela e o marido pertenciam à facção pró-francesa dentro da corte de Viena. Por isso foram obrigados a entregar os cargos e se retirarem para suas propriedades.[24] Apesar da partida da "mamã" Colloredo e de Victoire, Maria Luísa conseguiu permissão para continuar escrevendo a elas.

O ódio a tudo o que era francês fortaleceu-se após a chamada Paz de Pressburg. Pelo tratado, a Áustria perdeu novamente possessões na Itália e na Alemanha. Napoleão, ainda mais fortalecido, reorganizou sob a sua proteção os Estados germânicos, que até então formavam o Sacro Império Romano-Germânico, na chamada Confederação do Reno, o que levou a Assembleia Legislativa do Sacro Império a exigir que Francisco II devolvesse a coroa de imperador. Sem mais forças para lutar e completamente abatido com a perda de grande parte de sua herança ancestral, em 6 de agosto de 1806, Francisco abdicou da coroa do Sacro Império, passando a utilizar o título de imperador da Áustria.

Napoleão, ao refazer o mapa da Europa de acordo com o seu projeto de poder, ia destituindo reis, duques e príncipes, em grande parte parentes dos Habsburgo. Essa realeza destronada seguia em procissão a Viena, como foi o caso da única filha sobrevivente da rainha Maria Antonieta e do rei Luís XVI, Maria Teresa Carlota, que encontrou refúgio junto ao primo Francisco da Áustria. A situação, que já era grave antes, tornara-se desesperadora depois de Napoleão ter atingido diretamente os Habsburgo, diminuindo o tamanho de seus domínios e tomando uma de suas coroas ancestrais. A imperatriz Maria Teresa, no seio da família, passou a chamar Napoleão de "Anticristo", "Personificação do Demônio", "Corso Sanguinário", "Grande Fera" e "Monstro".[25] Os pequenos arquiduques e arquiduquesas ganharam um novo brinquedo: um grande boneco, de aparência horrível, chamado de Napoleão, o qual espancavam e alfinetavam.[26]

A Dama Branca

Tentando esquecer todos os infortúnios do ano anterior, como se o império ancestral não houvesse sido esfacelado e a Áustria não estivesse endividada, Maria Teresa decidiu festejar o carnaval de 1807 no Castelo de Laxenburg.

Nos dias atuais, Laxenburg recebe um grande número de visitantes, inclusive os próprios vienenses, que gostam de aproveitar seu imenso parque. Muitos dos locais onde nasceram, viveram e brincaram gerações de arquiduques ainda podem ser visitados, mas um dos lugares prediletos da imperatriz Maria Teresa só pode ser encontrado com um mapa e boa vontade, ou quando se está perdido. Trata-se de uma área esquecida do parque, aonde só é possível chegar andando pelo bosque, sem qualquer caminho pavimentado ou sinalização.

Após passar por algumas pontes que atravessam os braços de um canal artificial, com sorte se consegue avistar o que restou da romântica vila de pescadores mandada construir por Maria Teresa em 1789. O local, segundo descrições de 1807, tinha um templo de pesca, com oito grandes troncos fazendo o papel de colunas, duas grandes casas e várias cabanas menores. Tudo devidamente mobiliado especialmente com motivos de pesca, como podemos ver em uma mesa que hoje está no Museu do Mobiliário de Viena. O tampo apresenta uma vista da vila e é sustentado por três grandes peixes. Uma das casas guardava utensílios próprios para pescaria, como varas, anzóis, redes e até remos, e as construções possuíam janelas com vidros coloridos.

A ideia dessa vila segue os mesmos princípios da aldeia que a tia de Maria Teresa, a rainha Maria Antonieta da França, havia mandado erguer em Versalhes entre 1782 e 1783. Embaladas pelo Arcadismo, um movimento artístico inspirado na vida campestre, a nobreza e a realeza passaram a criar esses refúgios idílicos em busca de momentos simples e bucólicos em contato com a natureza. Nesses cenários, nenhum camponês ou pescador verdadeiro poria os pés; do mesmo modo, aqueles que os mandavam construir tinham apenas vislumbres da vida que tentavam replicar. Era o chamado "fingimento poético", do qual também participavam os poetas, com seus nomes pastoris.

A imperatriz gostava bastante de pescar na sua vila, tanto sozinha quanto com os filhos, conforme menciona em suas cartas ao marido. Na Biblioteca Nacional da Áustria, há um desenho feito por Leopoldina mostrando esse refúgio. Muito provavelmente, as pescarias que realizou com a mãe foram uma das lembranças carinhosas que guardou dela. Quando a princesa se mudou para o Brasil, ela manteve o hábito adquirido na infância, realizando pescarias principalmente na Ponta do Caju, no Rio de Janeiro.[27]

Foi essa vila de pescadores o cenário da última festa de Maria Teresa. Ali ela reuniu a família e sua corte para se divertirem com música e com a pesca aos "peixes encantados", realizada no lago das carpas, onde cada convidado recebeu um guia de pesca. Os peixes foram fantasiados, e a diversão maior foi o médico da imperatriz pegar, com o seu anzol, um peixe bebê de fralda.[28]

Mas a felicidade duraria pouco. Ao retornarem para Viena, a imperatriz começou a passar mal. Maria Teresa não se encontrava muito bem de saúde já havia algum tempo. A fuga no meio do inverno de 1805, rumando para o acampamento do imperador e depois fugindo novamente com a derrota austro-russa em Austerlitz, abalou a sua saúde. Aos 35 anos, durante sua difícil 12ª gestação, Maria Teresa contraiu pleurisia tuberculosa no inverno de 1806 para 1807.

Leopoldina, aos 10 anos, era uma criança impressionável. As inúmeras distrações durante o carnaval em Laxenburg não conseguiram fazê-la esquecer a fuga de Viena, as inúmeras viagens para escapar de Napoleão, a guerra e a doença da mãe. A pequena arquiduquesa começou a ter medo dos corredores escuros de Hofburg, onde, certa noite, em abril de 1807, acreditou ter visto uma sombra pálida, que logo identificou como a Dama Branca.[29] A Dama Branca faz parte das inúmeras lendas medievais germânicas. Seria de uma mulher, toda vestida de branco, que apareceria para membros de casas da realeza, como os Hohenzollern[30] e os Habsburgo. Vista durante séculos, até mesmo servindo algumas vezes de mensageira para que príncipes e imperadores não cometessem erros fatais na condução de seus governos, a Dama Branca também era uma mensageira da morte. Ela teria sido avistada várias vezes pouco antes do falecimento de algum membro da casa reinante. Havia quem afirmasse tê-la visto em Hofburg quando da morte de Maria Antonieta na França. A aparição continuaria surgindo para membros da casa de Habsburgo até a derrocada da dinastia, no final da Primeira Guerra Mundial.

Diante da revelação de Leopoldina de que teria visto a Dama Branca, as pessoas riram dela e tentaram acalmá-la, afirmando que "era seu próprio reflexo no espelho e não um fantasma".[31] Suas aias buscaram racionalizar o ocorrido. O que a arquiduquesa vira na realidade seria uma dama da corte, que, vestida de branco, deixava a Igreja de Santo Agostinho por uma passagem pouco utilizada. Mas certos momentos de nossa vida, ainda mais de nossa infância, não podem ser encarados com a razão: Leopoldina estava para perder a mãe e sabia disso. Em 6 de abril de 1807, a imperatriz deu à luz um bebê prematuro, uma menina, que faleceu três dias depois.[32] No dia 12, Maria Teresa recebeu a extrema-unção e chamou os filhos para se despedir. No dia seguinte, estava morta. O pai de Leopoldina, num surto, agarrou-se ao cadáver inerte da esposa, tendo que ser retirado do quarto à força pelo irmão, o arquiduque Carlos. Durante o funeral, Francisco manteve-se afastado do caixão, ficando junto dos filhos.

Podemos imaginar a dor da perda de Leopoldina, assim como a confusão que deve ter passado pela sua cabeça. Ao mesmo tempo que ela poderia afirmar aos que duvidaram dela que não era mentira, que havia realmente visto a Dama Branca, a prova era o corpo inerte de sua própria mãe.

A madrasta

O imperador lidou com o luto a sua maneira. Acompanhado pela filha mais velha, Maria Luísa, seguiu logo após a morte da esposa para a Hungria, deixando os menores para trás em Viena. No fim de junho, ocorreu mais uma morte na família: depois de uma longa doença, falecia o arquiduque José, dois anos mais novo que Leopoldina. Em julho, novamente com Maria Luísa, o imperador estava afastado dos filhos fazendo estação de águas nas termas de Baden.

Enquanto isso, Leopoldina passava parte do triste verão após a morte da mãe em Laxenburg, passeando todos os dias no parque do castelo com sua irmã mais nova, Maria Clementina. Podemos imaginar o quanto esse período teria impactado a arquiduquesa. Ela havia sido deixada, em meio ao luto, sem o pai nem a irmã mais velha por perto, imersa no cenário que sua mãe ajudou a moldar, junto aos ecos da última festa dos peixinhos, dada alguns meses antes. Finalmente houve algum alívio quando Maria Luísa se reuniu, no final do verão, aos irmãos no Palácio de Hetzendorf, próximo a Schönbrunn.

Mas 1807 ainda guardaria grandes supresas para Leopoldina e sua família. No outono, ocorreu um terremoto em Viena, seguido de imensas tempestades no início do inverno. Vendavais arrancaram os telhados das casas, e até a cúpula da Igreja de Santo Agostinho, paróquia da corte, dentro de Hofburg, foi destruída. Logo foi evocada uma lenda de que o diabo queria arrasar com a casa de Deus.[33]

A cereja do bolo, para todo mundo achar que 1807 marcaria o fim do mundo, foi o avistamento de um cometa. Enquanto muitos entraram em pânico, Leopoldina escreveu ao pai em 13 de outubro relatando de maneira objetiva a observação do fenômeno: "Vimos, querido papai, um cometa com uma cauda longa, isto deve significar que ele vai poder ser visto por mais tempo. Ontem eu também o vi, ele é pequeno e pálido". Alguns dias depois, ela retomaria o tema: "No dia 14 de outubro, eu vi o cometa de novo, mas com a luneta, através da qual eu pude percebê-lo muito melhor e mais nítido".[34]

No início do ano, Leopoldina tinha afirmado ter visto a Dama Branca e, de certa maneira, convertido-se em arauto da morte da mãe. Depois de sua imensa perda, a criança de 10 anos foi obrigada a viver seu luto com os irmãos, praticamente sozinhos, sem o apoio direto do pai e da irmã mais velha. No fim do ano, ela já não acreditava nem que o diabo queria destruir a igreja da corte, nem que o cometa marcaria o fim da vida na Terra. Como vemos pelas cartas de Leopoldina ao pai, ela passou a analisar e relatar o que via, de maneira curiosa, pragmática e científica. Pobre Dama Branca, se aparecesse novamente diante dela, seria dissecada e empalhada.

Durante o tempo em que as crianças ficaram sós em seu luto, foram constantemente visitadas no Palácio de Hetzendorf pela arquiduquesa Maria Beatriz d'Este. Ela era viúva do arquiduque Fernando Carlos, tio do imperador Francisco. O arquiduque e sua família haviam se exilado em Viena após serem expulsos pelos franceses do ducado de Milão, um dos estados que compunham o Sacro Império, que Fernando Carlos governava.

Com a morte do arquiduque, em 1806, Maria Beatriz e a filha do casal, Maria Ludovica d'Este, acabaram sendo protegidas pelo imperador da Áustria.

Francisco, pai de Leopoldina, que havia sido um excelente marido, revelou-se um péssimo viúvo. Ele resolveu rapidamente, poucos meses após a morte da esposa, seu novo consórcio. A escolhida, sua prima Maria Ludovica d'Este, era dezenove anos mais moça que o imperador. A filha mais velha de Francisco, a arquiduquesa Maria Luísa, somente quatro anos mais jovem que a madrasta, ficou muito feliz com a notícia do novo relacionamento, afirmando que, além de primas e amigas, agora elas também seriam mãe e filha.

O imperador encarregou Maria Luísa de entregar a Maria Ludovica um presente no seu aniversário, em 13 de dezembro. Era um vestido de renda branco com um cachecol e um grande buquê de rosas vermelhas, junto com uma carta.[35] Mais tarde, no mesmo dia, Leopoldina foi chamada para dar os parabéns à "querida prima", sem ter a menor ideia de que ela seria a sua futura madrasta, ao contrário de Maria Luísa.

O pedido oficial ocorreu em 3 de janeiro de 1808, e o casamento foi celebrado no dia 6, pondo fim ao período de luto que durara quase nove meses. Viena comemorou com a família imperial. Houve fogos de artifício e iluminações públicas, e todos puderam entrar de graça em teatros e casas de concerto. Outra coisa que chamou a atenção dos Habsburgo nessa época, bem como de todos os habitantes da capital, foram as crias dos cangurus do zoológico de Schönbrunn. Muita gente foi visitá-los, especialmente as mulheres, sendo Leopoldina uma delas. Por alguns instantes, ninguém mais pensava em guerra, nas perdas, nem na ex-imperatriz.

Na sequência das festas de casamento de seu pai, Lepoldina completou 11 anos no dia 22 de janeiro. Segundo Maria Luísa, já era uma idade "onde se começa a se tornar sensato".[36] No dia 23, houve um café da manhã e um jantar em família, e à noite ocorreu um pequeno baile com convidados da cidade para comemorarem a data.

A nova imperatriz, mesmo não estando muito bem de saúde na ocasião, compareceu ao baile. Maria Ludovica tinha temperamento diferente de sua antecessora. Era mais econômica e mais refinada intelectualmente. Entretanto, tinha ao menos dois pontos em comum com a finada Maria Teresa: o poder que exerciam sobre o marido e o ódio de ambas a Napoleão.

A nova madrasta e Leopoldina deram-se muito bem. A arquiduquesa chamava-a de "mamãe" e, nas cartas, referia-se a ela como "querida mamãe", reservando à mãe biológica falecida a expressão "querida eterna mamãe". Em compensação, Maria Ana, a irmã mais nova de Leopoldina, só tratava Maria Ludovica por "prima". A imperatriz, em carta ao marido, relatou como era o dia a dia dela com os enteados enquanto ele estava viajando. Maria Ludovica recebia as crianças em seus aposentos na parte da tarde, Maria Luísa tocava piano, e os outros dançavam. As reuniões ocorriam das 13h30 às 15h30.[37]

Nesses encontros, sempre supervisionados por outros adultos, o irmão da nova imperatriz, Francisco d'Este, duque de Módena, às vezes comparecia. Maria Luísa acabou se apaixonando pelo primo, como era desejo da madrasta. Longe de se dedicar apenas à criação dos enteados e a um futuro casamento do irmão, a nova imperatriz, além de entusiasta do movimento romântico alemão, também se imiscuía na política. Maria Ludovica era partidária de que se devia enfrentar novamente Napoleão para retomar os estados ancestrais dos Habsburgo e, claro, com isso, devolver o ducado de Milão à sua família, com seu irmão Francisco d'Este no trono. Na corte, ela aliou-se ao chanceler Johann Philipp von Stadion enquanto tentava insuflar ânimo, vontade e decisão em seu marido.

Bloqueio continental

Desde 1806, Napoleão havia decretado na Europa o Bloqueio Continental na tentativa de asfixiar comercialmente a principal rival da França: a Inglaterra. Mas para que o bloqueio desse certo, além dos portos que estavam sob o comando da França e dos seus aliados e estados fantoches, era necessária a colaboração de Rússia, Espanha e Portugal, que não se encontravam então dominados por Napoleão. A aliança com a Espanha formou-se rapidamente, ainda no início das Guerras Napoleônicas, com a esperança dos espanhóis de tomar toda a península Ibérica sob sua Coroa.

Essa história de esperanças de conquistas territoriais só terminou bem, ao menos por um tempo, para uma única pessoa: Napoleão. Portugal, aliado da Inglaterra, transferiu a capital para o Rio de Janeiro, na distante colônia brasileira, a salvo das garras do Corso. Este, apesar de possuir um poderoso Exército, não contava com uma esquadra com capacidade bélica para fazer frente à Marinha Real britânica, que reinava soberana nos oceanos do mundo.

Tido como "fujão", d. João, o príncipe regente português que reinava no lugar da mãe, a rainha d. Maria I, interditada com problemas mentais, conseguiu, ao transferir a capital de seu reino para o Brasil, salvar a mais rica colônia portuguesa. Diferentemente do que acabou ocorrendo com as demais colônias europeias na América Latina, o Brasil terminou por ficar unido, enquanto os vice-reinos da Espanha desmoronaram e acabaram se transformando em dezenas de Estados militarizados guerreando interna e externamente com seus vizinhos. Os reis da Espanha e seu filho, que, aliados a Napoleão, haviam tramado contra d. João, acabaram sendo presos em maio de 1808, e no trono espanhol foi colocado José Bonaparte, irmão do imperador francês.

O que Napoleão não previu foi a onda de patriotismo espanhol que culminou na insurreição do povo e das tropas contra os franceses. Em 19 de julho de 1808, o Exército napoleônico conheceria a sua primeira derrota na cidade espanhola de Bailén, onde soldados franceses e o seu comandante foram aprisionados. Esse seria o primeiro de diversos levantes ocorridos na península Ibérica, inclusive com o auxílio do Exército inglês, que ocupou Portugal em nome do príncipe d. João VI e fortaleceu as defesas do país.

A primeira grande derrota de Napoleão e o levante da população contra os franceses causaram uma onda pela Europa já farta de tanta guerra. A população dos territórios que antes aplaudiam a chegada dos franceses agora queria se livrar desse fardo. Se antes, com a inicial ocupação, o modo de vida havia melhorado, com leis e igualdade para todos, agora os tributos ficaram mais pesados. Chegavam a taxar o número de portas, janelas e móveis que a casa possuía. Outro fator de descontentamento era o alistamento obrigatório, muitas vezes forçado, em que o soldado era obrigado a servir no Exército por cinco anos.

Além do dinheiro e dos homens para alimentar sua máquina de guerra, as cidades por onde o exército napoleônico passava eram obrigadas a dar pensão, comida e vinho para os soldados. Somado a isso, ainda havia o Bloqueio Continental, que impedia os camponeses de exportar o excedente de sua colheita. Produtos como café, chá e açúcar, além de tecidos, somente eram possíveis de obter por contrabando, com valores abusivos.

Quinta Coalizão

O sucesso do levante espanhol, que obrigou Napoleão a ir pessoalmente para a península, e o descontentamento contra os franceses na Europa Central fizeram com que o chanceler Stadion, da Áustria, se animasse e tentasse levantar as populações dos Estados germânicos oprimidos pelos franceses. A chamada Quinta Coalizão foi a menor de todas e baseada em esperanças de alianças com a Rússia e a Prússia, que não ocorreram. Napoleão, retornando às pressas para Paris a fim de abafar uma revolução palaciana que tentava a sua deposição, chegou a tempo para assumir pessoalmente seus exércitos contra os austríacos.

A guerra teve início em abril de 1809, com o Exército austríaco sendo comandado pelo arquiduque Carlos, irmão do imperador Francisco, responsável pela modernização da força.

As defesas da capital ruíram, e Viena foi ocupada pelo franceses. Em 13 de maio, Napoleão se instalou no Palácio de Schönbrunn. Os Habsburgo haviam fugido e se refugiaram na Hungria. A imperatriz Maria Luísa e Leopoldina ficaram até junho em Budapeste, enquanto o irmão de Maria Ludovica, Francisco d'Este, foi com o restante dos arquiduques para o distrito húngaro de Groswardein, próximo à fronteira com a atual Romênia.

Em 21 e 22 de maio, as forças austríacas, comandadas pelo arquiduque Carlos, enfrentaram os franceses na Batalha de Aspern-Essling, impondo a Napoleão a primeira derrota em dez anos. Mas a vantagem austríaca acabou sendo perdida, pois o exército francês conseguiu se retirar, se reagrupar e receber reforços ao longo das semanas que se seguiram.

Em 28 de maio, durante um passeio pelo parque de Orczy, na capital húngara, Maria Luísa e Leopoldina depararam-se com uma multidão e foram ver o que estava acontecendo. Uma nuvem de moscas cobria os cadáveres podres e seminus de franceses boiando na água. O impacto foi grande para as duas, pois ambas contam sobre o ocorrido em cartas, Leopoldina para o irmão Francisco,[38] e Maria Luisa para sua amiga Victoire.[39]

Budapeste não era mais uma opção segura, ali os Habusburgo podiam cair facilmente nas mãos de Napoleão. Com medo de serem feitas reféns, a imperatriz, Maria Luísa e Leopoldina partiram para o leste, estabelecendo-se numa cidade murada, também na Hungria, chamada Erlau, atual Eger, aos pés dos montes Matra.

Em carta para Victoire, Maria Luísa contou sobre o estado desesperador das coisas. Nem acomodação elas tinham direito. Além da cama, a arquiduquesa tinha dois canapés rasgados e cadeiras cheias de pregos, sendo que o quarto de Leopoldina era igualmente pobre. Nenhuma das duas gostou do local em que ficaram, porém, diferentemente da irmã mais velha, Leopoldina se concentraria na natureza ao redor.

> Eu lhe asseguro que invejo minha irmã Leopoldina o pouco efeito que lhe causam nossos infortúnios, ela possivelmente viverá mais, ela se diverte criando um Wiedehopf [poupa-eurasiática, um tipo de ave], ele é soberbo e muito manso, ela o leva ao jardim onde ontem ele estava a ponto de ser devorado por um gato. [...][40]

Tentando passar o tempo, Maria Luísa dava aulas de cravo para a irmã aos domingos, enquanto a imperatriz pintava telas a óleo. A educação de Leopoldina não parou com a guerra e o exílio forçado, pelo contrário, ela continuou estudando geografia, história, desenho, religião e italiano e lia avidamente até a hora do jantar. Isso quando não estava passeando pelo campo com Maria Luísa, como certa vez em que ambas acabaram caindo numa vala.

Leopoldina aproveitou seus passeios pela região para ampliar a coleção de mineralogia que havia ganhado do pai e escreveu a ele dizendo que havia acrescentado "espécimes que se encontram aqui na região e nos montes Matra. Já consegui uma boa parte e passo horas agradáveis observando a coleção".[41]

Enquanto isso, a guerra prosseguia. Maria Luísa recebeu notícias desanimadoras do cerco de Bratislava e de outras batalhas, como a derrota do seu tio Carlos na Batalha de Wagram, em 6 de julho. A sucessão dos fracassos austríacos levaria a um armistício no dia 12.

Em resposta a sua amiga, Maria Luísa escreveu no dia 8:

> Eu desejo que sua profecia se realize e que a casa da Áustria se levante da decadência na qual está mergulhada no momento, mas não sei qual instinto secreto me faz duvidar e já quis várias vezes acreditar que nos aproximamos do fim do mundo e que aquele que nos oprime é o Anticristo.[42]

Enquanto a Áustria mais uma vez era subjugada por Napoleão, em Erlau, Maria Ludovica foi a responsável pela introdução de Leopoldina ao *Pietas Austriaca*. A imperatriz cuidou por três dias da preparação da enteada para a primeira comunhão dela, realizada na capela do bispo em 16 de julho.[43]

Segundo Maria Ludovica escreveu ao marido, Leopoldina estava se tornando "mais sólida", porém precisava sempre de alguém que a controlasse. Também afirmou que estava muito satisfeita com ela.[44]

A família imperial, em seu exílio em Erlau, recebia diversas notícias a respeito de Viena ocupada. Elas iam desde a morte do cura da corte até quem havia se casado com quem, além de informes sobre a ocupação dos apartamentos de Leopoldina em Hofburg por ajudantes de campo de Napoleão.

O imperador francês, segundo relato enviado aos exilados, teria aparecido uma única vez a galope pela cidade. Eventualmente havia grandes paradas em Schönbrunn, onde havia se hospedado. Nelas, Napoleão podia ser visto rodeado por seus guardas. No Palácio de Schönbrunn, ele usufruía de tudo, inclusive do teatro, onde mandara ir à cena *Fedra*, entre outras peças.

Em 15 de agosto, Napoleão comemorou em Viena o seu aniversário de quarenta anos com uma parada de generais. O imperador francês foi saudado por cartazes como "Viva o imperador", sem dizer qual, ou: "Oh Napoleão, quão grande é o seu esplendor, mas deixe-nos nosso querido imperador Francisco".[45]

No final de setembro e começo de outubro, os Habsburgo transferiram-se novamente para Budapeste, mas as coisas tomaram rumos piores. O irmão da imperatriz, Carlos d'Este, que havia seguido a vida religiosa e se tornado arcebispo primaz da Hungria, durante visita aos soldados feridos na batalha de Raab, contraiu febre tifoide e faleceu em setembro de 1809. Devido à guerra, diversas epidemias alastravam-se, e não foi diferente com a família imperial. Maria Ludovica adoeceu, seu irmão Francisco d'Este contraiu sarampo, Leopoldina ficou acamada por três semanas com febre reumática, e o arquiduque Luís estava de cama fazia meses. Conforme afirmava Maria Luísa, a casa parecia um hospital.[46]

Em outubro, finalmente, o imperador francês acabou sendo convencido pelo príncipe de Talleyrand, seu ministro das Relações Exteriores, a poupar a casa real da Áustria e seu império. Segundo o ministro, "sua majestade pode agora eliminar a monarquia austríaca ou restabelecê-la. Este conglomerado de Estados deve ficar junto. É absolutamente indispensável para o futuro bem-estar do mundo civilizado".[47] Talleyrand, uma verdadeira raposa diplomática que sobreviveria aos três monarcas a que serviu e à Revolução Francesa, era regiamente subornado pelos austríacos havia anos.

Em 14 de outubro, foi assinado o Tratado de Schönbrunn. Apesar de os Habsburgo permanecerem no trono, ao contrário do ocorrido com parte das casas europeias, seu território seria novamente expropriado.

Além de diversas possessões, divididas entre França, Polônia, Rússia e Baviera, os austríacos também perderiam o acesso ao mar Adriático. Seriam obrigados a pagar uma indenização de 85 milhões de francos e limitar o Exército a 150 mil homens.

No processo da derrota austríaca, o chanceler Johann Philipp von Stadion, aliado da imperatriz Maria Ludovica, foi substituído. Era o início da escalada do príncipe Klemens Wenzel von Metternich. Como diplomata austríaco em Paris, ele havia sido preso no início da guerra, depois enviado sob guarda militar para Viena ocupada e trocado como refém. Metternich estava ao lado de Francisco I quando da derrota em Wagram. Por iniciativa do diplomata, num conselho realizado em 7 de julho, foi decidido abrir negociações de paz com Napoleão. Isso levou Stadion a apresentar sua renúncia. Em outubro, Metternich foi nomeado ministro dos Negócios Estrangeiros, mas só após a assinatura do Tratado de Schönbrunn, para evitar que seu nome fosse ligado a ele. O príncipe ocuparia o posto por quase quarenta anos, levando sempre em consideração a razão e não as emoções para proteger os interesses austríacos. Isso, no fim, levaria a mais perdas traumáticas, não para o estado imperial, mas para os Habsburgo.

A virgem sacrificada ao Minotauro

Napoleão, casado com Josefina desde 1796, alegava que ela era a sua estrela da sorte. Apesar disso, fidelidade não era o forte de nenhum dos dois, e a família Bonaparte odiava a imperatriz, tentando por diversas vezes livrar-se dela. Até que o próprio destino deu o seu jeito. O declínio de Josefina teve início devido a uma descoberta importante: Napoleão podia gerar herdeiros.

Josefina era mais velha que o marido e já era mãe de dois filhos do primeiro casamento com o visconde Alexandre de Beauharnais, decapitado durante a Revolução Francesa. Eugênio e Hortênsia foram adotados por Napoleão e colocados em tronos pela Europa. A Eugênio, casado com Augusta, filha do rei da Baviera, coube o posto de vice-rei da Itália. Hortênsia foi casada com o irmão de Napoleão, Luís, feito rei da Holanda. Entretanto, apesar do amor aos filhos adotivos, o Corso queria a sua própria descendência e descobriu que poderia tê-la quando engravidou a condessa polonesa Maria Walewska. Ao contrário das outras amantes, Napoleão tinha certeza de que Maria havia se entregado apenas a ele. O marido da condessa tinha mais de 70 anos, 52 a mais que ela, e praticamente a deu ao imperador francês na expectativa de este conceder liberdade política aos poloneses.

Walewska engravidou em Viena, quando acompanhava o amante na invasão de 1809. A partir desse momento, Napoleão começou a aventar a hipótese de se casar com alguma princesa europeia e gerar um herdeiro, lançando ao sabor dos ventos diplomáticos que desejava se unir a uma "filha de César". Isso alarmou tanto a arquiduquesa Maria Luísa quanto sua madrasta, pois só na Áustria e na Rússia havia filhas de imperadores.[48]

Napoleão separou-se de Josefina no final de 1809 e, para angústia de Metternich, voltou seus olhos, inicialmente, para a grã-duquesa Ana, irmã do czar Alexandre I da Rússia. Se o casamento entre o imperador francês e a irmã do imperador russo se concretizasse, isso podia ser o fim da Áustria, que, debilitada, ficaria cercada por dois países aliados com as relações estreitadas por laços familiares. Para sorte do chanceler austríaco, o czar não negou diretamente a mão de sua irmã, mas deu mostras de que prolongaria as negociações muito além do que a curta paciência de Napoleão suportaria. Agindo nos bastidores, o príncipe de Talleyrand deu a entender à Rússia que uma aliança dinástica entre Alexandre e a Prússia seria mais vantajosa. Enquanto isso, insuflava em Napoleão o seu antigo plano de transformar a Áustria em aliada da França.

Metternich, no início de 1809, enquanto embaixador em Paris, propagandeara aos quatro cantos a beleza, a educação e a cultura da filha mais velha do imperador Francisco I, Maria Luísa. Tratava-se da mesma que havia desejado a morte de Napoleão em 1805 e, no seu exílio em Erlau, em julho de 1809, considerou que os austríacos estavam vivendo o fim do mundo e que o imperador francês era o próprio Anticristo.

Cansado de esperar uma resposta dos russos, Napoleão mandou o enteado Eugênio de Beauharnais chamar o embaixador da Áustria em Paris, Carl von Schwarzenberg, para tratar do casamento com a arquiduquesa Maria Luísa. O pedido foi feito oficialmente em 7 de fevereiro de 1810. Assim como Maria Walewska foi entregue a Napoleão pelo próprio marido na esperança da independência polonesa, Francisco I cedeu a filha acreditando que a aliança entre a França e a Áustria desse fôlego à última. A penúria em que o Estado austríaco ficou por conta das indenizações ordenadas por Napoleão foi tanta que tiveram que se contentar com um exército ainda menor do que o estipulado pelo tratado de paz. Com a debilitação do Estado nacional, foi feito tudo o que se podia fazer para poupar a Áustria e o que sobrava de suas possessões, até entregar uma virgem para ser sacrificada ao Minotauro, como ironizou o secretário de Assuntos Estrangeiros britânico lorde Castlereagh.[49]

Napoleão ainda tratava de seu casamento com a irmã do czar quando, em janeiro de 1810, Metternich conversou com Francisco I sobre casar Maria Luísa com o imperador francês. O pai concordara em remover duas das barreiras para o matrimônio da filha mais velha: a anulação pelo papa do casamento do imperador francês com Josefina e o consentimento da arquiduquesa em aceitar se casar com o inimigo.

Enquanto o destino de Maria Luísa estava sendo decidido, ela ainda estava fora de Viena. A imperatriz e seus enteados permaneciam na Hungria. Pelas cartas de Maria Luísa a Victoire, sabemos que, em janeiro, os irmãos e irmãs estavam se comportando bem e que Leopoldina estava crescida e mais bonita dia após dia, porém estava pequena para a idade e "ficando muito forte".[50]

Maria Luísa informou sarcasticamente a Victoire em 24 de janeiro: "Sei que já estou me casando em Viena com o grande Napoleão, espero que isso fique na conversa [...] formo contradesejos de que isso não se execute, e se isso vier a acontecer, creio que serei a única que não se alegrará".[51]

Obviamente, quando o pedido foi oficializado e aceito, a notícia provocou um choque geral. Napoleão, com sua aliança com os Habsburgo, em vez de se tornar o pai do Novo Mundo que a Revolução Francesa anunciara, acabou se tornando genro do velho. A família Habsburgo não ficou menos chocada com a decisão do até então vacilante imperador Francisco. Uma de suas próprias filhas seria dada em casamento a Napoleão, responsável por todas as guerras, revoltas internas e partilhas do território da família. Criados ouvindo primeiramente a mãe e depois a madrasta chamando-o de demônio, o que deve ter passado pela cabeça dos irmãos ao saberem que a mais velha seria oferecida em sacrifício ao Corso? Eles haviam brincado juntos insultando, espancando e alfinetando um boneco travestido de Napoleão!

Não apenas Maria Luísa estava apaixonada por Francisco d'Este, irmão de sua madrasta, mas ele também estava por ela. Maria Ludovica, que via com anseio esse futuro casamento, não se conformou com o rumo dos acontecimentos.

A imperatriz ficou abatida e não queria ver absolutamente ninguém. Em fevereiro, eles retornaram a Viena, arrasados com o sacrifício que Maria Luísa teria que fazer em nome da Áustria. Leopoldina simplesmente não conseguia entender como o pai havia consentido com semelhante arranjo.[52] Vinte anos teriam que se passar para que a arquiduquesa se revoltasse contra a política de casamentos. Após Maria Luísa e ela terem servido de moeda de troca, Leopoldina externaria sua revolta sobre o futuro da filha mais velha, d. Maria da Glória, e concluiria que princesas de casas reinantes eram como "dados, que se jogam e cuja sorte ou azar depende do resultado".[53]

Quando o casamento de Maria Luísa foi anunciado, como era de esperar, todos se calaram e obedeceram, afinal, "a educação moral e religiosa, a disciplina e a obediência vinham em primeiro lugar. Os filhos da casa imperial deviam ser educados para serem instrumentos submissos e úteis da política de Estado".[54] Maria Luísa cumpriu com os desejos do pai e, para desgosto da madrasta, logo se esqueceu da paixão que nutria por Francisco d'Este. A mudança de atitude da enteada foi tão brusca que estarreceu Maria Ludovica. Esta não conseguiu se conformar com a maneira como Maria Luísa tinha tão rapidamente aceitado o seu destino e passado a se entusiasmar com a perspectiva de viver com um inimigo.[55] Além da indignação da imperatriz, outra revolta registrada na família partiu da arquiduquesa Maria Carolina das Duas Sicílias, tia e sogra de Francisco I, além de avó das crianças: "É justamente o que me faltava, tornar-me agora ainda avó do diabo".[56] A indignação de Maria Carolina era compreensível. Em 1806, ela e o marido haviam sido derrubados do trono napolitano pelo agora novo "neto".

Era inconcebível para esses reis depostos o fato de alguém, em tão curto espaço de tempo, ter destruído tudo o que os Habsburgo haviam demorado tantos séculos para construir. Poucos conseguiam compreender que eram os ideais da Revolução Francesa por detrás desse homem, além de seu gênio militar, que faziam o mapa da Europa mudar com tanta frequência. Mudanças seriam inevitáveis para se manter no poder. A Prússia, por exemplo, entendeu isso após perder a guerra para os franceses em 1806 e, sem revolução, instituiu dezenas de reformas internas para fazer frente ao Novo Mundo que se iniciava.

A Áustria pretendia, com o casamento de Maria Luísa com Napoleão, ganhar tempo para se levantar. Mesmo assim deve ter sido um duro golpe, até para o mais pragmático dos pais, dar a filha a um plebeu que coroou a si mesmo, alguém sem o mínimo pudor em dispor de tronos e coroas ancestrais e distribuí-las entre generais sem estirpe e seus familiares, como Napoleão fizera. Francisco I transformava sua filha em imperatriz da França, cujo novo trono havia sido alicerçado sobre os corpos de seus tios, os reis Luís XVI e Maria Antonieta. Além disso, o imperador austríaco entregava Maria Luísa em casamento a um homem divorciado e excomungado pelo papa. Mas, no final, Francisco I não estava fazendo nada que seus ancestrais não teriam feito para manter a dinastia no poder.

Em 11 de março de 1810, foi realizado o casamento de Maria Luísa por procuração na Igreja de Santo Agostinho em Viena. Dois dias depois, ela partia em direção a Paris. Impossível não nos atrevermos a imaginar quanto Maria Luísa deve ter pensado na sua tia-avó, a rainha Maria Antonieta. Ela percorria a mesma trajetória que sua ancestral havia feito quarenta anos antes. Para complicar ainda mais toda a questão, Napoleão teve a suprema falta de tato de enviar sua irmã, Carolina Bonaparte, para se encontrar com a noiva no seu caminho até Paris. Carolina ocupava o trono que havia pertencido à avó da princesa, Maria Carolina das Duas Sicílias. Realmente, ser uma arquiduquesa austríaca requeria, além de ser bem-educada, ter sangue-frio acima de qualquer limite tido como normal.

Sobre a educação de uma princesa

O mote inventado por Rodolfo IV para a casa de Habsburgo em 1363, quando ocorrida a anexação do Tirol — *Os outros que façam guerra, tu, Áustria feliz, casa-te* —, havia sido elevado a uma verdadeira arte. A cultura e a educação formal de uma arquiduquesa austríaca faziam com que essas princesas fossem o que existia de melhor para um príncipe ter ao lado de si na hora de governar.

Leopoldo II, filho da imperatriz Maria Teresa, avô da arquiduquesa Leopoldina, havia instituído as linhas da educação dos príncipes da casa de Habsburgo. Ele acreditava que as crianças deveriam ser desde cedo inspiradas a ter qualidades elevadas, como humanidade, compaixão e desejo de fazer o povo feliz:

> É preciso começar estudando cabalmente o caráter das crianças, formá-las segundo as suas tendências, mas antes de mais nada é necessário conseguir-se a confiança dos filhos, torná-los sinceros e francos e inculcar-lhes a aversão à mentira, à dissimulação, às artimanhas, às bisbilhotices etc.[57]

Leopoldo II não reformou o sistema educacional de sua casa sem uma razão. O mundo mudava, e com ele deveriam mudar também os príncipes que quisessem manter seus tronos, suas coroas e as cabeças em seus devidos pescoços. Nas instruções para educação dos príncipes, o imperador alertava:

> Hoje em dia, quando um dos nossos herda um trono, já não se trata, como outrora, de uma propriedade devidamente adquirida, mas sim de um cargo, de uma pesada incumbência, e é preciso quebrar-se a cabeça para reinar tanto quanto possível de acordo com os desejos dos seus súditos.[58]

O imperador Francisco I iria educar os filhos seguindo os princípios pedagógicos instituídos anteriormente. O pai organizou pessoalmente e com cuidado as primeiras tentativas de correspondência de Leopoldina com ele, assim como os seus primeiros exercícios de caligrafia. Em uma pasta no Österreichisches Staatsarchiv, é possível ver, por exemplo, um bilhete escrito pela filha, aos 3 anos: "O papai deve voltar logo para que eu possa dar um beijo". Provavelmente foi sua camareira, Francisca Annony, quem guiou as pequenas mãos da criança, mas em breve ela aprenderia a escrever sem ajuda.[59]

O programa de ensino dos arquiduques incluía disciplinas como leitura, escrita, alemão, francês, italiano, dança, desenho, pintura, história, geografia e música; em módulo avançado, matemática (aritmética e geometria), literatura, física, latim, canto e trabalhos manuais.[60] Após a partida de Maria Luísa para Paris, a correspondência de Leopoldina para ela ganharia fôlego. Saudosa e buscando encurtar a distância, a irmã mais nova descrevia todos os detalhes do seu dia a dia. Dessa forma, sabemos como era o cronograma de estudos de Leopoldina, conforme ela própria narra em carta de 11 de outubro de 1810:

> Quero te descrever brevemente meu programa diário: levanto-me às sete e meia, às oito e meia vou à igreja, às nove chega Felβenber,[61] todos os dias; às segundas, quartas e sextas, vem Jung das dez às onze, e às terças, quintas e sábados, faço minhas lições; das onze às doze todos os dias vem Obernauβ.[62] À tarde, das três às oito, tenho todos os quatro e nos outros dias Darnaut[63] e Eibler e todos os dias Ridler.[64] Depois leio.[65]

Aos 14 anos, as lições já eram diferentes, como podemos ver por esta outra carta, datada de 11 de abril de 1814:

> Tenho três novos mestres: 1. o abade Rogier, como mestre de geometria e matemática, que estudei durante o outono e inverno e onde fiz meus maiores progressos; agora estou repetindo-as; 2. o abade Neumann, como mestre de numismática, três vezes por semana das dez às onze, que me diverte muito; 3. o abade Stelzhamer, três vezes por semana, das oito às nove da noite que me aborrece muito e com quem não faço grandes progressos.[66]

Desde cedo, Leopoldina mostrou maior inclinação para as disciplinas de ciências naturais, interessando-se principalmente por mineralogia.[67] A arquiduquesa herdou do pai o hábito do colecionismo: montou acervos de moedas, plantas, flores, minerais e conchas, que eram alimentados por Maria Luísa. A irmã, agora imperatriz dos franceses, mandava-lhe exemplares da França e de outros pontos da Europa, além de novidades do mundo da moda.

Em 1810, durante uma estada na Boêmia, Leopoldina visitou a Universidade de Praga, onde conheceu a biblioteca, a mesa em que se dissecavam os cadáveres e o laboratório de química, cujo cheiro achou horroroso. O que mais lhe agradou foi a parte dedicada à mineralogia.

> [...] Fomos para o gabinete dos minerais, que contém exemplares raros e mais de 51 vitrines. Eu poderia passar o dia inteiro lá dentro sem comer nada; desde que estive em Praga aumentei minha coleção com algumas pedras e exemplares lindos.[68]

Ao que parece, a liberdade em que viviam, conhecendo as redondezas da cidade sem uma escolta adequada, acabou levando-a a ser assaltada. Ela mesma narrou o fato com bastante naturalidade:

> [...] Durante um passeio de Praga a Lieben, fomos assaltadas por um habitante de Praga e tivemos que esperar pelas carruagens numa cabaninha precária perto de Troja, que fica entre Praga e Lieben; meus pés ficaram totalmente molhados.[69]

Por mais que alguns pesquisadores afirmem que o mundo dos arquiduques era fechado e restrito a um círculo íntimo, mantendo-os alheios ao que ocorria ao redor dos príncipes, isso não parece corresponder inteiramente à realidade. Diversos indícios nas cartas trocadas por Leopoldina mostram que essa proteção não seria tão restritiva. Por exemplo, esse relato tranquilo a respeito do assalto ou ainda o pedido que ela fez ao pai em setembro de 1809, consciente da crise econômica que assolava a Áustria:

> Os filhos da falecida camareira Handel me pediram que lhe transmitisse a súplica de não abandoná-los agora, porque os pobres órfãos estão numa situação muito difícil, com a horrível carestia de Viena. Posso esperar de sua misericórdia, bom papai, que atenderá ao meu pedido? Meu coração diz que sim, e certamente ele fala a verdade.[70]

Outro hábito cultivado pelos Habsburgo desde o século XVII era a participação em récitas teatrais, óperas e balés. Além da diversão, as crianças eram, desse modo, treinadas para falar em público. Procurava--se com isso que perdessem a timidez de estarem diante de uma plateia, além de exercitarem a fala e a impostação de voz, artes que, como figuras públicas, precisavam dominar.[71]

O dia a dia dos filhos do imperador era minuciosamente planejado, incluindo aulas, orações, escrita de cartas e visitas a membros da família, como a avó materna. A rainha Maria Carolina, ao chegar exilada a Viena em 1814, instalou-se em Hetzendorf, a cerca de dois quilômetros do Palácio de Schönbrunn, passando a ter bastante contato com os netos. Quando de seu banimento da Sicília para Viena, em outubro de 1813, ela fez uma longa viagem até chegar à Áustria, passando por Constantinopla. Ali, Maria Carolina encantou-se com os costumes que vivenciou no Império Otomano e levou um pouco deles aos netos:

> No domingo passado a querida vovó nos ofereceu um almoço turco; tivemos que nos sentar em almofadas baixinhas e comer carne de carneiro com arroz; deu de presente a cada uma de nós um vestido como o que as mulheres usam no serralho e ao irmão Francisco um estojo completo de apetrechos de viagem.[72]

Essa apreciação da família pelo exotismo de terras distantes iria alimentar em Leopoldina o gosto pelo novo. O interesse dos Habsburgo pelo estrangeiro não era apenas voltado ao Oriente, cujas sucessivas invasões otomanas haviam deixado uma marca indelével em Viena. Também América, Ásia e África despertavam a curiosidade da família por meio da fauna e da flora, esta última estudada e cultivada por eles em jardins e estufas. Nessa época, Leopoldina estava especialmente entusiasmada com a jardinagem, como demonstrou numa carta a Maria Luísa:

> Empenho-me bastante para passear, principalmente em meu jardim, meu predileto, cheio de frutas, em particular maçãs, peras, um abrunho amarelo, e ameixeiras, uma cerejeira, vinte e quatro pessegueiros, doze parreiras, quatro ginjeiras, e dois damasqueiros, depois muitas árvores exóticas e plantas perenes, além disso há canteiros com brotos [...] e frutas silvestres.[73]

Em outra ocasião, informou que ela e os irmãos se encontravam com o pai, das duas e meia às quatro e meia da tarde no terraço de um dos palácios. Ali trabalhavam transplantando flores e tirando mudas, inclusive de flores enviadas por Maria Luísa de diversos lugares.[74]

Mas nem tudo eram estudos e visitas protocolares. As crianças também se divertiam: "[...] Aconteceram bailes no castelo do conde Wallis e no nosso. O nosso foi um baile para crianças onde dancei muito. Pensei muito em ti porque também gostas tanto de dançar".[75] Ou ainda: "Todos os dias após o almoço jogo bastante e, quando o tempo está ruim, também bilhar à noite; a consequência é que voam bolas em todas as direções [...]."[76] E, conforme Leopoldina informa diversas vezes, ela gostava de rir: "[...] Gostaria de ter visto as peças de teatro, pois gosto de rir".[77]

Desde a mais tenra infância, cada arquiduque tinha a sua própria corte. Esta era chefiada por uma camareira-mor, que conduzia tudo e era responsável pela boas maneiras e pela educação geral dos príncipes. Também havia a camareira que cuidava do vestuário, da higiene e da alimentação. Ambas deviam ser mulheres maduras, mães de família, e a camareira, provavelmente, seria uma viúva que agiria praticamente como um dragão bem-intencionado, protegendo dia e noite de todo o mal possível a criança sob sua responsabilidade.[78]

A pequena corte compreendia diversas pessoas e era ampliada conforme cresciam. Além da camareira-mor e da camareira, havia o camareiro-mor e uma dama de corte. Os três pertenciam ao alto escalão dessa sociedade em miniatura. Depois da camareira, havia criadas de quarto, moças de quarto, que eram jovens e solteiras, moços de quarto, lacaios e lavadeiras. Em 1816, a pequena corte de Leopoldina continha doze pessoas gravitando ao seu redor.

Duas mulheres ocupavam os papéis mais importantes nesse microuniverso. A primeira era a camareira Francisca Annony, que foi criada de Leopoldina desde pequena e era muito afeiçoada à "sua" arquiduquesa.[79] A segunda foi Maria Ulrica, condessa von Lazansky, que havia sido camareira da arquiduquesa Maria Luísa, porém, com a partida desta para a França, em 1810, acabou se tornando camareira-mor da segunda irmã.

Essas duas mulheres permaneceriam boa parte da infância e da juventude de Leopoldina junto a ela. A arquiduquesa, como era comum na nobreza e nas altas classes, não ficaria sozinha nem mesmo ao dormir. Isso pode nos parecer estranho hoje, mas a ideia que temos atualmente de intimidade não se aplica à época, muito menos ao status de uma nobre da posição de Leopoldina, que estava sempre acompanhada. Até mesmo durante os momentos de escrever suas cartas, que tinham horários para ser redigidas, permanecia com mais alguém.

Percebemos a presença de outras pessoas junto a Leopoldina nos pós-escritos de suas cartas. Neles, a arquiduquesa informa ao pai ou a outros parentes, por exemplo, que a condessa von Lazansky e, mais tarde, a condessa Kühnburg enviavam lembranças ou cumprimentos. O que consideramos hoje falta de intimidade era tanto da parte de Leopoldina quanto de sua corte, como mostra a condessa de Kühnburg. Esta, em carta ao pai em 1817, afirmava: "Eu não posso escrever, de outro modo o faria longamente, nem posso manter meu diário, estou sozinha com a arquiduquesa e ela está acostumada a ter alguém junto com ela."[80]

Toda a vida de Leopoldina seguia regras e um cronograma preestabelecido, assim como uma ordem de precedência clara, como quando a condessa de Kühnburg finalizava apressadamente uma carta escrevendo que assim o fazia porque a arquiduquesa já terminara as dela.

A madrasta de Leopoldina foi uma boa esposa e mãe extremosa com os filhos que herdara do casamento anterior do marido. Chegava a tomar ela própria a lição das crianças e impor-lhes castigos quando não queriam estudar. Logo após a partida de Maria Luísa em direção ao seu destino na França, Leopoldina ingressou, em 3 de maio de 1810, na Ordem da Cruz Estrelada, uma ordem exclusivamente feminina e aristocrática. Seus membros deviam se dedicar à oração, à adoração da Santa Cruz, a levar uma vida de virtude e a praticar obras de assistência espiritual, além de se envolverem em trabalhos de caridade. A ordem foi criada por uma antepassada de Leopoldina após um incêndio em Hofburg, quando uma das relíquias dos Habsburgo, um pedaço que se acreditava ser da verdadeira cruz de Cristo, sobreviveu milagrosamente ao fogo.

Mas nem ela nem a madrasta estavam bem de saúde. A depressão com tudo o que ocorrera, a fuga de Viena em maio de 1809, o exílio na Hungria, as inúmeras mortes, o choque com o casamento e as atitudes de Maria Luísa colocaram a saúde da imperatriz em frangalhos. Leopoldina, por sua vez, estava ainda muito abalada com a partida e a separação da irmã mais velha, além de estar sofrendo com a chamada "crise de crescimento", pela qual, invariavalmente, todos os adolescentes no mundo passam.

Em maio de 1810, Leopoldina escreveu para a irmã:

> Ontem a querida mamãe não se sentiu bem, ficou indisposta durante a refeição, por isso retirou-se aos seus aposentos e à noite esteve de cama com fortes dores de cabeça. [...] Estou convicta de que compartilhas todas as tuas alegrias comigo, por isso quero dizer-te que vou para Karlsbad com a querida mamãe, partimos no dia 5 de junho.[81]

Elas chegaram à cidade em 6 de junho acompanhadas por uma pequena corte. Maria Ludovica, após ser examinada, foi colocada na dieta do leite de jumenta, um dos tratamentos indicados para tuberculose na época. Espirituosa, a imperatriz brincou que agora teria novos irmãos de leite. Nesse mesmo período, também estava em Karlsbad o escritor alemão Johann Wolfgang von Goethe. A pedido da prefeitura, ele escreveu uma poesia para a imperatriz.[82]

Goethe havia inaugurado simbolicamente o movimento romântico com a obra *Os sofrimentos do jovem Werther*. Essa escola viria a se contrapor ao Racionalismo e ao Iluminismo, favorecendo os sentimentos humanos, a emoção, o sentimentalismo, a supervalorização do amor, o nacionalismo, a busca pelo exótico e pelo selvagem, entre outros pontos, e teria na imperatriz Maria Ludovica uma de suas maiores defensoras.

A imperatriz ficou amiga do grande escritor e convidava-o quase diariamente para ler suas obras para elas. Goethe e Maria Ludovica chegaram a escrever e encenar pessoalmente uma peça teatral na estação de águas. Enquanto isso, Leopoldina, à noite, participava dos jogos para jovens e gostava muito da convivência com outras pessoas.[83] Assim que retornaram a Viena, Maria Ludovica procurou se inteirar mais a respeito da produção literária de Goethe, apresentando-a à enteada, e, assim, Leopoldina se veria, pelas mãos da madrasta, introduzida ao ideal romântico, em sua melancolia e em suas paixões idealizadas.

Mas até mesmo as férias de verão eram utilizadas como forma de melhorar o seu aprendizado. Acompanhada pela imperatriz e pela condessa von Lazansky, a arquiduquesa fazia excursões de estudos, visitava plantações, criações de gado, fábricas, estufas, fundições e minas, além de museus, jardins botânicos e gabinetes de curiosidades. Após as visitas, realizava relatórios de estudos. Dessa forma, ia ampliando e expandindo o seu mundo, não apenas cientificamente, mas conhecendo outros tipos de pessoa: trabalhadores, agricultores e até mineiros. Em 15 de julho, ela informava ao pai suas viagens ao redor de Karlsbad:

> Há três dias estive em Grauppen; o príncipe Clary estava lá à minha espera. Vi o forno onde o estanho é derretido, um espetáculo muito bonito. Os mineiros se colocaram em fila, tocaram e cantaram para mim. [...] Anteontem estive em Billin, cidade famosa por sua água mineral gasosa. Visitei a fonte e a fábrica de água mineral. Ali também se fabrica um tipo de magnésia, que dizem ser tão boa quanto a inglesa.[84]

Em setembro, Leopoldina retornou a Viena, ficando em Laxenburg, onde a ausência da irmã tinha um peso ainda maior. Agora ela era a irmã mais velha, enquanto as outras ainda eram crianças.[85]

Ao longo de 1810 e 1811, o imperador Francisco I, como havia feito anteriormente com Maria Luísa, passou a levar a filha mais velha solteira, Leopoldina, para vários passeios e viagens. Uma delas ocorreu no outono de 1811, quando a arquiduquesa partiu só com o imperador para Presburgo, tendo antes que prometer que iria recuperar as matérias das aulas que perderia.[86] A aproximação de Leopoldina com o pai chegou ao ponto de ela descobrir os livros que ele tinha duplicado e solicitar para si as cópias.

Ao longo das estadas em Viena e em outras cidades, ela anotava, curiosa, tudo o que lhe interessava, desde uma palmeira florindo em Schönbrunn até as laranjeiras dando frutos nas estufas dos condes de Harrach. Assim, ela começou a refletir mais sobre os países quentes onde elas cresciam naturalmente.[87]

Maria Luísa, sempre em correspondência com Leopoldina, ajudava na educação da irmã mais nova dando-lhe puxões de orelha. Em 1811, afirmou que tinha vergonha dos rabiscos que Leopoldina lhe enviava e que ela precisava melhorar a ortografia.

As duas iriam se rever novamente em junho de 1812, em Praga, quando Leopoldina pôde admirar Maria Luísa em elegantes vestidos de seda. Devido aos preparativos para a invasão da Rússia, Napoleão levou a esposa consigo até a cidade alemã de Dresden, aonde chegaram em maio de 1812. Ali juntaram-se a eles reis, príncipes e o círculo familiar mais íntimo, inclusive o imperador e a imperatriz da Áustria. Na cidade, Napoleão encontrou a família de Maria Luísa pela primeira vez. O "Anticristo" agora, como bom genro, deu-se bem com o sogro, o imperador Francisco I, a quem passou a chamar de "papa François".[88] O imperador austríaco, apesar de tudo, achou Napoleão um homem íntegro.

Ao partir, o imperador francês deixou Maria Luísa com o pai e a madrasta em Dresden. De lá, a família seguiu para Praga, aonde chegou em 4 de junho, hospedando-se ali por todo o mês. Leopoldina havia ficado com alguns dos irmãos em Laxenburg e de lá, desesperada de ansiedade, cobrava quase que diariamente, em cartas ao pai, que este cumprisse a promessa de deixá-la ir a Praga ver a irmã.

Nesse meio-tempo, Leopoldina havia feito amizade com uma menina chamada Fanny Würben, da mesma idade que ela e filha de uma dama da corte. A menina passou a dormir nos aposentos da sua camareira-mor para estar próxima da arquiduquesa quando ela acordasse e, assim, poderem aproveitar o parque de Laxenburg desde cedo. Mas Leopoldina, ansiosa, só pensava na irmã. A barriga chegava a doer de nervoso, e a comida não tinha gosto. Tanto Leopoldina quanto Maria Clementina não aguentavam de impaciência com a espera das ordens do pai para poderem ir a Praga.

Finalmente, a ordem chegou: Leopoldina e Maria Luísa poderiam se rever. Em 18 de junho, Leopoldina escreveu para o irmão Francisco que estava felicíssima por ter podido reencontrar a irmã. A imperatriz da

França tinha levado para Leopoldina muitos presentes, além de vestidos e roupas típicas saxãs. Maria Luísa aproveitou a ocasião para chamar a Praga o pintor Jean-Baptiste Isabey, bastante conhecido pelas suas miniaturas, para retratar a família inteira. Assim, ela poderia levar as imagens deles consigo quando voltasse a Paris.[89]

Quem perdeu esse reencontro todo foi Napoleão. O imperador escreveu para a esposa a caminho da Rússia: "Eu queria ter conhecido Leopoldina e todos os seus irmãos e irmãs, que por sua causa eu amo".[90] É curioso que o nome de Leopoldina seja o único mencionado antes do coletivo irmãos e irmãs. Muito provavelmente, Maria Luísa sentia tanta saudade da irmã quanto esta dela. Mas Napoleão fez sucesso mesmo com Francisco, de 10 anos, que passou a gostar muito do cunhado "porque ele tinha dado muito dinheiro para a irmã comprar muitos brinquedos para ele".[91]

Mas os dias passaram rápido, para desgosto de Leopoldina. No início de julho, ela foi obrigada a se separar de Maria Luísa e voltar para Laxenburg com as duas irmãs mais novas. Francisco I e Maria Luísa partiram para Karlsbad, enquanto a madrasta foi para Töplitz fazer estação de águas.

A queda de Napoleão

Os reveses políticos de Napoleão, iniciados na Espanha e encerrados com a trágica Campanha da Rússia, onde ele acabou derrotado em dezembro de 1812, levaram novamente os povos a se unirem contra o imperador francês.

Em 1813, numa verdadeira convulsão nacionalista embalada pelo movimento romântico alemão, os cidadãos dos Estados germânicos começaram a doar voluntariamente seus bens para o Fundo de Libertação. Uma figura que ganhou muito destaque foi Ferdinande von Schmettau (1797-1877) da Prússia. Ferdinande, diferentemente de seu pai, um coronel reformado que entregou a sua melhor capa, e dos irmãos, que tinham algumas joias, não possuía nada para doar pela causa. Lembrando-se dos constantes elogios de sua avó a respeito de seu longo cabelo dourado, cortou-o e vendeu-o a um peruqueiro. O dinheiro apurado, ela doou para a causa da pátria contra Napoleão. Exemplos como esse do desprendimento por uma causa não faltaram na Prússia e em outros Estados germânicos, e devem ter chegado ao conhecimento de Leopoldina. A Prússia, aliando-se à Rússia, passara a dar combate a Napoleão.

A Áustria, aliada de Napoleão, para quem chegou a ceder 30 mil homens à Campanha da Rússia, acabou fazendo a paz em separado. Metternich tentou, sem sucesso, negociar uma paz duradoura. Mas Napoleão tinha em mente que a posição de reis, imperadores e até ministros havia sido dada a eles pelos seus nascimentos, enquanto ele havia se feito sozinho, e parecer fraco seria o seu fim.

Enquanto o destino da Europa era definido, Leopoldina passara, até então, todo o ano de 1813 entre estudos e viagens. Como ela não se dava bem com as irmãs menores, a sua amizade com Fanny Würben estreitou-se, e a madrasta de Leopoldina autorizou que a amiga fosse mais vezes para dormir nos aposentos da condessa von Lazansky. Dessa forma, as duas podiam aproveitar mais o verão, jogar juntas logo pela manhã, além de passear por Laxenburg, o que elas faziam diariamente das 10h às 13h.[92]

Em julho, elas fizeram uma excursão para Bruck an der Leitha, onde foram recebidas pelos condes de Harrach, em cujos jardins havia plátanos com troncos tão grossos que era necessário que dois homens esticassem os braços para conseguirem abraçá-los. Ali, anteriormente, Leopoldina havia admirado as estufas com as laranjeiras, e ela aproveitou para conversar com Lübeck, o jardineiro dos condes.[93]

Uma das paixões de Leopoldina, ir ao teatro, acabou sendo um pouco frustrante. Ela foi com a imperatriz ao Wiedener assistir *Moisés* e ficou muito decepcionada quando o mar só apareceu para afundar o faraó. Leopoldina esperava vê-lo se abrindo em dois para a passagem dos judeus, mas isso não aconteceu.

Apesar das constantes viagens e estudos, como uma Habsburgo, Leopoldina tinha tesouros para apreciar dentro de sua própria casa.

Em julho, ela e a madrasta visitaram a Câmara do Tesouro, o Gabinete Imperial de História Natural, o Gabinete de Moedas e Antiguidades e a Biblioteca Imperial, todos instalados dentro de Hofburg. Nessa ocasião, Leopoldina deve ter visto milhares de minerais, moedas antigas e curiosidades, como um "chifre de unicórnio", na realidade uma presa de narval, que ainda hoje pode ser vista na Câmara do Tesouro.

Mas a coleção mais bizarra, sem dúvida, era a do Imperial Gabinete de História Natural, onde estavam expostos "representantes da raça humana". Ali havia quatro pessoas negras empalhadas. O homem mais velho chamava-se Angelo Soliman, falecido em 1796, ao qual se juntaram outros corpos. A rainha Maria Carolina de Nápoles deu ao sobrinho/genro em 1798 o de uma menina de 6 anos, de que a história não guardou o nome. O terceiro, Pietro Michaeli Angiola, era o antigo cuidador do zoológico de Schönbrunn. Quando faleceu, em 1801, foi empalhado e exibido montado num camelo. Em 1806, o novo diretor do gabinete, Carl Schreibers, professor de Leopoldina, decidiu retirar os seres humanos da exibição pública e colocá-los em uma sala separada, para serem vistos apenas por quem solicitasse. Mas, apesar desses escrúpulos, a coleção aumentou em 1808 com o acréscimo de Joseph Hammer, ex-enfermeiro-chefe do Hospital da Misericórdia de Viena.

Do mesmo modo que a história não guardou o nome da garota, as outras histórias também foram apagadas, com exceção da de Angelo Soliman. Seu nome de nascimento era Mmadi Make, nascido na região da Nigéria por volta de 1721. Ele era, provavelmente, muçulmano e foi escravizado aos oito anos. Mmadi foi vendido na Sicília ao marechal de campo austríaco príncipe Lobkowitz, que o educou. Soliman tornou-se um soldado e seu conselheiro. Após a morte de Lobkowitz, em 1753, Soliman entrou a serviço do príncipe Liechtenstein. Nessa época, era comum que os aristocratas demonstrassem o seu poder e sua riqueza ostentando raridades, e uma delas era ter ao seu serviço uma pessoa negra, ou "mouro", como chamavam os criados de pele escura, a quem vestiam de maneira oriental. Diversas personalidades dos século XVII e XVIII se deixaram retratar ao lado dos "seus mouros", como o famoso general príncipe Eugênio de Saboia, na Áustria, e madame Du Barry e seu pajem Zamore, na França.

Soliman tornou-se muito conhecido em Viena, onde se casou com uma viúva aristocrata francesa. Ali ele frequentou a intelectualidade e entrou para a Maçonaria, na qual chegou à posição de grão-mestre de sua loja. Soliman escreveu novas regras que remodelaram a Maçonaria em toda a Europa. Ele foi amigo do imperador José II, tio-avô de Leopoldina, com quem era visto frequentemente andando de braços dados e conversando. Além do imperador, Soliman teve contato com Haydn e Mozart, que provavelmente se baseou nele para o personagem Monotastos, de *A flauta mágica*.

A pretensa ideia de que Soliman poderia ser um modelo de integração e aceitação social dos negros junto à alta sociedade europeia caiu por terra com a sua morte, em 21 de novembro de 1796. Seu corpo foi enviado para a faculdade de medicina para estudos médicos. Um funeral foi realizado no dia 23 sem o esqueleto e a pele.

A pedido do diretor do Gabinete Imperial de História Natural, e com apoio do imperador Francisco I, a pele de Soliman foi preparada, empalhada e colocada em exibição no museu. Ali, o grão-mestre da Maçonaria era visto como um selvagem, vestido com penas de avestruz e ornado com conchas, cercado por outras pessoas negras e por animais exóticos que misturavam espécies africanas e americanas. A filha de Soliman, Josefina, após descobrir o destino de parte dos restos do pai, lutou para que sua pele fosse retirada de exibição e sepultada. Porém, mesmo com o apoio do arcebispo, o estado imperial recusou-se a devolver os restos mortais, que continuaram sendo exibidos.

Em março de 1848, durante uma revolução que abalou Viena e o poder dos Habsburgo, uma granada foi lançada para dentro de Hofburg, incendiando e destruindo boa parte da ala onde estavam abrigadas as coleções e seus depósitos. O fogo fez os corpos desaparecerem para sempre. A ânsia do colecionismo e do estudo das espécies acabou transformando muitos gabinetes de história natural em locais macabros, onde um ser humano poderia ser tirado do contexto de sua vida e exibido como um mero objeto. A ideia de igualdade dos homens, advinda dos ideais iluministas levados à relativa prática pela Revolução Norte-Americana e pela Revolução Francesa, estava ainda muito longe de ser uma realidade e uma unanimidade. Nem as mulheres, nem os negros faziam parte dessa propalada igualdade. Em breve, após a queda de Napoleão, muitas das ideias iluministas que foram postas em prática seriam perseguidas na Europa, graças à mudança dos ventos que se abateram sobre a França.

Em agosto de 1813, após tentar dissuadir Napoleão de continuar lutando, a Áustria rompeu a aliança e passou a apoiar a Rússia, a Inglaterra e outros países contra os franceses. O imperador Francisco partiu de novo para a guerra contra o imperador francês, agora seu genro, deixando a família a salvo em Viena. Leopoldina, então com 16 anos, enviava informes constantes a respeito dos acontecimentos em casa, principalmente sobre os avanços de seus estudos e as chuvas que inundaram a capital e região, inclusive Baden e Laxenburg, chegando até o palácio.

Uma das novidades foi a chegada das grã-duquesas russas, recebidas em Viena enquanto o czar havia ido para a frente de batalha com o imperador da Áustria. Para Leopoldina, elas eram um grande estorvo, porque precisavam de muito espaço e ocupavam apartamentos demais. Além das cartas escritas ao pai, ela não deixou em nenhum momento de escrever para a irmã Maria Luísa, mesmo com seus países em guerra. Além de visitas a museus e relatos detalhados de suas coleções, Leopoldina dava notícias da família, e em 10 de setembro solicitou à irmã mais velha que lhe enviasse um bom livro sobre a história da França. Quando este chegasse, já estaria desatualizado. Pouco mais de um mês depois do pedido, os franceses e seus aliados foram derrotados pela Sexta Coalizão na Batalha das Nações, ou Batalha de Leipzig, ocorrida de 16 a 19 de outubro de 1813 na Saxônia. Napoleão foi definitivamente expulso dos estados germânicos e logo também o seria do trono francês. Leopoldina, em carta ao pai, datada de 28 de outubro de 1813, de Viena, conta como ela e toda a capital receberam a notícia da derrota do cunhado:

> Querido papai!
>
> O senhor pode bem imaginar, querido papai, que alegria nos deram as gloriosas notícias da vitória [...] não paro de agradecer a Deus por tudo ocorrer tão bem. Para comemorar a feliz notícia, a querida mamãe nos levou ao Teatro [...] o povo não se cansou de expressar sua alegria batendo palmas. [...] O senhor não pode imaginar a multidão e quantos vivas! ecoaram por todos os lados. [...] À noite houve iluminação e também uma aglomeração como nunca vira antes; os meninos das ruas corriam com tochas junto aos nossos coches. As rotundas das casas na esquina da [praça] Kohlmarkt com a rua Wallner estavam enfeitadas de veludo vermelho e com o retrato do senhor em tamanho natural. Quase não se podia passar e os gritos de viva! continuaram sem parar [...].[94]

Nessa mesma carta, Leopoldina contou a Francisco I a respeito do marechal de campo, conde Neipperg, um dos heróis austríacos da Batalha de Leipzig. Neipperg foi recebido com desfile militar em Viena e em audiência privada pela imperatriz, depois da qual Leopoldina pôde conversar um pouco com ele. O marechal seria futuramente seu cunhado e derrotaria duplamente Napoleão, no campo de batalha e na cama.

Depois de todas as perdas sofridas, Napoleão não conseguiu se reerguer. Em março de 1814, os aliados marchavam em Paris, e ele partiu para o exílio na ilha de Elba. Maria Luísa, que havia sido feita regente pelo marido enquanto ele estava na guerra, tinha amado Napoleão, dado-lhe um filho e ficado ao seu lado até a sua derrota. O imperador francês conseguiu negociar com os vencedores o Tratado de Fontainebleau, assinado em 13 de abril de 1814, pelo qual recebeu a ilha de Elba para governar. Além disso, esse tratado assegurava a manutenção do título de Maria Luísa e a posse dela sobre os ducados de Parma, Piacentia e Guastalia, posteriormente discutida no Congresso de Viena.

Porém, em vez de seguir para o exílio com o marido, Maria Luísa foi chamada pelo imperador Francisco I para se encontrar com ele em Blois, chegando ali em 16 de abril de 1814. No dia 23, seguindo os conselhos do pai, ela partiu para Viena com o filho, Napoleão Francisco Carlos Bonaparte. Sua chegada ocorreu em 21 de maio, às 18 horas, quando Leopoldina finalmente reviu a irmã. Para escândalo da corte, esqueceram de encobrir com uma mão de tinta o brasão napoleônico da carruagem de Maria Luísa. Esse era só o começo de se livrar de tudo o que lembrasse o inimigo, mas era impossível se livrar de Maria Luísa e de seu filho. A partir desse dia, ela passaria a almoçar diariamente com os irmãos, para alegria de Leopoldina. Ela e Maria Luísa fizeram na mesma semana um passeio a Hainbach, acompanhadas pela madrasta.

Maria Ludovica já havia esquecido o desgosto que a enteada lhe dera, principalmente depois que Maria Luísa cuidara dela em Praga, quando adoeceu. Ao contrário da madrasta, do pai, de Leopoldina e dos irmãos, nem todos estavam felizes com a chegada da ex-imperatriz a Viena. A avó, a rainha de Nápoles, por exemplo, estava horrorizada. Se antes do casamento ela desabafara dizendo que iria virar avó do diabo, devido ao casamento da neta preferida com Napoleão, agora, com Maria Luísa legalmente casada, Maria Carolina considerava obrigação da esposa seguir o marido para onde quer que ele fosse. Mesmo odiando Napoleão, a rainha chegou a aconselhar a neta a amarrar seus lençóis, fazer uma corda e fugir, fantasiada de qualquer coisa, para se reencontrar com o marido.[95] Mas, em breve, a neta não teria mais a avó para aconselhá-la. Em 8 de setembro de 1814, pouco mais de três meses após o retorno de Maria Luísa a Viena, Maria Carolina, a última filha viva da imperatriz Maria Teresa, faleceu aos 62 anos, após um derrame, no Palácio de Hetzendorf.

A morte da avó foi sentida por todas as crianças, que conviveram quase que diariamente com a rainha de Nápoles-Sicília desde que ela se estabelecera em Viena, no início de 1814.

Ao contrário de Maria Carolina, Leopoldina não se importava tanto com Napoleão quanto com o fato de a irmã ter retornado para junto deles. Em sua correspondência, mesmo antes da queda do cunhado, quase não existem menções a ele, nem durante o casamento de Maria Luísa, nem durante a guerra final. Quando Leopoldina fala nele, trata-o por "imperador", sem qualquer juízo de valor, afinal, ele era da família.

Apesar do pouco interesse pelo cunhado, Leopoldina afeiçoou-se muito ao filho deste, o seu sobrinho Napoleão Francisco, de 3 anos. Mesmo após partir para o Brasil, sempre se lembraria dele e o chamaria de "meu tesouro". Em março de 1813, a tia coruja escreveu para a irmã dizendo que estava muito ansiosa "[...] pelos retratos de teu filho, que deve ser o mais querido de todos; ah, como gostaria de conhecê-lo, queria brincar com ele e fazer-me de boba até".[96]

Antes da chegada de Maria Luísa a Viena e de conhecer o sobrinho pessoalmente, Leopoldina escreveu ao pai, em maio de 1814:

> Estou extremamente feliz, aguardando o momento em que reencontrarei a boa irmã Luísa; estou contando com impaciência todas as horas para que isso logo aconteça; estou feliz também por encontrar o filho dela, com quem quero brincar muito.[97]

Com a chegada de Maria Luísa a Viena, a alegria de Leopoldina foi mais que genuína. A empolgação com o sobrinho nas cartas, que poderia ser simples comentários de pura educação, transformou-se em verdadeiro afeto na presença da criança, a quem dava atenção e com quem brincava. Isso era muito mais do que outros parentes Habsburgo, que evitavam Maria Luísa e o pequeno herdeiro de Napoleão, que, em breve, seria separado da mãe e de tudo o que lembrasse o pai. Tiraram dele até o primeiro nome, igual ao do ex-imperador, e a criança passou a ser chamada somente de Francisco, como o avô materno. Nem os móveis e brinquedos levados da França puderam ficar com ele, pois continham símbolos napoleônicos. Sua governanta, madame de Montesquieu, a quem ele chamava de "mamã Quieu" e com quem se dava mais do que com a própria mãe, seria afastada por ordem do avô. Francisco I tinha receio de que a nobre francesa arrumasse um modo de levar a criança para o pai ou, ainda, que insuflasse no jovem príncipe o espírito das glórias francesas alcançadas durante o governo de Napoleão I.

Despojado do nome, dos pertences, da ama e das lembranças do pai, Francisco não poderia mais se comunicar em francês. O alemão deveria ser a sua língua principal, e ele precisaria aprendê-la rapidamente. O menino encontrou algum consolo na tia Leopoldina, que parecia a única a não enxergar a tragédia em que se transformara a vida do sobrinho. Ela ficou tão cega de alegria por ter a irmã de volta e poder conviver com ele que não parecia ter percebido nada e continuou idolatrando e confiando plenamente em seu pai.

Devido à chegada das delegações estrangeiras em Viena para o congresso diplomático que ocorreria na cidade, Maria Luísa afastou-se e foi para o Palácio de Schönbrunn. A única coisa que lhe interessava nesse evento era a resolução sobre se o ducado de Parma realmente ficaria com ela e de herança para o filho, conforme definido por Napoleão. Mas essa era uma das inúmeras questões que as potências vencedoras ainda iriam discutir.

Sem conseguir mais lidar com as pessoas que a evitavam e com a animosidade a tudo o que fosse francês, Maria Luísa resolveu sair de Viena alegando problemas de saúde. Ela partiu para fazer estação de águas em Aix-les-Bains, na França, viajando incógnita com o nome de duquesa de Colorno. O pai e diversas pessoas, inclusive o príncipe de Metternich, desconfiaram de que ela queria sair da Áustria para tentar se comunicar com Napoleão, a quem ainda se considerava unida.[98]

O receio de Metternich era que Maria Luísa se juntasse ao marido de alguma maneira. Para terminar com qualquer hipótese de isso ocorrer, ele fez o conde Neipperg ser integrado na comitiva da ex-imperatriz em Carouge. Mesmo assim, ela conseguiu enviar secretamente um busto do filho e uma carta para Napoleão.[99]

Apesar de inicialmente irritada com a presença de Neipperg, a quem considerava, não sem razão, um espião de Metternich, com o tempo, ela passou a achá-lo charmoso. O plano do ministro em fazer Maria Luísa esquecer o marido havia começado a dar certo.

Sem a mesma paciência do ministro e farto da ausência da filha, o imperador Francisco ordenou que ela retornasse à Áustria, não para participar do Congresso de Viena, apenas para tê-la sob controle mais próximo da família.

No meio de todas essas tramas familiares, a doença da imperatriz Maria Ludovica apresentava seus altos e baixos. Desde 1810, pode ser vista na correspondência de Leopoldina a sua preocupação com o estado de saúde da madrasta. Maria Ludovica estava sofrendo dos pulmões e morreria em 1816 na Itália, vítima de tuberculose. O exemplo que ela daria a Leopoldina, o modo de se comportar perante a corte durante sua doença, inclusive durante o Congresso de Viena, deveria marcar profundamente a consciência da arquiduquesa, assim como fortalecer a sua predisposição à melancolia com essa segunda grande perda de sua vida.

Leopoldina aprenderia com dois modelos, a irmã Maria Luísa e a madrasta Maria Ludovica, a aceitar o que o destino, suas obrigações e seu marido lhe impusessem, além de se comportar de forma digna e precisa como uma imperatriz, independentemente de seu temperamento e vontade.

VIENA, O ESPLENDOR ABSOLUTISTA

Após a queda de Napoleão, as grandes potências reuniram-se em Viena, entre maio de 1814 e junho de 1815, para realizar o "Conserto da Europa" quebrada, partida e distribuída pelo Corso a seu bel-prazer. Nesse período novas fronteiras foram demarcadas, casas reinantes voltaram aos seus tronos e países e alguns dos reinos criados por Napoleão foram mantidos.

Viena encheu-se de alegria e festas, mesmo ainda vivendo uma alta inflação, para receber os vencedores. Reis, príncipes, a família imperial russa e diplomatas do mundo todo reuniram-se na capital do Império Austríaco. Como não havia reunião geral dos Estados envolvidos, mas conselhos pontuais, Metternich e Francisco I prepararam diversos bailes, nos quais surgia pela primeira vez uma nova dança austríaca: a valsa. Também houve mascaradas, piqueniques, desfiles, peças e óperas, enfim, tudo para entreter os convidados. Quem melhor sintetizou a morosidade dos trabalhos do Congresso foi o príncipe de Ligne: "Por Deus! Se o congresso não anda, pelo menos dança bem."[1]

Somente 93 anos após o Congresso de Viena surgiria em Haia, na Holanda, um brasileiro, o advogado Rui Barbosa, que defenderia o princípio da igualdade dos Estados. Em 1814, esse princípio não existia. Dessa forma, os países menores acabavam sendo tutelados e tendo seus interesses discutidos pelas grandes potências, que tratavam esses Estados como satélites.

Durante a intensa vida social e frívola, enquanto uns dançavam e se divertiam, outros usavam os salões e seus corredores para conspirar. Assim, os governantes dos Estados alemães, o rei da Dinamarca e diversos outros que não tinham voz ativa nas negociações acabaram conseguindo influenciar de alguma forma seus interesses no Congresso.

Leopoldina, tanto em carta quanto no diário, mostrou que as festividades chegavam a ser estafantes. Em 28 de setembro de 1814 escreveu para Maria Luísa, afastada do cenário do Congresso:

> [...] Nossa vida atual não me agrada em nada: das dez da manhã às seis da noite estamos continuamente em vestido de gala, de pé, passando o dia em cumprimentos e ociosidade. Todos os dias temos um jantar de 34 pratos, que começa às quatro e dura três horas, já que o czar da Rússia deixa-nos esperando durante duas horas; gosto muito do rei da Prússia, pois é um príncipe muito bonito e bem-educado. A czarina da Rússia também tem todo o meu aplauso, é um tanto embaraçada, mas de resto tem bom coração. Hoje chegaram o rei, a rainha, o príncipe herdeiro e o Príncipe Carlos da Baviera, que me agradam muito. Estamos todos muito cansados e confesso que não consigo me alegrar, como as outras pessoas, vendo todos esses soberanos. Fico bastante desolada quando tu, querida irmã, tens frequentemente aquelas dores d'alma, e podes ter certeza de que me solidarizo contigo. Não vejo mais teu filho; [...] há pouco, quando a Princesa Taxis e o rei da Dinamarca o viram do escritório, o acharam a criança mais adorável e linda do mundo; a princesa me pediu que eu te apresentasse seus respeitos e te dissesse como se solidariza contigo na tua situação [...].[2]

O fausto da corte, as joias, os soberanos, as festas, os bailes, as recepções e os jantares tentavam criar uma falsa sensação de que tudo voltaria como antes da Revolução Francesa e de Napoleão. O retorno de Maria

Luísa a Viena durante o Congresso e seu afastamento da vista de todos eram propositais, assim como a presença do herdeiro de Napoleão.

A virgem sacrificada pelos Habsburgo tornara-se um incômodo. Proibida de participar dos bailes, ela teve que subir ao sótão de Hofburg para espiar, por um buraco no forro, a realeza e a nobreza europeia reunidas em triunfo festejando a queda de Napoleão e reorganizando a Europa. Já o pequeno príncipe Francisco Carlos era a mais importante das presas de guerra, exibida pelos Habsburgo para as velhas e novas cabeças coroadas da Europa como mais um híbrido de sua coleção, a quem Metternich esperava poder usar em algum momento no futuro.

Se, à primeira vista, o modo enfadonho de Leopoldina descrever os eventos para a irmã pode ser interpretado como uma forma de ela não querer ofender Maria Luísa, uma análise do diário[3] que manteve corrobora o seu estado de espírito durante todo o período:

> Setembro, 22
>
> [...] Cedo, às 8h30, já fomos para a cidade; às 10 horas estávamos vestidas com vestidos ricamente bordados de prata que me pareceu ficar ridículo, pois era o primeiro que eu vestia e me era extremamente pesado; fomos para junto da querida mamãe onde esperavam o Rei de Württenberg [...]. [Ele] contra toda a polidez estava sentado à direita, não tirava o chapéu para saudar, apesar do querido papai estar descoberto; parecia um vitelo que se levasse a vender em carro aberto.

Leopoldina achou o rei horroroso: "[...] Ele é pequeno, tem a fisionomia dos württenberguenses, usa ainda uma trança, que é amarrada de um modo singular na nuca e tem dois rolos de cabelos de cada lado." Porém, o que ela considerava mais horroroso nele era a barriga, a qual, "na parte de cima, é extremamente larga e saliente e na de baixo pontuda e descia por entre os pés meio côvado.[4] Ele não nos saudou e se sentou no canapé ao lado da querida mamãe e falou muito pouco, e logo despediu-se". Após o jantar, ocorreu uma cena que, pela sagacidade de Leopoldina em descrever, chega a ser hilária: "Rei de Württenberg sentou-se no sofá e quase não coube a tia Beatriz e quando ele se virou com o seu enorme ventre tirou fora da mão da tia Beatriz o leque." Então, o rei, na despedida, forçando para se levantar do sofá onde estava, "tropeçou na cauda [do vestido] da tia e rolou no chão. Tivemos que tomar toda a nossa força de espírito para não arrebentarmos numa terrível risada [...]". O senso de humor era familiar, pois "a tia quase me fez sair do sério querendo chamar a minha atenção para a barriga do rei de Württenberg que, conjuntamente com suas coxas, parecia a cabeça e a tromba de um elefante".

Melhor impressão teve do rei da Dinamarca. Leopoldina achou-o "extremamente polido e amável". Além disso, só falava "alemão, apesar de saber falar todas as línguas, pois considerava uma vergonha para um alemão, e com razão, não falar por toda a parte a sua língua nativa". Segundo ela, o rei era muito bom, e o seu povo estimava-o muito, mas o que lhe importava mesmo era a consideração com que ele se referiu a respeito do "imperador Napoleão e da minha irmã Luiza, os quais nunca o abandonaram [...]".

Em várias partes do diário, ela informa a respeito do sobrinho ou de considerações feitas à irmã ausente ou ao cunhado. Por exemplo, quando relata que, durante um jantar, a grã-duquesa Catarina de Oldemburgo disse que seu desejo era de que "nascesse um vulcão na ilha de Elba e engolisse Napoleão e todos os seus adeptos". É interessante notar o espírito de clã de Leopoldina, que acabava por mostrar predileção pelos soberanos, senão completamente simpáticos, ao menos respeitosos em relação ao sobrinho, a Napoleão e à irmã. Como a princesa de Thurn e Taxis, que pediu para ela apresentar a Maria Luísa "seus respeitos e te dissesse como se solidariza contigo na tua situação; falei com ela após o almoço um dia desses durante meia hora".[5] Essa consciência, não apenas de família, mas de espírito de casta, de proteção e defesa dos seus, iria se manifestar diversas vezes ao longo de sua vida futura no Brasil.

O Congresso sacramentaria a decisão de Napoleão continuar com o tratamento de imperador e governar a ilha de Elba. Ele permaneceria nesse exílio por onze meses antes de conseguir fugir e chegar ao litoral francês, onde a população o conduziu novamente ao trono. Seu novo período como imperador duraria cem dias. Napoleão governou novamente até perder a Batalha de Waterloo para a nova coalizão que se formou contra ele. Depois disso, foi desterrado para Santa Helena, onde faleceu anos depois. Quanto a Maria Luísa, ela efetivamente receberia o ducado de Parma, na Itália, como indenização por sua situação e se afastaria definitivamente de Viena e do filho. Este, no entanto, por um arranjo do Congresso, não herdaria Parma, pois o ducado deveria ser devolvido aos Bourbon. Além de Leopoldina, que jamais se esqueceria do sobrinho, Francisco Carlos foi bastante acarinhado por Francisco I, que fez de tudo para proteger o neto e dar a ele um status digno. O imperador criou um ducado para ele e deu-lhe o título de duque de Reichstadt. Além disso, o avô definiu a posição do menino na corte austríaca, onde o jovem passaria sua curta vida até falecer de tuberculose em Schönbrunn, aos 21 anos, afastado da mãe, que o visitava apenas nos verões, e sem nunca ter revisto o pai.

Apesar de demonstrar exaustão a respeito dos cortejos e dos longos jantares e da etiqueta da corte, Leopoldina tinha ciência de sua posição e conhecia perfeitamente as regras que, apesar de detestar, deviam ser seguidas à risca. Em 23 de setembro, ela mencionou em seu diário: "[...] A condessa Stackelberg [...] se apresentou a nós como antiga relação nossa, sem dizer o seu nome, apesar dela bem saber que nós ainda não lhe tínhamos sido apresentados."

Todos os dias havia desfiles, banquetes, jantares de gala; em 25 de setembro, houve uma parada militar: "[...] Vestimo-nos depressa e ao primeiro tiro de canhão disparado estávamos ao lado dela [da imperatriz]. Tivemos que esperar muito. Só à uma hora começou o desfile." Tratava-se de uma parada com a participação de diversos regimentos de vários países. Fechando-a, vinham "[...] os altos generais, a figura de estátua do querido papai entre o imperador da Rússia e o rei da Prússia, o velho tio e os príncipes presentes com seus séquitos. O entusiasmo foi extraordinário, tudo isto firmava um belo espetáculo".

O imperador da Rússia, segundo Leopoldina, era "[...] de estatura mediana, cabelos castanhos, gordo, postura um tanto defeituosa, rosto vermelho, olhos pequenos, nariz pequeno um pouco arrebitado, rosto redondo de lua cheia e muito surdo". Inicialmente, ela o achou atencioso, porém a postura dele não lhe agradava: "Tem andar oscilante e está sempre com a mão direita atrás das costas".

Outro detalhe do seu diário era como ela gostava dos uniformes e de descrevê-los. O do czar da Rússia, por exemplo, era um uniforme "verde-noite com gola vermelha sobre a qual estão bordadas folhas de carvalho e espada dourada [...]".

Pelo rei da Prússia, ela teve alguma simpatia: "É muito alto [...] tem olhos grandes, azuis, fisionomia alongada na qual estão expressas a bondade e a compreensão, tem belas cores vermelhas". Já quanto ao rei da Baviera — reino criado por Napoleão e que seria mantido pelo Congresso de Viena —, Leopoldina achou-o "muito gordo e da altura do tio Carlos, parece antes um burgomestre [prefeito] do que um rei". O rei Maximiliano José, assim como o pai de Leopoldina, Francisco I, dera uma de suas filhas à família de Napoleão. A princesa Augusta da Baviera desposara em 1806 o enteado do imperador francês, Eugênio. Com a queda do Corso, os dois saíram da Itália, onde eram vice-reis, e foram morar na Baviera, tornando-se príncipes de Eichstätt e duques de Leuchtenberg. Eugênio e Augusta tiveram muitos filhos; uma das meninas, nascida em 1812, era a princesa Amélia Augusta, que viria a ser a segunda imperatriz do Brasil.

Leopoldina divertiu-se em diversos bailes do Congresso, como no que ocorreu em 5 de outubro. Sobre ele, comentou no diário: "[...] Foi muito animado; eu dancei seguramente 20 *polonaises* com quase todos os príncipes. As duas *polonaises* alemãs dancei com o Kronprinz [príncipe herdeiro] de Württenberg e com o Príncipe Carlos da Baviera; ambos dançam bem." No dia 10, novo baile, "para 4 mil pessoas [...], foi um bonito aspecto ver todas as pessoas reunidas e bem-vestidas".

Em 29 de setembro, ela registrou a rara presença de sua irmã em determinado evento:

> [...] Às 6 horas fomos passear no Prater[6] em carro puxado por 6 cavalos. O carro da querida mamãe estava lindo com 6 cavalos brancos atrelados com arreios dourados no qual estavam sentados lacaios vestidos de corpete de veludo preto e casquete bordado a ouro; nele estavam o querido papai, Louise, o czar, a czarina da Rússia e a querida mamãe [...].

Atrás da carruagem deles, desfilava "uma série de 30 carros [...]. Estava muito bonito, certamente estavam reunidas cerca de 30 a 40 mil pessoas". Durante o evento, ocorreu um acidente: "Um foguete caiu na galeria onde estavam as duas grã-duquesas, o imperador Alexandre, cheio de cuidados, correu logo para lá."

> [...] No fim a canhoada era tão forte, até a terra tremia quando voltamos para casa, a iluminação era a habitual e deve-se ter chamado toda a garotada para gritar viva; somente às 8h30 chegamos a Schönbrunn. O desfile no Prater agiu de tal forma sobre o meu estômago fraco que fiquei toda a noite enjoada e tive que vomitar.

Em 6 de outubro, ocorreu uma verdadeira apoteose, e, pelos detalhes do evento, vale a pena deixarmos Leopoldina narrá-lo:

> Houve um grande banquete na cidade e depois do mesmo, às 4 horas, houve um passeio nos jardins externos na mesma ordem que no Prater; descemos todos e fomos a uma galeria armada no estilo gótico antigo e enfeitada com veludo azul e laços de prata. Havia um grande circo rodeado por cavilhas onde cantavam os melhores cantores. O préstito aproximou-se: em primeiro lugar vinha a música turca do Regimento Hiller,

> com os seus tambores de campo, todos os componentes tinham barba longa; então vieram 12 cavalarianos armados, 8 corredores, 6 cossacos e 6 tártaros em cavalos turcos para apostarem corridas; depois Bach com a sua sociedade e por fim os 400 inválidos que desfiavam irrequietamente com um oficial que andava de muletas e os guiava. Foi um momento comovente, ver estes jovens que por amor à Pátria tinham se tornado tão aleijados. Antes eram homens jovens e ativos, usavam a Cruz do merecimento por motivo de guerra. Agora começavam nos gramados os jogos, os corredores e em seguida os cavaleiros turcos com suas bandeiras; iam até o fim da aleia e voltavam ganhando como prêmios bandeiras de diversas cores [...]. Quando escureceu fomos ver a mesa dos inválidos onde foi bebido à saúde das altas autoridades; fomos a um campo próximo onde tinham sido levantados palcos nos quais executavam danças nacionais das diversas nações que formam o Império da Áustria; a iluminação não havia ainda começado, o que foi grande pena, pois mal podíamos ver; nos 4 cantos estavam armados troféus das batalhas ganhas, que escondiam a banda turca; daí atravessamos a grande aleia pisando em tábuas tão finas que poderíamos quebrar o pé.

Depois houve fogos de artifício por detrás de uma construção em forma de gruta, onde "um grupo de homens-deuses em vez de água jorravam fogo". Completando o espetáculo, foram mostrados quadros vivos, num dos quais aparecia uma rosa "onde estava o retrato do querido papai e da querida mamãe". Após apreciarem as demais cenas criadas, passearam por obras de arquitetura efêmera, como um Arco do Triunfo, e os Portões de Brandemburgo e de Vitória.

> [...] Ainda visitamos o arco-íris iluminado [...] tinha todas as cores e é o símbolo da família, pois ele brilha demorado e

> fortemente sem atrito. [...] A festa foi linda; havia certamente 60 mil espectadores. Fomos todos muito empurrados e tio Fernando com a espada abria caminho para o arquiduque Alberto, doutro modo teríamos sido espremidos.

De todos os ambientes criados para essa festa, Leopoldina não gostou de um deles: "Fomos à sala dos canhões que vão ser construídos em Moscou; foi o que menos me agradou. Havia um grande quadro representando o Imperador Alexandre coroado pelas Musas." Talvez sua implicância com a cena dos canhões e do czar russo deva-se ao fato de ela ter ficado desgostosa com o czar. Durante uma das diversas recepções, ocorreu uma cena: "O imperador da Rússia queria, penso eu, dizer-me uma amabilidade, falou na minha gulodice [...]. Se eu não estivesse sentada tão longe dele teria lhe dado uma boa resposta, fiquei com raiva por não poder fazê-lo". No meio de tantas cabeças coroadas e com tempo ocioso, houve até uma tentativa de dois príncipes baterem-se num duelo pela honra de uma mulher. No dia 9 de outubro, Leopoldina registrava a fofoca. A briga "se deu no baile na casa do príncipe Maurício Liechtenstein", quando o "príncipe de Württenberg permitiu-se conversar inconvenientemente a respeito da sua esposa separada, que é filha do rei da Baviera". Ex-cunhado de Guilherme de Württenberg, o príncipe Luís da Baviera estava presente ao baile, escutou-o falando mal da irmã e tirou satisfações. No final, "felizmente [o duelo] foi impedido pelo Príncipe Carlos".

Carolina Augusta foi mais uma das vítimas da passagem de Napoleão pelo trono francês. Para fugir de um casamento arranjado pelo imperador, seu pai casou-a com o herdeiro de Württenberg. O casal vivia em quartos e alas separadas no palácio, e o casamento de seis anos nunca foi consumado, sendo anulado pelo papa em 1814. A segunda filha de Maximiliano viria a ser futuramente madrasta de Leopoldina.

Talleyrand

Em 30 de setembro, Leopoldina anotou em seu diário: "Eu vi pela primeira vez o Talleyrand, que realmente parece que se pode perguntar: se é Lúcifer ou o Demônio em pessoa." O príncipe de Talleyrand, um dos responsáveis diretos pelo casamento de Maria Luísa com Napoleão, era realmente uma figura curiosíssima. E Leopoldina deveria seu futuro, em parte, a ele e ao seu trabalho diplomático.

Charles-Maurice de Talleyrand-Périgord, príncipe de Bénévent (1754-1838), foi um exímio estadista e diplomata. Reconhecidamente um homem pragmático e astuto, era um sobrevivente político espertíssimo de capacidade ímpar. Devido a um problema no pé, acabou sendo destinado à vida religiosa em vez de à militar. Subindo os degraus do poder eclesiástico, mesmo tendo sido expulso do seminário por não honrar o celibato, chegou a ser representante da Igreja durante o governo de Luís XVI, defendendo seus direitos e privilégios.

Às vésperas da Revolução Francesa, assumiu o bispado de Autun, onde ficaria pouco tempo. Conforme a revolução se aproximou, ele demonstrou ser um verdadeiro camaleão, mudando de cor de acordo com a necessidade do ambiente. Passou a defender a nacionalização dos bens da Igreja e a perda dos privilégios de seus membros, o que acabou por lhe valer a excomunhão do papa. Ingressou na diplomacia durante uma desastrada tentativa de evitar que a Inglaterra se aliasse à Áustria e à Prússia contra a França e foi para o exílio durante o período do Terror.

Com a queda de Robespierre em 1794 e o consequente término do Terror, Talleyrand retornou a Paris e tornou-se chanceler, cargo que deixou em 1799 por alguns meses, quando foi acusado de corrupção. Com a subida de Napoleão ao poder no mesmo ano, recuperou o antigo posto, no qual permaneceu até 1807, quando se demitiu. Enquanto Napoleão mostrava ao mundo o seu gênio militar e estratégico, Talleyrand tentava desenvolver um sistema diplomático de contrapesos políticos e de alianças matrimoniais que preservasse e fortalecesse o novo Império Francês.

Apesar de fazer oposição a Napoleão após a sua demissão, Talleyrand foi consultado diversas vezes por este. Enquanto isso, nos bastidores, armava a deposição do imperador e realizava conchavos visando ao retorno dos Bourbon ao trono da França. O retorno da antiga dinastia ocorreu em 13 de maio de 1814, sendo o príncipe levado novamente à pasta de ministro das Relações Exteriores. Futuramente, ainda serviria ao rei da França seguinte, Luís Filipe, que subiria ao poder com a queda de Carlos X.

O Reino Unido de Portugal, Brasil e Algarves

Antes do Congresso de Viena, houve um pré-congresso em Paris. Nele, ficou estabelecido que somente algumas potências teriam direito ao voto, sendo os demais Estados tutelados pelos seus aliados mais fortes. No caso de Portugal — cuja sede do governo havia se estabelecido na distante colônia do Brasil —, a mais importante aliada do país, a Inglaterra, representaria seus interesses à revelia de qualquer manifestação dos portugueses.

Isso soou um alerta no Rio de Janeiro. Dependentes da Inglaterra, os portugueses temiam ver a supressão do tráfico de escravos inserida na pauta do Congresso por seus aliados e negociada por estes em nome dos lusitanos. O interesse da Inglaterra em acabar com o tráfico não era apenas humanitário. Desde 1807, com a proibição da escravidão nos territórios ingleses, seus produtos perderam competitividade no mercado internacional. Mas, para Portugal, tal ideia era uma catástrofe. Não só as suas exportações dependiam da produção feita por mão de obra escrava, como a própria economia interna brasileira, diferente da inglesa, estava ligada à escravidão. Portugal não era o único a antever a possibilidade de o Congresso ser catastrófico aos seus interesses. Talleyrand pensava o mesmo com relação à França, a grande perdedora do conflito. Afinal, as principais aliadas contra os franceses, Inglaterra, Áustria, Rússia e Prússia — tinham peso nas votações do Congresso e não morriam de amores pela França e seus ideais. Uma prova disso seria a instalação da

Santa Aliança entre a Áustria, a Rússia e a Prússia — deixando a França de lado. As três juntas interviriam em qualquer país que se voltasse contra o absolutismo de seu governo e se deixasse "contaminar" pelas ideias liberais.

O velho diplomata francês encontrou no fato de as principais potências deixarem os Estados menores de fora do Concerto da Europa um modo de manipular estes pelos bastidores, voltando os países menores contra os Estados principais. Fez isso inclusive com Portugal. Conforme revela a correspondência diplomática da época, Talleyrand intrigava os portugueses contra os ingleses e achava que convinha mais para Portugal, e não somente a ele como a toda a Europa, que o rei se mantivesse no Brasil por

> [...] um prazo tão longo quanto possível for [...]. O transtorno que causou no edifício europeu a revolução da América inglesa, que nós tão imprudentemente auxiliamos, vai-se já experimentando agora, e experimentar-se-á cada dia mais. As colônias espanholas, pelo mau governo atualmente daquela monarquia, podem-se contar quase como perdidas para a Europa, e em tais circunstancias eu consideraria como uma fortuna, que se estreitasse por todos os meios possíveis o nexo entre Portugal e o Brasil; devendo este país, para lisonjear os seus Povos, para destruir a ideia de Colônia, que tanto lhes desagrada, receber o Título de Reino, e o vosso Soberano ser Rei do Reino Unido de Portugal e do Brasil.[7]

Assim, o Brasil passava de anfitrião de um governo em fuga que deixara a sua metrópole europeia em 1808 para surgir como parte importante no Concerto da Europa. O novo Reino Unido de Portugal, Brasil e Algarves, criado em 16 de dezembro de 1815, começou a ser visto com outros olhos pela Áustria, pela Rússia e pela Prússia, que haviam firmado em setembro de 1815 a Santa Aliança.

Mas ainda restava a pressão inglesa para a supressão do tráfico negreiro, que, com muita diplomacia, incluindo o apoio de Talleyrand, ficaria em aberto para ser decidido no futuro. Este, para a Inglaterra, seria o mais breve possível. Logo no início de 1816, o gabinete inglês tentou levar para Londres as negociações sobre o término do tráfico. Entretanto, além de contar com algumas simpatias da França a respeito do assunto, Portugal passou a ter um aliado muito mais forte, a Áustria. O príncipe de Metternich dera instruções para que o embaixador austríaco Esterházy, presente nas negociações, auxiliasse Portugal a resistir à pressão inglesa.[8]

Bondade dos austríacos? Nem tanto: em política, ainda mais internacional, bondade e gentileza são meros detalhes casuais, sobras, quando existem, de jogos de interesses maiores. A Áustria, sobretudo Metternich, via o novo império lusitano então instalado oficialmente nos trópicos como um importante aliado transatlântico que se inseria perfeitamente nos ideais reacionários da Santa Aliança. O Brasil parecia para eles o único baluarte absolutista em meio a uma América republicana que ia contra os princípios "bons e verdadeiros" que os três grandes monarcas cristãos — o imperador da Áustria, católico; o rei da Prússia, protestante; e o czar da Rússia, ortodoxo — pretendiam defender na Europa e, por que não, no mundo inteiro. A Santa Aliança visava, basicamente, à manutenção do *status quo* de antes da Revolução Francesa que o Congresso de Viena tentara restabelecer. Os monarcas cristãos consideravam-se os guardiões desse mundo e fariam de tudo para impedir o aparecimento de um novo Napoleão e a disseminação de novas ideias liberais que provocassem o desequilíbrio de seus poderes e levassem novamente a Europa ao caos. Ao encontro dessas ideias, foi ressuscitado um plano português de 1806[9] visando à união dinástica entre a casa dos Bragança e a dos Habsburgo. Uma nota do príncipe regente d. João, emitida do Rio de Janeiro em 15 de março de 1816, demonstra que os preparativos para a negociação do casamento estavam avançados:

> Não escapou à perspicácia de S.A.R. [d. João], um embaraço que pode ocorrer nesta negociação e o desejo de S.M.I. [Francisco I] antes de decidir-se, saber com certeza se S.A.R. conta

> regressar ou não a Portugal; e para remover este embaraço, manda-me o mesmo Senhor participar confidencialmente a vmc. [vosmecê] (para fazer discreto uso, segundo as ocorrências) que o Seu Real Intento é regressar à Europa, logo que haja conseguido preservar este Reino do Brasil do contagioso espírito revolucionário que conflagra pelas Colônias Espanholas; [...] e acrescendo que, no entretanto que S.A.R. completa com a possível brevidade esta grande obra (que pode mesmo talvez utilizar ao Sistema Político da Europa pelos tratados de Paris e de Viena); e por conseguinte o mesmo Senhor poderá então sem sustos de futuras subversões restituir-se à sua corte de Lisboa. Tais são as graves e atendíveis razões que vmc. alegará (se preciso for), para dissolver qualquer hesitação da parte de S.M.I a esse respeito.[10]

Ao mesmo tempo que justificava a permanência da corte no Brasil, mas deixava claro que era para explicar somente se fosse necessário, d. João cantava a melodia que os membros da Santa Aliança, da qual a Inglaterra não fazia parte, desejavam ouvir: *Preservar o Reino do Brasil do contagioso espírito revolucionário.*

Ao se aproximar da Áustria — como anteriormente já havia tentado em 1814 se aproximar da Rússia, com o casamento do príncipe d. Pedro com uma das grã-duquesas[11] —, d. João lutava para sair da esfera de influência dos ingleses. Estes, além da questão da escravidão, eram contrários também à ideia imperialista lusitana na América espanhola. As constantes admoestações de lorde Strangford, embaixador britânico no Brasil, sobre esses pontos, além da insistente cobrança do retorno da corte a Portugal, haviam feito o príncipe regente solicitar ao governo inglês a retirada desse embaixador do Brasil.

Desde a expulsão das tropas francesas em 1808 pela expedição militar inglesa, o marechal britânico William Beresford havia transformado Portugal num virtual protetorado de sua nação. O país, abandonado pela corte, não passava de uma terra arrasada pela guerra, pelos saques dos franceses — e até das tropas inglesas — e pela carestia. Cerca de um sexto da população desapareceu: quem não morreu e tinha algum recurso acabou fugindo do país.[12] Não é difícil imaginar o porquê de d. João não ter pressa alguma de retornar para a Europa e de desejar continuar a criação do seu novo império americano.

Tratativas para um casamento

Em julho de 1815, logo após o Congresso, Leopoldina encontrou-se com Maria Luísa em Baden. Depois de ela estar completamente deslocada socialmente e sem saber mais onde colocá-la em Viena, o imperador decidiu instalar a filha mais velha na cidade termal próximo à capital. Ali, Maria Luísa viveu em companhia de um pequeno séquito, tendo feito até uma viagem a Turim, sempre ao lado do seu agora inseparável conde Neipperg. No dia 14, Leopoldina escreveu ao pai contando sobre os dois dias que passou com a irmã e seus passeios por Baden:

> [...] Na primeira tarde fomos ver a mina Krainer; a irmã nos deu a alegria de mandar buscar uma família de negros que mora defronte a ela e pertence à criadagem do emissário português, acho-os muito amáveis e espirituosos e me dei muito bem com eles; nasceram no Brasil e falam sua língua materna, que soa esquisita.[13]

Essa criadagem era uma família de escravizados brasileiros, composta por uma mãe, que servia de camareira ao enviado diplomático português, e suas duas filhas. Quem dá mais detalhes a respeito da família é a arquiduquesa Maria Carolina, irmã mais nova de Leopoldina, que também escreveu ao pai para falar a respeito delas:

> [...] Vimos duas pequenas negras e sua mãe; elas são bem comportadas e alegres; principalmente a mais velha, que tem

> onze anos. Elas já estiveram em Málaga, Lisboa, Inglaterra e França. Logo vão se mudar para a Rússia. A mais velha fala bem francês, a mãe só português. Elas nasceram no Brasil, o pai faleceu, mas elas não sabem e falam muito sobre ele.[14]

Esse seria o primeiro encontro de Leopoldina com brasileiros escravizados e com a língua de seu futuro país. O "emissário português" mencionado pela arquiduquesa provavelmente seria o barão de Vila Seca, Rodrigo Navarro de Andrade, que, como observou Maria Carolina, estava preparando uma viagem para a Rússia. A ida a São Petersburgo fazia parte da busca de uma noiva para o príncipe d. Pedro, que se encontrava com a família real portuguesa no Brasil. Mas, em breve, Rodrigo voltaria a Viena, onde continuaria como encarregado de negócios de Portugal e seria decisivo para o futuro de Leopoldina.

Após uma visita romântica até o Castelo de Durnstein, onde Ricardo Coração de Leão ficou aprisionado, Leopoldina partiu com a madrasta para a Hungria no final do verão. Ali, durante uma visita ao conde Batthiány, elas foram recebidas num piquenique diferente. O nobre mandou armar uma tenda em volta de um tronco de carvalho, com centenas de pássaros presos só para cantar para eles. Leopoldina morreu de pena dos animais.[15] Pouco antes, ela havia ganhado da madrasta um papagaio, que ela queria fazia muito tempo. A ave era verde e amarela e falava em italiano, língua que Leopoldina continuava aprendendo, junto com o latim, que começara naquele ano.

Ao retornarem, começou a temporada de teatros e de novas visitas à irmã em Baden. Agora era oficial: Maria Luísa partiria para Parma em 1816, e o filho ficaria com o avô em Viena, de onde jamais sairia. Leopoldina desenhou nessa época um retrato bonito do sobrinho para a irmã levar com ela. Onde hoje estaria esse retrato, é difícil de saber, porém, pelos desenhos que a arquiduquesa fez das irmãs e que estão no Arquivo Nacional, em Viena, sabemos que era uma excelente retratista.

O início de 1816 para a arquiduquesa Leopoldina não foi dos melhores. Primeiro, ela viu-se sem a irmã Maria Luísa, que partiu para a Itália em 6 março, sem se despedir dela, pois achava que dessa forma seria mais fácil a separação:

> Viena, 7 de março de 1816[16]
>
> Amada, caríssima Luísa!
>
> Como posso descrever a dor que senti quando voltei ontem para casa; quase mergulhei em um mar de lágrimas já no jantar, mas não quis aumentar tua dor; só hoje, ao não te ver mais, solto as lágrimas e me entrego a todas as emoções de meu coração partido [...].

A veia religiosa de Leopoldina grita neste trecho: "[...] Meu Deus não te abandona, já sofreste muito neste mundo; confia Nele e Ele te fará feliz, pois é a recompensa pelas virtudes, das quais és tão ricamente dotada; Ele, como juiz justo, certamente não tolerará que a depravação se levante contra ti."

Apesar da dor da separação da irmã mais velha, Leopoldina nutria esperanças de revê-la em breve. "[...] Espero que meus pais me levem à Itália no outono, quando lá forem; então implorarei a eles que me deixem contigo enquanto fazem as outras viagens." Aproveitava e dava também notícias do pequeno sobrinho: "Teu filho está bem, mas, podes imaginar, desolado; ele não estará abandonado pois quero visitá-lo com frequência e protegê-lo dos comentários maldosos que infelizmente o atingem." E, como uma zelosa tia, assim o fez, muitas vezes indispondo-se com os parentes Habsburgo por provocarem a criança. Outro ponto que a afligiria seria perceber que, assim como ela na infância, o menino mentiria algumas vezes, o que a deixava apreensiva a respeito da qualidade da educação moral que ele estava recebendo.

Leopoldina ainda reencontraria a irmã na Itália, para onde viajaria no futuro, porém não com os pais. Logo após a partida de Maria Luísa, Francisco I e a imperatriz Maria Ludovica viajaram também para o país, visitando os antigos domínios da família restituídos após o Congresso de Viena. Na capital, Leopoldina recebia notícias cada vez mais alarmantes a respeito da saúde da madrasta. A doença mal curada nas cidades termais e o desgaste causado pelas festas e recepções, a que fora obrigada a comparecer durante o Congresso, lhe cobravam um alto preço. Acompanhando o imperador, Maria Ludovica procurava manter as aparências e cumprir com suas obrigações, porém, segundo uma de suas camareiras, a imperatriz, ao desempenhar o papel que esperavam dela, e não querendo que o marido a achasse uma inútil, ia da "cama ao coche e do coche à cama".[17]

Em 7 de abril de 1816, falecia em Verona, aos 30 anos, a imperatriz Maria Ludovica. No dia 11, de Viena, escreveu Leopoldina ao pai:

> [...] Senti plenamente a dimensão da minha perda e seria extremamente ingrata se não reconhecesse que devo tudo ao amor e esforços da boa falecida mamãe; como sinto falta de seus bons conselhos e advertências, que compensavam minha inexperiência [...].[18]

Para Maria Luísa, em carta do dia 12 de abril, afirmava:

> [...] Sei bem a perda que sofri, porque perdi a mais terna e compassiva das mães; seria muito ingrata se não estivesse convicta de que devo a ela o que sou; esse pensamento aumenta minha dor tanto mais porque nunca tive oportunidade de lhe demonstrar minha gratidão [...].[19]

Com a morte da madrasta, sem o pai e sem a irmã mais velha, a arquiduquesa viu-se sozinha em Viena, onde passou a ser a primeira dama da corte imperial, já que agora o pai estava viúvo novamente e ela era a filha solteira mais velha. Leopoldina passou a se queixar frequentemente de sua saúde, alegando que se ressentira com a perda da imperatriz. Talvez uma doença psicossomática, adquirida pelo abandono do pai, depressivo em meio ao seu processo de luto. Francisco demorou-se na Itália, perturbado com a morte da terceira esposa. Enquanto isso, Leopoldina, sozinha em Viena, lutava contra a melancolia e a solidão, que buscava diminuir, assim como a distância que a separava mais uma vez de Maria Luísa, enviando-lhe diversas cartas e ansiosamente cobrando respostas.

Uma das suas poucas fontes de alegria continuaria sendo o sobrinho. Ele era esperto, a ponto de arrancar risadas da tia. Certa vez, o tio-avô de Francisco Carlos, o arquiduque José Antônio, provocou o menino dizendo que ele tinha que montar no pequeno leão do zoológico de Schönbrunn para cavalgá-lo. "E teu filho deu a resposta afiada: claro, querido tio, se o senhor sentar primeiro, não tem problema".[20] É perfeitamente possível entender por que ela dizia à irmã que tinha vontade de morder a criança de 5 anos.

Da Itália, Francisco I mandou para a filha mais uma coleção de mineralogia. Mas nem mesmo o presente e as alegrias com o sobrinho, que já falava bem o alemão e adorava colocar o seu pequeno uniforme militar de ulano, eram capazes de distraí-la totalmente.

Durante todo o tempo em que Napoleão espalhara o terror pela Europa, fazendo guerras de conquista e rearranjando os tronos, o mercado matrimonial da realeza ficou bastante abalado. As casas dinásticas simplesmente não sabiam com quem casar seus filhos, sem ter ideia de se eles, ou seus futuros parentes, ainda governariam algo futuramente.

Leopoldina, com dezenove anos, já deveria ter tido o seu casamento negociado, mas isso ainda não havia ocorrido. Para piorar, pouco antes do falecimento da madrasta, em março de 1816, a arquiduquesa havia recebido um duro golpe. Em carta à irmã mais velha, contou ter sido preterida pelo tio, Leopoldo de Bourbon-Duas Sicílias, príncipe de Salerno. Este, tendo a opção de escolher entre ela e Maria Clementina, havia escolhido a irmã mais nova de Leopoldina como esposa. "Que dizes sobre o casamento da Maria com o tio Leopoldo? Sabes o que penso; desejo-lhe de coração felicidade e estou contente que ele não me quis."[21] Em outra carta, informa a Maria Luísa: "[...] Invejo-a [a Maria Clementina] apenas pela felicidade de estar perto de ti."[22]

Ninguém, em tempo algum, hoje ou no passado, gosta de ser desprezado. Apesar do desdém aparentado pela arquiduquesa, ela com certeza se importou por não ter sido a escolhida. Não que ela gostasse do tio — na realidade, não o suportava —, mas devido ao amor-próprio ferido, ressentira-se.

Nos meses seguintes, Leopoldina pediria conselhos femininos para Maria Luísa. A ex-imperatriz dos franceses tratou a irmã mais nova com dureza. Segundo ela, Leopoldina devia ter mais cuidado consigo mesma, "pois então você seria uma jovem bem linda e agradável".[23] Em carta de junho, Maria Luísa advertiu:

> [...] Acredite que tão ridículo é tornar-se vaidosa demais, quão errado é uma mulher não possuir aquele grau de vaidade que a faz dar alguma atenção ao seu exterior. Quando é casada, deve isso ao seu marido, quando não, é bom para o seu futuro, pois infelizmente, neste mundo, a primeira impressão é sempre dada pelo exterior e, nesse sentido, perdoe-me, você se descuidou terrivelmente de si no último congresso.[24]

E não apenas nele. No Rio de Janeiro, diversos diplomatas e viajantes teriam o mesmo tipo de opinião sobre Leopoldina que as emitidas nessa carta por Maria Luísa.

Francisco I retornou para junto de sua família em Viena em junho de 1816, a tempo dos preparativos do casamento da arquiduquesa Maria Clementina. Em 22 de junho, Leopoldina, ansiosa com o matrimônio da irmã e assombrada com a possibilidade de se ver solteira, desabafou com Maria Luísa: "Então ontem o querido papai me confortou com a promessa de me nomear a mineralogista da corte, caso eu fique em casa; parece-me que há pouca perspectiva de decisão, e garanto-te que já me resignei totalmente à vontade divina."[25]

Francisco não falava a sério quanto à proposta de nomear a filha mineralogista da corte. Era uma piada: o casamento dela já estava sendo tratado, mas ela ainda não tinha sido informada. Leopoldina só sabia aquilo que lhe era permitido saber, e aos poucos ia tendo algumas revelações, esporádicas, sobre o seu futuro. Dezessete dias depois, confidenciava para a irmã mais velha: "Acho que as perspectivas quanto à minha definição são favoráveis, porque o querido papai há pouco disse: 'Não acredito que a Leopoldina ainda esteja aqui no próximo inverno', mas pelo amor de Deus não reveles que te confiei isso [...]."[26]

Para tentar distrair Leopoldina, que parecia bastante ansiosa, ainda mais após o casamento de Maria Clementina, o pai levou-a para caçar pela primeira vez. Além da primeira comunhão, isso era outro dos ritos de passagem para a vida adulta, afinal, criança não lidava com armas e não caçava. Leopoldina, toda orgulhosa, acertou um cervo de quinze quilos e outro de trinta. Pai e filha comeram juntos na cabana de caça, onde haviam sido preparados faisões e javalis. No dia seguinte, assistiram a corridas entre cavalos árabes e cavalos ingleses. Leopoldina, assim como manteria o gosto pela pesca, herdado da mãe, também seguiria sendo uma exímia caçadora no Brasil.

Saxônia ou Portugal?

Começavam a gerar frutos as consultas diplomáticas realizadas no princípio de 1816 pelo encarregado de negócios portugueses na corte de Viena, Rodrigo Navarro de Andrade. Os portugueses não contavam com a morte da imperatriz durante a viagem à Itália, o que contribuiu para que Francisco I demorasse em suas considerações. Mas, em 29 de julho de 1816, sabemos que as coisas, ao menos entre Francisco e o príncipe de Metternich, já estavam bem claras. Este último, numa de suas mensagens ao imperador, fez menção de ter que desfazer os arranjos de um outro casamento entre Leopoldina e o príncipe da Saxônia.

> [...] Já discutido por mim e o sr. conde de Schubeburg, será necessário chegar a um entendimento com a corte da Saxônia. Se V. M. tencionasse casar sua terceira filha na Saxônia, a questão estaria *ipso facto* liquidada. Parece-me absolutamente necessário não fazer menção da proposta portuguesa a pessoa alguma,

> antes de ter-se escrito à Saxônia, o que só poderá ser feito depois da apresentação oficial do pedido pelo Sr. Navarro.[27]

E assim as coisas realmente aconteceram: a arquiduquesa Maria Carolina se casaria com o príncipe da Saxônia em 1819. Entretanto, sem o pedido oficial de Portugal, devido em grande parte à morosidade das consultas entre Rodrigo Navarro de Andrade em Viena e a corte no Rio de Janeiro, a Saxônia enviou um embaixador para fazer uma proposta de casamento a Leopoldina.

Em 25 de julho, ela escreveu novamente para Maria Luísa. As missivas entre elas eram redigidas em seu idioma natal, o alemão, entretanto, essa especificamente continha um parágrafo em inglês. Nessa língua, incomum nas cortes europeias da época e que Leopoldina só aprenderia melhor no futuro, ela informou, além do próximo casamento do pai, que "o ministro da Saxônia foi enviado para fazer proposta em meu nome, mas não houve acordo, necessidade de dinheiro, e meu pai disse para não fazer nada. Peço que mantenha isso em segredo".[28]

A Áustria vivia, desde José II, num déficit crônico. A guerra contra Napoleão em nada ajudou. Pelo contrário, os gastos militares, primeiro contra a França e depois como aliada desta, só pioraram a situação. A inflação austríaca ficou incontrolável, e a carestia tomou conta das ruas de Viena. Em 1811, o governo austríaco viu-se obrigado a decretar a falência do Estado, que não conseguia mais pagar os juros da dívida pública, e a desvalorizar a moeda. Somente em 1817 as finanças do império seriam saneadas.[29]

A Saxônia, durante as sucessivas guerras, havia escolhido o aliado errado: Napoleão. Devido a esse fato, acabou sendo punida no Congresso de Viena e teve que ceder parte de seu território à Prússia. Desde 1815, fazia parte da Confederação Germânica, organismo internacional sob influência direta da Áustria que restabelecia em parte a união dos Estados alemães do antigo Sacro Império Romano-Germânico. Uma união dinástica com a Saxônia seria muito mais vantajosa para este do que para a Áustria.

Já com Portugal, a união entre os Habsburgo e os Bragança abria não apenas à Áustria, mas aos demais Estados germânicos, os portos do Brasil, até então controlados exclusivamente pelo comércio com a Inglaterra. Comercialmente, ter uma Habsburgo como rainha desse novo Reino americano era muito interessante, afinal, isso poderia vir a ajudar na retomada do crescimento econômico austríaco.

Em 24 de setembro de 1816, a arquiduquesa, em carta a Maria Luísa, conta a conversa que Francisco I teve com ela:

> [...] O querido papai me disse no dia do casamento da Maria que ele me deixaria escolher entre aquele sobre quem já te escrevi anteriormente [Saxônia] e o atual [Portugal], mas que eu teria que me decidir em dois dias; pelo primeiro teria que esperar dois anos e ele [ainda] escolheria entre todas as princesas alemãs; além disso sabia-se que eu não lhe havia agradado; em resumo, o querido papai então me falou de tal forma que percebi logo que ele preferia o último e então fiz o que ele desejava, na firme convicção de que quando cumprimos a vontade de nossos pais seremos felizes em qualquer situação, pois sabes por experiência própria que uma princesa nunca pode agir como quer; o emissário virá neste ou no próximo mês, mas partirei só em abril; portanto eu te verei de qualquer forma, e esse pensamento me traz muita, muita alegria [...].[30]

É interessante notar dois pontos neste trecho da carta. Primeiro, o pai jogou com a própria filha. Ofereceu duas opções, como se ela realmente tivesse alguma, e fê-la pender para a que ele queria. A resolução a respeito da preferência dos austríacos pelos portugueses já era clara desde julho, como se compreende pela carta que Metternich escreveu ao imperador no dia 29 daquele mês tratando sobre o caso. O segundo ponto é que Leopoldina não menciona na carta o príncipe, nem mesmo a nação, para onde ela iria. Provavelmente, por ordem do pai, ela poderia revelar que ficaria noiva em breve, mas ainda não podia revelar o país a que ela se destinava.

As regras políticas, não apenas a etiqueta, norteavam a vida de uma princesa. Essa questão fica clara neste trecho específico: "[...] Sempre poderei te escrever, já que aquela corte aprovou tua posse de Parma, o que me fez gostar ainda mais dela." Caso Portugal não tivesse reconhecido e aceitado Maria Luísa como duquesa de Parma, as duas irmãs não poderiam se corresponder quando Leopoldina se casasse com o príncipe herdeiro português.

A família Bragança

As mentiras também faziam parte do jogo do lado português: "[...] Além disso, diz-se que toda a família tem muito senso e bom coração e graças a Deus nunca tive aversão àquela nação, por mais que não suporte seus vizinhos", dirá Leopoldina para Maria Luísa. Os vizinhos republicanos e democráticos, norte e sul-americanos, seriam o último dos problemas com que a arquiduquesa viria a se preocupar no futuro. Viver no seio da família real portuguesa estava além da formação, do preparo e da educação recebida por qualquer arquiduquesa austríaca. Os Bragança pareciam uma reedição caricata da família Bórgia.

Sua futura sogra, Carlota Joaquina, havia tentado dar um golpe no marido, o príncipe regente d. João, em 1805, ainda quando viviam na Europa. Carlota pretendia se tornar regente no lugar do esposo, uma vez que a rainha de fato, d. Maria I, sua sogra, estava incapacitada de governar devido a problemas mentais.

Carlota vivia fazendo intrigas contra o governo e seus principais políticos. Levada para o Brasil praticamente à força em 1808, considerava o país uma terra "de escravos e de macacos". Porém, sua pública ojeriza à América era menor que sua ânsia por poder, o que a levaria a tentar tomar para si as terras sul-americanas da Coroa espanhola, pertencentes ao Reino de seu irmão, então prisioneiro de Napoleão. Isso aumentaria o racha familiar, pois d. João desejava que, se alguém viesse a controlar os domínios espanhóis na América do Sul, fosse o seu sobrinho, d. Pedro Carlos, neto do antigo rei da Espanha.

Tecendo seus sonhos imperialistas, d. João casou sua filha mais velha, d. Maria Teresa, com o sobrinho, acalentando uma futura união entre Portugal e Espanha, ou ao menos entre as terras sul-americanas dos dois países. Em pé de guerra viviam d. João e d. Carlota, que, se já não compartilhavam mais quarto, que dirá residências. O príncipe morava com os filhos no Palácio de São Cristóvão, nos arrabaldes do Rio de Janeiro, enquanto d. Carlota, com as filhas menores, dividia o seu tempo entre uma residência na Praia de Botafogo e chácaras no Andaraí e em Mataporcos.

D. Pedro, o noivo

No meio desse casal problemático, estava d. Pedro, o príncipe herdeiro do trono português, nascido em 12 de outubro de 1798, um ano e oito meses depois de Leopoldina. D. Pedro foi criado longe dos pais, sem a atenção e a supervisão que a arquiduquesa teve por parte de Francisco I, da mãe e da madrasta, com uma preceptora sempre presente. O príncipe foi deixado entregue aos cuidados de criados, aias e amas de leite e, depois, de preceptor e mestres no Palácio de Queluz, onde nasceu e continuou a morar com a avó, a rainha louca d. Maria I.

D. Pedro media[31] entre 1,64 metro e 1,67 metro, pouco mais alto que a média dos homens de sua época. Tinha tórax e ombros largos, braços fortes e mãos grandes. Diferentemente do costume dos europeus de se banharem o mínimo possível, o príncipe adorava água. Tomava banho constantemente, até mais de uma vez por dia. Gostava de nadar nu nas praias cariocas, hábito que cultivava não por recomendações médicas e terapêuticas, como era habitual na época, mas para exercitar o corpo.

Vaidoso, seguindo a moda masculina, usava costeleta na época do noivado. Mais tarde, cultivaria um bigode, posteriormente o tiraria e ainda voltaria a tê-lo. Com as costeletas, ocultava um pouco a pele do rosto, marcada pela varíola. Seus cabelos, densos e ondulados, eram castanho-escuros. Tinha pele naturalmente clara, porém a prática de escaladas nos morros cariocas e as cavalgadas diárias deixaram suas maçãs do rosto bastante rosadas. Com o tempo, acabou se tornando bronzeado com o sol que tomava nesses exercícios. Grandes olhos negros, lábios bem-feitos, dentes alvos e um nariz aquilino completavam sua aparência máscula.

Tanto d. Pedro quanto seu irmão d. Miguel mantinham-se em constante atividade. Gostavam do ar livre, eram cavaleiros intrépidos e ousados, e suas cavalgadas não respeitavam nem climas, nem horários. A obsessão de d. Pedro por velocidade e resistência levou-o a aventuras desastrosas. Ele próprio afirmava que, quando jovem, havia caído do cavalo 36 vezes.[32] Isso sem contar quando tombou, devido à imprudência, a carruagem de quatro cavalos que gostava de conduzir a toda pelas ruas e arrabaldes do Rio de Janeiro. Por diversas vezes foi obrigado a ficar de cama devido aos acidentes. D. Pedro também era afeiçoado à caça, paixão que compartilharia com Leopoldina.

A postura ereta e arrogante dava-lhe um porte marcial. Sofria, como grande parte da família da arquiduquesa, de epilepsia. A doença poderia ser a causa de sua impulsividade e hiperatividade. Era muito simpático, tinha uma personalidade encantadora, porém seu gênio era instável. Ia da ira a uma sonora gargalhada em segundos. Se algo lhe parecia engraçado, ria daquilo; ao perceber que magoava a pessoa objeto de suas risadas, desculpava-se sinceramente pela brincadeira.

D. Pedro não tinha nenhuma paciência com cortesãos bajuladores e com os intrigantes membros da corte. Era homem de ação, e tanto como político quanto como diplomata, se as coisas se estendessem além de sua vontade e paciência, sua tendência era tratá-las como um déspota. Leopoldina viria a ser um trunfo nesses pontos: muito mais equilibrada e educada para essas questões que o marido, seria o equilíbrio do casal. Enfim, d. Pedro era praticamente uma força da natureza, desregrado e provocando acidentes por onde passava, quando não fisicamente, emocionalmente. Sua masculinidade podia ser perturbadora, e ele tinha consciência disso.

Sobre a educação do príncipe

Diferentemente da recebida por Leopoldina, a educação dos Bragança, em especial a de d. Pedro, deixou muito a desejar. O programa de estudos fora interrompido com a vinda da família real portuguesa para o Brasil por conta da iminente invasão francesa a Portugal, sendo retomado em outubro de 1808, no Rio de Janeiro, quase um ano após terem deixado a Europa.

Encarregou-se dela, inicialmente, o diplomata João Rademaker, que se esforçou em se tornar um excelente preceptor para o jovem príncipe. Além deste, outra figura marcaria a vida de d. Pedro: o ex-bibliotecário real do Convento de Mafra, frei Antônio de Arrábida. Desde a travessia do Atlântico, vinha selecionando literatura e ensinando latim ao príncipe. Arrábida assumiria as aulas de religião, permanecendo por anos como confessor do pupilo.

A educação formal do príncipe era realizada, em teoria, todos os dias durante duas horas. Porém, se d. Pedro achasse algo melhor ou mais interessante que lhe despertasse a atenção, simplesmente dispensava o professor. O príncipe, além de indisciplinado, estava envolto por cortesãos fiéis ao Antigo Regime, num ambiente em que o direito divino ditava as regras, o que era o bastante para qualquer um lhe acatar as vontades sem discussão. A luta deve ter sido árdua, mas existem indícios de que Rademaker conseguiu iniciar e aprofundar um pouco o príncipe em matemática, lógica, história, geografia e economia política.[33] Além do latim, que continuava a aprender, passou a ter aulas de francês e inglês com o novo mestre.

D. Pedro, como ditava a educação dos príncipes da época, incluindo a dos Habsburgo, também teve instruções em artes manuais, tomando gosto pela marcenaria e pela escultura. Chegou a construir um modelo de navio de guerra e uma mesa de bilhar completa.[34] Em 1811, a fragata *Príncipe Dom Pedro*, lançada na Bahia, levava uma figura de proa representando o príncipe, executada pelo próprio d. Pedro.[35]

Também se dedicou a música, poesia e desenho. O reverendo irlandês Robert Walsh, capelão da embaixada britânica no Brasil de 1828 a 1829, afirmava que d. Pedro havia desenvolvido uma forte predileção pela música em idade precoce e acabou demonstrando talento nessa área. O príncipe

> [...] não apenas aprendeu a tocar uma variedade de instrumentos, mas compôs, eu fui informado, muitas das músicas para a capela de seu pai; e a peça mais popular agora no Brasil, tanto as palavras quanto a música, são de sua composição, atestando seu talento.[36]

Marcos Portugal, maestro real e compositor de óperas e de música sacra, passou a dar aulas para d. Pedro em 1811, quando chegou da Europa, e encorajava o príncipe a elaborar suas próprias composições. D. Pedro dominava diversos instrumentos musicais, como clarim, flauta, violino, fagote, trombone e cravo. Para as distrações de adolescentes, tocava guitarra clássica. Com esse instrumento, acompanhava canções e danças populares em voga no Rio de Janeiro da época, como o fado luso-cigano, a modinha luso-brasileira e o lundu angolano. O lundu era dançado com movimentos considerados lascivos. A sexualidade dessa dança, de acordo com o historiador Neill Macaulay, poderia ter despertado os primeiros desejos carnais do jovem príncipe:

> A iniciação sexual do príncipe, que, com menos de quatorze anos, declarava que já devia ser visto como um homem, pode muito bem ter se seguido a algum baile clandestino num terreiro entre as casas dos escravos, na Quinta da Boa Vista ou na fazenda de Santa Cruz.[37]

Após a morte de Rademaker, em setembro de 1814, frei Arrábida assumiu como mestre do príncipe. Com o padre irlandês John Joyce, d. Pedro continuou a estudar inglês; o emigrado francês padre Boiret instruiu-o em seu idioma; seu professor de desenho e pintura foi o pintor da corte Domingos Sequeira; e, na arte de adestrar e da equitação, foram seus mestres João Damby e Joaquim Carvalho Raposo.[38]

PARTE II

DESTINO

A EMBAIXADA PORTUGUESA À ÁUSTRIA

D. Pedro José Joaquim Vito de Meneses Coutinho, oitavo conde de Cantanhede e sexto marquês de Marialva, era membro de uma das famílias mais aristocráticas e poderosas de Portugal a serviço do rei. O último marquês de Marialva havia se destacado na vida militar ao servir durante a chamada Guerra das Laranjas, embate entre portugueses e espanhóis ocorrido em 1801.

D. João já havia, aos olhos de Napoleão, tergiversado o suficiente quanto ao ultimato para que Portugal fechasse os portos ao comércio com a Inglaterra, integrando-se dessa forma ao Bloqueio Continental. Em 27 de outubro de 1807, cansado de ser ludibriado pelo príncipe regente, Napoleão expulsou o embaixador português de Paris, ao mesmo tempo que a França e a Espanha assinaram o Tratado de Fontainebleau, no qual planejavam dividir Portugal entre si.

D. João, ainda buscando ganhar tempo, tentou uma última e desesperadora cartada: enviou Marialva para tratar com Napoleão o casamento de seu filho, d. Pedro, com uma sobrinha do imperador. Mas, devido a complicações diplomáticas na fronteira entre Portugal e Espanha, onde ficou retido até fins de novembro, o plano malogrou, com a partida definitiva da corte portuguesa para o Brasil no dia 29.

Marialva permaneceu na Europa durante os anos em que a corte se estabeleceu no Brasil. Em julho de 1814, recebeu a nomeação de embaixador extraordinário em Paris, com a incumbência de apresentar, em nome de d. João, os cumprimentos a Luís XVIII, novo rei da França, e ao czar Alexandre I, que ali se encontrava após a derrota de Napoleão. Desde 1801, tentava-se uma aliança com os russos, e d. João pretendia casar d. Pedro com a grã-duquesa Ana Pavlovna, irmã do czar.

O interesse da aproximação com os russos era, além de político, comercial.

D. João queria ter acesso ao comércio com a Turquia, além de manter as ligações com os domínios portugueses na Índia, depauperados pelo controle do Atlântico Sul por franceses, ingleses e espanhóis. A influência da Rússia no Leste Europeu e sobre o acesso ao Oriente era vista como nada desprezível para os interesses portugueses.[1] Marialva seguiu para o Congresso de Viena, regressando ao término deste para Paris.

Em fevereiro de 1816, foram despachadas do Rio de Janeiro novas ordens para o marquês de Marialva. Devido a uma nova disputa entre a Turquia e a Rússia, além da dificuldade de se finalizar algum acordo de casamento entre o príncipe herdeiro português e a grã-duquesa russa, foi ordenado ao embaixador que tomasse outro rumo: a Áustria. Tendo apresentado suas credenciais em Paris a Luís XVIII em 30 de junho, o marquês de Marialva, em outubro, preparava-se para regressar a Viena.

A real função do marquês, como membro da alta nobreza portuguesa e da aristocracia europeia, era ser um representante à altura de seu rei. A maior parte das tratativas para o casamento já havia sido realizada previamente pelo encarregado português em Viena, Rodrigo Navarro de Andrade. Marialva iria oficializar e sacramentar tudo em nome de d. João VI.

Mas nada disso ainda era público. Oficialmente, o marquês estava indo a Viena para parabenizar, em nome de d. João, o imperador Francisco I por suas novas núpcias, que se realizariam em 29 de outubro, com a filha do rei da Baviera, Carolina Augusta, sua quarta e última esposa.

Leopoldina e a ilusão do Brasil

Enquanto o marquês de Marialva não chegava e o tratado de casamento não era assinado, Leopoldina estudava preparando-se para a sua nova terra.

Em carta a Maria Luísa, podemos observar quão sonhadora, ansiosa e iludida Leopoldina estava em outubro de 1816. Parecia alguém que acabara de se entreter com o mito do "Bom Selvagem", criado por Jean-Jacques Rousseau em 1755, em que o filósofo francês defendia que o homem era bom por natureza, mas sua maldade surgia da sociedade opressiva em que vivia:

> [...] o Brasil é um país magnífico e ameno [posteriormente Leopoldina, em carta para a família, já no Brasil, diria que o país seria o paraíso, se não fossem o calor infernal e os mosquitos], terra abençoada que tem habitantes honestos e bondosos [...] logo a Europa estará insuportável e daqui a dois anos posso viver aqui novamente, mas esteja convicta de que meu maior empenho será corresponder à confiança que toda a família e meu futuro esposo em mim depositam, através de meu amor por ele e meu comportamento. [...] Agora estou mais empenhada na música, que é muito apreciada no Brasil, e quero aproveitar todas as oportunidades para me tornar popular no meu futuro país. [...] acabei de ler uma esplêndida descrição, de 1810, daquele país realmente magnífico, de Lobo da Silveira, um português.[2]

Outro trecho que chama a atenção: "Daqui a dois anos posso viver aqui novamente." De fato, a partir de 1817, haveria da parte da Áustria interesse em que ao menos o príncipe d. Pedro retornasse para Portugal com Leopoldina e assumisse como regente de seu pai a parte do Reino Unido na Europa, o que acabou não acontecendo. Onze dias depois dessa carta, ela já não parecia muito segura do retorno: "Esteja convicta de que, se me for permitido retornar para cá do Brasil, serás a primeira para cujos braços voarei."[3]

Quanto ao ambiente para onde iria, além do clima "ameno", ela equivocava-se mais uma vez: "Estou certa de que a nobreza será linda e agradável; graças a Deus, a nobreza e os costumes da corte portuguesa são como em Paris, prefiro algo mais leve e agradável ao aborrecido e formal."[4] Leopoldina não poderia estar mais errada quanto à previsão. Assim como a sua tia-avó Maria Antonieta foi apelidada pela corte francesa de *L'Autre Chienne* (A Outra Cadela), uma paronomásia de *L'Austrichienne* (A Austríaca), Leopoldina, com sua cultura, sua criação e seus costumes diversos dos ibéricos, seria chamada de A Estrangeira pelos cortesãos portugueses. Mas a corte vienense estava longe de ser um local onde só existiam pessoas cultas, como demonstra a própria Leopoldina:

> Tens razão em lamentar os nossos cavalheiros, mas o que te visitou é um poço de sabedoria perto dos tolos que acompanham o Conde Eltz [embaixador austríaco para o Brasil]; o rei terá uma boa prova da cultura que caracteriza a juventude da Áustria, pois acho que os selvagens no Brasil sabem tanto quanto eles [...].[5]

A respeito de uma conhecida, confidenciou a Maria Luísa: "Pois ela disse-me diante de um grupo de 22 pessoas: *Espero que me envies antiguidades gregas e romanas do Brasil.* O que acha disso?"[6] A educação que tanto ela quanto as irmãs tiveram colocava-a intelectualmente acima da maioria das pessoas ao seu redor e, por isso, num mundo isolado, quase sem interlocutores.

Seu pendor para o estudo pode ser visto na sua aplicação para aprender o idioma de sua nova pátria: "Hoje terei minha primeira aula de português, que é muito difícil, principalmente por causa da pronúncia pela garganta e o cecear",[7] escreveu à irmã. Maria Luísa, percebendo a empolgação juvenil de Leopoldina e a ilusão inicial que demonstrou quanto ao novo país, aos súditos e à família real portuguesa, tentou aconselhá-la em carta de 9 de outubro de 1816:

> Só posso aprovar o teu passo, cara Leopoldina, o maior sossego é ter feito o que possa ser útil ao teu pai e ao bem do Estado — rogo-te, no entanto, em nome do nosso amor de irmãs, não imaginar o futuro demasiadamente belo. Nós que não podemos escolher, não devemos nem olhar para as qualidades do físico nem para as do espírito — quando as encontramos, é sorte (não se deve acreditar naturalmente em tudo que a gente diz), quando as não encontramos, também podemos ser felizes. A consciência de ter cumprido o seu dever, múltiplas e variegadas ocupações, a educação das próprias crianças dão certo sossego de alma, ânimo sereno, o que é a única verdadeira felicidade no mundo [...].[8]

Leopoldina entendeu parcialmente a questão, mas continuou entoando loas ao povo brasileiro e à sua nova família:

> [...] Esteja certa de que não imagino as coisas tão lindas como se contam; mas tenho certeza de que, embora cada ser humano tenha seus defeitos, também tem qualidades boas e magníficas e os habitantes daquele país ainda são, graças a Deus, os menos corrompidos [...]. Quanto aos hábitos, mudá-los-ei tanto quanto possível e necessário, principalmente se for do agrado de minha nova família e de meu esposo, pois meu maior empenho será viver para levar alegria e satisfação a meu esposo e meus filhos; nisso consistirá todo o meu trabalho e felicidade. [...] Entendo que o calor deva ser incômodo; posso me preparar para isso, porém espero suportá-lo com alegria [...].[9]

Quanto ao português: "Minha cabeça está melhorando, pois o idioma vai entrando bem; já comecei a ler, mas é difícil de entender porque é meio árabe, italiano e francês, apesar disso é uma língua com uma boa sonoridade."

Em 7 de novembro, o marquês de Marialva chegou a Viena: "Ontem chegou Marialva, mas absolutamente incógnito, e o acordo não pode acontecer antes de três semanas, a assinatura do rei não antes de quatro meses e eu não posso embarcar antes de abril."[10]

O diplomata havia chegado a tempo para o novo casamento de Francisco I com a filha do rei da Baviera. Leopoldina achou a segunda madrasta "muito atenciosa [...] conquistando o meu coração de tão boa que me parece".[11] Mas, durante a cerimônia de núpcias e no banquete que se seguiu, ela parece ter dado atenção somente ao marquês português, arauto do seu destino:

> O embaixador está aqui e me distraiu muito ontem na igreja [...] pois não consegui tirar os olhos dele; a fisionomia não é muito espirituosa, contudo tem muito bom senso e cultura; ele virá me ver nos próximos dias, o pedido será em algumas semanas [...]. Trouxe-me uma porção de livros portugueses para eu ler e quero concentrar-me neles.[12]

Marialva foi recebido por Metternich e pelo próprio imperador no dia do casamento deste. Oficiando ao Rio de Janeiro, o marquês informava que Francisco I lhe afirmou ser a aliança um "pacto vantajosíssimo entre a Europa e o Novo Mundo".[13] Na ocasião, o imperador solicitara livros em português para Marialva, informando ao embaixador que a filha estava estudando o idioma e que havia poucas obras em português em Viena. Ainda no despacho, o embaixador falou a respeito do casamento na igreja e das cerimônias de cumprimentos e do beija-mão à nova imperatriz que se seguiu.

Na ocasião, Marialva teve a oportunidade de ver pela primeira vez a noiva de d. Pedro: "Tive ocasião de ver S.A.I. a Sereníssima Senhora Arquiduquesa Leopoldina em cuja presença resplandece a soberania a par da mais rara bondade."[14] Nenhuma menção a seu aspecto físico, que seria a primeira coisa a ser notada num olhar. O embaixador fixava-se nas qualidades que ele imaginava que ela possuía. Sem um contato mais íntimo, somente por um dom mediúnico ele poderia "ver" a bondade de Leopoldina. A baronesa de Montet assim recordaria a princesa:

> A arquiduquesa Leopoldina certamente não era bela: era pequenina, muito branca, cabelo louro desbotado; não possuía graça, nem curvas, e sempre detestou corpetes e cintas; parecia talhada numa peça só; tinha o lábio austríaco bem pronunciado, olhos azuis passavelmente bonitos, porém uma fisionomia séria e pouco amável; era uma princesa estudiosa.[15]

Leopoldina não era de estatura baixa para a média da época. Como se provou em sua exumação, tinha entre 1,54 metro e 1,60 metro de altura.[16]

Metternich também não pintou o retrato mais lisonjeiro da arquiduquesa: "Não se pode dizer que seja bonita, cabelo descorado loiro, baixa, não tem porte vantajoso, lábios de baixo típicos Habsburgo, só os olhos de um azul profundo são bonitos". Resumindo tudo, segundo o diplomata, ela tinha uma "aparência bondosa e confiável".[17]

Independentemente da fidelidade ou não das descrições, a verdade é que Marialva não estava em busca da vencedora do concurso Miss Áustria 1816, e sim de sua nova soberana. Essa não era obrigada a ser bela: esperava-se que fosse fértil o suficiente para dar vários herdeiros ao trono, digna e suficientemente instruída para ocupar, algum dia, o posto de rainha de Portugal, Brasil e Algarves.

Em 13 de novembro, durante uma festa na casa do conde de Ruhberg, Marialva encontrou-se novamente com o imperador, que

> [...] teve a bondade de dizer-me logo, para meu sossego, que Sua Augusta Filha, achando-se algum tanto incomodada quisera ficar na sua câmara a fim de se achar em estado de me poder admitir a sua presença no dia seguinte. Esta tão grande honra, que, segundo a etiqueta da corte, não devia ser-me concedida

senão depois de declarado solenemente o principal objeto da minha missão, muito lisonjeou o meu ânimo.

Durante a festa, Francisco I aproveitou para tratar com Marialva algo que não fora explicitado:

> S.M.I. se dignou falar-me sobre as vantagens recíprocas que aos seus estados e aos d'El-Rey Meu Senhor deveriam provir de um Tratado de comércio concluído entre as Suas Respectivas Cortes; e perguntando-me o imperador se El-Rey Meu Augusto Amo estaria disposto a isso, tive a honra de lhe responder: [...] Os extensos domínios de S.M.I. oferecendo tanta variedade de produções, seja de natureza, seja de arte, cuja importação nos Estados Portugueses, em troca dos produtos destes mesmos Estados, tão útil poderia ser a ambas as coroas, sem dúvida mo veria isto a El-Rey meu Senhor, para fazer organizar, logo que fosse possível, as importantes relações comerciais que deveriam existir entre os seus estados e os d'El-Rey meu Amo. Satisfeito o imperador com esta resposta, continuou dizendo-me que na ocasião em que mandasse ao Rio de Janeiro o seu embaixador [...] faria partir algumas amostras dos gêneros e produtos das fábricas dos seus estados, para assim se poder averiguar quais destes gêneros teriam melhor consumo aí; trocando-os por gêneros do Brasil a fim de fazer aqui uma semelhante experiência. Passou depois a inquirir de mim quais eram os gêneros que mais vulgarmente se exportavam do Reino do Brasil, e quais aqueles de que este Reino carecia para o seu consumo.[18]

Em nenhum momento do relatório o pai de Leopoldina questiona sobre o caráter da família e do futuro genro. O interesse fica sempre pautado pela economia e pelo futuro tratado de comércio que se esperava entre ambas as nações. Por outro lado, é de imaginar que um diplomata enfeitasse a realidade para que tudo se encaminhasse para a concretização dos planos de sua nação, e Marialva, como veremos, seria mestre nessa arte.

Para informações a respeito da família e do noivo, Francisco I e Metternich tinham espiões. Eles estavam conscientes tanto do estado de saúde de d. Pedro, de seus ataques epilépticos, quanto da moral da nova família a que Leopoldina passaria a pertencer em breve.[19]

No dia seguinte, 14 de novembro, Marialva e Rodrigo Navarro de Andrade foram admitidos à presença de Leopoldina após terem recebido o aviso do conde Edling, mordomo-mor da arquiduquesa:

> Sua Alteza Imperial, depois de me haver dito, com aquela afabilidade e modéstia que a caracterizam, o quanto ela apreciava o enlace que a Divina Providência lhe destinara, se informou de mim, com o mais vivo interesse, de tudo quanto dizia respeito ao bem-estar do nosso Amo e ao da Sua Alteza Imperial, que a ideia da imensa satisfação que a Sua Augusta Presença na Corte d'El-Rey, meu Senhor, ia ali causar, tanto a este senhor como à Sua Real Família e aos seus fiéis vassalos, poderia servir de compensação ao cansaço da jornada que Sua Alteza Imperial passaria a fazer. Esta senhora me respondeu mui prontamente que desde menina tivera sempre os maiores desejos de ver o Continente da América, e que agora, tendo uma tal ocasião de satisfazer estes desejos, se reputava extremamente feliz [...].[20]

Tanto para Marialva quanto para a tia, a futura rainha Maria Amélia da França, Leopoldina menciona essa questão de sonhar com a América. Em 10 de dezembro de 1816, escreveu a Maria Amélia: "A viagem não me assusta. Creio que se trata de predestinação, já que senti sempre uma inclinação singular pela América e, até mesmo, quando era criança eu dizia frequentemente que gostaria de ir até lá."[21]

Marialva, em seu relatório, continuou descrevendo o encontro em que alimentou em Leopoldina a ilusão de ser d. Pedro um príncipe que compartilharia os mesmos interesses que a futura esposa:

> Passou depois a perguntar-me quais eram os estudos a que Sua Alteza Real o Sereníssimo Senhor Príncipe D. Pedro era mais afeiçoado, e como eu sabia que a Sereníssima Senhora Arquiduquesa, grandemente o é às ciências naturais, e com especialidade à Mineralogia, e à Botânica, não hesitei em responder-lhe que Sua Alteza Real, posto que mui aplicado àqueles estudos que mais convêm a um príncipe, não deixava contudo de ter grande inclinação àquelas mesmas ciências, o que muito pareceu agradar-lhe [...].[22]

Leopoldina contaria a respeito dessa visita a Maria Luísa:

> Ontem cedo suei, pois o marquês de Marialva e o conde [na realidade comendador] Navarro me fizeram uma visita; superei meu constrangimento e a condessa Lazansky ficou muito satisfeita comigo e ambos os senhores encantados; pedi que me descrevessem todas as belezas do Brasil, para aumentar minha vontade de ir para lá.[23]

Pouco depois, em carta à irmã em 21 de novembro, informava: "Estou bastante ocupada em reorganizar minha coleção mineralógica e escrever um catálogo francês de acordo com Haug, uma vez que meu futuro esposo também é mineralogista, assim minha alegria é duas vezes maior".[24] Os sonhos que teceu, em meio à excitação, à ilusão e à ansiedade, de um Brasil e de uma família fantasiosa viriam a cair por terra menos de um ano depois. É de imaginar a tragicômica cena dela, recém-desembarcada no Brasil, querendo conversar com d. Pedro a respeito de pedras e do método Haug de classificação. A ciência natural em que ambos se divertiriam juntos seria outra.

Da educação prática de uma princesa

Também nessa carta, Leopoldina contou como descobriu, ou melhor, como a nova madrasta lhe explicou, questões íntimas e os deveres matrimoniais inerentes à posição de uma mulher casada. A imperatriz adicionou um pouco de praticidade em meio aos sonhos juvenis da enteada:

> Ontem à noite estive em uma situação desgastante, uma vez que a querida mamãe me apresentou todos os deveres e transtornos do estado civil que em breve iniciarei; suei terrivelmente, mas mantenho-me firme e com satisfação, pois nada há no mundo sem alegrias e penas e estar casada é sempre muito mais agradável, principalmente quando se pode pensar na perspectiva de poder ser útil à querida pátria, pois então suporta-se a distância com alegria [...].[25]

Em diversos países, ainda hoje, é comum as pessoas comemorarem o dia do santo do seu nome. Quase como um segundo aniversário, as pessoas nessa data recebem felicitações e presentes. Foi assim em 15 de novembro de 1816, o último onomástico de Leopoldina comemorado junto à sua família, de onde, aliás, vinha o santo do dia: São Leopoldo, antigo rei e padroeiro da Áustria.

Por essa ocasião, a nova madrasta deu a Leopoldina um quadro em que se via a Catedral de Santo Estêvão, com um relógio que imitava as batidas do relógio da torre e o toque de seus sinos. Queria com isso, a nova imperatriz, que Leopoldina tivesse "uma recordação de Viena no Rio de Janeiro".[26] Maria Clementina deu-lhe seu retrato em miniatura, e Carolina a presenteou com o livro *Adèle et Théodore ou lettres sur l'éducation*, de madame Genlis.

Leopoldina, em carta a Maria Luísa, comentou sobre o que estava lendo: "Agora para aprender a me ocupar da educação dos filhos, mas a linha do livro não me agrada muito."[27] Não é de espantar que a arquiduquesa não tenha gostado da "linha do livro". Madame Genlis, preceptora dos filhos do duque de Orléans, tinha por método de educar trancar-se com as crianças numa área do palácio

> [...] de onde suprimiu os brinquedos, as bonecas, as brincadeiras e os jogos, instaurando em seu lugar lições sem um instante de intervalo: leituras em voz alta, cursos de italiano, inglês, alemão que se entremeavam ao latim, ao grego, à geometria e ao direito.[28]

Além disso, diferentemente das práticas anteriores, Genlis era completamente contrária a bater nas crianças, preferindo os chamados "castigos morais" aos "castigos físicos". Ou seja, em vez de surrar seus alunos por não se comportarem ou não acertarem a lição, ela matava de fome algum de seus animais de estimação ou rasgava alguma das roupas preferidas de seus pupilos. Leopoldina não seria afeita a nenhum dos dois métodos, nem o de Genlis, nem o dos castigos corporais. Quanto a estes, ficaria horrorizada com o costume da sua sogra, d. Carlota Joaquina, de esbofetear os filhos, inclusive d. Pedro já adulto, e temeria, futuramente, que sua primogênita, ao se casar e mudar-se para Portugal, fosse pela avó criada a sopapos.[29]

Agora que a madrasta já havia lhe explicado a respeito de "todos os seus deveres", a ideia de criar os filhos frutos dessas obrigações parecia um caminho natural a ser seguido e, pragmática, Leopoldina logo se pôs a estudar e pedir conselhos a esse respeito. Outra pessoa bastante prática, e que iria lhe fazer falta, pois não seguiria com ela ao Brasil, era a sua antiga preceptora, a condessa von Lazansky, que a presenteou com uma lanterna de bronze para que "durante a viagem de navio, encontre minha cama que fica pendurada vinte degraus acima do chão".

Tanto Navarro de Andrade quanto Marialva foram cumprimentar a princesa pelo seu dia. Eles "se ajoelharam e me beijaram a mão para meu (não pequeno) constrangimento". Marialva, em seu despacho para o Rio de Janeiro, informou que, ao cumprimentá-la, encontrou-a "rodeada de mapas do Brasil e de livros que contêm a História deste Reino, ou Memórias a ele relativas".[30]

Na carta de 19 de novembro para Maria Luísa, escrita em alemão, Leopoldina termina da seguinte maneira: "Por um tempo não pude estudar português, mas agora já estou nos verbos e para provar que faço progressos nessa língua, termino minha carta assim: *Eu abrazo ti, minha boma, mile vezes, io restu sempre com a intima amizade e amu.*" Impossível segurar o sorriso, mas para quem havia começado a estudar o novo idioma um mês antes, o progresso era surpreendente. Em dezembro melhoraria ainda mais. Com permissão do imperador Francisco I, Leopoldina passou a receber os dois diplomatas portugueses todas as segundas-feiras pela manhã,[31] quando aproveitava para se inteirar de seu novo país e mostrar o avanço de seus estudos. Em despacho ao Rio de Janeiro, Marialva comentou:

> [...] Por várias vezes sido admitidos à presença daquela augusta princesa, que sempre nos recebe, e nos trata com a maior benevolência; e a última vez que tivemos esta honra, dignou-se Sua Alteza Imperial de ler, diante de nós, em um livro português, vertendo depois em francês, com a maior facilidade e exatidão, o que havia lido.[32]

No dia 26 de novembro, Leopoldina, aproveitando a partida de sua irmã Maria Clementina para a Itália, entregou a esta uma carta confidencial para ser dada a Maria Luísa. Não apenas no Brasil a sua futura correspondência seria violada e espionada, também o era na Áustria. Nessa carta, vemos que de tola Leopoldina não tinha nada e sabia bem qual era a sua função nesse casamento:

> [...] Fica calma, conheço teu amor por mim, sou feliz, sou feliz, faço a vontade de meu amado pai, e posso ao mesmo tempo contribuir para o futuro da minha amada pátria, *com as oportunidades que surgirão de novos contratos comerciais;*

> além disso, na opinião geral, não apenas dos portugueses, mas de todos os viajantes, o príncipe tem muito senso, bom coração e amor por seus pais. Mas a única coisa que temo é a minha futura senhora sogrinha, que, segundo o querido papai, dizem ser desleixada, intrigante; porém o rei é, ao que parece, um excelente soberano, que a mantém nas rédeas e os filhos afastados dela o máximo possível [...].[33] [grifo do autor]

O pai, com o passar do tempo, e vendo que as negociações caminhavam para uma solução positiva, tratou de instruir a filha quanto ao que a Áustria esperava dela no novo país e o que o Brasil reservava a ela. A sogra, Carlota Joaquina, realmente era uma pessoa difícil, e d. João seria para ela como um segundo pai. Quanto a d. Pedro, ela demoraria para se decepcionar completamente com o esposo. Porém, ainda a faziam acreditar, não por maldade, que Leopoldina voltaria à Europa: "[...] Daqui a dois anos poderei estar de volta à Europa, pois como o príncipe ou o rei voltará para Lisboa, e mesmo que seja este último, teremos o pretexto de fazer-lhe uma visita de tempos em tempos."[34]

Ao mesmo tempo que o pai instruía a filha, ele também a inseria em formalidades sociais que ela detestava, como se nota pelos comentários dela à irmã: "Teremos diariamente as festas e banquetes; a época não é para isso, com tanta miséria",[35] ou "Somos torturados diariamente com os grandes banquetes e isso é aborrecido e me rouba tempo muito valioso".[36]

Mas, apesar dos suplícios, ela acabaria por reconhecer a necessidade disso tudo: "Temos banquetes diários de duas horas, com um grande número de convidados da nobreza; com isso já me tornei mais amável e aberta, o que é preciso, já que futuramente não poderei viver como eremita."[37]

Entretanto, se ela achava as cerimônias enfadonhas, das festas ela gostava. Leopoldina compareceu ao baile oferecido pelo embaixador inglês Charles Stuart em Viena, onde teria se divertido muito.[38] Anos depois, eles se reveriam no Rio de Janeiro. Em 18 de fevereiro, registrou: "Dancei desvairadamente nos bailes de carnaval da corte."[39]

Intrigas

O marquês de Resende, Antônio Teles da Silva Caminha e Meneses, embaixador brasileiro na Áustria, em despacho de 25 de setembro de 1824[40] para o imperador d. Pedro I, relataria uma conversa que teve com o diretor do gabinete de antiguidades de Viena. O funcionário relembraria haver externado a Leopoldina a apreensão das pessoas que a viam partir para um país tão distante, ao que a arquiduquesa havia respondido: "Não lhes dê isso cuidado; para mim não podia haver maior gosto neste mundo que o de ir à América."

A baronesa de Montet, nas suas memórias, faria eco ao que Leopoldina teria dito ao diretor do gabinete, que deve ter espalhado a resposta da arquiduquesa à corte:

> Quando o casamento da arquiduquesa Leopoldina com o imperador dom Pedro foi divulgado em Viena, inicialmente lamentamos muito que a jovem princesa fosse condenada a tal afastamento de sua família e pátria; no entanto, logo soubemos pelas pessoas mais próximas à princesa que ela estava encantada. Era muito instruída e amava apaixonadamente a botânica; a ideia de um mundo novo, de uma natureza tão diferente à da Europa, sorria-lhe ao extremo; chegamos a saber que há muitos anos ela sonhava conhecer a América.[41]

Mas, muito além da fofoca, buscava-se assustar a jovem. Chegou-se ao ponto, como narra o arquiduque Luís a Maria Luísa, de espalharem que o príncipe d. Pedro seria baixo e corcunda![42] Em ofício de 14 de outubro de 1816, o encarregado de negócios portugueses na Áustria, Rodrigo Navarro de Andrade, informava ao governo português no Rio de Janeiro:

> A sereníssima senhora arquiduquesa Leopoldina continua a manifestar a maior satisfação por motivo do seu futuro e tão desejado consórcio com o sereníssimo senhor príncipe da

> Beira [d. Pedro], e tem repetido constantemente as pérfidas e astuciosas insinuações sugeridas indiretamente por intrigantes com o fim de amedrontar o seu ânimo, em razão do clima e da distância; mas tem-se felizmente conseguido baldar o efeito de tão cavilosas sugestões, às quais Sua Alteza Imperial, firme no seu propósito, não dá ouvidos; e busca, pelo contrário, instruir-se em tudo quanto diz respeito à história do Reino Unido, às nossas gloriosas descobertas. Os ministros da família de Bourbon que aqui residem encobrem mal o ciúme que o projetado enlace lhes causa, e que muito desejariam ver malogrado.[43]

Além do susto da Inglaterra ao ver diminuir sua área de influência sobre Portugal, a ameaça de retirar suas tropas do território português caso d. João não retornasse à Europa falhava. Metternich e Francisco I não criaram nenhum atrito a respeito da ida de Leopoldina para o Brasil, e, além disso, a Áustria assegurou proteger Portugal no caso de a Espanha, governada pelos Bourbon, tentar anexá-la.[44]

D. Carlota Joaquina tentara exercer influência quanto ao retorno da família real portuguesa à Europa. Em carta para o irmão Fernando VII da Espanha, solicitara que este interviesse junto aos austríacos para que as bodas entre d. Pedro e a arquiduquesa só se realizassem quando a família retornasse a Lisboa.[45] A Inglaterra, como veremos mais adiante, também tentaria prejudicar a ida de Leopoldina para o Brasil.

Havia realmente muita gente enciumada com o casamento, e várias histórias seriam espalhadas em Viena. Segundo conversa entre o príncipe de Metternich e Navarro de Andrade, o chanceler austríaco teria dito que a jovem arquiduquesa afirmara:

> Desde que a minha sorte seja ligada à do príncipe que o céu me destinou, teria dito d. Leopoldina, meu dever e meus sentimentos me ditarão a lei, a que me devo submeter sem pesar de segui-lo por toda parte, de permanecer onde ele estiver e de nunca desejar que por minha causa a política da monarquia

portuguesa tenha outra direção a não ser a que possa convir ao bem e à propriedade do Estado.[46]

O tratado de casamento

Em 26 de novembro, após diversas tratativas entre os diplomatas austríacos e os portugueses, o tratado de casamento entre Leopoldina e o príncipe d. Pedro estava concluído. Depois de analisado por Francisco I, foi assinado em Viena em 29 de novembro de 1816, às sete da noite, na casa do príncipe de Trauttmansdorff, mordomo-mor do imperador.[47]

O tratado, conforme narra Marialva em seu despacho, seguiu a ordem recebida por ele de se basear no último contrato de casamento realizado entre uma Habsburgo e um Bragança. Isso ocorrera 108 anos antes, em 1708, quando do enlace de Maria Ana da Áustria e d. João V de Portugal, bisavós de d. João VI.

Como menciona o marquês de Marialva, havia sido difícil fazer os cálculos de quanto valeria em 1816 o dote que foi pago pela Áustria na época. Após muitos cálculos, ele conseguiu atualizar o valor que a Áustria teria que pagar a Portugal pelo casamento, que seria, aproximadamente, de 93 contos de réis. Porém, em 1816, o dote de uma arquiduquesa era de 200 mil florins, que, convertidos, ficariam em 67 contos, aproximadamente. O marquês resolveu deixar por esse valor mesmo, "prevendo que haveria mui grande possibilidade de se contrair um novo enlace entre as duas augustas famílias portuguesa e austríaca, e que, nesse caso, os ajustes agora feitos seriam recíprocos".

Ou seja, se Portugal insistisse em receber mais pelo casamento, depois teria que pagar o mesmo dote para a infanta Isabel Maria, que d. João VI pretendia ver casada com o irmão de Leopoldina, o futuro Fernando I. Mas esse outro projeto de casamento não vingaria.

No tratado, ainda ficava estabelecido, em nome do príncipe real, o contradote garantido por hipoteca sobre a totalidade das rendas do Reino Unido de Portugal, do Brasil e Algarves e dos bens da Coroa portuguesa. Ainda segundo o contrato, a futura princesa do Brasil, antes do casamento, renunciaria por juramento a todos os bens e direitos à herança materna e paterna. D. João prometia, pelo tratado, pagar a ela uma soma anual de 60 mil florins do Reno,[48] moeda austríaca da época, em mesadas de 5 mil ao mês, comprometendo-se a entregar imediatamente 60 mil como presente de casamento. Também a cargo de d. João ficaria a manutenção do casal de príncipes, encarregando-se o rei de prover todas as suas necessidades. Leopoldina levaria consigo joias no valor de 200 mil florins.[49]

Caso d. Pedro falecesse, o contrato dispunha que Leopoldina receberia anualmente 80 mil florins, pagos trimestralmente, mais um palácio, além de baixelas, roupas brancas e todo o equipamento e mobília. O artigo XI previa o contrário: em caso de viuvez do príncipe, caso Leopoldina não deixasse disposições a respeito da terça parte da totalidade de seus bens, dos quais poderia dispor como quisesse, tudo passaria aos seus descendentes.

O tratado em si visava beneficiar ambas as partes, mas a realidade seria outra. Leopoldina não receberia com regularidade o valor prometido, e, quando isso ocorria, d. Pedro acabava ficando com o dinheiro. Após 1822, com a independência do Brasil, o tratado feito entre Portugal e Áustria seria completamente desconsiderado quanto às pensões, e uma dotação à imperatriz seria somente discutida em 1826 para ser levada para aprovação da Assembleia em 1827.

Também nos acordos entre os diplomatas, foi acertada a viagem de Leopoldina de Viena até o porto de Livorno, na Itália. Dessa cidade, ela embarcaria para o Brasil a bordo de navios portugueses. A viagem até Livorno ocorreria por conta do imperador Francisco I. Após a entrega oficial da princesa aos portugueses, a despesa seria custeada por d. João VI. Além desses acertos, ficou estabelecido, por insistência do imperador,[50] que, diferentemente do costume austríaco, seguiria junto com Leopoldina uma corte formada por preceptora, que assumiria o posto de dama de companhia, e outras damas austríacas. Isso enfureceria as damas portuguesas inicialmente convocadas para a viagem, sobretudo a condessa de Linhares,[51] que já haviam recebido ordens anteriores para partir de Portugal acompanhando a princesa ao Brasil.

Marialva, no seu despacho a respeito do tratado de casamento, chama a atenção para o nome de d. Leopoldina que aparece nele. Afirma que a ordem correta seria: Carolina Josefa Leopoldina, e não Leopoldina Carolina Josefa, o que contradiz com o termo de seu batismo.[52] Isso fez com que, na época de sua chegada ao Brasil, fosse chamada de Carolina e não de Leopoldina. Parece que ninguém na capital brasileira prestara qualquer atenção ao restante do aviso de Marialva: "Esta diferença de nome, em nada influi [...] tanto mais que a dita Sereníssima Senhora é aqui vulgarmente conhecida debaixo do nome de Leopoldina."[53]

A grande entrada de Marialva

As "entradas", tanto as reais quanto as diplomáticas, já haviam caído em desuso muito tempo antes. Na França, ficaram conhecidas as "entradas" dos reis nas cidades, cuja população, principalmente os políticos e os comerciantes, preparava grandes festividades para receber seu soberano. Procurava-se sempre ofuscar em magnificência e luxo as festas da cidade anteriormente visitada pelo monarca. Marialva, com toda a questão do contrato resolvida, faria uma entrada triunfal em Viena para pedir oficialmente a mão de Leopoldina para o príncipe d. Pedro.

Essa "chegada" era na verdade uma grande simulação: Marialva já estava na cidade fazia semanas negociando o tratado, mas só então iria mostrar que chegava "oficialmente". Ele representava o seu rei, o seu país e o príncipe d. Pedro, seu futuro governante; devido a isso, toda pompa seria pouca. A intenção era fazer a melhor figura possível e encantar a todos com o pedido oficial e, posteriormente, com a festa de casamento.

D. João, que não ficou propriamente conhecido por ser um estadista que gastava demasiado, abriu exceção para a embaixada do marquês de Marialva. O rei compreendia quanto era importante impressionar a Europa com as riquezas do novo Reino americano e a pungência do Reino

Unido recém-criado. Se para o casamento em que levava uma Habsburgo para o Brasil a gastança era necessária, quanto mais quando projetava ver sua filha casada com o futuro imperador da Áustria.

Tanto a imprensa vienense quanto os comunicados do governo austríaco fizeram menção ao Brasil, e não a Portugal, durante o casamento e as festividades que se seguiram. Marialva conseguiria efetivamente deixar sua marca, fazendo crer a uma Europa arrasada pelas guerras que nenhum outro país poderia fazer frente às riquezas brasileiras em tamanho luxo e esplendor.

Em 17 de fevereiro, após três meses de preparos e ensaios, foi realizada a entrada oficial do marquês em Viena como embaixador plenipotenciário del Rey. Como parte de toda a encenação, o príncipe de Schwarzenberg emprestou a Marialva o seu palácio, localizado nos arredores de Viena, de onde o marquês recebeu o comunicado do marechal da corte austríaca, conde de Wilschek, de que este partiria às duas horas da tarde para encontrá-lo, acompanhado por um gentil-homem da corte austríaca, para, juntos, se dirigirem ao palácio imperial.[54]

Um impressionante desfile de carruagens e de criados sucedeu-se. Abriam caminho dois arqueiros a cavalo, seguidos pelas carruagens dos ministros, conselheiros de Estado e camaristas do paço, além de oito príncipes e nove condes. Todas as carruagens eram puxadas por seis cavalos e iam guardadas por criados a pé vestidos de librés.[55] Num coche da Casa Imperial, vinha Rodrigo Navarro de Andrade, com o mestre de cerimônias do marquês de Marialva e o gentil-homem que veio com o marechal da corte. Ladeavam a carruagem, dois empregados com a libré da Casa Imperial; mais atrás, vinham os criados do mordomo-mor do imperador com librés de gala.

Ao final desse cortejo, tinha início o desfile do imponente séquito de Marialva: dois porteiros, dois volantes, dezessete criados, vinte guarda-roupas, dez oficiais, todos vestidos com os uniformes da casa do marquês, com galões e bordados em ouro e prata, barretes de veludo e chapéus com plumas. Atrás, vinha o coche do mordomo-mor, com Marialva sentado de um lado e o mordomo à sua frente. Nas laterais da carruagem, seguiam a pé quatro criados vestidos com a libré da casa imperial dos Habsburgo. Seguiam mais atrás, a cavalo, o estribeiro do mordomo-mor e o do marquês, em farda escarlate com galões em ouro. O veículo era guardado por seis pajens e dois criados, todos montados.

Atrás disso tudo, vinham dois belíssimos cavalos, cobertos de veludo vermelho com bordados em ouro, em que se viam o brasão de armas de Marialva. Ambos os cavalos eram levados pela mão de dois criados, seguidos de dois moços de estribeira. Ainda seguiam as carruagens dos embaixadores da Espanha, Inglaterra e França e, mais atrás, duas carruagens do marquês, sendo uma delas de gala, que veio especialmente de Paris. Digna de um rei, recoberta de dourados, possuía ricas pinturas, e o interior era belamente forrado.[56]

Próximo à Porta de Carinthia, na casa do conde de Althan, encontravam-se o imperador, a imperatriz e Leopoldina, que dali assistiam ao show. Toda Viena, imitando seu soberano, afluiu para ver a passagem de tão magnífico desfile. Ao longo do trajeto, tropas austríacas guarneciam a passagem até a casa em que Marialva havia se estabelecido na praça dos Minoritas.

No dia seguinte, 18 de fevereiro, foi realizado o pedido oficial da mão de Leopoldina. Marialva, conduzido ao palácio pelo conde de Zinzendorf, passou por diversos aposentos apinhados de diplomatas estrangeiros, guardas, oficiais, ministros e conselheiros. Além destes, a nobreza que se encontrava em Viena compare ceu em peso, encabeçada pelos príncipes da Casa Imperial.

Por fim, Zinzendorf e o marquês chegaram à sala do trono, onde o imperador e a família imperial os aguardavam. Lá, Marialva dirigiu-se a Francisco I, sob o baldaquim, tendo ao seu lado direito a filha Leopoldina. Ela parecia calma quando o pai recebeu o pedido oficial de casamento. O imperador entregou-o à filha e perguntou se ela aceitaria. Com a voz calma, porém firme, Leopoldina recitou o discurso em que dizia que iria se esforçar para ser digna de seu esposo e nunca dar motivo para qualquer política contrária a seu povo e sua pátria.[57] Nesse mesmo dia, ela confessou a Maria Luísa que a cerimônia fora

> [...] um dos momentos mais angustiantes por que já passei, duas horas antes do meu pedido, podes imaginar minha querida, quantas ideias e sentimentos se impõem em minha cabeça, que está dividida entre a alegria de minha futura e feliz união e a dor de me separar de tudo que me é tão caro [...]. Graças a Deus o pedido já aconteceu, mas por constrangimento tive que ler a metade de meu discurso embora o tivesse decorado perfeitamente; todos ficaram satisfeitos comigo. O mesmo aconteceu com Marialva e com a querida mamãe em seus discursos.[58]

O espanto causado pela embaixada de Marialva a Viena só havia começado. O marquês, que recebia por esse trabalho um ordenado de 19 contos de réis, além de ajuda de custo, tinha a sua disposição, posto por d. João, um crédito de 10 mil libras esterlinas para todas as despesas que precisasse realizar. Para aumentar ainda mais o esplendor da embaixada, Marialva recebeu do Rio de Janeiro 167 diamantes, no valor de quase 7 mil libras, além de dezessete barras de ouro, condecorações cravejadas de pedras preciosas e diversos outros itens, como caixas com o retrato de d. João VI, relógios, anéis e caixas de ouro.

O pai de Leopoldina, o irmão, a nova imperatriz, a própria arquiduquesa e outros dignitários receberam as condecorações; o príncipe de Metternich e outros envolvidos nas negociações, além de comendas, receberam pagamentos em dinheiro. Ninguém foi esquecido, nem mesmo a preceptora, condessa von Lazansky, e as damas e meninas de honra da arquiduquesa. Até mesmo os pajens e os criados de posição inferior na hierarquia receberiam algum presente. O arcebispo de Viena, pela realização do casamento, ganharia uma cruz peitoral de ouro cravejada de pedras preciosas. Mas o que realmente causou espanto foi o presente que a arquiduquesa recebeu do Brasil.

Desde a chegada de Marialva se aguardava a vinda de um retrato do príncipe d. Pedro. Leopoldina, ansiosa em saber o aspecto do noivo, comentou diversas vezes com Maria Luísa sobre os navios recém-atracados que poderiam tê-lo trazido e as promessas de Marialva de que em breve ele chegaria. Finalmente, em abril, o retrato, na realidade uma miniatura, foi apresentado à arquiduquesa. Segundo o marquês, em ofício de 8 de abril de 1817:

> Por extremo agradou à Sereníssima Senhora Arquiduquesa a fisionomia de S.A. o Príncipe Real, dizendo-me a mesma senhora que muito coincidiam as feições que observava naquele retrato com a ideia que ela formava das virtudes morais possuídas pelo augusto original dele. Sem dúvida foi grande a impressão que fez no ânimo de S.A.I. a magnificência da cercadura que guarnecia o retrato; e ainda que a Senhora Arquiduquesa mais se atentasse, em afetação, a imagem de seu Real futuro esposo que ao riquíssimo ornato que a adornava, não deixou contudo de me expressar o quanto a enchia de satisfação e reconhecimento um tão magnífico presente. Porém a camareira-mor da mesma Senhora e o mordomo-mor, que se achavam presentes, estavam como surpreendidos de ver a beleza daquela joia, asseverando-me que jamais se tinha visto aqui, nem mesmo se havia formado ideia de tal riqueza.[59]

O pequeno retrato de d. Pedro veio emoldurado com brilhantes e acompanhado de uma longa corrente na qual cintilavam todas as pedras preciosas do Brasil.[60] De acordo com um inventário de suas joias realizado em 1827, o medalhão figurava como a mais cara pertencente a Leopoldina.

Custando mais de 68 contos de réis, o que daria hoje cerca de 2,5 milhões de reais,[61] a peça foi assim descrita:

> Uma medalha com o retrato de S.M. o Imperador, cujo círculo tem dezessete brilhantes grandes quadrados, que não são muito iguais na cor nem em tamanho; tem mais três ditos empregados na coroa que servem de arremate à mesma medalha,

> advertindo que um dos três é muito maior que todos os outros; tem mais outros muitos miúdos de vários tamanhos. Prende esta mesma medalha em um colar que tem oitenta e dois ditos brilhantes que seguem do meio para as pontas gradualmente de maior a menor [...].[62]

Futuramente, a viajadíssima e cultíssima inglesa Maria Graham ficaria escandalizada com tal peça: "Os brilhantes, que circundam o retrato do imperador que ela usa, são os maiores que já vi."[63]

Além de Graham, a riqueza da joia causou espanto à condessa von Lazansky e ao mordomo-mor, conde Edling, conforme Marialva diria em despachos. Até o príncipe de Metternich teria observado que só nas fabulosas crônicas orientais é que se poderia encontrar a descrição de algum objeto semelhante.[64]

O colar, ostentando todas as pedras, levou os austríacos a um impasse: a arquiduquesa tinha que chegar ao Brasil com joias de aparato próprias, mas como competir com tais gemas? O ourives da corte austríaca, Anton Wiser, analisou o colar e constatou que faltava nele apenas uma única pedra preciosa: opala. Assim foi criada para Leopoldina uma *parure* de opalas, na época uma pedra encontrada nos domínios austríacos e que seria uma raridade no Brasil. Foi confeccionado um jogo de tiara, brincos, colares e broches, no valor de 54 mil florins. O restante das joias que ela levaria para o Brasil valiam 49 mil, perfazendo o total de 100 mil estipulado pelo imperador.[65]

Na avaliação dos bens de Leopoldina, em 1827, o conjunto foi assim descrito: "Um colar, brincos, pulseiras, bandó, pente e fecho de cinto, tudo de brilhantes sortidos, tendo por maiores um no colar e outro no bandó, e mais quatro nos brincos; tem mais cinquenta e sete opalas grandes sortidas",[66] com um preço total de vinte contos, oitocentos e quarenta e oito mil réis.

Entretanto, ao contrário da corte austríaca, Leopoldina parece não ter dado tanta importância a essa riqueza toda. Limitou-se num pós-escrito, de uma carta a Maria Luísa, a mencionar que os "brilhantes na moldura do retrato são do tamanho do solitário que papai tem em seu chapéu da Toscana".[67] Gostara mais do retrato de d. Pedro, especialmente dos olhos e do "belo nariz". Quanto aos lábios, "são ainda mais grossos do que os meus".

Em 12 de abril, em carta à tia Maria Amélia, futura rainha da França, comentou: "[...] chegou o retrato do príncipe; minha impressão é de que ele é agradável, e sua fisionomia exprime muita bondade e bom humor; além disso, todo mundo garante que é muito amado pelo povo e bastante aplicado."[68] Após ter afirmado a Maria Luísa que o príncipe "não era excepcionalmente bonito", a paixão que passara a idealizar cegou-a:

> O retrato do príncipe está me deixando meio transtornada, é tão lindo como um Adônis; imagina uma bela e ampla fronte grega, sombreada por cachos castanhos, dois lindos e brilhantes olhos negros, um fino nariz aquilino e uma boca sorridente; ele todo atrai e tem a expressão *eu te amo e quero te ver feliz*; asseguro-te, já estou completamente apaixonada; o que será de mim quando vir o príncipe todos os dias?[69]

Por essa época, Leopoldina teve autorização de escrever à sua nova família, aos reis, ao príncipe e às cunhadas. Todas as cartas eram formais e protocolares, as chamadas "cartas de gabinete". Protocolares ou não, a arquiduquesa acabou passando mal de nervoso ao ter que escrevê-las.[70]

Em 16 de abril, Marialva e sua embaixada brilharam mais uma vez em Viena.

Dessa vez, foi numa festa em sua residência para comemorar a ascensão de d. João VI ao trono português. Fazia um ano e meio que a rainha d. Maria I havia falecido no Rio de Janeiro. Foram convidadas para o evento quatrocentas pessoas, além do imperador e sua família. Leopoldina diria a respeito da festa:

> [...] Foi esplêndida; nunca vira antes pompa e elegância como aquelas, pois tudo brilhava de ouro, prata e só se viam, graças

> a Deus, rostos alegres; para o meu maior constrangimento, ele [Marialva] dançou comigo a primeira polonaise e isso só nós, pois nenhum outro casal nos seguiu; a embaixatriz espanhola fez as honras de anfitriã [...] depois de ter atravessado todo o salão e de as damas quase terem me arrancado o retrato do príncipe, fiquei com ela e falamos um pouco, em português, para me informar direito sobre minhas cunhadas, pois as outras damas não precisavam saber dos detalhes; aliás, te asseguro que me senti muito melhor entre os portugueses do que em meio à nobreza vienense.[71]

"Maria" Leopoldina

É curioso o seu comentário a respeito de se sentir melhor entre os portugueses do que com os seus conterrâneos. Talvez um modo de ensaiar o distanciamento natural que ocorreria, ainda mais diante da perspectiva de, em breve, assinar o Ato de Renúncia. Por meio deste, ela deixaria de ser uma austríaca e de ter qualquer pretensão à herança e ao trono de seu pai.

A cerimônia da assinatura do ato ocorreu no domingo, 11 de maio, ao meio-dia e meia, na sala do Conselho Privado, em Hofburg. Presentes à cerimônia estavam oficiais de várias repartições da corte imperial, ministros de Estado, conselheiros, o arcebispo de Viena e o marquês de Marialva, além do imperador.

Diante da audiência, Leopoldina teve que jurar, com a mão nos evangelhos, que renunciava por si e por todos os seus descendentes masculinos e femininos a sucessão dinástica ao trono da Áustria. Também abria mão de qualquer bem móvel, imóvel ou de qualquer natureza que porventura pudesse herdar da parte de seus pais.

O ato, de doze páginas, foi assinado em primeiro lugar pelo marquês de Marialva, seguido de mais de cinquenta dignitários. Encerrando o documento, aparece a assinatura de Leopoldina, que, pela primeira vez, segundo consta, teria assinado o nome que viria a adotar como princesa brasileira e posteriormente imperatriz do Brasil: Maria Leopoldina.[72]

Após a conversa com a embaixatriz da Espanha e as cartas protocolares que enviou às cunhadas, deve ter percebido que todas as irmãs de d. Pedro levavam o "Maria" no nome: Maria Teresa (1793-1874), Maria Isabel (1797-1818), Maria Francisca (1800-1834), Isabel Maria (1801-1876), Maria da Assunção (1805-1834) e Ana de Jesus Maria (1806-1857). Era uma forma de homenagear a Virgem e invocar sua proteção às crianças portuguesas. Esse nome, até os dias de hoje, é um dos mais populares em Portugal.[73] Perdia Leopoldina uma família e uma pátria, recebia outra em troca e preparava-se da melhor maneira para agradar a todos com isso, conforme séculos de educação dos Habsburgo lhe haviam ensinado.

Publicamente, Leopoldina fazia tudo o que esperavam dela e o que a haviam instruído a fazer. Mas, intimamente, tinha suas dúvidas e incertezas, e estas aumentavam à medida que encurtava o tempo de sua permanência em Viena:

> [...] Penso quantas despedidas ainda terei de suportar, não paro mais de chorar, mas a corajosa decisão está tomada e por isso tem que ser executada com as maiores audácia e firmeza que me forem possíveis, e fica convicta de que, caso me horrorize diante dos perigos do mar, terei senso e conseguirei superar a mim mesma, para que nenhum dos companheiros de viagem perceba algo [...].[74]

Leopoldina, para se preparar para a viagem, havia recebido da condessa von Lazansky um caderno manuscrito com o título de "Minhas resoluções", uma espécie de guia de comportamento moral, redigido em francês, que deveria nortear a vida da arquiduquesa.[75] Nesse caderno, Leopoldina acrescentou, em alemão, as suas próprias regras a respeito de como deveria agir após estar casada:

> A partir de 13 de maio, dia do meu casamento, em diante, decido:
>
> 1º Reprimir o meu ardor, ser gentil com o meu pessoal para me acostumar à gentileza e à submissão.
>
> 2º Eu quero evitar todos pensamentos impuros, pois pertenço ao meu marido a partir de hoje.
>
> 3º Quero esforçar-me para trabalhar diligentemente no meu aperfeiçoamento.
>
> 4º Quero fazer todos os esforços para falar apenas a pura verdade.

A pressão de sua família e de sua pátria já estava exercendo em Leopoldina um peso e gerando ansiedade a respeito do seu futuro. Apegando-se à religião e às regras morais, ela acreditava que, se conseguisse se manter íntegra, seria capaz de superar os novos desafios que surgiriam.

O casamento

Terça-feira, 13 de maio, foi a data escolhida para o casamento de Leopoldina, por procuração. Era costume, quando os noivos estavam em lugares distantes, que a mulher se casasse perante a Igreja com um representante do futuro marido antes de seguir viagem para encontrá-lo. Marialva havia recebido duas procurações, uma em nome do arquiduque Carlos, tio da noiva, e o outro em nome de Fernando, o irmão mais velho de d. Leopoldina. Quem acabaria por representar d. Pedro seria Carlos, antigo generalíssimo dos exércitos austríacos que enfrentara Napoleão.

Aparentemente tomada por superstição, Leopoldina teria pedido que a data fosse alterada. O treze recordava-lhe acontecimentos ruins. Nesse dia, a mãe morreu, Maria Luísa partiu da Áustria para a França, e Napoleão invadiu Viena. Sem conseguir autorização de d. João para mudar a data, Marialva manteve-a. O ardiloso embaixador, que, como já visto, não tinha nenhum escrúpulo em mentir, talvez não tenha sequer solicitado qualquer mudança. Afinal, 13 de maio era o aniversário do rei d. João VI, e homenagear seu amo e senhor devia ter uma precedência, no código de conduta de Marialva, sobre se deixar levar por superstições femininas.

Toda a Casa Imperial, a família, conselheiros e funcionários reuniram-se às seis e meia da tarde em Hofburg junto com o marquês de Marialva. Em cortejo pelo palácio, seguiram até a Igreja de Santo Agostinho. Primeiro, vinham os dignitários, seguidos pelos irmãos de Francisco I e por Fernando, herdeiro do trono. Depois vinha o arquiduque Carlos, ao lado do marquês de Marialva. Acompanhados pelos capitães da Guarda Imperial, príncipes Esterházy e Lobkowicz, seguiam Francisco I e a imperatriz. Ambos conduziam Leopoldina pela mão.

A noiva usava "um vestido terrivelmente pesado e adorno na cabeça",[76] e a longa cauda era carregada pelas damas da corte.[77] Segundo o jornal *Allgemeine Zeitung* de 22 de maio, a arquiduquesa estava linda, usando "uma tiara e o retrato do esposo, rodeado de diamantes, no peito. Seu traje estava enfeitado com brilhantes".

Camaristas, ao longo dos corredores, formavam alas dos dois lados. Na entrada da igreja, foram recebidos pelo arcebispo de Viena e seus assistentes. A cerimônia iniciou-se às sete horas da noite, e, em seu término, foi cantado o hino ambrosiano em louvor.[78] Segundo a baronesa de Montet, presente ao evento:

> Assisti à cerimônia do casamento em Viena, na igreja dos agostinianos, paróquia da corte; o arquiduque Carlos, tio da jovem arquiduquesa, desposou-a por procuração em nome de dom Pedro. A corte cintilava de joias e adereços, uniformes e diamantes. O imperador bocejou durante toda a cerimônia; a augusta desposada parecia absolutamente calma.[79]

Após o serviço, a família imperial retirou-se para os seus aposentos particulares no palácio, onde Leopoldina recebeu os cumprimentos do corpo diplomático, dos ministros, dos conselheiros de Estado e dos cortesãos. Em seguida, foi servido o banquete de casamento nos salões de gala.

Toda a cidade e o palácio iluminaram-se naquela noite. O imperador e a família foram recebidos no salão de banquetes com música de trombetas e de timbale. À enorme mesa, montada em formato de ferradura, Leopoldina sentou-se ao lado direito do pai, enquanto o arquiduque Carlos sentou-se do lado esquerdo. Quando Francisco I brindou pela primeira vez à saúde dos noivos, um sinal foi dado, e ouviu-se uma salva de canhões vinda do lado de fora do palácio, que foi respondida do lado de dentro com o início da música tocada pela orquestra da corte, que acompanhou toda a refeição.

A festa do "Baile Brasileiro"

O grande baile para comemorar as núpcias reais estava marcado para ocorrer no dia 26 de maio. Marialva escolheu para cenário da suntuosa festa que preparara o Real Jardim do Augarten. O arquiteto Karl Moreau, membro da Academia Imperial de Belas-Artes, levou cerca de dois meses reformando, construindo e redecorando o local.

Para termos uma ideia de como era, vamos ver como um dos jornais de Viena, o *Österreichischer Beobachter* nº 180, de 12 de junho de 1817, descreveu o par que e o edifício:

> Da entrada desse jardim [o Augarten], uma ampla alameda conduz a um pátio quadrado. Em frente se encontra o velho Pavilhão de Recreio, uma construção térrea alongada, em cujo centro um corredor conduz ao jardim. À direita e à esquerda dessa passagem encontram-se duas salas e em seguida dois grandes salões. Atrás do Pavilhão encontra-se uma grande praça de forma semicircular limitada pelo jardim. À esquerda desse largo, o qual por sua vez, à sua direita é circundado por espessas árvores, uma alameda conduz até o Danúbio.[80]

Entre o pátio e a alameda, Moreau projetou e construiu para Marialva um templo com um pórtico sustentado por seis colunas. Na entrada do pátio, circundado por vasos, ergueu um portal em estilo dórico. O templo greco-romano era acessado por uma enorme escadaria ladeada por duas estátuas gigantescas. Na portada da entrada, estavam os brasões de armas dos Bragança e dos Habsburgo.

O templo e as salas eram iluminados por dezenas de milhares de velas, todas colocadas em cúpulas de vidro. O interior destas, revestido de dourado, fazia com que as luzes das lâmpadas brilhassem feito ouro. As carruagens deixavam seus ocupantes em passagens cobertas existentes nas duas laterais do templo. Ao desembarcar, os convidados entravam por uma antessala circundada de colunas da qual se chegava ao antigo pavilhão. Pelo corredor de ligação entre as duas edificações, havia uma floresta composta por milhares de flores exóticas que levava aos dois grandes salões do edifício, ligados a duas novas alas construídas por Moreau que serviam de salas de jantar. Nestas, foram instaladas nove enormes mesas redondas no centro, cada uma com uma imensa cesta de flores de onde saíam grandes castiçais dourados. Ao redor, foram colocadas dezoito mesas menores.

A ala direita do prédio foi reservada à família imperial, a esquerda, aos demais convidados. No salão onde ficaram os Habsburgo, a decoração foi feita para lembrar uma tenda. O espaço era dividido em dois. Num deles, iluminado por dois gigantescos lustres dourados, encontrava-se a mesa destinada à família. Seus assentos eram estofados em seda branca com franjas douradas. O tecido da tenda descia do teto e era ladeado por elegantes colunas pintadas de dourado. O restante do salão era reservado para os altos escalões da corte e para o corpo diplomático.

Atrás do velho pavilhão, Moreau construiu um grande salão de baile circular encimado por uma cúpula. Quatro edificações em formato de templos ao redor dessa tinham funções diversas: uma funcionava como entrada e antessala do salão de baile, e as outras eram usadas para descansar os pés exaustos de tanto dançar, para jogar e para conversar.

Trinta e duas colunas com decorações florais sustentavam a cúpula do salão de baile, pintada com motivos idênticos. No alto, aberturas possibilitavam a renovação do ar. Ainda complementando a decoração, dez imensos espelhos colocados ao longo das paredes multiplicavam o público do salão, que variava entre 1.500 e 1.800 pessoas.

O marquês contratou Joseph Wilde para compor as danças. O compositor trabalhava na Redoutensaal, originalmente uma sala de ópera construída dentro de Hofburg pela bisavó de Leopoldina. Por ela, passaram Salieri, Mozart, Beethoven e Paganini. Nela, Wilde possuía o cargo de diretor musical dos bailes da corte. Afinal, Marialva queria o melhor.

Joseph Wilde, que havia composto diversas músicas para as festas ocorridas durante o Congresso de Viena, foi o responsável pela introdução de uma nova dança: a valsa. Para a festa de casamento, ele compôs as *Tänze des Brasilianischen Ballfestes* [Danças do baile brasileiro]: uma *polonaise*, oito valsas e uma quadrilha. Toda a composição dessas peças e a leitura delas como um todo é bastante interessante.

A *polonaise*, ou polaca, como era chamada no Brasil, até hoje marca a abertura de diversos bailes na Europa. Na época de Leopoldina, e mesmo depois, a música acabou assumindo uma qualidade emocional exacerbada, com contrastes entre a majestade e a melancolia de seus acordes. Esses sentimentos passaram a identificar o espírito do povo polonês, que via o seu país ser constantemente dividido entre as diversas potências da época. Assim como os poloneses não perderam nunca a esperança e a dignidade, a noiva mantinha a pose, exibindo-se majestosa perante a dor da partida e o futuro incerto num Reino de um continente desconhecido.

As oito valsas, que ocuparam a maior parte do baile, marcavam a preponderância austríaca. A dança que começara a ser popularizada durante o Congresso de Viena passou a dominar todos os salões da Europa em pouco tempo, sendo tocada de São Petersburgo a Londres. Quanto à quadrilha, dança de origem francesa, na composição de Wilde, aparece descaracterizada, "reduzida à metade (em vários sentidos, incluindo o estrutural, o formal e o fraseológico) simbolizando o desprestígio merecido pela França".[81] Perante os vencedores de Napoleão, sobretudo os líderes do Congresso de Viena e cabeças da Santa Aliança, a nova monarquia francesa não passava de um arremedo, uma vez que o poder do rei havia sido parcialmente retirado por um parlamento eleito pelo povo.

Tudo na vida de um príncipe, no caso, na vida de Leopoldina, não era simples. Não era apenas um baile, não era apenas um casamento: eram oportunidades de se estabelecer alianças, fazer-se política e mostrar ao mundo o poder de dois países e duas dinastias. A festa de casamento de Leopoldina era só o pretexto para tudo isso ser externado publicamente e de maneira tão grandiosa. O objetivo de Marialva foi alcançado. Expressões como "baile brasileiro" e/ou "casamento brasileiro" permaneceram por muito tempo como sinônimo de luxo e sofisticação em Viena.

O perfeccionista Marialva, que conseguia imaginar formas cada vez mais surpreendentes de encantar e deslumbrar Viena, não conseguia, porém, controlar o estado de saúde das pessoas, nem o tempo. Leopoldina, desde o início do ano, padecia de uma tosse e indisposição, talvez de fundo nervoso, que ia e vinha. Em 24 de maio, ela escreveu para Maria Luísa que uma "tosse horrível" vinha fazendo-a sofrer havia quatro dias, "principalmente no nariz".[82]

Outro problema com Leopoldina, apontado pelo seu principal biógrafo, Carlos Oberacker, era que a princesa tinha o "costume de reagir contra o nervosismo [...] comendo, e comendo muito, como meio de se distrair e vencer a melancolia".[83] E o corpo, posteriormente, cobrava essa entrada maciça de comida. Em diversos momentos, em suas cartas, ela diz sofrer com cólicas. Sua partida de Viena precisou ser adiada, em razão de "uma cólica terrível [...] a qual me obrigou a obrar 27 vezes".[84] Devido à indisposição de Leopoldina, o grande baile acabou tendo que ser adiado para 1º de junho, um domingo. O banquete só não foi completamente perdido para os doentes nos hospitais e para os pobres, que se refestelaram com as guloseimas que lhes foram doadas.

Esperado com ansiedade, finalmente o dia remarcado para o baile surgiu. E os céus desabaram dispostos a inundar Viena. Uma chuva torrencial caiu sobre a cidade por duas horas ininterruptas, das oito às dez horas da noite, impedindo os convidados de aproveitarem o jardim e a iluminação que chegava até o rio Danúbio. Às nove, chegou Leopoldina, com a família e a corte.[85] Estiveram presentes todos os arquiduques e arquiduquesas, o duque de Saxe-Teschen, o príncipe real da Baviera e sua esposa e todos os embaixadores estrangeiros.[86]

A duquesa de São Carlos, embaixatriz da Espanha, serviu novamente de anfitriã ao solteiro Marialva. O marquês e Leopoldina abriram o baile dançando a *polonaise*, em seguida, ela dançou com o embaixador da Espanha e com Rodrigo Navarro de Andrade. As danças continuaram até as onze horas, quando foi servido o jantar para 1.200 convidados. A "Família Imperial foi servida em baixela de ouro, e os outros convidados, em baixela de prata".[87] A corte ceou numa mesa de quarenta talheres.

O banquete, farto, terminou à uma hora da manhã, quando então retomaram as danças. A família imperial permaneceu até as duas, terminando o baile às quatro.[88]

Planejava-se uma festa para a população vienense para os dias seguintes, mas, depois do custo que Marialva teve ao cancelar o baile da primeira vez, esse projeto acabou sendo descartado. Entretanto, o pavilhão e suas construções ficaram abertos à visitação, e no local chegaram a ser dados bailes em benefício de instituições de caridade. Os acréscimos foram posteriormente desmontados, e o material, doado para instituições filantrópicas.[89]

UM DRAMA ITALIANO

Em 2 de junho, Leopoldina foi rezar de tarde na Igreja de Nossa Senhora Auxiliadora, suplicando por uma viagem tranquila. No dia seguinte, assistiu à missa das seis horas na igreja da corte e fez a refeição matinal com os pais e os irmãos, quando então se despediu. Por volta das sete, iniciou a viagem em direção à Itália. Seu destino era o porto de Livorno, onde, segundo informavam, os navios de guerra portugueses que iriam levá-la ao Brasil já estavam para chegar.

A perspectiva de rever a irmã Maria Luísa e outros familiares animava-a, mas a despedida foi dolorosa, conforme relatou o jornal *Allgemeine Zeitung*:

> Notou-se os olhos cheios de lágrimas, já quando saiu do quarto, conduzida pelo irmão, o príncipe herdeiro, enquanto suas majestades na saída do seu apartamento ficaram parados até que perderam de vista a querida filha. Todas as saídas do palácio eram abertas e os corredores cheios de pessoas que queriam desejar uma boa viagem a S.A.R. A bondosa princesa estava muito comovida. Muitos dos presentes tinham os olhos cheios de lágrimas e invocavam, em voz alta, as bênçãos de Deus. As carruagens estavam prontas e a viagem iniciou cheia de esperanças.[1]

As mais de quarenta malas, que na realidade eram caixas enormes, da altura de homens, já haviam partido de Viena antes. Seguia Leopoldina com a sua comitiva particular, constituída pelo seu velho mordomo-mor, o conde Edling, seis damas, quatro pajens, seis nobres húngaros, seis guardas austríacos, seis camaristas, um esmoler-mor,[2] um capelão e um bibliotecário,[3] além de um secretário particular, um médico, ao qual se juntariam mais dois médicos portugueses, um professor de pintura e Franz Joseph Frühbeck, que atuaria como auxiliar de bibliotecário, além de pintor amador, como já visto. Somente parte dessa corte que Leopoldina levava embarcaria com ela para o Brasil. Os demais a seguiriam apenas até Livorno, onde aguardariam a sua partida.

Foram feitas diversas paradas no primeiro dia, para troca dos cavalos e para alimentarem-se. Às cinco da tarde, chegaram à cidade em que passariam a noite, Mürzzuschlag, na Estíria, de onde Leopoldina escreveu para o pai às oito da noite: "O senhor pode imaginar que ainda estou muito triste e não me acostumei com a ideia de ficar separada muito pouco e não seguidamente." Ao final da carta, como fizera sempre até então, informava que a preceptora enviava lembranças: "A condessa de Kühnburg[4] lhe apresenta os seus respeitos; estou muito feliz por o senhor tê-la escolhido para mim, porque gosto muito dela."[5]

A condessa de Kühnburg

Das 24 damas que se apresentaram para servir Leopoldina na viagem à Itália e, em seguida, ao Brasil, poucas foram as escolhidas. Entre estas, estava

> [...] a condessa Kuenbourg [Kühnburg], cujo sobrenome de solteira é Kuffsteins, é que será minha preceptora superior e, em seguida, minha dama de companhia; além disso, terei a companhia da condessa de Sarnthein, assim como da condessa Lodron.[6]

A preceptora anterior de Leopoldina, a condessa von Lazansky, não seguiu com a pupila. Permaneceria na Áustria, onde se tornou dama de companhia da imperatriz. Quem a substituiu foi a condessa Maria Ana von Kühnburg (1782-1824), apelidada de "Nanny". Maria Ana era filha da alta aristocracia imperial. Seu avô materno, Franz de Paula Karl, conde von Colloredo, havia sido o último vice-chanceler do Sacro Império Romano-Germânico. O pai de Nanny, Johann Ferdinand III, conde de Kuefstein, e o marido dela, Karl Joseph, conde de Kühnburg, serviam ao imperador Francisco I.

Nanny teve o seu nome proposto e seguia com a arquiduquesa por interesse do marido e do pai, ávidos pelas graças que obteriam pelo serviço diretamente prestado por um membro de sua família aos poderosos Habsburgo. Entretanto, ela era uma mulher depressiva que fez a viagem a contragosto e, certamente, não foi uma das melhores companhias para Leopoldina. Até o último momento, a condessa alimentou a esperança de que pudesse ser substituída por alguma dama portuguesa em Livorno e não ser obrigada a seguir com a princesa até o Brasil.

Será ela, às vezes rabugenta, às vezes preocupada com o futuro de Leopoldina, que nos levará por essa viagem da Europa ao Brasil num relato até agora inédito. Nanny manteve correspondência com diversos membros da família, em especial com o pai. Muitas vezes, não escrevia ao marido, mas sim àquele, que era sua prioridade. Também fez um "grimório", como chama um diário de viagem, para presentear a sua melhor amiga e confidente Ernestine.

As narrativas, como era de esperar, são diferenciadas. Ao pai, a correspondência revela mais o dia a dia da viagem, os problemas ocorridos, as descobertas ocasionadas pelo longo percurso de navio e a chegada a um país muito diferente. Para Ernestine, ela guardará os desabafos mais íntimos, inclusive a respeito da princesa.

Logo no primeiro dia, a condessa, em carta ao pai, conta sobre a viagem e sua aproximação a Leopoldina:

Meu bom e querido pai! Chegamos precisamente às 17 horas ao alojamento noturno, o dia estava lindo, a arquiduquesa passou muito bem e estava muito alegre; já no segundo posto[7] ela se mostrou tão boa, tão boa para mim; nós conversamos, discorremos, lemos muito; ao meio-dia, paramos em Neustadt, onde a arquiduquesa, que há alguns dias não se alimentava, comeu com muito bom apetite na sua carruagem, em público, havendo centenas de pessoas reunidas em torno [...]. O ar lhe fez um bem infinito [...]; às 17 horas nós chegamos, jantamos a quatro, a arquiduquesa, Edling, Floret e eu, em seguida escrevi para Marialva; à dona Lazànsky eu tinha escrito do terceiro posto; e em seguida outra leitura à arquiduquesa que tinha ido deitar, agora cá estou consigo pois ela já está dormindo, mas meu bom papai um instante só pois eu tenho de me deitar também para não fazer barulho [...]

Sua Nanny.[8]

MARIA LUÍSA

Continuando a viagem, Leopoldina passou por Indenburg em 4 de junho.[1] No dia 5, de Klagenfurt, escreveu ao pai revelando a sua crescente ansiedade: "[...] A ideia de estar cada vez mais me aproximando do lugar onde reencontrarei nossa boa Luísa me deixa feliz e ao mesmo tempo ansiosa, tanto, tanto que gostaria de chegar em Pádua mais rápido [...]."[2] Ainda levaria mais alguns dias. Após deixarem Klagenfurt, chegariam no dia 6 a Pontoba. No dia 7, ficariam em Conegliano e no dia 8, finalmente, estariam em Pádua,[3] onde Leopoldina passaria dois dias junto da irmã querida.

Durante os meses que antecederam o seu casamento, Leopoldina planejara a viagem, com os pontos turísticos e as paisagens que gostaria de conhecer no percurso entre Viena e o porto de Livorno. Mas atração alguma era preferível a rever a irmã visitando-a em Parma. Porém, em 9 de abril de 1817, as esperanças de Leopoldina se desfizeram: "Hoje recebe a carta de uma desesperada [...] todas as minhas belas esperanças de te ver em Parma foram destruídas, tenho a firme impressão de que o papai está implacável neste ponto."[4] E ainda temia que as coisas "fossem mais longe", com a proibição de ver a irmã também em outro local.

A arquiduquesa, em desespero, chegara até mesmo a expor a situação ao marquês de Marialva. Este a informou, dessa vez sem mentir, que da parte do rei d. João VI não haveria qualquer problema que as duas irmãs se revissem em Parma. Ao contrário, o sogro não poria qualquer empecilho em algo que pudesse fazer a nora feliz. A proibição do encontro das duas em Parma foi determinada por Francisco I cerca de quinze dias após o príncipe Antônio receber certas "cartas de Parma", que Leopoldina tomara como piada. Esta escreveu à irmã a 16 de março de 1817:

> Quero te contar uma linda historieta. O príncipe Antônio me garantiu ter cartas de Parma segundo as quais tu casarás com um general *Nova Monte*, traduzido para o alemão; quase morri de tanto rir da asneira e no final briguei com ele, porque acredita firmemente nisso; não é uma bonita historieta?[5]

É de imaginar o susto que Maria Luísa recebeu ao ler a carta de Leopoldina. O que a irmã mais nova considerava uma piada era real.

Metternich havia designado o conde Neipperg, em 1814, como mordomo-mor de Maria Luísa. O conde seguiu com ela para Parma, onde continuou servindo-a em mais de um sentido.

Em 1º de maio de 1817, nasceria a primeira filha, fruto do adultério da esposa de Napoleão com o seu mordomo. Viriam mais três filhos, e todos receberiam o sobrenome Montenuovo, o título do conde vertido para o italiano: "novo monte", ou "monte novo", como havia sido predito nas cartas recebidas pelo príncipe Antônio. Maria Luísa, assim que soube da morte do marido em Santa Helena, em 1821, casou-se secretamente com o amante.

No início de outubro de 1816, Neipperg esteve em Viena,[6] para explicar de viva voz a Metternich e a Francisco I por que Maria Luísa não havia ido ao novo casamento do pai. Ela estava grávida e não tinha coragem de encarar o imperador. Todo o cuidado foi tomado para que a informação não vazasse. A permanência de Leopoldina com sua corte em Parma tornaria impossível encobrir o "deslize" de Maria Luísa perante a irmã mais nova, que a idolatrava. Fora o fato de que as notícias acabariam por chegar ao conhecimento das várias pessoas de nacionalidades diferentes que acompanhavam Leopoldina na viagem, tornando o adultério e o fruto deste um escândalo internacional.

Somente a proibição de ir para Parma resistiu, porém foi feito um arranjo, e as irmãs se reencontrariam em Pádua. Em 9 de junho, seis dias após ter partido de Viena, Leopoldina escrevia ao pai: "Encontrei nossa boa Luísa [...] que me esperava no jardim. [Ela] me convenceu a ir junto com ela a Veneza hoje, para ver todas as atrações turísticas [...].[7]

No mesmo dia, às sete horas da noite:

> Veneza me agrada muito, nunca vi nada tão lindo; passeei durante doze horas, vi il Redentore, la Saluta, San Giorgi Maggiore, il Nuovo Palazzo, Palazzo Ducale, San marco e a Torre San Giaco e Paulo, l'Arsenale Santa Rocca, passei de barco, o Severo, afinal estou tão cansada que mal posso me movimentar.[8]

Outra pessoa exausta dessa corrida toda junto à sua arquiduquesa era Nanny, que escreveu ao pai:

> Veneza, às 5 horas da manhã.
>
> Bom e querido papai! Embora meus olhos ainda se fechem de sono, faço um esforço para lhe enviar algumas palavras antes que a senhora arquiduquesa desperte: depois disso, o dia fica tomado; vamos voltar para Pádua, há 24 horas que a deixamos para vir para cá; a meia légua de Pádua, encontramos a arquiduquesa Luísa, que é a pessoa que a minha arquiduquesa mais ama no mundo, desde então elas não se largam mais [...]. Vimos anteontem igrejas, entre outras a de Santo Antônio e de Santa Justina, ontem pela manhã viemos a Veneza, a arquiduquesa conheceu o mar, pegamos uma barca juntas, em seguida pequenas gôndolas; vimos todas essas belas obras, todas essas belas igrejas onde as obras-primas estão amontoadas, fomos ao arsenal, apanhamos um barco de linha onde paramos em todos os lugares [...], às 8 horas e meia, jantamos, às 10 horas, no teatro, que é bonito, mas ruim no que diz respeito à companhia.

> Nós ficamos no belo palácio de Veneza, minhas janelas dão para a bela praça de São Marcos, vejo os 4 belos cavalos, [...] Metternich chegou na noite anterior e inicialmente acompanhou a arquiduquesa a Veneza e não nos deixará mais durante toda a viagem. Estou atordoada com esse tipo de vida e não vou me acostumar nunca [...]. Termino, a arquiduquesa levantou-se; sua Bênção.[9]

Conforme disse a condessa, era a primeira vez que Leopoldina via o mar, mas esse era o Mediterrâneo, não o Atlântico, que a levaria rumo ao seu futuro. A princesa estava feliz por ver tantos tesouros que até então só havia visto em livros e mais feliz ainda com a companhia da irmã e a expectativa de um futuro feliz numa terra distante.

Prosseguindo a viagem, passaram por Ferrara em 11 de junho, dia 12 estavam em Bolonha e em 13 chegavam a Florença, junto com a sua corte formada por cerca de 120[10] pessoas, incluindo conselheiros de Estado e o próprio príncipe de Metternich. Este viera fazer a entrega oficial da princesa aos portugueses que iriam levá-la ao Brasil. Leopoldina foi instalada em Florença por seu tio paterno, Fernando III, grão-duque da Toscana, no Palácio Pitti. O antigo palácio dos Médici era a casa ancestral de seu pai, que ali nascera. O local era recoberto de tesouros e objetos de arte, como ela contou em carta para Francisco I: "A galeria e a coleção de pinturas foram o que mais me agradaram, tenho a esplêndida Vênus de Canova em meu quarto e do outro lado um maravilhoso terraço onde tomo meu café todas as manhãs".[11]

Em Florença, Leopoldina recebeu a visita de dois portugueses, o conde do Funchal e o conselheiro José Manuel Pinto. O primeiro era o embaixador de Portugal em Roma, que tratou junto ao Vaticano das dispensas necessárias para seu casamento com d. Pedro, e o segundo era o ministro da embaixada. A arquiduquesa achou o conde metido a engraçado e não gostou dele. Já o conselheiro pareceu tê-la agradado mais. Ele deu a Leopoldina de presente a sua primeira comida brasileira, que ela anotou como sendo "guiabada".[12] Infelizmente, a princesa só comentou que era parecida com marmelada, mas não revelou se havia gostado.

Nessa cidade, Leopoldina recebeu mais dinheiro do marquês de Marialva, sempre abatido do valor do dote a ela devido. Num documento inédito que se encontra no arquivo do marquês, na Fundação da Casa de Bragança, em Portugal, a pesquisadora Cláudia Thomé Witte localizou as prestações de contas realizadas por ele. Marialva anotou que, além dos 28.080 florins que deu a ela em Viena, foram entregues em Florença mais 18.720. Para os membros da comitiva de Leopoldina, com o seu bibliotecário, seu médico e o pintor, foram gastos 6.681,20 florins, além de tintas para o último. Também foi contratado um cozinheiro francês para ela por 230,20 florins, e foram dados 187 florins para o "preto criado de Sua Alteza Real".

Além desses gastos, Marialva pagou pela compra de um gabinente de mineralogia que custou a astronômica soma de 10 mil florins. Ninguém que não gostasse muito de ciências gastaria aproximadamente 140 mil reais de parte de seu dote para adquirir uma coleção de minerais, provavelmente a mais completa que ela achou, para trazer ao Brasil.

Mas, mesmo depois dessa compra, o humor de Leopoldina não estava dos melhores. Ao pai, confessou: "Estou aborrecida porque a frota ainda não chegou, o que me deixa desconsolada, e as assustadoras notícias do Brasil quase me causaram um ataque de nervos".[13]

A espera de Leopoldina

Leopoldina, assim que chegou a Florença, recebeu notícias desanimadoras: não havia ainda sinal da frota de navios portugueses que deveria estar esperando por ela. Além disso, teve informações a respeito da Revolução Pernambucana, que ocorrera de março a maio no Brasil. A província havia se levantado e tentara se emancipar criando uma república. Os revoltosos buscaram apoio norte-americano e pensaram até mesmo em libertar Napoleão de seu exílio e levá-lo ao Brasil. Com isso, alguns navios portugueses haviam sido enviados de Lisboa para patrulhar o Atlântico.

Esse foi o motivo alegado pelos portugueses para o fato de a frota não haver ainda chegado a Livorno. Porém, a real causa era outra. Os navios *São Sebastião* e *D. João VI* eram navios de guerra, não de linha, que carregavam passageiros. Eles estavam sendo readequados à nova missão, principalmente o *D. João VI*, cuja incumbência era levar a princesa a bordo.[14] O trabalho foi moroso, e eles ainda não estavam prontos. Para distrair Leopoldina, a condessa de Kühnburg conta que "o bom grão-duque" a acompanhava "a todos os lugares: à academia de Belas Artes, à Grande Galeria, às igrejas".[15] No dia 16, foram para Pisa: "Vimos [...] a torre inclinada, a catedral, o Campo Santo." Mas o que interessava mesmo era a Luminara di San Raniere, uma festa que ocorria, na época, apenas de três em três anos na véspera da data do santo. A cidade inteira iluminava as fachadas de suas casas. Todas as portas, janelas, torres, palácios e até pontes resplandeciam. Mas a chuva torrencial que desabou naquele ano prejudicou muito a festa.

Mas, decididamente, o espírito da princesa não era dos melhores: "A Luminara não é tão bonita e, enquanto a chuva forte não parava, tivemos que nos contentar com a companhia da duquesa de Chaplet",[16] que Leopoldina detestara. O restante da carta explica bem o que realmente a interessava e por que a pouca paciência com festivais estragados pela chuva e aristocratas aborrecidos: "Marialva e Navarro chegaram bem, hoje; o primeiro me visitou [...] e serenou minha alma, que quase estava entrando em desespero."

Marialva, com sua lábia característica, havia prometido à princesa que a deixaria, nas palavras dela, "iniciar a viagem ao Brasil, mesmo se perigosa, logo que a frota chegar; pois depois de estar separada do senhor, meu maior e único anseio é me unir ao meu esposo e, quanto mais cedo isso acontecer, tanto melhor". A referência que Leopoldina faz à "viagem ao Brasil, mesmo se perigosa" diz respeito à estação de viagens, que ocorria da primavera ao verão, às vezes chegando próximo do outono. Passado esse período, as travessias eram mais arriscadas devido às terríveis tempestades que se abatiam sobre o Atlântico.

A impressão que Leopoldina passava é que, se pudesse, ela mesma teria providenciado um barco, se livrado de todos os empecilhos e da comitiva e ido sozinha para o Brasil enfrentar o seu destino. Esse pragmatismo misturado com ansiedade seria uma de suas marcas, mas sua veia romântica também gritava: queria partir o mais rápido possível para Livorno para se "entregar à minha dor e melancolia sozinha, longe de todos os divertimentos e barulhos e divisar a frota que vem me salvar o mais breve possível".[17] Tudo lhe parecia horrível; meses de planejamento e nada de sair do lugar, seu futuro suspenso nas mãos dos outros e em eventos que não controlava.

Enquanto isso, Nanny também não estava bem: "Estou triste, triste. O estilo de vida na corte é terrível, a cada dia me enoja mais ao me dar a conhecer melhor os grandes; um único consolo, ao qual eu me apego com as duas mãos, é a aprovação do Príncipe Metternich."[18] Em estado de espera, como Leopoldina, Maria Ana não se entregou ao desespero, pelo contrário, arrumou um passatempo. Aproveitando que todos os grandes do Império Austríaco estavam próximos, como o conselheiro de Estado Hudelist e o próprio Metternich, falou com eles a respeito do seu desafortunado irmão François, diplomata austríaco em Madri, e conseguiu para ele uma promoção que o retirasse da Espanha.

No dia 19, vendo que a ansiedade de Leopoldina só aumentava devido à demora dos navios, Nanny desabafou com o pai:

> Você verá qual o nosso destino; a arquiduquesa está continuamente agitada por causa desses atrasos, não sei mais agora quando partiremos; estão todos preocupados; ela já não se ocupa como antes; assim que estivermos nessa casa de campo do Grão-Duque, vou propor que distribua novamente as horas do seu dia, a fim de distraí-la com ocupações.[19]

Mais tarde naquele mesmo dia, a condessa complementou a carta para o pai:

> Excelentes notícias, bom papai! Há meia hora que Metternich acabou de falar com a arquiduquesa sobre todas essas histórias do Brasil; agora mesmo chegou um despacho que anuncia que está quase tudo calmo no Brasil, os chefes dos insurgentes estão punidos, e os bravos negros fizeram o que era possível para apaziguar.[20]

Que ideia romântica os austríacos faziam de pessoas negras... Talvez uma população feliz e fiel ao seu rei? Tirando o absurdo da ideia, Leopoldina explicou ao pai que recebera notícias tranquilizadoras do Brasil: "Embora eu nunca tenha receado por aquele país, estou muito feliz que os germes tenham sido sufocados, mas o que me dói muito é a chegada retardada da frota." Ainda confessava que sentia dor de garganta por ter se levado ao desespero e chorado pela sua má sorte em ver as "esperanças de estar logo no Brasil" destruídas.[21]

Apesar disso, segundo Nanny, as notícias do fim da revolução em Pernambuco animaram um pouco a princesa, que "está feliz, ela estava muito melancólica ainda esta manhã, e atualmente, ela está muito alegre. Pobre princesa! Entendo que seu destino a torne pensativa".[22]

Marialva, como já havia explicado para Leopoldina antes, disse que era comum as mulheres da família real montarem. Nesse ponto, não mentia: ao menos a sogra de d. Leopoldina, Carlota Joaquina, era uma exímia amazona, o que não a impediu de ficar manca devido a uma queda de cavalo. Assim, Leopoldina aproveitou o tempo na Itália para exercitar a equitação, uma vez que "meu esposo quer que saia a cavalo com ele logo que chegar ao Brasil".[23]

Enquanto esperavam algo acontecer, algum novo mensageiro com uma nova notícia da frota, tentavam se manter ocupadas. Enquanto isso, as intrigas na pequena corte de Leopoldina pululavam. Nanny abria-se ao pai:

> A arquiduquesa me dá demasiadas incumbências, pois quando me ausento um só minuto, ela manda me chamar, o que deve aborrecer a Sarenthein e a Lodron,[24] e por mais que faça o pos-

> sível para gabar o mérito delas, ela só quer ter a mim em volta dela; tudo isso não me dá orgulho, entretanto, pois sei que é da noite para o dia, os Príncipes não se apegam, percebo isso cada dia mais. Ontem a arquiduquesa me ofertou um lindo anelzinho.[25]

De acordo com Nanny, o calor que fazia na Itália era "tamanho que até mesmo os italianos não se lembram de ter tido algo parecido em anos, imagine o que deve ser para nós [...]". Devido a isso, o grão-duque da Toscana resolveu enviar Leopoldina para o campo, para a Villa del Poggio Imperiale, uma propriedade da família próxima a Florença que havia anteriormente pertencido aos Médici. No dia 24 de junho, estavam novamente na cidade para assistir a outras festividades. Nanny relata ao pai ter recebido uma de suas cartas no teatro,

> [...] onde todo mundo estava em grande pompa e gala pois era uma grande festa da cidade de Florença: a de São João Batista; na véspera houve iluminação, fogos de artifício e corrida de carruagens no Corso, e no dia mesmo, corrida de cavalos, onde toda a Corte assistiu em grande gala, e à noite, grande Ópera e Balé, o teatro maravilhosamente iluminado; a arquiduquesa voltou à cidade para todas essas festas, você sabe que estamos estabelecidos atualmente numa casa de campo do Grão-Duque: a Poggio Imperiale, que é magnífica; permanecemos na cidade ainda hoje, só a arquiduquesa e eu, o resto dos séquitos voltou, o Grão-Duque levou a arquiduquesa para passar o dia em uma outra casa de campo mais afastada.[26]

Provavelmente em algumas dessas andanças Leopoldina encontrou-se com a duquesa de Orléans, de quem ouviu "palavras elogiosas [...] sobre o caráter excelente do meu esposo; ele é bom, amado por seus pais e por todo o país, estuda muito, mas tem pouca instrução, o que não importa muito, porque se pode adquiri-la sempre que se o quiser".[27]

As mentiras a respeito de d. Pedro, junto com as fantasias tecidas por Leopoldina em sua espera, agarrada ao seu medalhão e banhada em lágrimas de desespero, angústia e ansiedade, teceram uma imagem pela qual ela já estava completamente apaixonada. Apesar de algumas verdades começarem a surgir, como o comentário de que d. Pedro tinha pouca instrução, isso não era problema para Leopoldina. Afinal, ela esperava encontrar um marido mineralogista, lindo e garboso do outro lado do Atlântico!

Enquanto Nanny continuava sonhando em ser substituída por damas portuguesas que talvez viessem com os navios, evitando assim ter que se aventurar com Leopoldina Atlântico adentro, continuava enviando cartas regularmente ao pai. Numa delas, comentou como a filha de Francisco I passara a se encarar como sendo de outra nacionalidade após o casamento:

> O entusiasmo da minha arquiduquesa diante de tudo o que é português continua crescendo, estou bem contente por ela. Ela me valoriza muito apesar de eu ser austríaca, e lhe digo diariamente que tenho orgulho do meu país. A arquiduquesa tem algo excelente no seu caráter, de perdoar a franqueza, e de apreciá-la mesmo quando ela poderia magoá-la, ela tem estima por mim pela minha sinceridade para com ela, que tornei como minha primeira obrigação, e quando ela quer uma opinião sempre me procura.[28]

Nanny, em 5 de julho, informou ao pai que, para piorar o estado de ânimo geral, todos, menos ela, acabaram caindo doentes:

> Depois de ter ficado indisposta 2 dias, a arquiduquesa está melhor hoje; [...] O Príncipe Metternich esteve doente e poderia ter ficado mais ainda se ele antes não se tivesse poupado. Não tema por mim, bom pai, não tenho tempo para ficar doente e bem sabe, aliás, que minha excelente saúde se mantém mais

> tempo que a dos homens mais robustos. Depois de amanhã a Duquesa de Parma, Marie Louise, vai chegar aqui e ficará com a arquiduquesa até seu embarque.[29]

Não só Maria Luísa retornou para junto de Leopoldina, o que para esta foi uma bênção, mas também vieram a irmã Maria Clementina e o marido desta, príncipe Leopoldo, o que havia preterido Leopoldina. De Maria Clementina, a arquiduquesa só tinha queixas. Com Maria Luísa e com o pai, menciona diversas vezes a frieza da irmã mais nova, o que parece não exagerar, uma vez que Francisco I reclamava constantemente da falta de cartas dessa filha, que não lhe escrevia com frequência. Maria Luísa chegou a Poggio Imperiale em 8 de julho, passando a residir junto a Leopoldina, o que influiu muito sobre o ânimo desta. Mas, para tanto, a arquiduquesa teve que enfrentar Metternich, por quem não morria de amores já em Viena. A convivência forçada, a ansiedade dela quanto ao futuro e o forte calor só pioraram a situação.

Metternich x Leopoldina

Em 28 de junho, Leopoldina desabafava com Maria Luísa: "Não posso escrever mais, aquele estorvo do príncipe de Metternich está chegando; onde pode me causar aborrecimento, ele o faz; não me importo que ele fique comigo, contanto que faça com que tu venhas, pois na América estarei livre, graças a Deus, de sua tutela."[30] No dia 1º de julho, Leopoldina recebeu uma carta da irmã. Nela, a duquesa de Parma informava que seu mordomo-mor, o conde de Neipperg, não havia recebido nenhuma autorização para que Maria Luísa se juntasse a Leopoldina. "Imediatamente chamei o Príncipe Metternich, que nunca está muito bem, e lhe pedi explicações, uma vez que me assegurara que havia escrito para que viesse."[31]

A irritação era mútua. Em carta[32] à esposa, Metternich comentou, de Florença, sobre a arquiduquesa: "A minha pequena arquiduquesa, que, cá entre nós, é uma criança que eu, se fosse o pai, bateria, teve por estes últimos dias forte indisposição estomacal, e por quê? Ofereceu ao tio um banquete; para festejá-lo [...] mandou-lhe preparar um *Sterz*", uma espécie de polenta típica da região da Estíria austríaca, feita com farinha e gordura de porco. Após a refeição, Metternich diz que a arquiduquesa "fez um longo passeio de coche sob um calor de 26 a 28 graus e voltou com um pouco de febre".

Após o passeio, quando Leopoldina caiu doente, Metternich continuou narrando o acontecido à esposa:

> [...] Contou ela a mim: mandei vir duas cebolas cor-de-rosa e comi-as. Continuando a minha sede mandei aquecer de novo o *Sterz*, comendo um bom prato. Mas como a sede não queria desaparecer, ainda ingeri 12 damascos; com sede, todavia, como dantes, acabei por tomar uma garrafa de limonada, apanhando em seguida a febre.

Metternich diz que quase havia desmaiado diante da narrativa das peripécias gastronômicas da princesa na tentativa de acabar com a sede. O príncipe teria dito a ela que em países de clima quente um copo de água misturado com um pouco de vinho resolveria melhor, ao que Leopoldina respondeu que não estava acostumada a beber algo quando estava com sede sem antes "forrar o estômago".[33] Até que ponto essa narrativa toda de Leopoldina foi uma brincadeira dela com o príncipe que a irritava não é possível determinar ao certo. Mas é provável que haja exagero dos dois lados. Entretanto, como já visto, Leopoldina, levada pela ansiedade, acabava descontando suas frustrações na comida. O próprio Metternich disse que o médico que foi examiná-la devido à indigestão recomendou que a princesa não "comesse 20 vezes por dia para não se prejudicar".[34]

Leopoldina realmente se descuidou, e não apenas a respeito da alimentação, mas também quanto ao calor. Nanny também se queixou em carta ao pai a respeito dos hábitos da arquiduquesa:

> Todos os dias vamos fazer compras demoradas nos horários em que todos se fecham nos seus aposentos para se proteger do calor, e voltamos quando essas mesmas pessoas saem; o calor é horrível; já às 6 horas da manhã ele é terrível; hoje estivemos pescando a uma hora daqui, desde as 7 horas até meio-dia mais ou menos; sempre ao sol; a arquiduquesa nunca sente incômodo na hora em que faz calor, mas duas vezes mais tarde [...].[35]

Leopoldina, infeliz, parecia querer torturar a sua corte, mas era mais que isso. Ela também sofria com o calor, como relatou para a sua antiga educadora, a condessa von Lazansky. Chegou a ter até tremedeira nas mãos, segundo contou em uma carta. Mas por que não se proteger? Porque Leopoldina, apesar do calor e de sua irritação e ansiedade com a constante demora dos navios em chegar, estava usufruindo de algo que até então não possuíra: liberdade. Até então, a arquiduquesa vivera dentro da família, da qual o seu pai, Francisco I, era o chefe. Agora, como mulher casada, ela tinha uma liberdade de que até então não usufruíra.

Além do mais, estava sozinha, seguida por mais de 120 pessoas, é verdade, porém líder, chefe dessa corte e dona de suas vontades. Sem uma preceptora como a condessa von Lazansky para controlá-la e aconselhá-la, passou a fazer o que queria, incluindo extravagâncias que lhe prejudicaram a saúde. Nesse ponto, a condessa de Kühnburg deixou um pouco a desejar com a sua falta de pulso.

Metternich, cada vez mais irritado com o que chamava de "educação cortesã" de Leopoldina, reclamava constantemente à esposa que tudo deveria ser do jeito que a arquiduquesa desejava. Segundo ele, a princesa queria partir assim que os barcos chegassem a Livorno, sem esperar ventos propícios,[36] ao que Metternich comentou: "Os ventos seriam ainda mais teimosos do que ela."

"Não posso dar meus parabéns ao imperador quanto à educação da arquiduquesa, confiada agora a mim. Nunca vi uma criança mais mimada e insensata",[37] disse Metternich em outra carta para casa. É interessante imaginar o construtor da nova Europa pós-Napoleão, o homem que negociara com imperadores, reis e diplomatas, sendo obrigado a servir de babá a uma arquiduquesa que experimentava um mundo novo naquele instante.

Em 9 de maio, Leopoldina havia escrito para a irmã: "Sabes que sou de temperamento forte, mas te prometo que com d. Pedro serei paciente como um cordeiro."[38] A mesma obrigação ela não devia a Metternich. Para a princesa, o chanceler não passava de um funcionário do seu pai. Ela deve ter lembrado isso a ele ao chamá-lo para prestar contas quando Maria Luísa foi informada de que nada sabia de autorização para se encontrar com Leopoldina em Florença. Podemos notar que a princesa estava bem longe do papel de mulher passiva que muitos historiadores atribuem a ela.

Mas o gênio de Leopoldina podia ficar ainda pior, e ela continuava não vendo graça em nada. Segundo Nanny, em 17 de julho, ouviram uma cantora que "cantou maravilhosamente bem, o que encantou a senhora Louise [Maria Luísa]; quanto a minha arquiduquesa, ela não tolera a música, infelizmente!".[39] Leopoldina gostava, sim, de música, mas o espírito dela estava longe de tudo ali. Sofria com as informações desencontradas, cada mensageiro ou carta dizia que os barcos já haviam partido, mas nada de a ponta de seus mastros surgir na linha do horizonte em Livorno.

Finalmente, no dia 22, surgiram novidades, como relata Nanny:

> Nosso destino acaba de ser definido, acabo de sair do quarto da arquiduquesa para lhe contar pois um mensageiro parte nesse instante, [...] Marialva acaba de anunciar a chegada do mensageiro de Lisboa que partiu depois da esquadra; dia 6 ela deixou o porto de Lisboa, ela pode chegar a qualquer instante se o vento for propício, e demorar mais 15 dias se não for; está tudo uma grande confusão, alguns choram, outros pulam e riem; Partimos sem mais dúvidas com a arquiduquesa; nenhuma Dama veio na frota.[40]

Provavelmente, Nanny era uma das que choravam. Ela tinha esperanças, agora reduzidíssimas, de não embarcar com Leopoldina para o Brasil. Fazia a vontade do pai e do marido, mas não tinha nenhuma sede de aventuras comparada a Leopoldina. Os navios chegariam finalmente a Livorno no dia 26. Para o pai, Nanny informava que a "travessia agora será um pouco mais longa por causa do adiantado da estação".

Provavelmente, Nunny era uma das que escreveram. Ela tinha esperanças, agora reduzidíssimas, de não embarcar com Leopoldina para o Brasil. Fazia a vontade do pai e do marido, mas não tinha nenhuma sede de aventuras comparada a Leopoldina. Os navios chegaram finalmente a Livorno no dia 26. Para o pai, Maria Luísa informou que a travessia agora seria um pouco mais longa por causa do adiantado da estação".

ATRASOS E INTRIGAS

Não foi apenas a demora dos navios para ficarem prontos a causa de tanto aborrecimento. A 24 de julho, sem saber que os barcos estavam a dois dias de atracar em Livorno, Leopoldina escreveu ao pai: "Parece-me incrível que tenhamos sido impelidos a andar depressa em Viena porque a esquadra estava à nossa espera... e estejamos agora isolados de tudo que me é caro... Estou sem entender."[1]

O que Leopoldina não entendia é que Marialva mentira novamente. O marquês havia escrito para o Rio de Janeiro[2] justificando a partida da princesa de Viena, mesmo sabendo que a esquadra demoraria para chegar a Livorno. Marialva queria ver Leopoldina longe da Áustria. Na capital austríaca, ela estaria sujeita às intrigas do governo britânico para evitar que saísse da Europa. Seria mais difícil destruir uma viagem pela metade do que reter a viajante no ponto de início, evitando a sua partida.

Os ingleses, como sempre empenhados no retorno da família real para Portugal, nessa época tinham excelentes argumentos para tentar influir no destino de Leopoldina. Em 1817, duas revoltas estouraram nos domínios portugueses: a Revolução Pernambucana, no Brasil, em março, e a Conspiração de Lisboa, denunciada em maio. Para os ingleses, a agitação no Brasil poria em risco uma nobre de tão alta estirpe levada para um ambiente revolucionário; era quase como se gritassem: "Lembram-se de Maria Antonieta?" Se Leopoldina ficasse em Lisboa, eles astutamente imaginavam que os portugueses — até então descontentes com a permanência da corte no Brasil e com a ocupação inglesa em Portugal — teriam esperanças de que a corte em breve retornasse. Com isso, os lusitanos alimentavam, em vão, a esperança de que a vida retornaria como antes da partida da corte e da invasão de Napoleão, incluindo no pacote o retorno do Brasil à condição de colônia.

Além disso, achava-se que a presença, nem que fosse de um membro da família real portuguesa na Europa, poderia impedir a expansão e o enraizamento da ideia espanhola de unificar a península Ibérica. Leopoldina, pelo casamento, passara a ser da família Bragança, como esposa do herdeiro do trono português. Enquanto Londres fazia o seu jogo diplomático, os portugueses também faziam o seu, como demonstra o descontentamento de Leopoldina e da condessa de Kühnburg.

Em 7 de agosto, a arquiduquesa escreveu ao pai:

> Estou de novo muito triste, a frota está aqui, mas estão demorando para aprontá-la, embora queiram me fazer pensar que estão se esforçando. Receio que minha partida não aconteça antes do dia 12 de agosto, o que é muito desagradável para mim; além disso me enviam tantos relatórios e resoluções de Lisboa e Livorno para ler que em certos dias mal tenho tempo para descansar; parece que querem me forçar a ir para Lisboa, e na minha opinião seria uma atitude que poderia provocar sério desagrado de meu sogro.[3]

A condessa de Kühnburg, em carta ao pai em 2 de agosto, queixava-se, aflita:

> [...] Os portugueses levam em conta o pretexto do abastecimento, mas isso tudo acabou faz tempo, é portanto preciso que eles aguardem talvez outras ordens de Lisboa; mas se ao menos eles pudessem nos escrever algo definitivo, é incrível! A frota a dois passos e a gente na incerteza de quando vamos partir.

> Todas essas histórias me fazem acreditar mais que nunca que estão deixando passar intencionalmente a estação da viagem e que em seguida nos levarão para Lisboa, aonde talvez o príncipe vá, mas são apenas conjecturas; espero ansiosamente [...] notícias de Marialva [...]. Esses contínuos mistérios não são mais suportáveis.[4]

Lorde Castlereagh, secretário de Assuntos Estrangeiros inglês, havia tentado atacar de todos os lados, tanto em Viena quanto em Livorno, e até em Londres. O secretário sugeriu ao embaixador austríaco na capital britânica o mesmo que o embaixador inglês na Áustria: que se detivesse a arquiduquesa nos territórios austríacos ou, ainda, que os navios que a levariam ao Rio de Janeiro fossem enviados para Lisboa. Metternich manteve-se impassível. Em despacho para o conde Eltz, embaixador austríaco que partiria para o Rio de Janeiro, deixou claro o pensamento sobre o assunto: "A solução desta importante questão doravante só pode caber ao soberano austríaco porque no dia em que se der a entrega de Leopoldina só ao rei de Portugal cabe o direito de tomar uma decisão."[5]

As respostas austríacas chegaram aos ouvidos de d. João VI no Rio de Janeiro. O cônsul francês J.B. Malet, em despacho para Paris,[6] informou que o rei, em conversa com ele, tinha comentado que sabia bem quanto o embaixador da Inglaterra em Viena havia tentado trabalhar contra a vinda da arquiduquesa. Mas que Francisco I havia respondido que Leopoldina passara a ser filha do rei de Portugal e que cabia a este determinar-lhe o domicílio.

Por essa intervenção a favor de sua causa, d. João escreveria a Francisco, em 17 de novembro, agradecendo ao imperador por não ter aceitado "a proposta que eu sei ter-vos sido feita, relativa ao preterido desvio da divisão naval pelo porto de Lisboa, a qual, além de retardar o prazer de conhecer pessoalmente a princesa, me teria sido extremamente penosa".[7]

Preparando-se para deixar a Europa

Ignorando parcialmente o fato de que seus sentimentos, anseios e esperanças eram irrelevantes no embate dos interesses das potências, Leopoldina agora se preparava para a partida, que ainda se prolongaria por vários dias.

Nanny, na tarde de 26, recebera informações a respeito das embarcações: "Os 2 barcos juntos têm 80 canhões, o da arquiduquesa leva 680 pessoas, o outro cerca de 540, estamos absolutamente sem os nossos no da arquiduquesa".[8] Naquela mesma noite, Leopoldina, inundada de felicidade e com as esperanças renovadas — sem saber que ainda demorariam mais vinte dias para seu embarque —, deu uma festa em que ofereceu a Nanny

> [...] um pequeno medalhão com seus cabelos presos a uma corrente de ouro, que me deu muito prazer! À noite voltando do passeio com a Corte, retornamos para Poggio Imperiale, em seguida depois da ceia da arquiduquesa ela ainda fez um passeio a sós comigo no jardim, este belo céu repleto de estrelas e esta bela Lua me pôs lágrimas nos olhos, que linda passagem ela iluminava e por quanto tempo será preciso renunciar em ver esta bela vegetação.[9]

A partida era encarada de maneira diferente por uma e por outra. Enquanto Leopoldina não via a hora de chegar ao Brasil, Nanny suspirava com saudades antecipadas da terra que ainda não deixara. Em 3 de agosto, em carta ao pai,[10] a condessa falava a respeito das embarcações conforme lhe narrara o marquês de St. Clair: "[...] Os barcos estão um pouco sujos, mas o apartamento da arquiduquesa está maravilhosamente bem mobiliado, há muita gente a bordo do barco, muitos padres dominicanos, uma capela maravilhosa [...]." Quanto à demora do embarque:

> [...] Os portugueses agem como pessoas que querem estender sua estadia no tempo, é preciso que eles esperem mais alguma coisa; nenhum deles esteve aqui, eles dão a etiqueta como pretexto, mas me parece que a conveniência exigiria que eles viessem até a sua princesa, não tem mais um só português em Florença, todos estão e ficam em Livorno, creio que temem as questões com as quais seriam atormentados aqui. Deus queira que tudo isso se resolva antes!

Finalmente, em 4 de agosto, chegou-se ao fim do impasse:

> Na maior pressa informo meu bom pai que está tudo decidido; amanhã parte para Livorno a arquiduquesa Clementina com seu marido, depois de amanhã Maria Luísa e sua Corte, e quinta-feira 7 minha arquiduquesa e eu, sexta-feira o resto dos seus séquitos, segunda-feira, exatos 8 dias de hoje, será a entrega e terça-feira, se Deus quiser, nós embarcamos [...].[11]

As irmãs, incógnitas, e outros membros da família assistiriam à cerimônia de entrega de Leopoldina ao seu destino.[12] Nanny relatara havia alguns dias para o pai que todos estavam "unidos, como irmãos e irmãs desde que soubemos do momento de partir".[13] Fazia até elucubrações acerca de como um destino comum ou a percepção de um perigo podia unir as pessoas. Mas esse momento já passara; agora Nanny só tinha tarefas e estava sobrecarregada:

> Na correria e sempre na correria, meu bom pai, [...] lhe escrevi ontem algumas palavras, esta manhã perdi o correio para o meu bom Charles,[14] portanto tenho de lhe pedir para que lhe envie essa carta rapidamente, para que ele fique informado do que me diz respeito. Se aqueles que ralham da minha preguiça vissem a existência que levo, eles me pediriam desculpas imediatamente, eu mesma me surpreendo de ainda poder fazer

> tanto [...]. Como irei sozinha com a arquiduquesa, não poderei deixá-la só em Livorno um instante, além disso a etiqueta terá início, portanto não terei um segundo, mas nem que seja à noite eu lhe escreverei.[15]

Enquanto lia suas cartas,

> a arquiduquesa me viu aos prantos e me perguntou se eu tinha más notícias, eu lhe disse que não, mas que uma carta do meu pai me havia tocado; ela não entende, a felizarda! Como se pode ficar triste por se afastar dos seus e pensa que todo mundo faz essa viagem por prazer!! [...] Então eu empacotei todas as minhas cartas como um avarento seu tesouro e fugi com ele para o meu quarto para poder lê-las livremente.

A educação e o respeito que Nanny tinha por Leopoldina não lhe permitiam ir além de um desabafo ou outro, mas é clara a ideia de sentimentos conflitantes entre o dever e a vontade. A arquiduquesa também sentia a dualidade conflituosa dessas duas palavras. A condessa, além de companhia, passaria também a ser um elemento político. Segundo informava ao pai, no dia 7 havia recebido do conselheiro de Estado Hudelist "instruções" e sido alertada por este que Metternich, em Livorno, lhe daria outras: "Estou surpresa de ter me tornado um personagem diplomático." A compreensão de forças maiores que suas vontades ficara clara para Nanny "desde que Hudelist falou comigo ontem [...]. Ele me mostrou como vale pouco o indivíduo quando se trata de um grande conjunto, sinto-me mais forte para suportar tal sacrifício". Mas, além de espiã, agora Maria Ana tinha outros problemas em mente. Esperava que Leopoldina, "e os portugueses também", fosse boa com ela, pois a ideia de estar sozinha com a arquiduquesa no mar por tanto tempo, em "meio a tantos estrangeiros [...] me amedronta".[16]

Mas, no fim, a condessa de Kühnburg se faria de forte por ambas. No dia 7, tinha início a grande aventura da vida das duas mulheres. Nanny narra os detalhes ao pai:

> A arquiduquesa e eu partimos ontem de Poggio Imperiale aos três quartos para 3 horas da tarde, no maior calor; e chegamos aqui às 10 horas e um quarto da noite, portanto em sete horas e meia mais ou menos, o que nunca se ouviu falar até agora, assim os condutores voaram conosco; entramos como duas bombas na sala de jantar do grão-duque onde ele ceava com toda a sua Corte, ele quase se assustou ao nos ver pois não nos esperava antes de uma ou duas horas da madrugada, e ele mesmo tinha ido de Florença a Livorno em dez horas, [...] todo o mundo do serviço da arquiduquesa ficou para trás, ela queria se deitar e nenhuma das suas damas, ninguém estava presente, peguei roupa de cama emprestada de uma das arquiduquesas, fiz a cama dela, a coloquei para dormir e fiquei no quarto dela, enfim a 1 hora as suas damas chegaram, fui para o meu quarto, mas também eu não tinha ninguém, minha Thérèse só chegou às 4 horas da manhã [...].[17]

Com a esperança de logo deixar toda essa época de incertezas e aflições para trás, Leopoldina estava com um humor bem melhor: "Minha arquiduquesa tão alegre e tão boa ontem ao longo de toda a estrada, nunca a vi assim, é verdade que a convicção de estar aqui para cumprir seu dever e alcançar o objetivo da sua viagem é um consolo."[18]

Livorno, seu destino final no continente europeu, finalmente estava ao alcance delas, e as duas foram conhecer a cidade e fazer compras. "Que confusão na cidade! É um formigueiro, é bonito de ver e de ouvir a atividade de uma cidade comercial." Em 8 de agosto, "fomos ao molhe de onde se veem os barcos, vimos de longe nossa futura habitação, o *São Sebastião* deve ser mais amplo, mais espaçoso, os quartos maiores". Porém, d. João queria que elas ficassem no navio *D. João VI*: "Vamos para lá; seu apartamento deve ser maravilhoso, o resto é bem, bem pequeno, enfim vamos nos acomodar [...]. Aos poucos vou conhecendo o elemento que vai nos proteger, espero [...]."[19]

O mar e além

> [...] Não posso lhe dizer o efeito que geraram as palavras do mensageiro que está na frente da nossa carruagem, quando estávamos bastante perto de Livorno ele se aproximou de nós dizendo: Alcançamos nosso objetivo; Sua Alteza pode avistar daqui o mar à direita, efetivamente o quanto a noite permitia, vimos esse amplo horizonte, mas distinguimos melhor o farol iluminado no mar, de onde se percebem todos os barcos que estão no porto, os nossos estão a 8 léguas de distância da costa [...].[20]

Para a condessa von Lazansky, Leopoldina comentou a sua reação ao ver o mar que enfrentaria pela primeira vez: "A primeira coisa que percebi foi o mui tenebroso mar, o que me fez tremer todos os meus membros; mas, entrementes, ganhei tanta força sobre mim que ninguém notou; a noite que reinava sobre o mar dava-lhe um ar tão lúgubre [...]."[21]

Na tentativa de se acostumarem ao novo "elemento", Leopoldina e suas damas fizeram um longo passeio no mar, como narrou Kühnburg: "[...] Fomos até o farol de onde avistamos nossos navios, e vimos subir cada marinheiro, com a ajuda de um tubo; a arquiduquesa já passou mal essa primeira vez, agora ela teme o mar."[22] Além do novo drama de Leopoldina, que descobria que teria problemas com enjoo marítimo, Maria Ana conheceu seus novos companheiros de viagem. No dia 9 de agosto, os

> [...] três senhores pertencentes à comitiva da arquiduquesa, as três damas esposas deles e 31 oficiais da marinha foram apresentados à arquiduquesa. Os três senhores são bastante agradáveis, o senhor de Louzã, grande-escudeiro, me agrada mais, um homem entre 40 e 50 anos. De abordagem muito séria, mas que inspira, todavia, mais confiança que os outros dois. As damas parecem boas; [...] elas são obesas, uma delas é

> bonita, tem acima de tudo belos olhos, e fala algum francês; as outras não. Nosso almirante é um pequeno homem roliço [...]; os outros têm boa fisionomia, mas falam pouco francês [...]. O Príncipe Metternich chegou ontem à noite, amanhã às 11 horas é a entrega, gostaria que tudo já tivesse acabado!

Depois de tantas discussões entre Leopoldina e Metternich, este resolvera partir para Lucca no dia 26 de julho para fazer uma estação de águas termais, só chegando a Livorno em 10 de agosto, a tempo para realizar a entrega formal da arquiduquesa. A cerimônia oficial de entrega ocorreu em 12 de agosto, quando Metternich passou para o marquês de Castelo-Melhor a responsabilidade sobre a princesa. Era quase palpável o alívio do príncipe em se livrar da obrigação:

> Reunimo-nos às 11 horas e um quarto [...]. Durou uma boa meia hora e o senhor de Castelo-Melhor recebeu a sua Princesa Real de minha mão, indigna deste momento em diante de tocar a dela, pois os portugueses, homens e senhoras, beijam-na sempre, pondo um joelho no chão.[23]

O estranhamento dos austríacos não ficaria apenas no beija-mão. Maria Luísa achou os portugueses "figuras de um outro mundo", pouco educados e presos a um protocolo rígido, que só faltava se ajoelharem para servir a irmã dela. Maria Luísa só ficou mais sossegada porque Leopoldina iria levar suas próprias damas.[24]

A questão da escravidão foi um show de horrores à parte. O conde von Eltz, embaixador austríaco com destino ao Rio de Janeiro, dirigiu-se a um jovem negro para falar algo. Imediatamente, o rapaz foi dado de presente a ele pelo capitão, como se fosse um animal de estimação. Metternich achou interessante a questão dos escravizados e incumbiu a condessa de Kühnburg de providenciar no Rio de Janeiro duas jovens negras para presentear a esposa e a filha.[25]

Leopoldina, alheia a tudo isso, continuava sentada em seu trono e vestida de corte, com os brilhantes recebidos como presente de casamento, despedira-se também dos seus: "Invejo a minha arquiduquesa e a sua tranquilidade; de manhã a Corte austríaca inteira veio se despedir da arquiduquesa, desde Metternich até o último homem da guarda, todos vieram lhe beijar a mão, foi tão triste!"[26]

O beija-mão, que Leopoldina teria que enfrentar a vida toda, era um hábito medieval que a corte portuguesa ainda não abandonara e que era estranho às demais cortes europeias. Entretanto, agora ela era uma portuguesa, membro da casa de Bragança, e como tal os austríacos tinham que seguir o protocolo português.

O que Nanny vira, uma Leopoldina "tranquila" na cerimônia da entrega, era apenas impressão. A princesa confessaria à condessa von Lazansky no dia seguinte que não passara nada bem, tivera cólicas e diarreia. O momento de ela embarcar finalmente chegara, assim como a descoberta de que tinha medo do mar. Novamente, seu sistema nervoso, assim como já havia ocorrido em Viena por ocasião de suas núpcias, vira-se atacado.

Ainda, por uma última vez, jantou com a irmã Maria Luísa à noite em terra, antes de subir em definitivo para a nau *D. João VI*. Esse navio era uma das joias da frota de guerra portuguesa. Havia sido lançado ao mar um ano antes, em 14 de agosto de 1816. Possuía 96 canhões e media 60 metros de comprimento. Parte de seus canhões foi retirada para sobrar mais espaço para os viajantes. Em 1833, esse navio participaria, contra d. Pedro — durante as Guerras Liberais entre os constitucionalistas e os absolutistas portugueses —, da Batalha do Cabo de São Vicente, na qual a esquadra constitucionalista sairia vencedora.

No navio, junto com Leopoldina, seguiam cerca de novecentas pessoas, incluindo soldados, marinheiros, padres e doze monges de todas as ordens religiosas possíveis, além da comitiva da princesa. Como todos precisavam ser alimentados durante a longa travessia, junto seguiam milhares de animais de corte, aves diversas, além de 4 mil galinhas. Os ovos que elas poriam seriam consumidos ao longo da viagem, mas as galinhas seriam os últimos animais a serem consumidos, indicação clara aos tripulantes de que estariam se aproximando de seu destino e não precisavam mais da garantia dos ovos. Mas os animais não serviam apenas para alimentação, muitos pássaros e outros bichos foram embarcados para entreter os passageiros. Segundo o príncipe de Metternich, o navio que levava a princesa ao Brasil faria da arca de Noé um brinquedo de criança.

O embarque de Leopoldina ocorreu por volta das quatro horas da tarde de 13 de agosto. Será que a princesa ainda acreditava em presságios quanto a esse dia ou estaria muito ocupada com os pensamentos na viagem que teria pela frente?

Seguiram para se despedir numa barca guarnecida em seda as irmãs Maria Luísa e Maria Clementina, o marido desta, o príncipe de Salerno, e o tio, o grão-duque da Toscana. Eles foram saudados por salvas de canhão dos navios no porto. A tripulação do *D. João VI* aguardava-os e desfilou perante eles, enquanto que os marujos, em uniformes branco e vermelho, davam vivas do alto dos mastros a sua nova princesa.

Nanny comentou a respeito do dia com o pai: "Passamos todo o nosso tempo no convés, os dois navios foram iluminados, o que gerou um efeito maravilhoso, a arquiduquesa jantou sozinha."[27] Pela primeira vez, fora servida pelos portugueses, seu mordomo-mor, o conde de Lousã, e seu veador, o conde de Penafiel.

Os aposentos de d. Leopoldina e de suas damas ficavam no castelo de popa. A entrada era marcada por uma grossa cortina de veludo vermelho com as armas portuguesas bordadas, ao lado da qual sentinelas faziam a guarda. Entrando-se pela passagem, deparava-se com um corredor para onde davam os quartos das damas de d. Leopoldina. Segundo a princesa em carta para a condessa von Lazanksy:

> [...] Meu apartamento [...] compõe-se de uma sala, toda enfeitada de branco e decorada de prata, uma sala de jantar, decorada de pano de cor e com diversos emblemas, de uma galeria, adornada de veludo branco e azul com gravações dou-

radas e prateadas, muitas poltronas e um sofá da mesma cor; um magnífico piano; a poltrona foi fabricada em Bengala e a madeira é toda enfeitada de altos e baixos relevos, é uma mobília extremamente rara e curiosa, pois é tão fina como se fosse trabalhada a canivete. Acima do piano está pendente o retrato do meu esposo com moldura dourada. O dormitório é todo pintado de ouro enfeitado de branco representando numerosos cupidos. A cama está suspensa e tem 6 pés de comprimento por 4½ de largura. Três colchões muito bem preparados, uma mesinha com um magnífico lavatório de prata.[28]

Nanny, para a amiga Ernestine, descreveu o seu:

[...] Nossos pequenos aposentos estão dispostos para que nos vejam e ouçam a cada instante do dia e poderia quase dizer, da noite; [...]. Imagine então, minha amiga, um quartinho de seis passos talvez de comprimento, o mesmo de largura, forrado de cinza com pequenas folhas verdes, e uma bela pequena borda, é como se tivessem adivinhado minha cor predileta [...]; os móveis consistem em uma pequena cama muito limpa e apoiada na parede, em uma bela e pequena penteadeira que serve ao mesmo tempo de mesa para escrever, e está guarnecida do necessário, pentes, escovas, pomadas, óleos, sabonete, água de colônia, pó branco, alfinetes, esponjas, tudo até os menores detalhes; [...] ele contém [...] três cadeiras, e um pequeno cofre, um outro está debaixo da minha cama, uma bela esteira de palha constitui meu tapete, e um "troninho" indispensável completa meu mobiliário; uma pequena prancha pregada acima da minha janela é um pequeno móvel bastante necessário para pousar mil pequenas coisas [...]; meu aposento é o primeiro na entrada, sou como o cão Cérbero[29] que a guarda, as sentinelas estão quase na frente da minha porta, todo mundo tem de passar aqui em frente, e como não se pode fechar as portas sem

> sufocar, é preciso fazer tudo em público, surpreendo-me em ver como pude me acostumar a isso, mas quando a necessidade manda, não se tem o que dizer; mesmo à noite é preciso deixar a porta aberta, o calor é um inimigo terrível [...].[30]

D. Leopoldina era a felicidade em pessoa, ao menos enquanto o navio estava parado, sem navegar. Parecia não notar o que os demais austríacos viam: um barco sujo, cheio de animais, inclusive cães.[31] A princesa escreveu a todos os seus parentes antes de zarpar contando como eram os seus aposentos, como ficara emocionada pela recepção por parte dos oficiais, da tripulação e dos marinheiros.

D. Leopoldina, fechando os olhos para muitos dos aspectos da nau, notara, porém, a situação de quase miséria em que os marinheiros viviam. Frühbeck ilustrou em suas aquarelas o estado das roupas deles, além da embriaguez de alguns. Apiedada, ela mandou distribuir parte do dinheiro que d. João VI havia colocado a sua disposição como presente para os marinheiros do seu navio.

No dia 15 de agosto, às seis e meia da manhã, finalmente o vento favorável permitiu que os navios zarpassem. Como em dramas os poréns sempre existem, com tudo pronto para a partida, a âncora do *D. João VI* recusava-se a sair da água.[32] A dificuldade em erguê-la e a demora fizeram os marujos elevarem suas preces aos seus santos de devoção: aquilo não era um bom presságio. Quando, finalmente, a âncora do navio chegou à superfície da água, todos viram que com ela vinha outra, provavelmente etrusca, que jazia no fundo do oceano havia mais de dois mil anos.

ATLÂNTICO

Logo no início da viagem, Nanny começou uma longa carta ao pai que tinha intenção de enviar de Gibraltar, onde o navio deveria fazer a sua próxima parada. Nela, descreveu a experiência de estar pela primeira vez em alto-mar:

> [...] Estamos entregues a um elemento bastante inconsistente que nos provoca uma ou outra contradição de um dia para o outro; hoje, lhe escrevo na mais linda noite que existe, a lua prateia as ondas do mar, as estrelas aparecem uma atrás da outra, a música ecoa do alto do convés até o meu pequeno quarto, e a arquiduquesa fazendo sua ceia [...].[1]

A idílica cena narrada pela condessa tinha até trilha sonora! Vinha de uma orquestra contratada por d. João para tocar durante as refeições da princesa. Mas nem tudo tinha sido tão calmo desde o embarque, como a condessa revela:

> [...] Nós atravessamos nos primeiros dias as Ilhas de Capri, Córsega e Elba, tivemos então o vento muito pouco favorável, então só avançamos pouco do caminho, no quarto dia o vento soprou terrivelmente, o mar esteve agitado, as ondas cresceram, vimos o *São Sebastião* dançar sobre as ondas diante de nós e nós cambaleamos tanto quanto, quase todos nós ficamos com enjoo, fui tomada a ponto de vomitar vinte vezes em um dia [...].[2]

Quanto a Leopoldina, Nanny informa que esta passara o dia na cama, devido ao mau tempo. A princesa, para a irmã, narrou o seu drama:

> [...] Acordei às seis da manhã, e a primeira visão que tive foi céu e água da mesma cor, ondas da altura de uma mesa, escuras com espuma branca em cima; até às duas horas me senti bem, mas quando minha cama foi jogada para os quatro lados alternadamente, então veio o enjoo, uma forte cólica estomacal, dor de cabeça, vômitos por doze vezes, pensei que iria morrer [...] só suportei o sofrimento por amor ao príncipe e com a ajuda do Onipotente [...].[3]

Mas as coisas piorariam ainda, e muito, em 28 de agosto, diante da costa espanhola. Nanny desabafou com o pai:

> Ontem e anteontem foram seguidamente dois dias de tempestade, o mar se levantou, rugiu a cada instante mais, o vento assobiou, os próprios oficiais, acostumados ao mar, tinham dificuldade para se mover no convés, nós estávamos muito mal, foi o pior dia, hoje o céu está limpo, o mar calmo e todos os males passados parecem um sonho; sofreríamos de bom grado se tão somente avançássemos, mas o vento está desfavorável quase o tempo todo, só precisaríamos [de] 24 horas de um bom vento para chegar a Gibraltar e nós não conseguimos chegar, eis o que há de mais desanimador numa viagem tão monótona [...].[4]

D. Leopoldina contava que nessa segunda tempestade, que durara dois dias, a sua cama suspensa por cordas ao teto "subia e descia como um balão e para não cair fiquei me segurando numa corda, mas mantive a coragem e o bom humor; os outros os perderam, pois não estão viajando por amor a um esposo [...]".[5] A princesa encarnava, cada vez mais, uma heroína romântica que, apesar das intempéries, continuava "viajando por amor". Mesmo com as conversas que Francisco I tivera com ela, do fato de que a própria Leopoldina dera a entender a Maria Luísa que encarava o casamento como um dever de Estado, a princesa sempre retomaria esse papel.

Gibraltar

Mais tempestades, mais contratempo. Agora o vento se recusava a soprar e, quando vinha, era contrário ao rumo que deveriam seguir para atingir o destino. Levaram quinze dias de Livorno até Gibraltar, aonde chegaram em 30 de agosto.

Gibraltar, possessão inglesa, era o portão para o oceano Atlântico. Nanny assim contou a respeito da aproximação do estreito:

> [...] Avistamos o grande monte de Gibraltar ao longe, foi interessante ver como todo mundo se armou de uma luneta e correu para o convés, para contemplar essas belas margens, e rever mais uma vez a terra da qual vamos nos separar agora por tanto tempo; é um espetáculo realmente magnífico avistar esse fantástico monte, essa fortaleza impenetrável e imponente, elevando-se do seio da onda e coroando-se de nuvens; que massas! Os Ingleses fizeram uma coisa incrível ao perfurá-lo de um lado e do outro [...].[6]

Finalmente, o vento ajudava. Segundo a condessa, na hora em que entraram no estreito, o vento tornou-se propício e não pararam um só momento. Atravessaram-no enquanto maravilhavam-se com o que se descortinava diante dos olhos dela e de Leopoldina. Estas se puseram a admirar as paisagens:

> [...] São tão bonitas, [...] há tanta variedade; montanhas, cidades, essa massa de rocha, esse belo porto, esses navios espalhados aqui e acolá, as baleias que nadam bastante perto do navio e, do outro lado, essas belas costas da África que se vê bem

> perto. Essas belas formas montanhosas, algumas cobertas de florestas, outras queimadas de sol, essas pedras, por fim a ideia da África em si, nos viramos involuntariamente mais uma vez na direção da Europa, onde está nossa pátria, onde estão os nossos, estendemos-lhe os braços e nos vemos arremessados no oceano para fora desse pérfido Mediterrâneo [...].[7]

Agora era o Atlântico que enfrentariam. A condessa assim o descreveu:

> [...] Como esse grande mar é bem mais imponente e belo, suas ondas são bem maiores, suas águas mais negras, vamos padecer mais ainda dias de tempestade pois seremos chacoalhados por essas massas de água, mas finalmente começamos nossa verdadeira viagem, até aqui nada mais era que prólogo; o oceano nos acolheu com uma calmaria que durou o dia todo ontem, hoje em contrapartida temos um bom vento, avançamos muito.[8]

D. Leopoldina ao pai afirmava: "Estamos em Gibraltar; após muitos ventos desagradáveis e enjoo, estou cautelosamente contente por ter atingido o primeiro objetivo da viagem, mas não descansarei nem terei grande alegria enquanto não chegar ao Rio de Janeiro."

Missão Austríaca

Em Gibraltar, Nanny comentou:

> [...] Hoje de manhã de repente tiros de canhão nos anunciaram nosso *Augusta* que nos havia seguido e ido ao nosso encontro, ao passo que acreditávamos revê-la somente em Madeira, fiquei tão feliz! Agora, ela navega ao nosso lado o tempo todo, e embora seja reconhecido que o nosso *Dom João* é o melhor veleiro que existe, esta bela fragata austríaca não nos deixa, e

> entretanto tem todas as suas velas, todos os portugueses estão surpresos e a admiram [...].[9]

Em 10 de abril de 1817, quatro meses antes de d. Leopoldina conseguir sair da Europa, partiram duas fragatas austríacas de Trieste: *Augusta*, a que Nanny se referiu, e *Áustria*. Segundo a *Gazeta de Lisboa* de 13 de maio de 1817, elas seguiam para o Brasil com interesses comerciais: "Darão à vela para o Rio de Janeiro duas Fragatas Austríacas, a *Áustria* e a *Augusta*, levando a frete e proteção muitas toneladas de Fazendas do Império, como um estímulo aos seus habitantes para principiarem uma comunicação direta com o Brasil".

É de imaginar o arrepio dos ingleses, e até dos portugueses da antiga metrópole, ao ler a notícia sobre uma futura concorrência.

Mas os navios levavam mais do que produtos comerciais austríacos. O príncipe de Metternich[10] organizou uma missão de cientistas para estudar o Brasil. O desconhecido interior brasileiro, com seus animais, sua população, paisagens, riquezas naturais, flora e fauna, passou a despertar interesse nos germânicos, bem como de toda a Europa, impedida até então de pisar na ex-colônia portuguesa. A oportunidade aberta com o casamento da arquiduquesa era imperdível. Assim, cientistas e sábios seguiram com as embaixadas que se estabeleceriam no Brasil devido ao casamento entre d. Pedro e d. Leopoldina.

Metternich deu ordens para que o diretor do Museu de História Natural de Viena, Karl F. A. von Schreibers, escolhesse os membros que participariam da expedição. Do Império Austríaco, foram enviados: Johann Christian Mikan, médico e professor de botânica da Universidade de Praga e chefe da missão; Thomas Ender, pintor que acompanharia a expedição como paisagista; e Johann Natterer, assistente do conservador do Gabinete Imperial de História Natural, criado pelo bisavô de d. Leopoldina em 1748. O encarregado da parte zoológica era Dominik Sochor; o botânico Heinrich Wilhelm Schott, chefe dos jardins do Palácio do Belvedere em Viena, coletaria plantas vivas para o parque do Palácio de Schönbrunn. Também seguia o médico Johann

Emanuel Pohl, mineralogista e botânico da Universidade de Praga, além do pintor naturalista Johann Buchberger. Como agregados, iam também o zoólogo Johann Baptist von Spix e o botânico Carl Friedrich Philipp von Martius, que ingressaram na expedição a pedido do rei da Baviera, sogro de Francisco I, assim como Joseph Raddi, incluído por solicitação do irmão do imperador, Fernando III, grão-duque da Toscana.

Em paralelo a essa missão científica enviada pelo Estado austríaco, d. Leopoldina viajaria com sua própria comitiva de cientistas, da qual faziam parte o seu professor Roque Schüch, conservador do Gabinete de Mineralogia da Corte, a quem a princesa deu o encargo de ser o seu bibliotecário, o assistente do professor Schüch, Franz Joseph Frühbeck, o médico e ornitólogo Johann Kammerlacher e o pintor da corte G. K. Frick.

O navio *Áustria* também levava, além de parte da missão científica austríaca, diplomatas como o barão von Neveu, encarregado de negócios da Áustria, o secretário von Hügel e o adido comercial von Kast. Assim que saíram do golfo de Trieste, os navios foram apanhados por uma forte tempestade. Segundo o *Allgemeine Zeitung* de 3 de junho, o *August*a foi o que mais sofreu e teve que se dirigir a Veneza, onde foi consertado, depois se reabasteceu no Marrocos e ficou aguardando em Gibraltar a chegada da frota que transportava d. Leopoldina. Enquanto isso, o *Áustria* seguiu para o Rio de Janeiro. Assim, eram quatro navios em direção ao Brasil: além do *D. João VI*, do *São Sebastião* e da fragata *Augusta*, um navio mercante português pediu proteção em Gibraltar, seguindo com os demais pelo Atlântico.

Logo após o desembarque no Rio de Janeiro, as viagens pelo Brasil tiveram início. Mikan, Schott e Buchberger seguiram pela mata do litoral até Cabo Frio. Ender, Spix e Martius partiram para São Paulo. Natterer, junto de Sochor e Pohl, explorou a província do Rio de Janeiro e a Ilha Grande.

Ender, por conta da saúde, e Buchberger, devido a um acidente de cavalo, foram as primeiras baixas da expedição. Embarcaram para a Europa em 1º de junho de 1818 junto com Mikan, que levava diversos animais vivos que haviam sido coletados. Desembarcaram em Trieste e seguiram de lá para Viena. O imperador Francisco I tomaria Buchberger sob seus cuidados até o falecimento do pintor no Palácio de Schönbrunn, em 1821, sendo ele a primeira vítima da expedição.

Schott permaneceu por mais algum tempo no Rio de Janeiro, preparando as plantas colhidas nos arredores da cidade e trazidas de outros lugares a fim de despachá-las para Viena. Pohl seguiu para as províncias de Goiás e Minas Gerais no intuito de realizar pesquisas mineralógicas. Natterer foi para o Mato Grosso. Pohl, após cinquenta meses de viagem, regressou ao Rio de Janeiro em fevereiro de 1821 com 111 caixotes de material coletado, embarcando para a Europa em abril do mesmo ano. No *Northumbria*, navio em que partiu, foram despachados cerca de duzentos animais vivos e quase 1.600 espécies de plantas que haviam sido cultivadas por Schott no Rio de Janeiro. O mineralogista chegou a Viena em outubro de 1821 e causou alarde com os dois botocudos que trouxe consigo: João e Francisca, ele com 20 anos e ela com 21.

Natterer e Sochor continuaram a expedição e foram desbravar todo o Sudeste. Sochor faleceu em 13 de dezembro de 1826 em São Vicente, onde foi sepultado numa capela. Natterer chegou à Amazônia, subindo o rio até a fronteira com a Venezuela. Por três anos, explorou o território do Rio Branco até a Guiana Francesa e desceu o Amazonas até o Pará, onde a violência entre brancos e indígenas acabou vitimando os animais que colecionara — foram mortos e devorados pelos nativos.

Em 15 de setembro de 1835, retornou a Viena, chegando no outono de 1836 após dezoito anos de exploração. Levava consigo 37 grandes caixas com materiais coletados, Maria do Rego, sua esposa, e três filhos. Apesar do nome, Maria era uma indígena Mura com quem Natterer se casara na Amazônia. Ela e duas das crianças não sobreviveriam ao primeiro inverno europeu. A filha mais velha, Gertrud, anos depois se casaria na aristocracia austríaca, tornando-se baronesa Schröckinger von Neuenberg.

Museu Brasileiro de Viena

Já com a chegada das primeiras espécies e dos materiais coletados, o imperador Francisco I decidiu criar o *Brasilianeum*, ou Museu Brasileiro. O diretor do Gabinete Imperial de História Natural, Karl von Schreibers, escolheu uma casa na rua Johannesgasse, onde, no primeiro andar, foram expostos os animais, as plantas e os minerais. Numa das salas, encontrava-se toda a coleção etnográfica coletada por Natterer, assim como 567 aquarelas e desenhos feitos por Thomas Ender, além de mais de mil desenhos de plantas, parte realizada pelo pintor vienense Miguel Sandler, seguindo orientações de Pohl. O Museu Brasileiro foi fechado em 1836, e a coleção etnográfica de Natterer foi exposta por este em outra casa. O restante do material foi incorporado ao Museu Vienense de História Natural, representando um acréscimo de um terço ao seu patrimônio.

A expedição austríaca revelou ao mundo uma série de espécies, animais, minerais e vegetais até então desconhecidos. O imperador da Áustria pessoalmente investiria em obras de luxo, como os dois volumes da obra de Pohl *Plantarum Brasiliae Icones*, publicada entre 1827 e 1829. O material de Natterer evidenciou novas espécies de pássaros, borboletas e peixes de água doce descobertas por ele em suas viagens pelo Brasil. A riqueza do material indígena coletado pelo austríaco, como potes, enfeites com penas, tacapes e zarabatanas com flechas envenenadas, apresentou à Europa uma face completamente desconhecida do país: sua identidade anterior à chegada dos europeus.

Madeira

Após a passagem por Gibraltar, era prevista a chegada da esquadra à Ilha da Madeira em 5 de setembro, perto do anoitecer,[11] para que os navios fossem reabastecidos. Em vez disso, os ventos e novas tempestades jogaram com eles. No dia 6, pela manhã, Nanny desabafou com o pai:

> O homem propõe e Deus dispõe! Em lugar de colocar o pé em terra, tivemos um dia bem ruim; durante a noite inteira, o vento foi contrário, fomos um pouco para trás, houve um barulho, um estrondo horrível, nosso pequeno mastro quebrou-se, estão ocupados agora em consertá-lo. Cá estamos na frente da ilha da Madeira sem ousar nos aproximar, com este vento contrário nenhum barco ousaria se aventurar no mar. Hoje não podemos atracar, portanto nosso navio vai ficar dançando na frente da Madeira o dia todo [...]. Todos os nossos navios estão numa contradança.[12]

No dia 8, ainda estavam no mesmo lugar, e o clima não era dos melhores. No dia anterior, com a queda do mastro, um "pobre marinheiro que trabalhava [...] caiu de bem alto e fez um buraco no crânio, quiseram operá-lo com uma serra, mas retiraram os ossos sem ela, o pobre infeliz morreu; Deus, que vida tem um pobre marinheiro!".[13] Finalmente, em 11 de setembro pela manhã, conseguiram ancorar. Era a primeira e única vez que d. Leopoldina colocaria seus pés em terras portuguesas na Europa. Nanny informou a respeito da recepção oficial: "Ontem logo pela manhã a arquiduquesa recebeu no navio a visita do bispo, do governador, dos seus oficiais. Como foi bonito de se ver todos esses barcos, todos esses navios. [...] Às três horas, embarcamos no nosso barco e viemos para a terra."

Os caminhos eram repletos de flores, as janelas estavam apinhadas de gente. Dos balcões das casas, jogavam flores sobre d. Leopoldina e sua comitiva. A princesa, andando sob um dossel, foi levada até a igreja, onde foi cantado o *Te Deum*, após o qual houve a cerimônia do beija-mão, que durou cerca de meia hora. Não acostumada à etiqueta da corte portuguesa, d. Leopoldina escreveu ao seu pai afirmando que faltaram mãos para dar a beijar. Após o evento, saíram para conhecer a cidade em meio à multidão que se acotovelava pelas ruas para ver de perto a sua nova princesa e futura rainha. D. Leopoldina ficou bastante surpresa com a maneira pela qual foi recebida pela população: o entusiasmo dos madeirenses foi tanto "que me comoveu".[14] A condessa afirmou ao pai que a cidade de Funchal era tão bela quanto estranha. Para a excursão pela cidade, na falta de carruagens, a opção era os visitantes serem carregados em liteiras. D. Leopoldina descartou a hipótese, para desespero de Nanny, que teve de aguentar o "calor horrível".

A natureza esplendorosa da ilha encantou e surpreendeu tanto d. Leopoldina quanto Nanny. Para Maria Luísa e para Francisco I, d. Leopoldina mencionou camélias, iúcas, jambos, magnólias e goiabeiras que cresciam selvagemente pelo local, além de diversas outras plantas que "somente conheci em estufas" e que no Funchal cresciam "selvagemente aos milhares".[15] Quanto ao famoso vinho da Madeira, Leopoldina afirmou a Francisco I: "A vinicultura é bem intensa e o vinho daqui é excelente, as uvas têm um sabor próprio."[16]

Mais tarde, foram conhecer o interior da ilha, e aí não houve escapatória. O caminho montanhoso obrigou que as damas e demais interessados pelo passeio, incluindo membros da Missão Austríaca que desembarcaram do navio *Augusta*, fossem transportados nas liteiras. Mas Leopoldina, usando os ensinamentos de equitação transmitidos por Marialva, seguiu montada no seu cavalo Schnürl. A condessa assim descreveu a cena:

> [...] Uma profusão de liteiras tal como as vemos nas pinturas chinesas conduziam a marcha; numa delas também estava deitada a sua Nanny, em seguida vinham 20 a 30 cavalos que traziam a arquiduquesa, duas damas portuguesas, e um número de oficiais, fizemos assim seis a sete milhas, sempre subindo [...]. É cômico ver como os carregadores dessas liteiras correm levando sua pesada carga, nesse calor horrível parece que vão cair mortos a qualquer instante, o suor escorre do rosto e do corpo deles, eles se alternam mutuamente 2 a 2 ou 4 a 4 correm assim o dia inteiro [...].[17]

Depois seguiram pelo campo até outra quinta, esta pertencente ao bispo, onde passearam pelo jardim. Para ocupar o tempo, foram tocadas músicas, e por fim desceram para a cidade novamente, aonde chegaram às nove horas da noite. Zarparam em 13 de setembro, dessa vez com rumo ininterrupto ao Rio de Janeiro.

A travessia

Durante a travessia, d. Leopoldina inteirou-se melhor a respeito do Brasil. Em carta a Francisco I, disse que, ao conversar com a tripulação, em específico com o chefe da esquadra, Henrique de Souza Prego, "que deixou o país há somente quatro meses", descobriu que as coisas poderiam ser muito piores do que as impressões que eles tiveram até então.[18] Quanto às damas portuguesas, tanto Nanny quanto d. Leopoldina haviam considerado educadas, apesar de falarem pouco francês, mas depois de algum tempo ambas passaram a achá-las estranhas. A princesa queixou-se de que as damas "são muito fechadas e não permitem sequer que me relacione com elas".[19] Quanto à etiqueta do navio, d. Leopoldina informou que só podia andar pelo convés com o seu camareiro-mor e seu escudeiro-mor. Isso não foi bem compreendido por Nanny, como pode ser observado em seu desabafo para sua amiga Ernestine:

> Nós vivemos na Corte ainda que em um navio, e a Corte, mesmo a Corte em pleno mar, afasta toda ideia de franqueza e de confiança [...]. Fazer passeios com a princesa seria um crime; suas damas a aborrecem, a começar por mim, ela vai com um ou outro desses senhores que ouvem e respondem com a maior complacência cem mil vezes a mesma coisa; o passeio termina, subimos ao convés, sentamos em círculo, alguém tenta começar uma conversa, ela morre, ele retoma — novamente reticências, por fim segue um monólogo, e mais um passeio, e depois outro monólogo e assim de manhã até de noite, pois não se trata aqui de se ocupar, de música, de desenho etc.[20]

Nanny tentava se ocupar escrevendo para sua família e criando diários de bordo para presentear diversos parentes e amigos quando regressasse. Para Ernestine, seu desabafo era bem mais íntimo. Pensava, entre outras coisas, o que ambas aprontariam se estivessem juntas, chegando até mesmo a imaginar a amiga fazendo algum jogo de sedução, um flerte com algum oficial só para elas se divertirem e, assim, passarem o tempo. Nanny deixava a sua penteadeira fechada, transformando-a numa pequena mesa secretária: "Eu encho sua gaveta com a minha papelada, todo mundo ri de mim porque me veem rabiscar todas as noites, ainda se supõe que a cabeça de uma mulher não pode conter nenhuma ideia que valha a pena colocar no papel."[21]

Com o passar do tempo, o tédio foi tomando conta delas a ponto de Nanny desabafar com a amiga o cenário em que estava imersa:

> [...] Esse tipo de vida é desesperador, esses círculos mudos em torno da princesa são lamentáveis, não se sabe o que fazer — você não acreditaria, seria preciso vê-los. Imagine um círculo de sete ou oito pessoas sentadas em volta dela, além de três damas, cada qual com seu trabalho na mão e as ideias sabe Deus onde, sem a menor vontade de dar uma palavra. Perto de nós, os dois ou três senhores, cada qual com um livro, uma ou duas outras damas portuguesas de braços cruzados olhando em volta sem falar porque estamos mudas, e a princesa ela mesma com um livro em mãos, mas que só fixa os olhos momentaneamente, normalmente eles passeiam fora dele sobre tudo o que acontece em volta dela; a alguns passos dali um grupo de oficiais que parecem zombar do nosso círculo silencioso ou então um outro grupo se refugia perto do quarto do chefe, para jogar ou conversar em voz baixa, para não interromper esse profundo silêncio, e por fim mais longe ainda, um macaco acorrentado, que faz suas caretas e dá suas voltas, e uma dupla de homens que o fazem brincar, o silêncio só é interrompido por uma gargalhada que arranca algumas vezes uma de suas macaquices, ou por uma ou outra das suas palavras insignificantes pronunciadas com a ponta dos lábios onde o pensamento não tem lugar algum — é como se temêssemos levantar a voz, eu mesma reconheço, sinto um incômodo terrível à ideia de interromper esse silêncio.

Algumas festividades irrompiam o marasmo da travessia, como os aniversários da família real, o de d. Pedro, em 12 de outubro, por exemplo. No dia seguinte, outra comemoração animou o navio. D. Leopoldina teve a oportunidade de presenciar, e Franz Frühbeck retratar, a Festa de Netuno. Nessa tradicional comemoração, quando se cruzava a linha do equador, um marinheiro fantasiava-se de Netuno, o rei dos mares, com direito a coroa e tridente, e junto com a corte toda do oceano presidia um tribunal onde a tripulação e os passageiros tinham que pagar uma espécie de imposto pela travessia. Quem não tinha dinheiro era mergulhado numa tina com água. No final, todos acabavam sendo molhados de qualquer forma, tendo pago ou não o imposto, por um marinheiro fantasiado de diabo.

Na imagem feita por Frühbeck, Leopoldina assiste do alto do castelo de popa à festa: é óbvio que os marinheiros não se atreveriam a molhar a sua princesa na brincadeira. Segundo Frühbeck, no folheto que escreveu a respeito da viagem, Netuno havia chegado em seu carro e ordenou a todos que estavam atravessando a linha do equador pela primeira vez que tinham que lhe pagar pela travessia ou fazer a barba. Dois grumetes, igualmente fantasiados, cobravam de todos a taxa da passagem. Enquanto isso, três marinheiros pintados de marrom com penas na cabeça representavam os brasileiros e dançavam, segundo Frühbeck, uma dança nacional típica. A festa, realizada à noite, teria durado cerca de duas horas. No dia seguinte, pediram mais presentes, em dinheiro, pela apresentação da véspera.[22]

Mas, passando esses raros momentos de diversão, o que quebrava mesmo a monotonia da viagem eram as tempestades, algumas chegando a durar mais de um dia. Nesse período, ondas de formato e altura de montanhas desabavam sobre os navios, que pareciam que seriam tragados pelos vales abertos pela água. Os barcos inclinavam-se ora para um lado, ora para outro. Nesse movimento, pratos, talheres e até mesmo cadeiras com pessoas sentadas, parecendo ter adquirido vida própria, deslizavam pelos salões.

Passadas as tempestades, a monotonia e o tédio imperavam novamente: "[...] Esse tipo de vida da arquiduquesa me mata, não se faz nada de manhã até de noite a não ser se olhar e criticar, maldizer e mentir, bela ocupação, não é mesmo?",[23] desabafava Nanny.

Havia noites em que, quando a lua não estava muito brilhante, elas saíam para o convés a fim de observar as constelações, tanto as últimas que ainda podiam ser vistas no hemisfério norte quanto as novas do hemisfério sul. E o mar, quando estava calmo, dava um espetáculo à parte segundo a condessa:

> Se você visse o mar numa dessas belas noites! Como é majestoso! Às vezes parece enrolar ondas de fogo, está sempre coberto desse material fosfórico, e desses vermes luminosos; às vezes veem-se peixes muito brilhantes a alguns pés debaixo d'água.[24]

Finalmente, em 4 de novembro Nanny narrava agradecida:

> [...] Logo de manhã, um grito: terra, terra, martela os ouvidos de todo mundo, e todos os olhos se viraram para o Cabo Frio, estávamos em trajes de gala para o dia do nome da rainha.[25] [...] Com que sensações diferentes cada um ouviu esse grito: terra! uns encantados de estar ao cabo de uma vida entediante, de sofrimento, ser devolvidos à terra, outros de rever seus compatriotas [...], outros, ainda, de regressar às suas famílias — esses felizardos! — [...], vários imaginando as honras e as recompensas pelo seu sacrifício, nossa princesa encantada e em êxtase de ver seu esposo e sua nova família, e eu [...] preocupada e triste pela nossa arquiduquesa.

Finalmente, estavam a um grau do Rio de Janeiro, para onde avançaram a noite toda e chegaram no dia seguinte diante da barra. Lá, esperava-se que a corte fosse recebê-las e Nanny finalmente mostrava alguma excitação: "O rei, a rainha, toda a corte virá ver nossa princesa aqui [...], quem acreditaria! Eu, [...] me encontrar na América, [vir] para esta corte brilhante e déspota do Rio Janeiro, é como um sonho para mim, ainda não consigo acreditar."[26]

PARTE III

BRASIL — 1817-1826

D. LEOPOLDINA PORTUGUESA

Em 8 de novembro, a *Gazeta do Rio de Janeiro*[1] informou que, no dia 5, pela manhã, chegou à cidade a notícia de ter sido avistada a esquadra que trazia "Sua Alteza Real e Sereníssima Senhora Princesa Real do Reino Unido de Portugal, do Brasil e dos Algarves".

A cidade alvoroçou-se. Os morros "começaram desde logo a cobrir-se de imenso povo, que, com os olhos pregados no horizonte, aguardava impaciente a chegada da afortunada nau".[2]

D. Leopoldina assim descreveu a primeira vista do Rio de Janeiro:

> [...] Nem pena nem pincel podem descrever a primeira impressão que o paradisíaco Brasil causa a qualquer estrangeiro [...] na entrada da baía há três belos fortes, além de vários grupos de ilhas, ao longe vislumbram-se altíssimas montanhas cobertas de palmeiras e muitas outras espécies de árvores.[3]

Nanny assim contaria:

> [...] Um vento contrário nos sacudiu por muito tempo diante da costa, por fim no dia 5 chegamos às 6 horas da tarde, a entrada desse porto é maravilhosa, dois rochedos enormes, duas grandes massas de granito protegem a entrada, um chamado Pão de Açúcar por causa dessa forma parece tocar as nuvens, as duas costas estão cobertas com as mais belas plantas; monta-

> nhas, ilhas; palmeiras, bananeiras, todos os tipos de árvores da América formam o mais belo e estranho cenário. Um número infinito de barcos de todos os tipos navegava em torno dos nossos navios, eram curiosos de Rio Janeiro que vieram nos ver de longe, meus olhos pousaram sobre o nosso *Áustria*, que nos tinha ultrapassado e que repousava ali no porto; gritos de alegria ecoaram em nossos ouvidos, trombetas, canto, era a voz dos nossos compatriotas [...] O rei enviou um camareiro[4] [para] cumprimentar nossa princesa e avisá-la que ele viria com toda a sua família à noite.[5]

Assim que o mastro despontou no horizonte e o pavilhão do Reino Unido foi avistado, por volta das cinco horas da tarde, uma salva de 21 tiros de canhões de todas as fortalezas e navios de guerra saudou a nau *D. João VI*. Novos tiros foram dados assim que o navio soltou âncora no porto.

A nova família

D. João veio com d. Pedro na galeota real de São Cristóvão até o cais do Arsenal Real da Marinha, onde já se encontrava a rainha d. Carlota Joaquina, acompanhada das infantas. A fortaleza da Ilha das Cobras, logo que avistou o estandarte real, deu uma salva, o que imitaram as embarcações de guerra.

Às oito horas, Nanny observava a chegada da galeota até junto à nau *D. João VI*:

> [...] Meu coração bateu forte, a princesa ia ver pela primeira vez aquele que devia decidir o destino da sua vida toda; como o rei havia anunciado que ele não poderia subir no nosso navio por ter dor numa das pernas, nossa princesa seguida da sua corte desceu as escadas e veio até o barco do rei que estava rodeado

> de toda a sua família, nós ficamos na porta dessa pequena galé e vimos tudo o que aconteceu ali [...].

O rei, no barco, após cumprimentar d. Leopoldina, apresentou a arquiduquesa ao filho, e d. Pedro entregou à esposa uma caixa de ouro repleta de diamantes lapidados. Diante do espanto da princesa, d. João teria dito: "Vossa Alteza vem para o país das pedras preciosas."[6] E que pedras preciosas! Segundo a descrição da condessa de Kühnburg, nada inventada, pois confere com a descrição do inventário das joias deixadas por d. Leopoldina, tratava-se de "diamantes montados em buquês, em nós de fitilhos, em penachos, em socós, entre outros há um pássaro do paraíso em diamante cuja cauda forma uma pluma, e que carrega no bico uma pequena Coroa de Louros".[7]

A família Bragança que recebeu d. Leopoldina era, segundo a descrição de Nanny ao pai, formada por um rei

> [...] alto e forte, a bondade está presente em todos os seus traços, ele recebeu e tratou nossa princesa como um pai, a rainha é uma mulher bem franzina, cheia de vivacidade e de espírito [...] felizmente todos falam francês um pouco, a jovem princesa viúva[8] e seu filho, uma criança adorável,[9] são bastante interessantes também, e a mais velha das três princesas não casadas, Isabel Maria,[10] chamou particularmente minha atenção. Ela é tão bonita, tem uma fisionomia tão doce e bondosa, ela é o charme dessa Corte e a felicidade dos seus pais [...].

Nanny deixou o mais esperado para o final: "Por fim o príncipe Dom Pedro, marido da nossa princesa: ele tem uma bela fisionomia, é ainda melhor que seu retrato, belíssimo homem."[11] A reação de ambos, d. Pedro e d. Leopoldina, ao se encontrarem pela primeira vez, não poderia ser mais contemporânea. Quantos adolescentes não passaram por algo semelhante? "Ele estava sentado diante da nossa princesa, os olhos baixos, os levantava furtivamente de vez em quando sobre ela, e ela fazia o mesmo, naquele dia ela estava realmente bem."[12]

Após ficar algum tempo na galeota, a família toda subiu ao navio *D. João VI*, com exceção do rei, que recebeu os comandantes da nau e da frota. Instalaram-se no salão dos aposentos de d. Leopoldina e por lá ficaram até as dez horas da noite, quando "todo mundo foi embora e nós descemos novamente à galeota do rei para lhe desejar boa noite; ele anunciou que no dia seguinte viria às onze horas da manhã buscar a princesa e sua Corte, na maior das pompas [...]".[13]

D. João e d. Pedro retornaram com a galeota para São Cristóvão, e d. Carlota e suas filhas permaneceram na cidade. À noite, todas as fortalezas e os navios no porto iluminaram-se, assim como a cidade, em comemoração à chegada de sua nova princesa. Após a partida dos soberanos e o relaxo da guarda, vários curiosos do Rio de Janeiro afluíram em direção ao cais do Arsenal da Marinha. A *Gazeta do Rio de Janeiro* descreveu que o cais havia sido ampliado algumas semanas antes para receber a princesa. A ponte de desembarque agora oferecia mais segurança. A parte que dava para o mar recebeu um novo parapeito, que foi recoberto por ricas tapeçarias, em cima das quais foram colocados lampiões para a iluminação noturna. Também diversas palmeiras foram plantadas.

Finalmente em terra

Na quinta-feira pela manhã, dia 6 de novembro, o amanhecer no Rio de Janeiro foi espetacular. Depois de tantas tempestades marítimas, o tempo parecia risonho, como definiu um jornal da época.[14] Os moradores logo afluíram às ruas para ver a passagem do rei d. João VI e da real comitiva. Muitos ornaram suas janelas com cortinas e colchas de seda de diferentes cores e com diversos matizes. As ruas foram atapetadas por folhas aromáticas.

Às onze da manhã, do Paço da Cidade, saiu um cortejo de carruagens em que iam a rainha d. Carlota Joaquina, suas filhas e sua corte. Dirigiram-se ao Arsenal, aonde pouco depois do meio-dia chegou d. João VI em sua galeota, acompanhado de sua corte e do príncipe d. Pedro. Quando estes partiram no barco para a nau *D. João VI*, onde receberiam a princesa, o Arsenal, as fortalezas e a esquadra ancorada deram salvas de tiros novamente.

> [...] Já às nove horas da manhã estávamos prontas com o melhor traje e sentadas no convés, o dia estava bonito, as laterais e o lugar do desembarque pululavam de gente, o Rei veio, a Princesa entrou na sua galeota, nós na galé seguinte onde estavam todas as grandes camareiras e damas do Palácio [...].[15]

D. Leopoldina usava um vestido de gala em seda branca, com bordados de prata e ouro.[16] No pescoço, usava o colar de brilhantes com o retrato do marido, além de outras joias, como o pássaro de diamante que recebera na véspera. Ainda, segundo Nanny, d. Leopoldina "se penteou à moda da terra, com uma grande quantidade de plumas, o que lhe cai maravilhosamente bem". Além das plumas, da fronte pendia um fino véu de seda branca, que não impedia de ver seu rosto.[17] Eram duas da tarde quando a galeota retornou ao Arsenal trazendo a princesa a bordo com a sua nova família. Nesse momento, ouviram-se novas salvas de tiros.

Ao desembarcarem, montou-se um cortejo com a corte engalanada. À frente, seguia um contingente de cavalaria, depois quatro moços de estribeira a cavalo; mais atrás, uma banda militar igualmente montada. Depois, oito porteiros da cana, os reis de armas, arautos, passavantes, demais porteiros, moços de estribeira, guarda-roupas, mordomos-mores, estribeiros-mores, camaristas, veadores e o pessoal do Conselho. Todos estavam devidamente paramentados, com seus chapéus de veludo com plumas e suas fardas de veludo vermelho bordadas a ouro e veludo azul bordado a prata, completamente inadequados ao verão carioca.

Mais atrás, finalmente, vinham os veículos trazendo a família real. O primeiro, o maior e mais rico de todos, puxado por oito cavalos com arreios de veludo e ouro, conduziam o rei e a rainha, sentados diante de

d. Leopoldina e d. Pedro. Em cada lado do veículo, vinha, a pé e sem chapéus, uma ala de moços de câmara. Ao lado destes, seguiam arqueiros, acompanhados por quatro moços de estribeira.

Após o coche dos reis, vinham o capitão da guarda a cavalo, seguido do coche com o infante d. Miguel e algumas irmãs. Logo atrás, outro veículo com o restante da família real: tias e filhas de d. João VI. Um regimento de cavalaria fechava o desfile principal, mais coches seguiam com as camareiras-mores, onde estava Nanny com a condessa de Linhares, além das demais damas austríacas e portuguesas.

Arquiteturas efêmeras, interesses reais

Para os festejos, foram construídos alguns elementos de arquitetura efêmera, como dois arcos do triunfo e uma alegoria criada com palmas e estandartes, que lembravam os dos romanos, fincados no chão. O primeiro, e maior de todos, que d. Leopoldina viu naquele dia foi pelo qual o cortejo passou na rua Direita, atual Primeiro de Março. Ele foi projetado pelo arquiteto francês Grandjean de Montigny e decorado por Jean-Baptiste Debret, membros da Missão Artística Francesa. Esse arco era uma encomenda da Junta de Comércio do Rio de Janeiro. Os portugueses Joaquim José Pereira de Faro e Francisco Pereira Mesquita, representantes da junta, supervisionaram a sua construção.

Nesse arco, dois dos pedestais representavam o Rio de Janeiro e o Danúbio. O Rio era simbolizado pelas armas do Reino Unido de Portugal, Brasil e Algarves, e o Danúbio, pela águia heráldica dos Habsburgo. O grande arco do meio era sustentado por oito colunas dóricas. Entre elas, estavam dois pedestais, sobre os quais foram postos dois meninos ricamente vestidos, com os emblemas do Amor e de Himeneu, o deus do casamento. Estes apresentaram aos reis e aos príncipes uma grande coroa de flores, que descia do teto do arco no momento da passagem do coche, ao mesmo tempo que caía sobre a família real uma chuva de flores.[18]

Os baixos-relevos que enfeitavam o arco representavam os emblemas do Velho e do Novo Mundo, reunidos sob o caduceu do Comércio. Do lado da rua Direita, uma estátua depositava sobre o altar de Himeneu os monogramas do príncipe e da princesa.

Por baixo da grande cornija que coroava o arco, lia-se "À Feliz União, o Comércio". Sobre os três degraus que ela sustentava, havia um grupo de duas figuras sentadas e aladas, com símbolos de paz, que reuniam numa coroa o monograma dos príncipes. Todos os baixos-relevos eram executados em ouro sobre mármore branco. Como se não bastasse, o monumento também era ornado por festões compostos por flores, e o monograma de Pedro e Leopoldina foi feito em rosas, apresentadas em medalhões revestidos de cor de ouro, além de outros de seda azul com grandes letras de ouro formando as iniciais dos noivos. À noite, mais de 1.500 velas, protegidas por globos e mangas de vidro, iluminaram essa construção por três dias.

Não era apenas a Áustria que investia nesse casamento prevendo os ganhos em comercializar com o Brasil. Os comerciantes portugueses e brasileiros, principalmente os do Rio de Janeiro, estavam ávidos pela abertura de outra linha de comércio com a Europa que não passasse obrigatoriamente pela esfera inglesa. Todo esse enorme monumento para honrar o casamento dos príncipes, futuros governantes, era uma clara demonstração dessas intenções.

As bênçãos nupciais

Às duas e meia da tarde, a comitiva chegou à Real Capela, onde foi recebida pelo bispo capelão-mor com todo o seu cabido paramentado e os membros do Senado da Câmara. D. Pedro desceu primeiro do coche, apressando-se em dar o braço a d. Leopoldina para ajudá-la. Ao entrarem na igreja, acompanhados da corte e de diversos bispos, a música composta e regida pelo maestro Marcos Portugal irrompeu dentro do templo, executada pelos músicos da Real Câmara. Após ocuparem seus lugares e a música terminar, d. Miguel pegou d. Pedro pela mão enquanto d. Carlota Joaquina fazia o mesmo com d. Leopoldina e conduziram o casal para se ajoelhar diante do bispo, que lhes deu as bênçãos nupciais. Após o ritual, foi entoado pelo coro um *Te Deum Laudamus*, ao fim do qual todas as fortalezas e os navios da baía deram salvas de canhões.

Então, segundo Nanny,

> [...] cada camareira-mor se apoderou da cauda da sua princesa e fomos ao palácio, que era pequeno e nada bonito. Era antigamente um convento de monges, ali beijamos as mãos de toda a família real pois aqui todo mundo e todas as Damas beijam a mão do Rei e dos Príncipes.[19]

A família real e a corte então atravessaram a rua e recolheram-se ao Paço da Cidade, onde, após descansarem um pouco, apareceram na "janela do paço mais próxima ao mar".[20] Então, as tropas de infantaria, que guarneciam as ruas, a cavalaria, que os acompanhara no cortejo, e a artilharia, que estava postada no largo do Paço, formaram-se em grande parada, comandada pelo governador de armas da corte. À primeira descarga e salva do parque de artilharia, responderam as embarcações e a fortaleza da Ilha das Cobras, e, assim, a tropa e o povo que estavam no largo deram repetidos vivas aos reis e ao novo casal.

A primeira noite

Às nove e meia da noite, os reis e os príncipes saíram do paço em cortejo idêntico como de manhã. Embarcaram no Arsenal, chegando a São Cristóvão por volta das onze. No desembarque, outro arco do triunfo e um batalhão de infantaria aguardavam-nos. Daí foram conduzidos ao Real Paço da Quinta da Boa Vista, onde d. João havia mandado preparar uma ala para o novo casal. Segundo Debret,[21] o rei não descuidou de um único detalhe, fez tudo para que d. Leopoldina se sentisse bem, chegando a encomendar em Paris os móveis para o apartamento da nora. A cena que se passou nos novos aposentos da princesa no dia 6 de novembro foi assim descrita por Debret:

> [...] A primeira coisa por ela observada foi o busto do imperador da Áustria, seu pai, que o rei mandara vir de Viena. Vendo-o, a princesa não pode reter lágrimas de alegria, então o rei, tomando-lhe a mão, disse: "como vós sois muito instruída, não tenho a pretensão de oferecer-vos algo inédito, estou persuadido, entretanto, de que tereis prazer em percorrer este volume, que vos peço aceitar". A princesa, ainda comovida com o busto do pai, abriu o livro; era uma soberba coleção de todos os retratos de sua família, encomendada em Viena juntamente com o busto. Cedendo aos seus sentimentos de gratidão, a princesa precipitou-se sobre a mão do rei, que lhe disse ainda: "minha querida filha, a felicidade de meu filho está assegurada, bem como a de meus povos, pois terão um dia, como rainha, uma boa filha, que não pode deixar de ser uma boa mãe".

No quarto do casal, Leopoldina afirma em carta para Maria Luísa: "[...] Na primeira noite, para meu constrangimento, me despi ajudada pela rainha e pela cunhada, o príncipe diante do rei e do cunhado Miguel."[22] Nanny também presenciou a cena pela qual a princesa teve que passar: "A rainha e todas as princesas assistiram à sua higiene noturna, tive de lhe tirar a roupa, colocá-la na cama, e esperar até que o príncipe estivesse do lado dela na cama, então felizmente me deram autorização de sair."[23]

Em carta aos familiares, d. Leopoldina comentou, provavelmente acerca da noite de núpcias e das subsequentes, que d. Pedro "não me deixa dormir, até que lhe disse sinceramente que estava abatida".[24] O afoito noivo não seria realmente conhecido por suas boas maneiras.

No dia 7, d. João recebeu na Quinta da Boa Vista, em São Cristóvão, todo o corpo diplomático.[25] Na presença da família real, da corte e dos embaixadores estrangeiros, houve uma serenata na Sala de Audiência, ainda como parte das comemorações do casamento de d. Pedro e d. Leopoldina. Primeiro, ouviu-se uma sinfonia composta para a ocasião por Ignácio de Freitas. Em seguida, o príncipe d. Pedro cantou uma ária, sendo seguido depois por suas irmãs, d. Maria Teresa e a infanta Isabel Maria. Esta última, tanto d. João quanto d. Carlota projetavam ver como imperatriz da Áustria. Depois, "Augurio di Felicitá", composta pelo maestro Marcos Portugal, foi executada pelos músicos da Real Câmara, seguida de um elogio, também em italiano, cantada por um membro da Câmara Real.

Não só d. Leopoldina teve uma entrada triunfal no Rio de Janeiro. Isso também ocorreu com o conde Eltz, embaixador da Áustria, que foi recebido em audiência tanto pelo rei d. João VI quanto pela rainha d. Carlota Joaquina em 8 de novembro. Eltz tinha vindo com a esquadra, mas não no mesmo navio que transportava a princesa, e sim no *São Sebastião*.

A diferença entre a recepção do diplomata austríaco e as das demais nações foi gritante a ponto de entrar para a crônica de outros estrangeiros no Rio de Janeiro.[26] O oficial mais graduado da Secretaria de Negócios Estrangeiros foi a bordo do *São Sebastião* cumprimentá-lo. Logo que o embaixador desembarcou, foi levado por um coche da casa real, seguido de aparatoso cortejo para a sua apresentação. Depois, ainda foi honrado com um baile, dado pelo barão de Itaguaí, primeiro-ministro de d. João VI, em sua fazenda, onde forças de infantaria estavam postadas desde a grade do parque até a porta de entrada e piquetes de cavalaria, formados pelo caminho.

O dia 8 foi o último de comemoração das bodas. O empresário que arrendava o Real Theatro, que se localizava no Centro do Rio de Janeiro onde hoje está o Teatro João Caetano, ofereceu um espetáculo gratuito em honra do casamento de d. Leopoldina e d. Pedro. Para lá toda a corte acorreu, assim como o povo, que não perdia uma chance de tentar conhecer mais de perto a sua nova princesa.

Noemi Thierry

A viajante inglesa Maria Graham ouviu no Rio de Janeiro a história de que nessa ocasião, de alguma maneira, a princesa teria sido magoada publicamente pelo esposo. Segundo Graham,[27] "pessoas que reparam nessas coisas" teriam notado que, no camarote real, na primeira vez que apareceram em público, a rainha d. Carlota teve que chamar constantemente a atenção do príncipe para que desse atenção à esposa. D. Pedro, com relutância e mau jeito em atender à vontade da mãe, teria acabado por magoar a princesa, fazendo "cair lágrimas dos olhos da arquiduquesa". O teatro talvez lembrasse d. Pedro a sua primeira grande paixão, a dançarina francesa Noemi Thierry. A lembrança mais antiga desse relacionamento é do francês Eugène de Monglave, que, em 1827, mencionava a "queda" de d. Pedro pela artista "jovem, bela, sensível, tendo o grau supremo de todos os encantos que são prerrogativas do belo sexo de nossa pátria".[28]

Noemi Thierry, e também sua irmã,[29] teriam sido alvos das atenções do impetuoso d. Pedro. Com o fechamento dos teatros no Rio de Janeiro devido ao falecimento de d. Maria I, em março de 1816, d. Pedro teria começado a se envolver com a irmã de Noemi, mas, posteriormente, as atenções do príncipe voltaram-se para ela. Noemy teria sido instalada por d. Pedro em uma casa em São Cristóvão, próxima do palácio e dele.[30] Ainda dando créditos ao relato de Maria Graham, o príncipe teria chegado a se casar secretamente com a artista e com ela tido um filho.[31] D. João e d. Carlota teriam se unido para remover a amante do herdeiro da corte antes da chegada de d. Leopoldina. É de imaginar o escândalo que ocorreria, ainda mais com os reis acalentando o sonho de um duplo casamento entre os Bragança e os Habsburgo.

Quem teria tomado a frente em tentar resolver o drama foi d. Carlota. Esta se avistou algumas vezes com a atriz, que, tão apaixonada quanto d. Pedro, parecia irredutível. A rainha prometeu tudo, mas ela não queria trocar o amante por nada; até que d. Carlota apelou para o bom senso da moça afirmando que o príncipe acabaria deserdado se essa situação não tivesse um fim.[32] Finalmente, Noemi capitulou. Foi-lhe arrumado um oficial português como marido, e ela teria recebido um dote do rei, e o oficial, uma promoção, obrigando-os a partir para Pernambuco, bem longe do Rio de Janeiro.

Já Melo Morais narra duas versões para o mesmo episódio. Numa delas, o caso entre d. Pedro e Noemi ocorreu já com d. Leopoldina no Rio de Janeiro.[33] Ele levaria a esposa para passear na casa de Pedro José Caupers, para onde a atriz também ia. Enquanto a família Caupers entretinha a princesa, o príncipe entretinha a amante. A gravidez de Noemi teria feito d. João tomar as medidas a que Maria Graham se refere.

A outra versão[34] é que, quando d. Leopoldina desembarcou no Rio de Janeiro, a francesa, ainda na capital, estava grávida de seis meses de um filho de d. Pedro.

D. João, sabendo do caso, a teria feito se casar com um oficial português, enviando-os para Pernambuco. D. Leopoldina nessa versão saberia do ocorrido, da gravidez, e teria dado uma "memória de brilhantes e um conto de réis"[35] pelo seu infortúnio. Em qualquer dos relatos, o bebê — como que para dar mais credibilidade e lembrar a maldição[36] que se abatia sobre os primogênitos dos Bragança — acabou falecendo criança.

De qualquer forma, d. Leopoldina, em cartas para a família, não menciona, direta ou indiretamente, nada a respeito dessa primeira aventura do marido. Provavelmente, não o faria se realmente acabasse sendo inteirada do assunto. Entretanto, Maria Graham afirma que a princesa soube, sim, do ocorrido e teria usado o seu bom senso tratando bem d. Pedro e até o consolando pela perda dessa sua primeira grande paixão. "A determinação [de Leopoldina] em não magoar ou chocar uma alma recém-ferida obteve, senão a mais calorosa afeição do marido, ao menos sua total confiança e completa estima."[37]

O que se sabe, por contar Melo Morais, é que, devido à relação muito próxima que o camarista Pedro José Caupers mantinha com d. Pedro e suspeitando que este agisse como alcoviteiro do marido, a princesa teria pedido ao sogro que o banisse do Rio de Janeiro,[38] no que foi prontamente atendida pelo rei. Entretanto, essa vitória de d. Leopoldina lhe custaria caro. O seu médico pessoal, que havia vindo da Europa com ela, dr. Johann Kammerlacher, acabaria sendo afastado da corte pela camarilha palaciana e teve que retornar para o Velho Continente quase às vésperas do primeiro parto da princesa. Isso deixou d. Leopoldina nas mãos dos médicos portugueses, de quem ela não gostava e que a fariam sofrer muito durante os sucessivos partos. Futuramente, ela enviaria um brasileiro para estudar obstetrícia na Europa.

Apesar de ter começado a vida no Brasil de maneira tão problemática, seus futuros súditos parecem ter gostado dela logo de início. O bibliotecário real, Luiz Joaquim dos Santos Marrocos, em carta a seu pai, datada de 12 de novembro, assim descreveu a primeira impressão que a princesa lhe causou. Essa reação deve ter sido a de grande parte das pessoas do Rio de Janeiro que puderam vê-la e falar com ela:

> A Seren.ma S.ra D. Carolina tem agradado em extremo a todos: muito discreta, desembaraçada e comunicável; fala, além de sua língua pátria, o francês, o inglês e italiano; alguns conhecimentos de Belas Letras, e não menos de Botânica, além daquelas prendas que são próprias de uma senhora, em que dizem ser eminentes: mui fértil na conversação e mui aguda em respostas; mestra na arte de agradar e fazer-se estimável; e, para ser mais notável, até tem medo de trovoadas.[39]

O Palácio de São Cristóvão

Toda a pompa e ostentação com a qual d. Leopoldina foi recebida no Rio de Janeiro não podiam, entretanto, esconder a verdade. A cidade não era a mais limpa do mundo, isso se na época existisse alguma efetivamente limpa e cheirosa. Devido aos alagadiços que disputavam espaço com morros no centro da cidade, era um local insalubre. Unindo esse fato à poluição do porto e à falta de infraestrutura urbana, o lindo cenário que se descortinava à vista de quem olhava o Rio de Janeiro do cais caía por terra ao se chegar mais perto e sentir o seu cheiro. Logo que chegou ao Rio de Janeiro, em 1808, a família procurou lugares para se instalar bem longe da cidade. O então príncipe regente, d. João, foi morar numa propriedade rural, a Quinta da Boa Vista, distante seis quilômetros do centro.

A Quinta da Boa Vista, onde ficava o Palácio de São Cristóvão, atual Museu Nacional, havia sido anteriormente uma vasta fazenda jesuíta chamada São Cristóvão. Quando da expulsão desses religiosos pelo marquês de Pombal, no século XVIII, a propriedade passou a pertencer à Coroa. Com o passar do tempo, o terreno foi sendo loteado, e uma grande área, arborizada e elevada, foi adquirida por Antônio Elias Lopes, nome aportuguesado do comerciante sírio-libanês Elie Antun Lubbus, traficante de escravos. Elias cedeu a casa a d. João em troca de dinheiro, postos e condecorações.

> Esta casa era extraordinariamente grande para um particular solteiro, pequena para a residência de um soberano. É de notar que em 1803, sendo perguntado este Elias por que razão edificava uma casa tamanha, respondeu (talvez baseado em certas profecias, que o povo supersticioso cria deverem-se realizar por aquela época) que era para residência do príncipe regente de Portugal, e com efeito em 1808 a ofereceu ao príncipe, que a aceitou.[40]

Obviamente, para d. Leopoldina, acostumada com Hofburg, pertencente à família havia séculos e acrescida a cada geração, com o espetacular Schönbrunn e a pequena joia de Laxenburg, as únicas coisas que devem ter compensado eram a vista e a decoração de seus aposentos. O nome do local, Quinta da Boa Vista, fazia jus ao cenário que se descortinava diante dela. À frente da residência, localizada no topo de uma elevação, era possível avistar o mar ao longe e, numa de suas laterais, o morro do Corcovado e a Floresta da Tijuca, que até hoje dominam a paisagem.

A casa, que seria residência dos Bragança no Brasil por quase noventa anos, formava, segundo o pintor Manuel de Araújo Porto-Alegre, um quadrilátero de 240 palmos de lado. Enquanto a rainha d. Maria I ainda vivia, d. João habitava o local durante o dia e retornava à cidade para dormir. Depois da sua morte, ele passou a morar permanentemente na Quinta. O quarto de d. João, ainda segundo Porto-Alegre, media "24 palmos quadrados e tinha por adjacência um outro um pouco menor [...]. Tinha o rei um pequeno gabinete de trabalho, uma sala para diplomatas e uma sala do trono", onde recebia o beija-mão.

D. Leopoldina, em carta para Maria Luísa, assim descreveu os seus novos aposentos no palácio:

> Minha casa tem seis aposentos, com magnífica vista, de um lado para a serra e muitos povoados, do outro para o mar, ilhas e a Serra dos Órgãos. Começo com 1) a sala de bilhar, que é pintada simplesmente de verde e tem uma magnífica mesa de bilhar. 2) A sala de música, que tem nas paredes pinturas de todos os pássaros e árvores do Brasil, as poltronas e mesas de *bois du Brésil*, com bronze e junco, por causa do calor; três lindos pianos e duas arcas sobre as quais há vasos de alabastro e porcelana com paisagens, além de um magnífico relógio de bronze. As portas e sacada são de pau-brasil com trabalhos em bronze. 3) A sala de festa, com quatro colunas com trabalho em bronze, representando cenas mitológicas, além de vasos de alabastro e porcelana com paisagens e candelabros de bronze. As poltronas e mesas de madeira amarela de Macau, com figuras entalhadas, que são muito valiosas e singularmente belas. As tapeçarias são de veludo branco, as cortinas de musselina com franjas douradas. O teto é maravilhoso, com uma cena da mitologia pintada por um francês. 4) O gabinete de toalete, de musselina branca com tafetá rosa sob dois cortinados, no meio de dois Eros de bronze adornados com guirlandas de flores, segurando de um lado um toalete masculino, do outro um femi-

> nino de platina, feito na Inglaterra, que é muito bonito, mas tão pesado que não consegui manejá-lo [...]. 5) O quarto de dormir de musselina branca e rosa, adornada com guirlandas de flores e enfeites dourados e cortinados, uma cama como uma casa com um cortinado todo bordado em ouro, segurado pela águia real e Eros. Temíamos que desabasse, mas nos garantiram que não há perigo; a cama tem uma colcha de renda de Bruxelas, que custou quarenta mil francos e é maravilhosa; agora temos uma bordada com um tecido escarlate, uma vez que as noites aqui geralmente são frias; além disso, tenho nesse quarto o retrato do querido papai, dois armários com relógios e vasos, além de escrivaninha e canapé de musselina, para dormir a sesta ou para o príncipe dormir quando tem seus ataques de nervos; além disso há um gabinete, que é bastante necessário e onde está tudo que é de prata. Depois o guarda-roupa e um gabinete; logo em seguida quatro aposentos para o pessoal de meu esposo, e um onde se veste; em todos os quartos há sacadas e quatro portas, onde temos um pequeno corredor em que ficam pássaros e os cães de caça durante o dia, para que o calor não lhes faça mal. Embaixo há quatro quartos para minhas duas açafatas e duas retretas, que são feias como a peste; além delas minhas moças do lavabo, que são duas negras.[41]

Pela descrição, percebe-se que, nos primeiros momentos, d. Pedro e d. Leopoldina dividiam o mesmo quarto. Afinal, existia até mesmo um canapé destinado ao príncipe caso ele tivesse um dos seus ataques de epilepsia, a que a princesa se refere como "ataques de nervos". Posteriormente, com a partida da família real portuguesa para a Europa, d. Pedro e d. Leopoldina passaram a ter aposentos separados.

Nos jardins do palácio, abundavam pés de laranja, café, banana e grande variedade de espécies de flores. No pátio, havia chorões. Atrás da construção, ficavam as plantações, com uma vila de escravos e uma igreja. O entorno da edificação, em estilo mourisco e com molduras brancas, não possuía calçadas, transformando o espaço exterior todo em lama quando chovia. As cozinhas situavam-se do lado de fora, e a comida chegava em caixotes de madeira forrados com folhas de flandres para preservar o calor. Mas existiam fogareiros nos quartos e nos corredores, onde uma ou outra refeição rápida era preparada ou aquecida.

Do lado de fora, as estrebarias causavam enorme mau cheiro, que só era dissipado na época das chuvas, quando o estrume acumulado era levado pela enxurrada em direção à baía próxima ao palácio. Quando isso não acontecia, as estrumeiras atraíam nuvens de insetos, que atormentavam os habitantes da Quinta.

Esse foi precisamente o caso de d. Leopoldina, que, em carta de 1º de janeiro de 1818 ao seu irmão favorito, Francisco, relatou que estava com as pernas e os braços inteiramente picados pelos mosquitos e também por pulgas: "Eu peguei uma pois, segundo o costume local, ando descalça em meus aposentos, e ela entrou embaixo das unhas dos dedos do pé e causou uma inflamação".[42]

Ao irmão, ela também descreveu a natureza exuberante e as árvores que antes só tinha visto nas estufas do Palácio de Schönbrunn e agora podia observar vivendo de maneira selvagem e descontrolada. As mais úteis que d. Leopoldina tinha encontrado até aquele momento eram o abacate e a mangaba. Também descreveu a beleza de papagaios, colibris e tucanos e como os urubus eram essenciais na limpeza urbana por comerem toda a sujeira. Das espécies em geral, as que mais a haviam impressionado até o momento eram as "lindas cobras" e as borboletas.

Ainda na carta, a princesa contou ao irmão que quatro papagaios do Maranhão ficavam na entrada dos seus aposentos e repetiam tudo o que escutavam. Havia também pássaros vindos de Macau e de Moçambique que eram muito populares "por causa de suas penas, mas para arrancá-las é preciso muita paciência".[43]

Nessa carta, d. Leopoldina dá um retrato dos primeiros meses de casada:

> Acordo todos os dias às 6 horas porque às 20:30 já vou dormir porque é como meu marido prefere e aqui não é costume frequentar o teatro, a não ser que seja dia de gala. Das 7 às 10 da manhã eu ando de carruagem, a cavalo, passeio e volto para casa para o beija-mão ao rei. Então chega meu mestre de português e latim, e às 13 horas estudo violão com meu esposo, piano e ele toca viola e violoncelo, pois ele toca tanto instrumentos de corda, de sopro como de teclas. Ele tem tanto talento para música e todos os estudos como eu nunca vi. Às 15 horas nós, moradores de São Cristóvão, comemos juntos, servidos pelos camaristas, pois assim dita a etiqueta. Às 17 horas eu saio de novo, depois nós lemos e jantamos sozinhos.[44]

D. Leopoldina e suas cartas do Brasil

Pelas cartas trocadas com seus familiares, d. Leopoldina demonstra não se incomodar muito com o fato de o palácio ser pequeno, como ela mesma observou. Diz frequentemente preferir esse do campo ao da cidade. A natureza que abundava em seu entorno compensava tudo. Ou quase tudo. Durante sua vida no Brasil, suas cartas para a família, do mesmo modo que revelam, encobrem. Quem as lê de um fôlego só, sem entender como elas foram escritas, em qual situação, e como deveriam ser enviadas, acha que d. Leopoldina poderia sofrer de algum distúrbio mental. Ora chora sua sorte, é melancólica algumas vezes, ora entoa loas à nova família, ao marido e aos portugueses. Quem era ela na verdade? A das cartas de sua juventude na Áustria ou essa no Brasil? Todas elas refletem um pouco da princesa. Porém, para cada olho, uma linha. Para Maria Luísa, sempre contava tudo, desabafava (quando sabia que as cartas seguiam por portador seguro e não seriam violadas); para o pai, contava a sua versão melhor das coisas, pedia conselhos sobre como agir na corte e com a família real e defendia, quase sempre, o marido; para os outros parentes, como a tia Maria Amélia, pintava tudo em cor-de-

-rosa. Tudo era lindo, e a sua vida, tirando o calor abrasador do Rio e os mosquitos, era o paraíso.

Com o passar do tempo, após o arrefecimento do entusiasmo com a chegada e com todas as novidades, ela percebeu que a sua liberdade não era mais a mesma de que gozara até então com sua família na Europa. Aqui, suas cartas eram lidas, e foi-lhe determinado que se comunicasse com sua família por meio dos caminhos diplomáticos oficiais portugueses.

Ela deveria enviar a correspondência que quisesse fazer chegar à família em Viena para Rodrigo Navarro de Andrade, desde 1817 nomeado embaixador plenipotenciário de Portugal junto à corte de Francisco I. Apesar de dizer o contrário, d. Leopoldina não confiava nele plenamente, e, como veremos depois, estava correta em agir assim. A princesa usará pessoas de fora dessa linha de comunicação estatal para enviar mensagens ao pai, a Maria Luísa e a outras pessoas da família. Nesses casos, realmente se abriria, desabafaria e contaria a verdade sobre o que ocorria no Rio de Janeiro. Isso quando tinha coragem para ser completamente franca. Com frequência, d. Leopoldina menciona em suas cartas que não chega a confiar seus pensamentos e alguns dos seus problemas para o papel, preferindo um dia falar de viva voz, o que, infelizmente, nunca viria a ocorrer.

No início de sua estada junto à corte de seu sogro, tudo ocorreu da melhor maneira possível. Não podia ser diferente: ainda se acalentava a ideia de um casamento duplo, e não só d. Leopoldina mas até mesmo Nanny, a condessa de Kühnburg, receberam tratamento especial. Esta última via-se encantada com a atenção dispensada a ela pela rainha d. Carlota Joaquina, que até permitia que se sentasse diante dela. Nanny, deixando-se levar pela teia de intimidade da rainha, passou a achar Carlota Joaquina a mais encantadora das criaturas e uma pessoa extremamente boa e carinhosa para com os filhos. Ou d. Carlota tinha uma veia dramática ainda não descoberta ou Nanny estava cega pela bajulação.

A imagem da nova família para d. Leopoldina foi se desmontando aos poucos. Para o pai, na primeira carta que enviou, falou a respeito dos Bragança que eles "todos são anjos de bondade"[45]. Isso em 8 de novembro, dois dias depois do seu desembarque. Um mês depois, já afirmava: "Estou muito feliz, só preciso de muito cuidado e paciência, paciência que nunca tive na Áustria e que estou muito feliz de receber com o sagrado sacramento do matrimônio."[46] Em 20 de janeiro, desabafava: "[...] Meu maior empenho é ser simpática e agradável a minha nova família, embora isso me custe um pouco! Não obstante, observo nos mínimos detalhes os hábitos do país, que são um tanto esquisitos."[47]

Essa carta foi escrita logo depois de uma série de comemorações que d. João VI mandou organizar em honra a d. Leopoldina. Aliás, com a chegada da princesa ao Rio de Janeiro, a vida da corte havia assumido ares mais europeus. D. João e d. Carlota concorriam para fazer festas à nora. A rainha deu um jantar esplendoroso ao novo casal. Ministros, diplomatas e nobres de outras nações eram vistos constantemente nos eventos do Paço de São Cristóvão, que, para o aniversário de d. Leopoldina, havia sido todo engalanado com novas construções.

Diante do palácio, utilizando parte das sacadas, foi construída uma linha contínua de camarotes, que transformou o pátio de honra num anfiteatro. D. João declarou três dias de festas para comemorar o primeiro aniversário da princesa no Brasil. Em 15 de janeiro, diversos títulos, condecorações e patentes foram dados, principalmente ao comandante da esquadra que trouxe d. Leopoldina ao Brasil. Souza Prego foi nomeado vice-almirante.

Entre os eventos oficiais da celebração, estavam as tradicionais touradas. Elas assim são descritas por Nanny:

> Os quatro cavaleiros que lutavam contra esses touros, por assim dizer, usavam o antigo traje espanhol, roupas fartamente bordadas, o traje dos lanceiros ou combatentes a pé era bem mais bonito, especialmente o dos agricultores, esses irritavam o animal, lhe lançavam dardos com os quais ele ficava às vezes todo alfinetado sem que isso o deixasse furioso, quando estava enfraquecido por causa do sangue que estava perdendo, ou que não se conseguia torná-lo intrépido, então soltavam os cães que

> se ocupavam dele ou então lhe enfiavam um cutelo na garganta como golpe de misericórdia. [...] Esse espetáculo não agradou a nenhuma das princesas infantes que saíram várias vezes da galeria, o rei ele mesmo não o aprecia, mas como é espetáculo nacional o tolera, nossa princesa foi a única a se divertir, a rainha também, mas ela enquanto princesa espanhola está acostumada então é mais natural.[48]

Na realidade, d. Leopoldina não se divertiu nem um pouco com esse evento, que, além de touros mortos, que mal lutavam devido ao calor, teve um homem ferido, que foi retirado da arena coberto de sangue. Sobre esse dia, a princesa comentou com o pai: "Ontem assisti a uma tourada, e é um tanto repulsivo."[49] No entanto, mais repulsivo para ela seria ser deselegante e sair da tribuna, como suas cunhadas. Note-se que Nanny informa que o rei só tolerava as touradas por serem um "espetáculo nacional", ou seja, por tradição. D. Leopoldina também deveria apreciá-las. A sua posição assim exigia, e a educação que ela recebeu na Europa preparou-a para tais provas que ela enfrentaria com galhardia.

As damas austríacas que vieram com d. Leopoldina, entre elas a condessa de Kühnburg, ficaram maravilhadas com a natureza, porém acharam o clima insuportável, assim como a própria princesa. A presença constante da condessa de Kühnburg junto de d. Carlota Joaquina, a quem o rei mal suportava, acabou colocando-a numa má posição perante a corte de São Cristóvão. Além do mais, sua má vontade em permanecer no Brasil e ao serviço da princesa realmente não lhe granjeou simpatia.

O projeto inicial de d. João VI em segurar essas damas no Brasil até que o casamento de Isabel Maria com o irmão de d. Leopoldina estivesse arranjado, para as austríacas levarem a infante para Viena, foi descartado. As damas foram dispensadas. A condessa caiu no desagrado geral, conforme informa d. Leopoldina a Maria Luísa, "[...] porque o meu sogro não confia nela, já que está constantemente com a querida cara-metade dele, a qual se comporta de forma vergonhosa [...]".[50] Mas esse desagrado não foi notado pela própria Nanny, que guardaria boas lembranças de d. João VI. Do rei português, ainda na Itália, antes de partir, recebeu por intermédio do marquês de Marialva um medalhão com a letra "J" rodeada de diamantes. Logo após sua chegada ao Brasil, e na falta de perspectiva de ser ordenado que as damas austríacas partissem, a condessa pediu uma audiência ao rei e assim deixou registrado o encontro:

> [...] Ele me recebeu com uma bondade muito especial, eu lhe pedi autorização para ousar me retirar do serviço imediato da Princesa, e de ceder meu lugar às Damas portuguesas, pois o Imperador me havia dado tal ordem, e que a delicadeza me obrigava a não dar a parecer que eu queria aspirar a um lugar que não me pertencia mais, ele foi tão gracioso e bom, mas não quis atender meu pedido, eu o reiterei ao sair, ele me disse que jamais me daria uma ordem, mas estava pronto a executar as minhas (que Rei galanteador) [...].[51]

Não somente d. Carlota decepcionava a nora. A condessa de Kühnburg e as demais damas austríacas também. Após a chegada ao Brasil, passaram a ser vistas por d. Leopoldina por outro prisma. Segundo a princesa, elas não eram mais de confiança nem para enviar uma carta particular à família:

> [...] Pelas demais damas só posso enviar uma breve carta, já que ridicularizam todos os hábitos e também meu esposo em todas as ocasiões, conquistaram o desagrado da família real, com toda a razão, e como membro da mesma tenho que compartilhar a mesma opinião e desgosto.[52]

Em meados de março, após a aclamação de d. João VI como rei de Portugal, Brasil e Algarves no Rio de Janeiro, as damas austríacas receberiam, com muita felicidade, a notícia de que estavam dispensadas e podiam voltar à Europa. Elas embarcariam em abril de 1818 com outros membros da comitiva que vieram com d. Leopoldina, como o pintor amador Franz Joseph Frühbeck.

No caminho, Frühbeck continuaria fazendo os seus desenhos, chegando a retratar as pessoas que voltaram com ele e até algumas paisagens de Lisboa, como o célebre aqueduto da cidade. A condessa de Kühnburg, em algum momento, decidiu adquirir dele diversas imagens da viagem de Livorno ao Brasil e da volta. Ela colou os desenhos em um álbum de recordações que hoje se encontra no Instituto Moreira Salles, no Rio de Janeiro. Numa das imagens, a que mostra a nau *D. João VI*, que levou a comitiva de d. Lepoldina ao Brasil, há uma inscrição em alemão afirmando que o navio havia levado "minha tia-avó" para o Brasil. Essa informação, aliada à falta de uma pesquisa mais aprofundada, levou diversos pesquisadores ao erro de afirmarem que a condessa fosse tia-avó de Frühbeck. Eles não tinham parentesco algum, e a anotação é de um sobrinho-neto de Kühnburg, o conde de Kuefstein-Greillenstein, com quem haviam ficado o álbum e os diários da condessa até o início do século XX até que, posteriormente, vieram parar no Brasil. Mas, de todas as partidas, a mais sentida por d. Leopoldina foi, sem dúvida, de sua querida Francisca Annony, a babá que esteve com ela desde sempre. Ela havia sido a única pessoa que conhecera a "sua arquiduquesa" desde pequena a empreender a viagem com a princesa. A essa servidora fiel, d. Leopoldina confiou cartas que não entregaria a mais ninguém.

Para o arquiduque Rainer, seu tio, d. Leopoldina comentou na carta que lhe enviou pela babá: "Encontrei tudo muito pior do que o senhor, querido tio, havia bem-intencionado, profetizado quando ainda estava na minha pátria." Segundo d. Leopoldina, ninguém podia ou queria confiar nela. Além disso, "seguem todos os meus passos e têm a bondade de levar a mal a mais bem-intencionada das atitudes".[53]

Ao pai, desabafa seu desespero com uma questão que seria o seu "calcanhar de Aquiles" durante a sua vida no Brasil: a falta de dinheiro. O marido, d. Pedro, proibia-a de pagar pensão a quem ela devia. Informava a Francisco I que o príncipe só queria que o dinheiro português fosse gasto com portugueses. Pedia, assim, que o pai ajudasse sua boa Annony a ter uma velhice despreocupada "após tantos serviços prestados com fidelidade".[54] O projeto de ela própria dar a pensão para a antiga babá "era uma alegria autêntica para mim e vê-lo destruído me doeu amargamente". E continuava confidenciando o modo como o marido a tratava:

> Seria totalmente feliz se não sofresse frequentemente com as ralhações de meu esposo temperamental e desconfiado, isso me magoa, já que sou sempre tranquila, paciente e condescendente, não acredito que seu coração seja ruim, mas provavelmente são calúnias de duas pessoas que me odeiam porque ajo corretamente.

A carta ao pai, em que pedia ajuda para a sua velha babá, foi escrita um dia depois da que seguiu para Maria Luísa, na qual ela descreve d. Pedro para a irmã. Pela franqueza de ambas as cartas, provavelmente a decepção com o marido a respeito da aposentadoria de Annony deu-se entre uma e outra missiva.

> [...] Encontrei em meu esposo um verdadeiro amigo e um ser nobre, em poucas palavras quero descrevê-lo com toda a franqueza, convicta de que esta carta nunca cairá em outras mãos que não as tuas [...] Ele me diz tudo o que pensa com franqueza e mesmo com certa rudeza, acostumado a que se lhe faça sempre sua vontade, tudo tem que se adaptar a ele, e até tenho que aturar algumas grosserias, porém vê que me magoam e assim chora comigo, além disso, estou convicta de que com toda sua impetuosidade e maneira de pensar, me ama sinceramente, embora seja (devido a muitas circunstâncias infelizes em sua família) muito reservado e teimoso; conheço cada um de seus pensamentos; para mim, contudo, o que o torna querido e digno de proteção é o fato de continuar sendo amigo de seus amigos, mesmo que caiam em desgraça, e não poupar sacrifícios por eles, ao passo que é implacável com seus inimigos; além disso, se comporta impecavelmente para com seus pais, o que é muito difícil naquela situação infeliz em que um é contra o outro; honro e prezo muito meu sogro, uma vez

> que me demonstra muita bondade e amizade; o que me custa mais é estar todos os dias com certas pessoas que seriam muito atuais no tempo de Henrique III, rei da França, o que é terrível; respeitarei minha sogra sempre como mãe de meu esposo, mas seu comportamento é vergonhoso, e infelizmente se veem as tristes consequências em seus filhos menores, que têm péssima educação e, com dez anos, já sabem tudo como gente casada.[55]

Em maio, partiu do Rio para Viena o embaixador austríaco, conde Eltz, a quem d. Leopoldina encarregara de entregar uma caixa feita por d. Pedro ao imperador Francisco I. Ao saber que Eltz partiria em breve, o príncipe trabalhou uma noite e um dia inteiros para terminar o presente.[56] Leopoldina justificou o resultado: "Infelizmente, suas ferramentas não são tão boas e ele também não achou marfim melhor". O trabalho não ficara tão bom quanto o marido gostaria, mas ela garantia que não faltara empenho da parte dele.

Antes de partir, Eltz questionou d. João VI a respeito de um futuro retorno de d. Pedro e sua esposa para a Europa, o que ambos queriam, segundo ele havia sido informado. D. João, como lhe era característico, desconversou.

Com a partida desse enviado para Viena, Leopoldina ficou mais solitária.

Uma amizade abortada

Uma das pessoas da família real com quem d. Leopoldina mais simpatizou e que pareceu a princípio que poderia ser a sua confidente e guia, no meio dessa corte em que a princesa tropeçava, era a sua cunhada Maria Teresa. Viúva do primo, o infante espanhol d. Pedro Carlos, dele tinha um filho, d. Sebastião, que fazia a alegria de d. João VI. Diferentemente das filhas solteiras de d. João e de d. Carlota, a viúva morava em São Cristóvão com o pai.

Em carta para Maria Luísa, d. Leopoldina informou que Maria Teresa tinha uma ótima formação, era séria em consequência do seu "triste destino, já que perdeu seu marido, que idolatrava, e agora é a queridinha de seu pai, sendo odiada e caluniada pela família, exceto por mim, porque a conheço e vejo seu coração, que infelizmente sofreu demais".[57] A Francisco I, um mês após o seu desembarque, comentava sobre essa cunhada: "Fico bastante em companhia da cunhada, que é muito boa e culta, e acredito encontrar nela uma de minhas boas irmãs, o que me deixa muito feliz [...]. Até agora não conheci outra mulher que me interesse e com quem simpatize."[58]

Durante algum tempo, o rei acalentou, por meio de seu neto, um Bragança e Bourbon, o sonho de ter a América Latina unida a uma só Coroa. Assim como d. Leopoldina acertou a respeito da predileção de seu sogro pela sua cunhada, também acertou quando disse a Maria Luísa que d. Pedro era uma pessoa desconfiada. Ao contrário do irmão, herdeiro da Coroa, a Maria Teresa era permitido, entre outras coisas, acompanhar o rei nas reuniões do Conselho de Estado e nos passeios que d. João fazia de carruagem ao redor de São Cristóvão. A corte, repleta de intrigas, não era um local de paz e harmonia familiar duradoura. Logo, certa animosidade tomou conta dos irmãos, e d. Leopoldina sofreu com isso.

> Minha cunhada Maria Teresa é uma verdadeira amiga e a amo muito, porém, sabe Deus por que, meu esposo não me permite ter com ela. Sua sina tão infeliz, seu filho encantador, sua boa educação, tudo a torna estimável e preciosa, sua amizade e confiança para comigo me lembram de minha vida feliz em minha amada pátria.[59]

A vontade do marido era lei para d. Leopoldina. Fora criada dessa forma e, mesmo contrariada, acabava tendo que lhe obedecer.

D. João VI

Ao longo de toda a correspondência de d. Leopoldina, podemos notar que somente uma pessoa não a desapontou: d. João. Diversas vezes para Francisco I ela afirmou que o rei só não era mais pai dela do que o pai de sangue. A todo momento, muito antes até de d. Leopoldina pôr os pés no Brasil, d. João tentou fazer de tudo para agradá-la. Da contratação de uma orquestra para tocar durante a travessia do Atlântico e da oferta de dinheiro à disposição da nora para a viagem pela Europa até os mínimos detalhes de seu novo quarto na Quinta da Boa Vista, tudo o sogro fazia por ela.

Ciente da defeituosa educação de d. Pedro, de sua impetuosidade, de suas maneiras bruscas, d. João encontrou na nora um bálsamo. D. Leopoldina sabia se portar, era educada e tinha uma visão mais ampla de sua posição perante seus súditos. Devido à educação que recebera, compreendia bem quais eram os seus deveres perante o trono e os sacrifícios inerentes a ser uma princesa de uma casa real e uma futura rainha. D. João poderia contar com ela para contrabalançar a impulsividade e a falta de maneiras do filho. D. João e d. Leopoldina eram o oposto de d. Pedro e de d. Carlota, e acabaram se aliando num entendimento mudo.

A Francisco I, d. Leopoldina desabafou a respeito da corte: "Sigo seus conselhos, comporto-me tranquilamente e calo em tudo que posso, o que custa muito aqui."[60] Na sequência dessa frase, como se um pensamento ligasse a outro, comenta a respeito do sogro: "Não tenho palavras para elogiar a bondade e a solidariedade de meu sogro em tudo o que me diz respeito, acho que só o senhor, querido papai, é mais bondoso e indulgente que ele; minha gratidão e consideração para com sua pessoa tão querida não têm limites".[61] Em outra carta ao pai, é ainda mais aberta e comenta a respeito de sua relação com d. João: "Estou frequentemente com o rei, que amo e prezo como um pai; [...] é muito benevolente comigo e sempre valorizo tudo que lhe dá alegria e o faz ficar satisfeito comigo".[62]

D. Pedro

O príncipe não era mais uma imagem idealizada, era de carne e osso, pensamentos, gestos e ações, que a seduziram e encantaram, ao mesmo tempo que a surpreendiam, agrediam e magoavam. Enfim, ela era agora obrigada a lidar com sua cara-metade real e não como o príncipe romantizado. Precisava enfrentar a realidade de suas vontades, desejos e frustrações, além de sua epilepsia. Logo de início teve que, sozinha, lidar com a doença do marido. Acudiu-o num dos primeiros ataques que d. Pedro teve depois de casado, deixando-a aterrorizada.

Uma vantagem do relacionamento entre d. Pedro e d. Leopoldina é que o desencanto foi paulatino, veio aos poucos, não foi de uma vez só que ela se deparou com o pior lado dele. O início foi idílico. Numa de suas primeiras cartas ao pai, ela solicita que Francisco I faça do marido oficial de um regimento austríaco. O sogro faria a vontade do genro e o nomearia comandante honorário. Em agradecimento, o príncipe escreveu ao vice-rei de Goa solicitando que enviasse ao imperador da Áustria todos os tipos de pássaros de lá, em especial a cacatua de cabeça azul.[63]

No fim da carta para o pai, d. Leopoldina pediu desculpas pela letra feia, justificando: "Meu infantil esposo está empurrando a minha mão."[64]

A dois dias de estar com d. Pedro, ela contava para a irmã na Itália: "Não é apenas lindo, mas também bom e compreensivo."[65] Ao pai, pedia que não desse ouvidos a mexericos e só prestasse atenção ao que ela própria diria:

> [...] Meu esposo tem bom coração e muitos talentos e boa vontade de se instruir, pois não é sua culpa se algumas pessoas acham que deveria ser diferente; isso é porque não o conhecem bem pois, quanto mais se conhece ele, tanto mais parece melhor; por isso peço ao senhor que não acredite no que contam sobre ele, mas apenas no que lhe escrevo.[66]

Em janeiro de 1818, d. Leopoldina novamente tentava desfazer más impressões que o pai poderia ter devido a notícias que chegassem a ele em Viena, por meio da nova embaixada ou cartas dos austríacos que a acompanharam: "Tenha certeza de que sou muito feliz em meu casamento pois espalham-se alguns boatos falsos, como o senhor bem sabe, e como meu esposo tem um caráter e temperamento muito peculiares, as pessoas que não o conhecem bem podem julgá-lo erroneamente".[67] Em abril, d. Leopoldina pintou ao pai um retrato de d. Pedro como o seu herói salvador diante das intrigas da corte. O marido, segundo ela, seria seu "verdadeiro amigo e protetor de todos os perigos", aos quais muitas vezes eles ficavam "expostos aqui e dos quais nos tornamos vítimas".[68]

Um ponto de conforto para d. Leopoldina dizia respeito aos livros que ela poderia ler. Segundo o índex dos livros proibidos pela Real Mesa Censória, tanto Rousseau quanto Voltaire estariam longe do seu alcance, entretanto, "meu esposo tem opinião mais sensata sobre todas essas proibições tolas".[69]

O seu "herói", o libertador de seus livros, que tinha ideias próprias sobre a educação do povo e a censura, teria seu aniversário de vinte anos, completado em 12 de outubro de 1818, comemorado com toda a pompa e circustância. O espetáculo a que d. Leopoldina assistiu, conforme descrito na *Gazeta do Rio de Janeiro* de 20 de outubro de 1818, poderia ser perfeitamente um moderno desfile de escola de samba, com carros alegóricos, alas e tudo o mais. Só que o cenário não era a Sapucaí, e sim, o Campo de Santana no início do século XIX.

D. Pedro foi festejado com um cortejo aberto por um grupo de nativos brasileiros fazendo música e dançando. Logo atrás, vinha o carro principal, um verdadeiro abre-alas, representando a América. O veículo parecia se mover sobre as ondas. Nele, havia uma concha de madrepérola de quase dez metros de altura, puxada por dois cavalos-marinhos, conduzidos por Netuno. O deus dos mares, em manto púrpura bordado em ouro e prata, segurava um tridente na mão direita e tinha uma coroa de brilhantes sobre a cabeça. Uma mulher, personificando a América, surgia entre um grupo de golfinhos, que aspergiam água. Ela portava um elmo com brasões reais circundados por guirlandas, usava uma coroa dourada, um vestido bordado parecendo ouro e um manto vermelho com detalhes dourados. Em uma das mãos, ela segurava uma bandeira com o brasão do Reino Unido e, na outra, arco e flecha. Nos outros carros, havia corações, fontes, ninfas, monogramas com as iniciais L e P, além de estátuas dos reis de Portugal, flores, pássaros, frutos e o que mais a imaginação criou, incluindo casais ciganos realizando danças espanholas.[70]

Mas nem tudo era festa, e não era sempre que o casal estava em compasso. D. Leopoldina, referindo-se aos problemas que a irmã Maria Clementina vinha passando em seu casamento, desabafou para Maria Luísa em outubro de 1818:

> [...] Homens continuam sendo homens e nós mulheres devemos nos distinguir por paciência, virtude e conselhos serenos, dados na hora oportuna; eles sempre voltam e então nos prezam ainda mais e a pedra fundamental da verdadeira felicidade está na serenidade, virtude, paciência e força interior.[71]

Essa carta havia sido escrita três meses depois de uma estada de d. Leopoldina com o marido e o sogro na Fazenda de Santa Cruz. Em julho de 1818, quando descobriu que estava grávida de seu primeiro bebê, seu médico, o dr. Kammelacher, impôs algumas restrições à princesa. Ele proibiu as corridas rápidas e frequentes, tanto a cavalo quando de carruagem, que ela fazia com d. Pedro. Com isso, d. Leopoldina deixou de acompanhar o marido em seus passeios e cavalgadas por algum tempo, o que deu a ele oportunidade para dar atenção a outras mulheres. Santa Cruz era uma antiga fazenda jesuítica confiscada na época do marquês de Pombal e que passou à Coroa portuguesa. Com a chegada de d. João ao Brasil, ele transformou o local onde hoje é o bairro de Santa Cruz, no Rio de Janeiro, não só em uma fazenda produtiva, mas em uma reserva de caça da família real e local de veraneio. As melhorias para transformar o antigo prédio jesuíta em espaço digno de receber a nova princesa foram realizadas pelo barão do Rio Seco, o que lhe valeu o título de visconde em fevereiro de 1818.

Rio Seco era pai de Maria Madalena de Azevedo, uma linda jovem de catorze anos, por quem o barão von Neveu se apaixonou. Ele havia assumido o posto de encarregado dos negócios da Áustria no Brasil após a partida de Eltz. A família de Madalena só concordaria com o casamento se o casal permanecesse no Brasil. Por isso, o diplomata solicitou autorização a Metternich, porém o navio com o pedido naufragou, e a situação se arrastou por meses. Em setembro de 1818, finalmente chegou a permissão, porém algo havia mudado: o austríaco simplesmente desistiu do casamento. D. Leopoldina, nervosa, como demonstra sua letra tremida, deixou registrado em carta de 4 de outubro de 1818: "Se o barão von Neveu não realiza o casamento é porque ele age como um homem honrado segundo todas as provas que recebeu do mau comportamento de sua noiva"[72]. A princesa também afirmou na missiva que, por precaução, preferia não dizer mais nada a respeito. O que ela ocultava, muito provavelmente, era o boato de que seu marido e a jovem Madalena haviam tido um romance.

Neveu adoeceu no início de 1819, talvez de tifo, e faleceu em 26 de fevereiro, sendo sepultado nas catacumbas da Igreja de São Francisco de Paula, no centro do Rio.[73] Enquanto circulava a versão romântica de que Neveu morrera de amor por não ter se casado com Madalena, d. Leopoldina acreditava que, na verdade, o secretário havia sido envenenado. O príncipe de Metternich ordenou uma investigação, e a resposta que chegou a Viena foi que a moça, apesar de jovem, linda e herdeira de uma imensa fortuna, não era recatada e havia "sido atenciosa" com outros rapazes. Após a estada em Santa Cruz, Neveu soube que d. Pedro havia se encantado por sua noiva e decidiu romper com o noivado, mesmo com a mãe da menina tendo se jogado aos seus pés jurando pela honra da filha. Após a morte de Neveu, Madalena foi casada às pressas com o filho do conde de Ega.[74] Além do provável envolvimento do marido com Madalena, nessa época também ele andara tendo um caso com Ana Sofia Schüch, filha do bibliotecário de d. Leopoldina.

A vida no Rio de Janeiro

Leopoldina, nos seus primeiros anos no Brasil, ia levando a vida como podia. Tentava conviver da melhor maneira possível com os humores vacilantes do marido, cercada por uma família cheia de intrigas e por uma corte que era o espelho dessa família. Logo nos primeiros dias, d. Pedro a levara para conhecer uma tribo indígena, o que lhe causou surpresas:

> [...] As diversas cores de pele dos selvagens, sua compleição e suas danças também são singulares, porém não devem ser vistas por solteiros, principalmente o lardo; é impossível de se ver algo tão indecente, fico suando e quase morro de vergonha.[75]

Mal havia desembarcado e começaram os seus problemas de digestão: tinha frequentes dores no estômago. Esse estado durou aproximadamente três meses, de novembro até o aniversário dela, em janeiro de 1818. D. Pedro, entusiasmado, e pelo visto escandaloso, pois até a condessa de Kühnburg o citou, achou que a esposa ficara grávida dele em questão de dias após a chegada. Mas a realidade era bem diferente: ou a ansiedade de d. Leopoldina atacara novamente, levando-a a se descuidar da alimentação, ou, ao se confiar no que ela diz, o problema com o estômago seria referente à "apimentada comida portuguesa".[76]

As diversões no Rio de Janeiro, comparadas às de sua vida em Viena, eram restritas. A liberdade que ela tinha em, por exemplo, levar o sobrinho, filho de Napoleão e Maria Luísa, ao teatro, no Brasil seria impossível. Ao pai, escreveu em dezembro de 1817: "Nada conheço da cidade, porque meu esposo e o rei têm bons motivos para não querer que eu vá lá [...]."[77] Em seguida, acrescentou que preferia assim. Mas não era verdade. Na mesma época, para Maria Luísa, ela confessou o seu tédio:

> Embora esteja muito feliz, o estilo de vida em que nunca se vai ao teatro, nunca a uma festa em que pessoas não sejam as mesmas todos os dias, vai se tornando mortal para alguém acos-

> tumado a um pouco de distração, e até meu esposo reclama disso [...] à noite vou dormir às oito horas, porque infelizmente é mais fácil a pedra virar leite do que se receber permissão para ir ao querido teatro.[78]

As reclamações dela eram semelhantes às da condessa de Kühnburg. Nanny, ao pai, também se queixava do estado da corte:

> O tipo de vida que levamos aqui é bem uniforme, não há nenhuma ou bem poucas reuniões de sociedade, fazemos visitas às 19, 20 e 21 horas e até depois, antes nos fechamos nos nossos quartos, os espetáculos são ruins, tem-se a mania de exibir comédias portuguesas longas, cansativas e tristes, a maioria representando algum traço da história da Áustria; o Imperador José e a Imperatriz Maria Teresa aparecem a todo instante em cena [...] algumas vezes nos obrigam a ver coisas desagradáveis como, por exemplo, a cabeça cortada de um criminoso ainda nojenta de sangue. O balé é bom graças a um dançarino francês: senhor Toussaint e sua mulher, e uma pequena espanhola, esse senhor Toussaint é preferível, na minha opinião, ao senhor Duport; a sala de espetáculo é muito bonita, mas raramente vamos até lá [...].[79]

A amiga da condessa de Kühnburg, a baronesa de Montet, recordaria:

> Era muito divertido escutar a condessa de Kühnburg em seu retorno, embora não pelas coisas que ela viu, pois a etiqueta da corte do Rio era constantemente contrária a que as damas austríacas da comitiva da imperatriz tivessem o prazer de fazer passeios pela cidade ou excursões ao campo, para sua imensa decepção e profundo pesar! Ter estado no Brasil sem nada ver além dos trajes exóticos das damas portuguesas da corte, semelhantes à plumagem de papagaios, com anágua

> azul e cauda vermelha, anágua verde e cauda amarela! Não ter trazido um diamante como presente imperial! Pois era contra a etiqueta! [...] Um papagaio, presente da encantadora infanta Isabel, e tufos de plantas marinhas recolhidos durante a travessia, são praticamente os únicos objetos curiosos que ela trouxe, bem como algumas chinesices[80] que as damas teriam desejado poder ir escolher às lojas (mas isso também era contra a etiqueta, e elas foram obrigadas a se contentar com o que os vendedores lhes traziam). [...] Ao viajar, sobretudo para tão longe, as pessoas se iludem, achando que causarão grande impressão ao retornar. Os que regressaram do Brasil não causaram impressão alguma em Viena: não é um país de surpresas nem de entusiasmos.[81]

Quando d. Leopoldina desembarcou no Brasil, a Europa julgava já haver terminado em sua sociedade o seu "processo civilizatório". Porém, tal processo só teve início no Brasil nove anos antes, com a chegada da Coroa portuguesa. Uma das primeiras decisões do príncipe regente em relação ao novo espaço ocupado pela corte foi acabar com os muxarabis, treliças que fechavam as aberturas de janelas de forma que quem estivesse dentro pudesse olhar para fora sem ser visto. Esse seria apenas um dos inúmeros "orientalismos" do Rio de Janeiro, denotando a sua pouca civilização aos olhos dos europeus.

A cidade, na época um dos principais portos do mundo, recebia grande influência do Oriente. Além dos muxarabis, havia as finalizações curvas dos telhados e os leões chineses em pedra ou porcelana montando guarda às portas das casas, onde vasos e aquários chineses completavam a decoração. As cariocas, para tentar se livrar um pouco do calor, usavam sombrinhas de seda chinesa. Se os ocidentais "civilizados" gostavam das "chinesices", essas eram para ser apreciadas dentro de suas bem mobiliadas salas europeias.

Dos avanços culturais instituídos por d. João, sempre lembrados estão a criação da Faculdade de Medicina da Bahia, a Biblioteca Real, o

Banco do Brasil, a imprensa e a vinda da Missão Francesa. Entretanto, em paralelo a esses avanços, o extermínio de diversas nações indígenas do norte ao sul do país foi esquecido. O povo brasileiro ainda demoraria a absorver intimamente os novos padrões de comportamentos vindos com a corte dita civilizada. Inicialmente, esses hábitos seriam copiados de maneira caricata e artificial.

A condessa de Kühnburg reclamou do teatro, porém não presenciou cenas do péssimo comportamento das plateias cariocas daquela época, que chegavam a apedrejar e, algumas vezes, invadir o palco e surrar os atores. Os novos espaços de sociabilidade que a corte criou no Rio de Janeiro não levaram automaticamente a população a adquirir novos comportamentos em relação a eles. Pelo contrário: eram novos cenários para eventos antigos e corriqueiros das ruas. Assim, o teatro, por exemplo, era mais um lugar de assaltos. Em setembro de 1822, José Bonifácio, como ministro de Estado, ali seria "aliviado" de seu salário.[82]

Isso, somado à população negra escravizada pelas ruas, ao comércio deprimente dos escravos novos, ao estado deplorável das vias, onde o esgoto corria a céu aberto e as marés altas traziam de volta o lixo jogado ao mar, não era o cenário que d. João e sua corte estavam ansiosos para apresentar aos austríacos. Ao menos não aos da alta aristocracia. Aos membros da Missão Austríaca, o Brasil era todo novidade e encantamento, mas esses não faziam parte do círculo social da baronesa de Montet.

Além de ser praticamente confinada no palácio e só sair na companhia da família para pontos específicos e já transitados por esta, d. Leopoldina teve que mudar seu comportamento, uma vez que lhe era "vedado falar com animação e entusiasmo".[83] Quanto ao país, o pouco que vira dele desde a sua chegada ela amava, excetuando o calor.

Em pleno outono de 1818, a princesa suspirava: "Deus, como seria feliz se pudesse sentir nossa querida neve e ar fresco."[84] Ela comentava que o tempo no inverno no Rio de Janeiro era mais quente que a canícula da Itália.[85] A umidade, o calor e o abafado, tanto dentro quanto fora de casa, geravam diversas reclamações. Ao clima, ela atribuía a sua falta de vontade de escrever, ou mesmo de passar a limpo uma carta na qual ela havia deixado derramar um pouco de tinta. Mas, como havia sido educada para não deixar transparecer seus problemas particulares em público, tentava ao máximo disfarçar o seu desagrado com o calor. O bibliotecário real, Marrocos, é um que se deixou levar pelo exterior da princesa. Em carta ao pai, mencionou que, apesar de grávida em 1818, d. Leopoldina "[...] tem desfrutado muito boa saúde, sem estranhar o clima, nem o seu novo estado, em que com satisfação se sabe ter já dado a conhecer a sua fecundidade".[86]

Apesar do calor, ela não se fez de indolente. Exercitava-se com o marido quando podia, chegando até a se aventurar pelo lodo do pântano e pela água.[87]

Leopoldina cientista

Durante essas incursões, d. Leopoldina aproveitava para coletar espécimes, tanto para completar as suas próprias coleções como para enviar para seus familiares na Europa.

A princesa despachou uma grande quantidade de objetos e animais, vivos ou empalhados por ela mesma, como macacos, urubus, onças, papagaios, periquitos, tucanos e até mesmo uma preguiça. Para a irmã Maria Luísa, por exemplo, logo que chegou ao Brasil, enviou um papagaio fêmea batizada de "Margherita". A ave seria companheira constante da irmã em todas as viagens que faria ao logo dos anos seguintes.[88]

Mas, se havia o interesse de ofertar o exótico como presente único para pessoas especiais por quem d. Leopoldina tinha carinho, também existia a troca científica com instituições, como vemos pela correspondência entre ela e o diretor do Gabinete Imperial de História Natural de Viena, von Schreibers, na qual ela acusa remessa de minerais e outros espécimes, além de cobrar o envio de coleções ao Brasil.

A corte tomou conhecimento de seus interesses científicos logo à sua chegada. O bibliotecário Luiz Joaquim dos Santos Marrocos, em carta ao pai, informou que d. Leopoldina passeava muito, mostrando nesses recreios não só um método singular, nascido de uma regular educação, mas o estudo que tem tido em Ciências Naturais; o que da mesma sorte praticou (e por ser a aplicação do seu gênio) nesse pouco tempo, que se demorou na Ilha da Madeira.[89]

Ao imperador Francisco I, em 26 de janeiro de 1818, d. Leopoldina informou satisfeita: "Todos os dias estou fazendo novas descobertas nos reinos das plantas, animais e dos minerais". A von Schreiber, ela contou em 1820: "[...] O Brasil [...] está me fornecendo bastantes oportunidades para aperfeiçoar-me". Ela inclusive teria descoberto uma nova espécie de concha *Voluta harpa* e "mais outra e uma concha de boca com costela. Acredito que todas as três sejam [...] desconhecidas em Viena". Sobre as plantas e insetos, ela já havia enumerado mais de mil, fora "vinte ou mais prováveis espécies de minerais, [entre os quais] um novo minério que não é nem platina, nem prata e que quero examinar agora quimicamente".[90]

É sintomático vermos que, oito meses após a chegada de d. Leopoldina ao Brasil, em 6 de junho de 1818, d. João VI criou o Museu Real, hoje chamado de Museu Nacional. Anteriormente, em 1784, havia sido formada no Rio de Janeiro pelo vice-rei do Brasil, d. Luís de Vasconcellos e Sousa, a Casa de História Natural, cujo principal objetivo era colecionar, armazenar e preparar aves, animais e demais espécies brasileiras, incluindo adornos indígenas, para enviar a Lisboa, onde deveriam ser estudados. O principal responsável pela Casa de História Natural foi Francisco Xavier Cardoso Caldeira, que preparava os espécimes e pode ser considerado o primeiro taxidermista brasileiro. O espaço chegou a abrigar uma amostra de aves empalhadas e espécies nativas. Xavier ganhou o apelido de Xavier dos Pássaros, e a instituição passaria a ser conhecida pela população carioca como Casa dos Pássaros, o primeiro gabinete de História Natural da América.

Em 1813, a instituição foi fechada pelo decreto de 22 de junho. Seu acervo foi encaixotado e remetido para o Arsenal de Guerra, depois para a Academia Real Militar. Posteriormente, seria incorporado ao Museu Real. Esse museu foi instalado em um prédio próprio no Campo de

Santana e ali permaneceria pelos 74 anos seguintes, até ser transferido para a Quinta da Boa Vista, em 1892.

Não só a vinda da Missão Austríaca como também a própria existência de uma cientista como princesa do Reino Unido contribuíram para a decisão da criação dessa instituição. Não se pode menosprezar o papel de d. Leopoldina nesse caso. Segundo Nuno Porto, ela trazia "consigo para o Brasil um projeto civilizacional que, sendo essencialmente político, situa a prática da recolha naturalista em sintonia com a obtenção de conhecimento com vista a projetos de governabilidade".[91] É justamente essa a ideia que se observa no decreto da criação do Museu Real, cujo objetivo era "propagar os conhecimentos e estudos das ciências naturais no Reino do Brasil, que encerra em si milhares de objetos dignos de observação e exame e que podem ser empregados em benefício do comércio, da indústria e das artes".

Até então, o Brasil, como não tinha ainda aberto seus portos para todas as nações, possuía animais, minerais e vegetais pouco conhecidos em outros países, fora Portugal. Isso impedia tanto prever possibilidades da exploração de sua natureza quanto "projetar o tipo de mercadorias que poderiam solidificar, pela via comercial, relações políticas privilegiadas".[92]

As potencialidades de exploração do Brasil eram grandes, como d. Leopoldina observou em diversas cartas. Ao irmão Francisco, por exemplo, em 1º de janeiro de 1818, ela escreveu sobre ter visitado todas as ilhas e bancos de areia da baía de Guanabara, sobre a descoberta de uma mina de sal e uma de ferro e que no Mato Grosso o milho dava extraordinariamente. Também se interessou pela plantação e fabricação do chá, que estava sendo desenvolvida pela colônia chinesa no Jardim Botânico. D. Leopoldina, analisando a produção agrícola no Rio de Janeiro, chegou à conclusão de que os métodos de cultivo no Brasil eram extremamente atrasados e que era urgente a vinda de imigrantes que soubessem trabalhar melhor a terra. Com a chegada dela e da Missão Austríaca, começou um intenso intercâmbio museológico, inclusive com troca de coleções do Museu Real com instituições de outros países, o que colocou o Rio de Janeiro, e o Brasil, no circuito da ciência internacional.

Claro que o país natal de d. Leopoldina e dos demais integrantes da Missão Austríaca foi o mais contemplado com esses intercâmbios. Até 1836, haviam sido feitas onze remessas do Brasil a Viena, incluindo "1.146 mamíferos, 12.293 pássaros, 1.678 anfíbios, 1.612 peixes, 32.825 insetos, 409 crustáceos, 951 mariscos, 73 moluscos, 1.729 contentores de vermes intestinais preservados em líquido, 242 sementes, 430 minerais, 138 amostras de madeira, 216 moedas, 192 crânios e 2.217 objetos etnográficos".[93]

D. Leopoldina também montou no Palácio de São Cristóvão, organizado em algumas salas, o seu próprio Museu de História Natural em 1825.[94] Era composto de um gabinete de mineralogia, outro de numismática e de um herbário feito por ela. Esse seria o cerne do futuro museu do imperador d. Pedro II, que ampliaria o acervo herdado da mãe. Todas as coleções, com o advento da República, seriam incorporadas, por disposição do ex-imperador, ao Museu Nacional. Infelizmente, boa parte desse acervo se perdeu com o incêndio que consumiu o edifício em 2 de setembro de 2018. Em meio às perdas, a maior parte dos cadernos de estudo e as cadernetas de campo de d. Leopoldina também foram destruídos. A descoberta da nova paisagem pela qual d. Leopoldina se movia durante seus passeios e expedições causava-lhe surpresa e admiração. Ao irmão, Fernando,[95] afirmou ser o Brasil um verdadeiro paraíso, pois havia nele uma incontável quantidade de plantas, arbustos e árvores, especialmente de palmeiras, que d. Leopoldina afirmava nunca ter visto em nenhuma estufa. Em maio de 1818, fez uma excursão à Floresta da Tijuca, que assim descreveu:

> [...] Fui visitar a Tijuca, vale rodeado por montanhas escarpadas e florestas de palmeiras, acácias e laranjeiras; no centro da floresta encontra-se uma cascata, única por sua largura; ela cai de uma altura superior a 800 pés em um riacho que desliza até o mar, numa paisagem que é feita para nos encantar.[96]

Mas, conforme confessou à tia Maria Amélia, a paisagem, para além de ser linda, acabou por transportá-la a sua pátria, e as saudades dela e dos seus quase a fizeram cair numa profunda melancolia. Para Maria Luísa, ela explicou o que realmente acontecera. Lembrou-se dos passeios que fazia com a irmã mais velha, e o desespero de não ter uma amiga com quem contar no Brasil lhe havia abatido o espírito.

Sem esquecer seu dever para com seu antigo país, procurava informações para transmitir a Francisco I, por exemplo, a respeito da "venda da marinha", ou seja, dos navios que haviam trazido a Missão Científica Austríaca e a sua embaixada. Segundo d. Leopoldina, a proposta para os portugueses adquirirem os navios havia sido "recebida com alegria [...] em especial agradam [os navios] *Áustria* e *Augusta*, que são realmente bem construídos; acredito e espero que sejam bem pagos e por essa proposta o comércio colonial da minha querida pátria progrida".[97]

Devido à gravidez, com as atividades físicas mais limitadas por ordem médica, d. Leopoldina deveria ter passado o restante do ano de 1818 ocupada com leituras, desenhando ou, ainda, escrevendo. A caça, que ela tanto apreciava, deveria ter sido substituída pela pescaria, que envolvia menos esforço. Mas a realidade não era bem essa, como confessou a Maria Luísa no início de dezembro: "Faz quinze dias que estou em Santa Cruz; embora esteja no sexto mês de gravidez e tenha uma barriga do tamanho de um enorme barril, passo o dia caçando".[98] O seu interesse por Santa Cruz não ficaria restrito apenas a caçadas e capturas de pássaros e outras espécies. Por influência de d. Leopoldina, seria criado na fazenda um posto de zootecnia, um dos mais avançados para a época, segundo os padrões europeus.[99]

Em paralelo a isso, a princesa dedicava-se à música ao lado de d. Pedro. Eles tinham como professor o maestro Neukonn, que era um espião do príncipe de Talleyrand. Pela manhã, nos primeiros anos, d. Leopoldina também se ocupava com o estudo de português, latim e canto. O português, ela falaria fluentemente no Brasil, usando, quando não havia escapatória, o francês em público. A condessa de Kühnburg, numa das últimas conversas que teve com d. Leopoldina, ilustra bem o porquê:

> Falei ainda hoje um bom tempo sozinha com a nossa princesa Leopoldina, que foi bem boa e calorosa comigo, reencontrei nossa boa arquiduquesa tal como ela falava comigo durante a viagem e em Florença. Até agora eu me tinha estabelecido por aqui o princípio de nunca falar com ela sozinha e sempre na língua francesa que várias pessoas entendem para nunca dar a pensar que queríamos lhe dizer o que não poderia ser ouvido por todo mundo.[100]

O primeiro filho

Em 2 de janeiro de 1819, d. Leopoldina desabafou em carta para Maria Luísa:

> [...] Quanto mais conheço o mundo, tanto mais nos fechamos, confiando apenas em nós próprios e em ninguém, ninguém mais. Sei o que é separação, sinto-a profundamente, creio que ninguém a sentiu ou sente tão bem como eu. Pátria, continente, toda a minha família, deixei tudo, tudo e a uma distância de cinco mil milhas; minha perspectiva é nunca mais revê-los [...]. Poderia dizer também que estou sozinha aqui, pois vejo tantas atitudes contraditórias que não consigo dormir direito, e não sei se tenho um amigo em meu esposo e se sou realmente amada, e sabes que uma maneira de pensar igual e sentimentos genuínos fazem a verdadeira felicidade; entretanto prossigo no governo da casa, nunca negligenciando meus deveres [...].[101]

A poucas semanas do parto, d. Leopoldina havia recebido a trágica notícia de que o seu médico particular, o dr. Kammerlacher, seria mandado de volta para a Europa. Os médicos portugueses alegavam que ele estava doente e que precisava procurar clima melhor, com o que d. Pedro concordou. Isso contribuiu para uma nova decepção de d. Leopoldina: "Não sei se tenho um amigo em meu esposo e se sou realmente amada".

A partida do seu médico, às vésperas do nascimento do seu primeiro bebê, foi uma enorme violência. Segundo d. Leopoldina em carta ao pai, ela teria sido a causa dos infortúnios do dr. Kammerlacher de maneira involuntária, devido ao ciúme causado aos outros médicos da corte devido a sua preferência pelo austríaco.

Mesmo sem o médico de confiança ao seu lado, a tão esperada criança veio ao mundo às cinco horas da tarde de 4 de abril de 1819, no Palácio de São Cristóvão. Era uma menina, que recebeu o nome de d. Maria da Glória Joana Carlota Leopoldina da Cruz Francisca Xavier de Paula Isidora Micaela Rafaela Gonzaga. No nome, constam, como de praxe, homenagens ao avô d. João (Joana), à avó d. Carlota, à mãe, a São Francisco Xavier e de Paula, a Santo Isidoro, ou Isidro, de Sevilha (Isidora), cuja data de morte é 4 de abril, dia do nascimento da menina, aos arcanjos Miguel e Rafael (Micaela e Rafaela) e a São Luís Gonzaga.[102] A menina recebeu o título de princesa da Beira, herdeira do Reino Unido de Portugal, Brasil e Algarves, e subiria ao trono português com o título de d. Maria II.

Batizada no Rio de Janeiro, d. Maria da Glória foi consagrada pelo avô, d. João VI, a Nossa Senhora da Glória do Outeiro, a cuja igreja levou a menina nos braços, inaugurando uma tradição na família dos Bragança. D. Leopoldina e d. Pedro iriam praticamente todos os sábados assistir à missa nesse templo, localizado num outeiro aos pés do qual, naquela época, o mar chegava.

Novamente, diversas festas e comemorações seguiram-se, não só no Rio como em todo o mundo lusitano, que recebeu indultos, liberdades e graças por ocasião do nascimento real.

Duas semanas após o parto, d. Leopoldina relatava ao pai que ainda estava muito machucada. O trabalho durara seis horas, a cabeça da filha era muito grande, e a posição da criança dificultou seu nascimento. Além disso, a cadeira de parto não era das melhores, e semanas depois do nascimento a princesa ainda tinha dor nos braços devido aos esforços feitos. Somente pôde amamentar a filha por oito dias; depois disso, foi providenciada uma ama de leite, pois o de d. Leopoldina secara. Contava que a filha "se parece com meu esposo, só que tem olhos azuis". Posteriormente, desejaria que a irmã Maria Clementina tivesse um parto melhor que o seu, esperando que ela não houvesse sido "tratada por um cirurgião tão cruel como o meu, que quase me dilacerou".[103]

O trauma deve ter sido muito grande, pois dois meses após o nascimento de Maria da Glória d. Leopoldina ainda se queixava a Maria Luísa que as "fortes dores duraram apenas seis horas; o que me fez sofrer (até dois meses depois) foi a crueldade do cirurgião português, que me retalhou horrivelmente com suas lindas mãos".[104]

O nascimento da primeira filha no Brasil mudou algo em d. Leopoldina, como podemos ver nesta carta ao pai, datada de 19 de junho de 1819: "Agora estamos no inverno, que para nós brasileiros é a estação mais agradável".[105] A princesa colocou-se pela primeira vez como "brasileira", como se o nascimento da primeira filha no país tivesse criado um vínculo de pertencimento. A chegada de d. Maria da Glória também representou "um novo laço para a suprema felicidade, muito necessário aqui com os estados de espíritos um tanto instáveis".[106] A criança teve o dom de unir mais o casal. Em fevereiro de 1820, para o pai, por portador seguro, d. Leopoldina informou:

> Minha pequena se torna mais amável a cada dia [...] Gosta muito de seu retrato [...] para o qual aponta; está começando a andar e falar e fazendo a meu esposo e a mim muito felizes; posso lhe garantir, caríssimo papai, com toda a franqueza, que sou felicíssima, já que graças a Deus tenho um esposo que tem uma mente justa, aberta, séria e um bom coração [...].[107]

No mesmo período, para a irmã, ela desabafou. Novamente, a cada interlocutor uma fala específica:

> [...] Se ficasse livre hoje não mais me casaria, pois embora a lua de mel seja um período lindo, o sagrado estado do matrimônio traz consigo muita preocupação, aborrecimento e sacrifício, e suportar tudo isso com paciência já é o suficiente.[108]

Não existe nenhuma informação que d. Pedro tenha se aborrecido pelo fato de o primeiro filho com d. Leopoldina ser uma menina. Ao contrário de muitas casas dinásticas, na dos Bragança não era vedado a uma princesa ocupar o trono. O que sabemos é que o príncipe se divertia muito sendo pai. Tanto d. Pedro quanto d. Leopoldina revezavam-se em embalar a menina nos braços quando estavam em casa. Até mesmo a cavalo d. Pedro levava a filha para passear. D. Leopoldina desdobrava-se em desvelos pela primeira filha, cruzando várias vezes por semana a baía de Guanabara para ver a menina enquanto a corte estava estabelecida em Vila Real da Praia Grande, atual Niterói.

Além dos cuidados com a filha recém-nascida, assim que pôde, d. Leopoldina voltou a se ocupar com as cavalgadas com o marido, os estudos e a coleta de espécimes, sempre mandando vários para Viena.

Mas não eram apenas minerais e plantas que ela despachava. Em abril de 1820, a princesa escreveu um bilhete para o secretário da legação austríaca, Theodor von Kast, que estava de partida para a Áustria. Ela ordenou que ele levasse um macaco para o imperador, dois papagaios para Maria Luísa e, para o arquiduque Francisco Carlos, a quem sempre mimou, um homem negro.[109] O "presente" talvez tenha sido enviado depois de ela ver que a condessa de Kühnburg havia cumprido o desejo de Metternich e comprado para ele duas mulheres negras. Não só sua dama de companhia partira para a Europa com escravizados, outros da comitiva austríaca também, inclusive membros da missão científica.

Francisco Carlos, o irmão mais novo de d. Leopoldina, com 17 anos na época, não demonstrou o menor interesse pelo presente da irmã. O homem negro enviado era uma criança de 10 anos, provavelmente órfã. D. Leopoldina pode ter pensado que, como servo do irmão, o menino poderia ter uma vida melhor em Viena que no Brasil. Ele foi batizado como Emmanuel Rio e tomado sob a proteção do imperador Francisco I. Emmanuel foi matriculado numa escola de elite, onde estudou por dez anos, tendo notas altas por diligência, comportamento moral e progresso no aprendizado de francês, italiano, desenho e música. Quando o jovem se formou, em 1831, o imperador presenteou-o com uma trompa, que havia sido mandada fazer num dos melhores fabricantes de Viena. Porém, em vez de seguir carreira musical, Emmanuel virou jardineiro e foi empregado no Jardim Imperial, frequentado pelo imperador, famoso pela sua predileção por botânica. Francisco I seria apelidado de "Imperador das Flores" depois de mandar ajardinar Viena e outras cidades de seu império. Talvez a proteção dada a Emmanuel pelo imperador fosse uma forma de se lembrar da filha. Ele dava a Emmanuel também uma mesada muito superior ao que ele ganhava como jardineiro.

A vida de Emmanuel mudaria completamente com a morte de Francisco I, em março de 1835. Um retrato do jardineiro após o falecimento de seu protetor pode ser visto hoje no Instituto de Arte de Chicago. O autor da pintura, Albert Schindler, retratou Emmanuel Rio em um casebre, cercado de plantas, com os pés descalços, segurando a sua preciosa trompa. Na tela, o jovem negro olha tristemente para uma gravura de Francisco I, embaixo da qual aparece o relógio de ouro que ele ganhou do protetor por ocasião de sua crisma.

Infelizmente, o novo imperador, Fernando I, não teve o mesmo apego sentimental pelo brasileiro. Quando descobriu que Emmanuel estava empregado irregularmente e era pago diretamente por Francisco I, enviou-o para Praga, para estudar no conservatório local. Mas Emmanuel acabou voltando a trabalhar como jardineiro, primeiro nessa cidade, depois no Palácio de Schönbrunn, onde acabou brigando com um superior. Em 1844, o brasileiro foi enviado para trabalhar nos jardins do Castelo de Laxenburg, onde d. Leopoldina passara dias alegres da sua infância. Mas lá também houve novos desentendimentos, e ele acabou sendo despachado para a Morávia, onde entrou para a banda do Corpo de Engenheiros. Ali, após surtos de depressão que se alternavam com insubordinação, os conselheiros de Estado passaram a cogitar demiti-lo do serviço público e enviá-lo de volta ao Brasil, ou ainda, para a África, mas ele acabou morrendo antes de qualquer decisão, em 1852.

Além de pessoas negras, também dois nativos brasileiros acabaram indo parar em Viena. Um ano depois da partida de von Kast, seguia, também em abril, o médico Johann Emanuel Pohl, mineralogista e botânico da Universidade de Praga. Pohl retornava à Europa com uma enorme quantidade de animais vivos, fora as espécies de plantas. D. Leopoldina escreveu ao pai que o cientista estava levando uma espécie "que é mestiço de pantera e leão, um pássaro raro de Goa, um jumento, um touro da Tartária e muitos outros animais, também dois botocudos, enormes, os aborígenes daqui, em quem peço não confiar".[110] O objetivo era empregar o casal como jardineiros em Schönbrunn.[111]

Assim como se buscava aclimatar espécies nativas da América na Áustria, tentaram fazer o mesmo com o casal de nativos brasileiros. Eles receberam o nome de Francisca e João, foram vestidos com roupas europeias e levados ao teatro em Viena. A ideia de que, por terem nascido na selva, se dariam bem como jardineiros em Schönbrunn não deu certo. Francisca aprendeu alemão o suficiente para conseguir se comunicar. Também aprendeu a valsar, o que ela adorava, não recusando nenhum convite para dançar. Eles passaram a ser levados a bailes como convidados, o que acabava garantindo um bom público nesses eventos. Depois de alguns anos, pediram para retornar ao Brasil. Francisca faleceu antes, João chegou a retornar, mas não se sabe o que ocorreu com ele.

Esse tráfico interantlântico de seres humanos entre a Europa e a América, que existia desde as primeiras décadas de 1500, ainda iria durar anos. Ele seria alimentado pela curiosidade científica, pelo deslumbramento diante de tudo o que era diferente e por uma pseudociência que viria a dar origem à ideia racialista da superioridade do homem branco sobre os demais.

Em meados de 1820, d. Leopoldina, após sofrer dois abortos,[112] estava novamente grávida. Os cuidados com ela após as perdas gestacionais anteriores foram tantos que decidiram, obviamente sem consultá-la, não entregar-lhe mais sua correspondência. As cartas para d. Leopoldina passaram a ser retidas por algum tempo, pois temiam que ela recebesse alguma notícia que a exaltasse, prejudicando a nova gravidez. Obviamente, a princesa passou a desconfiar que havia algo errado, porque durante meses nenhuma correspondência chegava para ela.[113]

Em carta para Maria Luísa, ela informou a respeito da sua nova gravidez e, com sua fina ironia, noticiou as pretensões do esposo a respeito do tamanho da família que pretendia ter: "Minha família daqui está bem de saúde e eu no quarto mês de gravidez, portanto superei a fase crítica; sofro muito do estômago, mas fico feliz quando meu esposo diz que quer ter trinta filhos."[114]

Mas o estômago, a perspectiva de mais 28 gestações no calor do Rio de Janeiro e a falta de notícias da família na Europa seriam, em 1820, as menores das preocupações de d. Leopoldina.

Revolução do Porto

No início de 1820, estourou na Espanha uma revolução contra o absolutismo do rei d. Fernando VII. O Exército e o povo obrigaram o monarca a restaurar a Constituição de Cádiz — apelidada de *La Pepa* —, criada pelas Cortes (Parlamento) em 1812, quando o monarca estava preso na França por Napoleão. A Constituição fora revogada em 1814, quando do retorno do rei e do absolutismo à Espanha. Além da Constituição, a revolta também obrigou d. Fernando VII a instalar no poder um governo liberal.

Enquanto isso, do outro lado da fronteira espanhola, os portugueses estavam sendo virtualmente governados pelo marechal britânico William Carr Beresford, que assumira o comando do Exército português. A tutela inglesa a Portugal buscava evitar que a Espanha invadisse o Reino lusitano em retaliação à perda da Cisplatina, incorporada por d. João VI ao Brasil. Entretanto, o marechal Beresford não podia impedir que os ideais liberais e constitucionais chegassem à nação debilitada financeiramente pela quebra do monopólio comercial com o Brasil. Os portugueses empobrecidos e o Exército com soldos atrasados, ambos se sentindo abandonados pelo rei e desesperançados, passaram a ver na mudança de governo ou numa nova união ibérica sob a Coroa espanhola a saída para a situação em que o país se encontrava. D. João VI, por sua vez, não tinha qualquer pressa em partir para o velho Reino debilitado.

A ruptura do poder colonial na América seduzia-o. Para que retornar, se ainda poderia expandir futuramente mais ainda seus territórios no continente americano, abocanhando algum dos antigos Estados espanhóis?

Devido à situação portuguesa, cada vez mais difícil de se controlar desde a Conspiração de Lisboa de 1817, Beresford chegou a atravessar o Atlântico e, em maio de 1820, desembarcou no Rio de Janeiro. Além de todos os problemas existentes no país, ele não podia mais continuar no posto de "regente virtual" de Portugal, pois fora nomeado governador de Jersey pela Coroa britânica. D. João não partilhava a mesma urgência que o militar inglês e, como de hábito, protelava uma decisão final.

Chegou até mesmo a esboçar uma reação de boa vontade e convocou o Conselho Real, que decidiu que d. Pedro deveria retornar a Lisboa e assumir como vice-rei. Porém, d. João relutava em se separar do filho. Não por amor, mas por desconfiança. O rei, enquanto tergiversava e ganhava tempo, como de seu feitio, resolveu convidar Beresford para inspecionar as fortificações brasileiras. Mas voltou atrás depois que o embaixador da Grã-Bretanha no Rio aconselhou que, se nem o rei nem nenhum membro da família real fosse enviado logo a Portugal, seria melhor permitir que o militar partisse. Caso eclodisse uma revolução no Reino europeu, o comandante do Exército ao menos estaria lá. O marechal embarcou de volta a Portugal em 13 de agosto, mas já era tarde. No dia 24, quando ainda se encontrava no mar, uma revolução eclodiu na cidade do Porto e espalhou-se por todo o país.

Uma junta governativa foi formada, sendo marcadas eleições para os representantes das Cortes. O Parlamento português, que não se reunia desde 1697, deveria assumir a função de Assembleia Constituinte e elaborar uma carta para a nação. A junta que passara a governar em nome do rei também exigia o retorno imediato de d. João VI. Em 17 de outubro, um navio português chegou ao Rio de Janeiro com a notícia da revolução.

O rei, incrédulo, tinha que tomar uma decisão sobre o assunto, mas resolveu, como era de seu feitio, pedir a opinião de seus conselheiros e ministros. Dez dias depois, mandou divulgar uma carta em que admoestava seus súditos pela ousadia do ato e afirmava que decidiria quem da família partiria para Portugal e quem ficaria no Brasil. Dessa forma, julgava possível manter a integridade do Reino Unido, que Portugal estava disposto a contestar desde que começara a empobrecer e que os papéis de colônia e metrópole haviam quase se invertido. Mas, ao mesmo tempo, d. João via-se num impasse. Como, tendo criado dois Estados independentes unidos sob a mesma Coroa, poderia permitir que um se tornasse constitucional, como Portugal estava se preparando para ser, e manter o Brasil sob o controle absolutista?

Essa divisão também se encontrava dentro do próprio seio da família real, como demonstram as cartas que d. Leopoldina escrevia aos seus familiares. A Revolução do Porto, segundo a princesa, evidenciou os campos opostos em que d. João e d. Pedro estavam já havia muito. Em dezembro de 1820, a princesa, criada dentro do absolutismo, confidenciava a Maria Luísa:

> [...] Os incidentes da minha única pátria me deixam extremamente melancólica; além disso, meu esposo pensa segundo os novos princípios e meu sogro segundo os bons e verdadeiros, por isso me encontro em situação crítica, entre os deveres de uma boa esposa e o de súdita grata e filha obediente [...].[115]

Ao pai, apresentava o mesmo problema:

> Infelizmente, o feio fantasma do espírito de liberdade se apossou por completo da alma de meu esposo; o bom, excelente rei, tem todos os antigos, nobres e autênticos princípios e eu também, pois me foram inculcados em minha tenra idade e eu mesma amo apenas a obediência para com a pátria, o soberano e a religião. O senhor percebe, querido pai, como é difícil minha situação entre os deveres de boa e amorosa esposa, súdita valente e filha obediente. Queria tanto unir ambos e obedecer estritamente, porém me vejo forçada a sacrificar um dos dois quando chegar a delegação de Lisboa [...].[116]

D. Pedro, que d. Leopoldina já havia dito que era de certa forma culto, procurava se ilustrar. Aguardando o tempo de governar, e sem contar com o apoio do pai, que preferia a irmã ao seu lado nas reuniões do Conselho de Estado, o príncipe, com ajuda da esposa e de professores esporádicos, continuava a se instruir. Além da música, ocupou-se também de teoria política e do Estado.

Tornou-se leitor das obras de Henri-Benjamin Constant de Rebecque, político e pensador francês, com quem veio a se corresponder, e estudou a fundo, segundo Eugène de Monglave,[117] os textos do jurista e filósofo italiano Gaetano Filangieri. Este criticava os velhos princípios feudais ainda existentes na Europa, que contribuíam para o enriquecimento e o luxo excessivo da nobreza e do clero, em contraste flagrante com a miséria da população. O autor acreditava que uma revolução pacífica seria possível por intermédio do governante, com reforma e melhorias que deviam partir de cima, da Coroa, para baixo, equilibrando as leis, a produção e a distribuição de renda. D. Pedro, durante seus estudos, começou a flertar com o liberalismo e com a ideia das liberdades individuais espalhadas por Napoleão pela Europa.

Desde 1817, d. Leopoldina e d. Pedro sonhavam em voltar para o Velho Mundo. Metternich, até mesmo ele, apoiou inicialmente a ideia. Em 1818, a princesa havia pedido ao pai que tentasse influenciar d. João para que ela e o marido tivessem permissão para ir a Portugal. D. Pedro, sempre ansioso e proativo, sem um papel efetivo para desempenhar, buscava qualquer pretexto para demonstrar seu valor e ser útil de alguma forma. O príncipe herdeiro considerava, na época, um absurdo o estado de abandono em que se encontrava Portugal e desejava ser feito vice-rei para poder governá-lo. Entretanto, segundo apurado pelo barão de Neveu, encarregado dos negócios austríacos no Brasil, o problema de d. João era a desconfiança deste em relação a d. Pedro.[118]

Sempre tergiversando, d. João dava desculpas como: "não é hábito da Casa de Bragança enviar o Príncipe Real para longe da Corte", ou "meu filho não pode ser mandado porque ainda é muito moço". Devido a essas respostas, e vendo a má vontade do rei em tratar a questão, Metternich ordenou que Neveu deixasse o assunto esfriar. D. João, com seu costume de protelar sempre que possível, postergou *ad aeternum* a questão. Agora, com a pressão imposta pela Revolução do Porto, teria que agir.

Brasil x Portugal

Mas enganava-se quem achava que essa decisão de voltar ou não para Portugal, ou mesmo de quem deveria ir, era apenas um problema de família. A questão caiu em domínio público e dividiu o Brasil. Um folheto lançado no Rio de Janeiro pregava que nenhum membro da família de Bragança deveria deixar o país. Se o rei, ou qualquer um, fosse para Portugal, alimentaria a revolução lá instalada, enquanto que se permanecesse no Brasil não lhe daria importância. Além do mais, o folheto afirmava que não se precisava mais da antiga metrópole, enquanto que Portugal não sobrevivia sem a ex-colônia.

Em resposta a essa publicação, foi impressa na Bahia uma peça que contradizia todas as questões levantadas. Alegava que, sem os portugueses, o Brasil estaria nas mãos dos estrangeiros, que exauririam todas as riquezas da nação e transformariam os brasileiros em seus escravos. Esse folheto era totalmente pró-Constituinte portuguesa, enquanto o que foi publicado no Rio de Janeiro, pedindo a continuação da monarquia como estava e a permanência da família real, era favoravelmente absolutista. Além de todos os prós e contras emitidos, a Revolução do Porto detonou no Brasil uma crise entre os portugueses e os brasileiros. Se os portugueses na Europa estavam fartos de ser governados pela ex-colônia, esta, por sua vez, não tinha qualquer desejo de voltar, depois de treze anos como sede da Coroa, ao antigo status.

Quem vai?

Enquanto isso, a união de todas as províncias brasileiras sob o poder do rei vacilava. Um levante em janeiro, no Pará, e outro em fevereiro, na Bahia, rompiam com a unidade governamental do Brasil. Ambas as províncias aderiram ao novo governo instalado em Portugal e às Cortes de Lisboa, tornando-se pró-Constituinte e respondendo diretamente ao governo de Lisboa e não mais ao do Rio de Janeiro.

D. João, a princípio, imaginou que a Áustria e a Santa Aliança moveriam seus exércitos contra Portugal para acabar com a revolução constitucional. Quando o rei percebeu que isso não ocorreria, acabou se deixando pressionar pelos dois importantes aliados. O novo ministro plenipotenciário da Áustria, Sturmer, que substituiu o falecido barão de Neveu, era favorável à ida de d. Pedro para Portugal. Segundo despacho enviado a Metternich, o diplomata desconfiava que d. João fosse "tão arguto quanto falso".

Tanto Sturmer quanto o ministro inglês, Thornton, conseguiram que d. João concordasse com a partida, mas a condição imposta pelo rei era de que só o filho viajasse. D. Leopoldina e a princesinha d. Maria da Glória ficariam no Brasil com o restante da família. O ministro austríaco comunicou a Viena sua desconfiança em relação à solução apontada por d. João. Sturmer acreditava que ela visava ou à desistência de d. Pedro em partir ou à sua submissão total ao pai, que teria como reféns no Brasil d. Leopoldina e os filhos do casal. Para o diplomata, d. João chegou a questionar: "E se quando o meu filho chegar a Portugal o aclamarem rei?"

D. Pedro, apesar da sua ânsia em partir para Portugal, ambicioso em assumir um papel preponderante, jamais abandonaria a esposa, a filha e o novo bebê que a princesa esperava. Tentou ganhar tempo junto ao conde de Palmela, pedindo ao ministro de Negócios Estrangeiros e a Sturmer que intercedessem junto a d. João para que a partida pudesse ser adiada até o nascimento da nova criança, assim ele e a esposa iriam juntos.

A ira de d. Leopoldina desceu sobre ambos. Tanto Sturmer quanto Palmela insistiam para que d. Pedro embarcasse o mais rapidamente possível para Portugal. O negócio era urgente: arriscava-se a perder a velha nação e talvez mesmo o Brasil, cujas províncias vinham se juntando à causa dos revoltosos lusitanos. Ambos os diplomatas deram garantias a d. Pedro de que fariam de tudo para que d. Leopoldina se juntasse ao príncipe depois que tivesse o bebê. Palmela tinha medo de que d. João, com seu hábito de tomar qualquer decisão lentamente, cancelasse tudo, e Sturmer tentava, sem permissão da princesa, evitar que, se a Coroa perdesse Portugal, ela fosse considerada culpada por não ter deixado o marido partir sozinho. Mas nenhum argumento faria d. Leopoldina conformar-se em ficar sem o esposo. Ao ministro do pai no Rio de Janeiro, ela foi contundente, tratando-o como mero vassalo:

> [...] Se por influência sua e do conde de Palmela você não conseguir retardar a partida de meu marido, e fizer com que eu o não acompanhe, atrairá toda a minha cólera, todo o meu ódio e de qualquer modo virá a pagar-me.[119]

D. Pedro e d. Leopoldina chegaram a urdir um plano afrontando a decisão de d. João. Numa carta ao seu secretário, o capitão bávaro Georg Anton von Schäffer, ela solicitou ajuda:

> Debaixo do maior segredo, de modo que nem viva alma o possa sequer suspeitar, tenha o senhor a bondade de fretar para mim uma embarcação que zarpe brevemente para Portugal, visto que meu esposo deve seguir dentro de três dias e eu devo ficar aqui por tempo indeterminado por motivos que não estou autorizada a divulgar, não mos permitem, sou obrigada a procurar minha salvação na fuga legitimada pelo consentimento do meu esposo. [...] Queira procurar-me uma boa ama de leite [...] para meu filhinho que nascerá no mar [...]. Tudo isso debaixo do maior segredo, ninguém deve sequer suspeitar [...].[120]

Sturmer, ciente do plano, achava tudo uma grande loucura. Tentou chamar d. Leopoldina à razão, ponderando que, se a princesa partisse do Rio sem a autorização de d. João, ela perderia completamente a boa vontade do sogro. Quanto ao pai, na Áustria, este nada poderia fazer para ajudá-la.

É de imaginar o desespero de d. Leopoldina. Para quem havia sofrido tanto na viagem para o Brasil, com enjoos e as tempestades, agora ela não pensava duas vezes em cruzar novamente o Atlântico. Nem mesmo a perspectiva de ter um parto no navio dissuadiu-a. A lembrança de sua irmã em Viena com o filho, separada de Napoleão Bonaparte, exilado na ilha de Santa Helena, pode tê-la feito pensar que caminhava para destino semelhante. Após ter sido catapultada a 10 mil quilômetros de Viena para o meio da América, ainda tinha que se sacrificar mais e se ver separada do marido à força? Era demais! Enfrentar novamente o Atlântico não era nada perto da perspectiva de se ver sozinha numa corte em que todos conspiravam uns contra os outros o tempo todo e na qual suas cartas eram abertas e sua correspondência, vigiada.

D. Leopoldina mostrou quanto podia ser obstinada. Apesar de sua educação obrigá-la a aceitar as ordens que partissem de d. João VI e de seu marido, ela não permitiu que seu destino fosse decidido sem que tivesse alguma coisa a dizer, ou fazer, a respeito. A princesa lutou com todas as forças e armas até o final. Falou pessoalmente com os ministros, instigou d. Pedro a buscar os meios para demover d. João de seu intento, ou ao menos adiá-lo até que ela estivesse em condições de partir com o marido para Portugal.

E, no final, o saldo foi positivo: tanta obstinação levou-a a vencer a disputa. Segundo Sturmer, a princesa teria chegado ao extremo de, grávida, jogar-se diante do sogro por três vezes no mesmo dia pedindo que este não a separasse do marido.[121] D. João acabou cedendo em 24 de fevereiro de 1821. Permitiria que o casal aguardasse o nascimento do filho e que ambos embarcassem juntos para a Europa.

Revolta no Rio de Janeiro

Ainda tentando dar as cartas, o rei soltou um decreto em fevereiro convocando as Cortes também no Brasil. Essa assembleia teria a função de examinar as propostas das Cortes de Lisboa e adaptá-las à realidade brasileira, dando ao Brasil também uma Constituição. Na tentativa de se antecipar à Lei Magna que provavelmente também seria implantada no Brasil, senão por determinação real, à força, como havia sido feito em Portugal, d. João criou um problema. O seu decreto desafiava abertamente a autoridade das Cortes Portuguesas. A ideia de uma legislação separada entre Brasil e Portugal abria precedente para a separação política. E isso as tropas lusitanas estacionadas no Brasil, que eram o núcleo forte do movimento constitucionalista em Portugal, não permitiriam que ocorresse.

Assim, no dia 26 de fevereiro, militares portugueses no Rio de Janeiro, acompanhados de representantes políticos, reuniram-se na praça do Rocio, atual praça Tiradentes. Exigiam que d. João aceitasse a Constituição que seria preparada em Portugal como uma só para os Estados debaixo de sua coroa. Não deveria haver diferenças ou readequações da lei para o Brasil. D. Pedro tomou a frente da questão, servindo de elemento de ligação entre os amotinados no centro do Rio de Janeiro e o pai. Jurou por este uma Constituição que ainda nem existia e deu garantias de que ela seria cumprida integralmente no Brasil, sem alterações.

Ainda assim, a multidão exigiu a presença do rei, a quem d. Pedro foi encarregado de trazer de São Cristóvão. Escoltou-o até o Paço da Cidade, onde d. João foi ovacionado pela multidão. Oficialmente, este deixava de ser um rei absolutista nesse dia. Entretanto, se alguma desconfiança ainda mantinha do filho, essa começou a se esvair. Naquela manhã, assim que d. Pedro chegou ao Rocio, as tropas amotinadas tentaram aclamá-lo como "d. Pedro IV de Portugal", ao que o príncipe replicava aos brados: "Viva el-rei d. João VI."

D. João, mesmo não comungando do liberalismo de d. Pedro, passou a permitir que o príncipe tomasse assento no Conselho de Ministros e no de Estado. Teria declarado ao novo ministro do Estrangeiro e da Guerra, Silvestre Pinheiro Ferreira, que insistira na presença do príncipe nas reuniões considerando que, como o filho já estava tomando parte dos negócios públicos, era necessário que também participasse das deliberações do governo.

Após essa revolta, com um novo ministério imposto pelos insubordinados, as coisas mudaram. Tanto o Conselho de Ministros quanto o de Estado votaram pela partida de d. João para Portugal e pela permanência do filho. Ao príncipe, deveria ser dado o governo do Reino americano. Ambos, d. Pedro e d. Leopoldina, ficariam no Brasil. A princesa, em carta ao pai em 2 de abril de 1821, maldizia a "desagradável situação a que nos levou o espírito de liberdade".[122] Também na missiva, d. Leopoldina falava a respeito do fato de d. Pedro ter sido obrigado a jurar a Constituição e que d. João VI retornaria a Portugal com os netos. "Infelizmente ficaremos separados de nossos filhos, o que me causa um sofrimento indescritível, até que a Constituição portuguesa chegue e seja ratificada aqui."

No dia 6 de março, num parto bem difícil, d. Leopoldina deu à luz um menino. Em meio a tanta apreensão acerca do futuro, nascia o príncipe da Beira, herdeiro da Casa de Bragança. A criança foi batizada com o nome de d. João Carlos. Além de ser muito grande e gordo, o bebê nasceu com o braço direito sobre a cabeça, o que dificultou bastante o seu parto, levando tanto ele quanto d. Leopoldina a sofrer muito. Um dia depois do nascimento do novo Bragança, d. João VI decretou que deveriam ser reunidos no Rio de Janeiro os eleitores paroquiais. Estes deveriam escolher os eleitores da comarca que participariam do processo de seleção dos deputados que representariam o Brasil junto às Cortes em Lisboa. Tal reunião deu-se em 21 de março, véspera da Páscoa de 1821, na praça do Comércio, atual Casa França-Brasil, no Centro.

Diante da novidade de um governo representativo, além dos eleitores paroquiais, também o povo lotou o local. Os que não conseguiram entrar concentraram-se do lado de fora do edifício e, embalados pela distribuição de vinho por parte dos comerciantes portugueses, animavam-se cada vez mais com as notícias que vinham do prédio. Por volta das quatro da tarde, a Assembleia, bastante alterada por conta da bebida, acabou sendo "incendiada" pelos discursos do padre Macaboa e de Luís Duprat, que exigiam que se adotasse naquele mesmo dia como Constituição a espanhola, *La Pepa*, até que a Constituinte a ser realizada em Lisboa redigisse uma inteiramente portuguesa.

D. João, aconselhado pelos seus ministros, fez o que o povo pedia. Achavam que, assim, a Assembleia revolucionária que se instalara se dispersaria. Mas o efeito foi exatamente o contrário. A Assembleia, ao ver que o pedido fora acatado, acabou se tornando mais virulenta e prosseguiu em sessão, fazendo as exigências mais disparatadas e radicais ao trono. Os mais exaltados, dentre o povo que havia tomado definitivamente o local, passaram a pressionar cada vez mais os eleitores paroquiais. Estes, tomados de pavor, passaram a concordar com tudo o que a população em delírio exigia.

Passando por cima da autoridade de d. João, dos ministros e do governador de armas da capital, d. Pedro deu ordem ao general Jorge Avilez para que seus soldados avançassem contra a praça do Comércio e desfizessem aquela casa de loucos. Inicialmente, pensou-se que só a presença do Exército no local faria a multidão se dispersar, até o primeiro tiro ser dado e um soldado cair morto. O local foi varrido a baionetas e coronhadas e esvaziado completamente. Houve algumas mortes e prisões e ainda aqueles que se atiraram do edifício e tentaram fugir a nado. Às cinco horas da manhã da Páscoa, tudo havia terminado. No mesmo dia, um novo decreto de d. João VI, redigido por d. Pedro, dava por cancelada a adoção da Constituição espanhola, alegando que ela havia sido imposta por pessoas que não representavam verdadeiramente o povo.

Também do dia 22 é o decreto, com data de 7 de abril, em que se comunica oficialmente a partida da família real e a nomeação de d. Pedro como príncipe regente, cabendo a ele "o governo geral e inteira administração de todo o reino do Brasil". No decreto, com amplos poderes, até mesmo o de fazer a guerra, uma cláusula previa que, no caso da morte do príncipe, d. Leopoldina deveria assumir a regência em nome de d. João.

O rei, que nutria esperança de ser obrigado pelo povo do Rio de Janeiro a ficar no Brasil, ficara bastante abalado com o fato. Após treze anos morando na antiga Colônia, tendo feito tanto por ela e até criado ali um novo reino, achava que os brasileiros lhe seriam mais gratos. Talvez por isso, temendo o futuro, tanto o que lhe aguardava em Portugal quanto o que aguardaria o filho no Brasil, decidiu partir sem as crianças, deixando-as com os pais. Pouco antes de deixar São Cristóvão, teria tido uma conversa particular com d. Pedro, em que teriam decidido o que fazer em caso de novos demagogos como o padre Macamboa e Luís Duprat tentarem incendiar o Brasil.

D. Pedro se recordaria no futuro desse momento íntimo entre pai e filho: "Eu ainda me lembro e me lembrarei sempre do que Vossa Majestade me disse antes de partir dois dias, no seu quarto: 'Pedro, se o Brasil se separar, antes seja por ti, que me hás de respeitar, do que para algum desses aventureiros'."[123]

Enfim, sós!

Na madrugada de 25 de abril de 1821, d. João e a corte embarcaram. Enquanto o rei soluçava por ter que abandonar o Brasil, dizendo que nele é que havia sido de fato rei, e feliz, d. Carlota entoava loas, talvez tentando magoar o marido. Dizia que ao chegar a Lisboa decerto ficaria cega diante de tantos brancos depois de haver passado longos anos junto a negros.

D. Pedro e d. Leopoldina acompanharam o embarque e retornaram à terra a bordo da galeota real. Ambos ficaram forçados no Brasil: não havia da parte deles, naquele momento, uma identificação forte com os brasileiros e seu destino. Os dois estavam mais voltados para a Europa do que para o seu futuro na América.

D. Pedro perdia um freio, que era o pai; agora estava por conta própria, dono de seu próprio destino. E d. Leopoldina, na ausência do sogro, perdia o mais importante aliado que até então tivera.

D. João não partiu só. Com medo de ser mal vista pelo novo governo constitucional português ao permanecer no Brasil, a alta nobreza lusitana que servia ao rei também seguiu para Portugal. Com isso, o Palácio de São Cristóvão esvaziou-se de nobres que cumpriam funções como as de mordomo-mor, camareiros e veadores. Por outro lado, os príncipes ganharam aposentos que anteriormente eram ocupados por d. João VI na construção principal. Isso alegrou a princesa, que passou a ter um salão para a sua coleção de mineralogia.

Um mês depois da partida dos sogros, em carta de 24 de maio de 1821 para Maria Luísa, a princesa desabafava: "[...] Não sabes como estou desesperada, porque a roda da fortuna virou completamente e devemos ficar aqui por tempo indeterminado."[124] D. Leopoldina ainda continuou o seu desabafo afirmando que era arriscadíssimo ficarem no Rio de Janeiro "face ao atual espírito do povo". Considerava que, se tudo desse errado, ou seja, se uma revolução varresse com os Bragança do Brasil, ela, ao menos, teria o consolo de rever a irmã. Mas não era somente o país e a política que a exasperavam. O casamento, cheio de altos e baixos, como qualquer um, não estava na melhor fase:

> Começo a crer que se é muito mais feliz quando solteiro, pois agora só tenho preocupação e dissabores, que engulo em segredo, pois reclamar é ainda pior; infelizmente vejo que não sou amada, meu esposo e meu dever exigem que eu suporte até o último instante [...]. Estou bem de saúde, exceto por uma profunda melancolia, que não surpreende, face a todos os dissabores domésticos que tenho, aqui apenas a religião pode me confortar e também a consciência tranquila de ter cumprido meus deveres à regra. Tinhas bem razão, minha boa e velha irmã, não confio em nada mais neste mundo, em nenhuma promessa, exceto em meus antigos queridos.

O marido decepcionava-a. Não era o homem idealizado por ela por meio de uma imagem, era de carne, ossos, idiossincrasias e fraquezas como qualquer humano, bem menos refinado do que os outros com quem se relacionara antes na Europa. O caráter e a educação dos cortesãos de d. Pedro que ficaram após a partida da corte não eram dos melhores. Se havia Pedro Dias Paes Leme, futuro marquês de Quixeramobim, que, segundo histórias familiares, conversava com a princesa em seu alemão nativo, havia também o asqueroso "barbeiro" Plácido de Abreu Pereira, que a exasperaria e lhe causaria muitos dissabores no futuro.

Quanto ao Brasil, era o paraíso, mas o calor era insuportável para ela, que sonhava em dias idílicos na Europa com a irmã, mesmo sabendo que só uma revolução poderia levá-la de volta. Como se nada pudesse ficar pior, nem a diversão era permitida:

> No Brasil nunca se dança e meu esposo tem o encantador hábito de se divertir de todas as maneiras, porém os outros nunca podem rir e tem que viver como ermitões e sempre controlados pela polícia secreta que no fundo sempre acaba irritando.[125]

Os únicos divertimentos a que ela tinha acesso eram, eventualmente, ir ao teatro e às festividades religiosas. Quanto a estas, não tinha como deixar de notar a hipocrisia da sociedade, como desabafa para Maria Luísa em maio de 1820:

> Nossos bailes aqui são festas religiosas de sete, oito horas de duração, geralmente até meia-noite; nada de oração por aqui, porque só se tagarela e ri; confesso sinceramente que gostaria de valsar, porque amo de forma indizível a dança de meus compatriotas.

Às vezes, d. Leopoldina parecia precisar contar com histórias familiares para se divertir sozinha, como o fato de a irmã mais nova, Maria Carolina, sofrer com excessos de "escrúpulos para cumprir suas funções de esposa". Em carta a Maria Luísa, a princesa comenta: "[...] A Maria [...] quer ter filhos, como me parece, por inspiração do Espírito Santo... o que me faz rir muito, algo que faço muito raramente por aqui."[126]

Além da diversão, a comida também deixava a desejar: "Confesso que não gosto dos pratos doces portugueses e permaneço fiel à boa cozinha alemã, e não à nossa descuidada cozinha vienense."[127] Uma prova dessa fidelidade eram os pedidos feitos pela princesa à estalagem do alemão

Friedrich Wülfing-Rubel, localizada na antiga rua dos Ourives, atual rua Miguel Couto, no Centro do Rio de Janeiro.

Ao assumir como príncipe regente, d. Pedro tinha novas obrigações e não podia continuar com a vida mais doméstica que levara até então com d. Leopoldina. A princesa, mesmo cheia de críticas aos modos e ao gênio do marido, sempre foi apaixonada por ele e ansiaria sempre pela sua presença junto a ela.

Início de suas dívidas

D. Pedro já havia, no começo do casamento, em 1818, proibido d. Leopoldina de pagar pensão para a sua antiga babá, por isso a princesa precisou, na mesma época, pedir ao pai, que aparentemente não parece ter demonstrado piedade para com a antiga criada. O fato pode ser observado numa carta de dezembro de 1820, na qual d. Leopoldina desabafa com a irmã a respeito da situação aflitiva em que Annony se encontrava. A princesa teve que recorrer a empréstimos para tentar aliviar a penúria da ex-babá.[128]

Além de ter suas cartas frequentemente rastreadas do lado português, Metternich ainda filtrava algumas vezes o que deveria chegar até o imperador da Áustria e o que era melhor Francisco I não ficar sabendo. Tanto na teoria quanto na prática, d. Leopoldina era agora uma Bragança, e a eles deveria obediência. O imperador da Áustria imiscuindo-se em assuntos internos da família da esposa poderia só complicar ainda mais a vida dela junto aos seus novos parentes.

Em setembro de 1820, aflita, cheia de dívidas, d. Leopoldina tentou buscar a ajuda do pai outra vez, aparentemente em vão:

> É imensamente difícil para minha mentalidade alemã austríaca pedir ao senhor, caríssimo papai, por ajuda paterna em um assunto de dinheiro [...]. Gastos imprevistos, salários e pensões e famílias necessitadas e criadagem, que infelizmente

> depositaram suas esperanças só em mim, me obrigaram a tomar emprestada a quantia de 24 mil florins; não posso pagar tal dívida, meu esposo muito menos, e meu tato me impede de recorrer ao rei, meu dinheiro mensal não me é pago e, quando isso ocorre, meu esposo o retém e não posso tirá-lo porque necessita dele para si mesmo, por isso peço ao senhor, querido papai, por mais difícil que me seja, que me envie o dinheiro [...].[129]

Devia ser difícil alguém que nunca havia nem pensado em dinheiro, e que constantemente ajudava a todos, a ponto de Francisco I chamá-la de "pedinte",[130] ver-se sem meios de continuar suas obras. Entretanto, como condená-la? Como membro da casa de Habsburgo, havia sido criada dentro dos preceitos da *Pietas Austriaca*, assimilando valores caritativos que permearam a educação das arquiduquesas austríacas por séculos.

Se por um lado a princesa realmente precisava de dinheiro, por outro, acostumada com a antiga vida que levava em Viena, não sabia determinar prioridades nos gastos. Um exemplo disso é o fato de ter mandado seu secretário ao porto para ver um navio, cujos marinheiros haviam trazido ao Brasil uma lhama do Peru. D. Leopoldina achava que deveria comprar o animal para puxar a pequena carruagem de d. Maria da Glória. Por outro lado, também gastava o dinheiro que não tinha em doações para pobres, órfãos e necessitados em geral, sendo suas obras filantrópicas o foco maior de seus problemas financeiros.

É importante lembrar que nessa época não havia uma política pública para subvencionar asilos, orfanatos e hospitais. Esperava-se que d. Leopoldina cumprisse com essas doações, como de fato o fez. Não somente os desvalidos brasileiros contavam com a proteção dela. Futuramente, imigrantes e mercenários estrangeiros, como Carl Schlischthorst, um mercenário alemão, a procurariam em caso de necessidade. Schlischthorst conseguiu falar com ela sobre o sufoco financeiro em que se encontrava e entregou-lhe um soneto que compusera em sua honra. D. Leopoldina mandou que seu camarista desse ao militar 200 mil réis, mas o funcionário só entregou 150 mil, em troca dos quais Schlischthorst teve que lhe dar um recibo no valor integral. Além de não ter dinheiro, d. Leopoldina ainda era roubada pelos próprios cortesãos.

Tentando cumprir com as funções que tanto a sua educação como a sua alta posição exigiam, e sem nunca ter aprendido a contar centavos, D. Leopoldina se veria constantemente em apuros. Não apenas lhe faltava dinheiro para dar às "famílias necessitadas", que ela menciona na carta ao pai, mas mesmo para o dia a dia, como pagamento de seus criados. A ajuda de Francisco I, se veio, não deixou registro, porém notícia há das constantes aflições da princesa, sempre envolvendo o "vil metal".

Futuramente, d. Leopoldina recorreria a diversos meios para suprir-se do dinheiro de que necessitava. Pediria empréstimos a diversas pessoas: comerciantes, nobres e, principalmente, seus secretários particulares, o major Georg Anton von Schäffer e Johann Martin Flach.

As dívidas de d. Leopoldina acabariam se transformando numa verdadeira bola de neve. Ela passaria a contrair novos empréstimos, geralmente a juros exorbitantes, para saldar as dívidas antigas que estavam para vencer.

A saída da corte portuguesa do Rio de Janeiro só veio piorar a questão. Se antes mal eram pagas, agora então as coisas tornaram-se mais problemáticas. D. Pedro tinha que fazer malabarismos contábeis para saldar os pagamentos dos servidores do Estado. Chegaram a desocupar o Paço da Cidade e lá instalar todas as secretarias que estavam em prédios alugados, bem como arrancar de navios velhos e imprestáveis os ferros para cunhar moedas. Junto à corte, d. João havia levado o Tesouro Real, deixando o Banco do Brasil praticamente insolvente.

Mas não era apenas com ninharias que d. Pedro se preocupava. Sua visão, amparada pela experiência do conde dos Arcos, presidente do ministério, ia do micro ao macro. Antecedendo os direitos constitucionais que viriam com a Constituição a ser preparada em Lisboa, ele soltou diversos decretos que, por exemplo, delimitavam as regras de desapropriação de bens particulares visando ao "sagrado direito de propriedade". Em 23 de maio de 1821, o príncipe emitiu um decreto em que fundamentava as bases da liberdade individual das "pessoas livres".

Proibia-se a prisão sem ordem de juiz ou magistrado, a não ser em caso de flagrante; além disso, nenhuma prisão poderia ser determinada se não houvesse culpa formada. O processo teria que ser resolvido em 48 horas, confrontando-se réus e testemunhas e garantindo amplos meios de defesa ao acusado. Proibia-se a prisão das pessoas em segredo e o uso de correntes, algemas, grilhões e outros ferros "inventados para martirizar homens ainda não julgados".

Outra medida de d. Pedro, visando desonerar comerciantes e empreendedores e incentivar a produção e o comércio de couros e da carne-seca, foi acabar com o imposto sobre o sal. Para incrementar o comércio interno, eliminou também a taxa de 2% existente até então sobre a navegação de cabotagem.

Mas, por mais bem-intencionado que d. Pedro estivesse, agora os portugueses e o Exército lusitano, que ditavam as regras desde a rebelião de 1820 em Portugal, tudo fariam para evitar a perda das prerrogativas da velha metrópole sobre a antiga colônia. O liberalismo pregado pelos portugueses revolucionários que convocaram a Constituinte e obrigaram d. João a retornar só valia para Portugal. Ciosos de suas conquistas, tanto as Cortes quanto o Exército português no Brasil ainda dariam muita dor de cabeça a d. Pedro e d. Leopoldina no Rio de Janeiro.

Juramento às bases constitucionais

No final de maio de 1821, haviam chegado de Portugal notícias referentes à adoção pelas Cortes Portuguesas de uma série de "bases", ou princípios, para servir de orientação para se elaborar a Constituição. Com as notícias vindas pelos jornais portugueses, não chegou nenhuma ordem do Parlamento para que o Brasil acatasse ou jurasse a essas bases. Pelo contrário, era explícito no texto que nenhuma disposição constitucional seria adotada antes de os deputados brasileiros chegarem a Portugal e assumirem seus lugares na Assembleia Constituinte.

Tanto o príncipe quanto seus ministros e o Conselho entenderam que nada deveria ser feito a respeito. Mas os militares e, sobretudo, os constitucionalistas passaram a divulgar que o conde dos Arcos, o principal ministro de d. Pedro, deveria estar influenciando o príncipe regente a não jurar às bases... que Portugal não mandara jurar! A desconfiança entre as partes alimentou uma grande desavença. Cartazes e proclamas militares começaram a aparecer pelo Rio de Janeiro acusando o governo de anticonstitucionalista. Isso indispôs os militares portugueses com d. Pedro e vice-versa.

Os militares queriam que o príncipe jurasse as bases da futura nova Constituição, demitisse o conde dos Arcos e estabelecesse uma junta de governo. Em 5 de junho, d. Pedro foi informado de que o 3º Batalhão havia partido em marcha para o quartel do 11º. Chamando o seu ministro do Exército, exigiu dele que o tenente-general Jorge Avilez, comandante da divisão, fosse demitido do cargo. Avilez ignorou o pedido, colocando-se à frente das tropas. E lá foi d. Pedro novamente enfrentar Exército, soldados e oficiais na praça do Rocio sozinho, como fizera dois meses antes. O príncipe discursou dizendo que em abril já havia jurado aceitar a Constituição que seria feita em Portugal. Mas para as tropas portuguesas no Rio isso não bastava mais: só aceitariam voltar aos quartéis após d. Pedro jurar às bases.

D. Pedro, por sua vez, afirmou que nada juraria sem saber a real vontade do povo que ele governava e que o Exército era somente uma parte dessa nação. Assim, com a concordância das tropas, do general Avilez e dos demais oficiais, foram convocados para o Theatro Real os vereadores da Câmara Municipal e os eleitores da comarca do Rio de Janeiro. Enquanto eles eram reunidos, d. Pedro permaneceu aguardando por cinco horas no teatro.

Durante a reunião dos representantes do povo, chegou o pedido de renúncia do conde dos Arcos, que, em sua residência, tentou arregimentar tropas brasileiras para marcharem contra os portugueses no Rocio, mas não conseguiu a adesão necessária. Dando como desculpa ter que acompanhar a filha a Portugal, informava que deixaria o Brasil em 10 de junho.

As lembranças da carnificina do Exército na praça do Comércio dois meses antes ainda estavam bem vivas na cabeça dos vereadores e dos eleitores, que, assim que reunidos no Theatro Real, prontamente acataram tudo o que o Exército pedia.

D. Pedro seria obrigado a jurar às bases, o conde dos Arcos deveria abandonar o governo imediatamente e uma junta governamental, proposta pelo Exército e eleita ali mesmo, com nove membros, passaria a supervisionar o trabalho do ministério e do príncipe regente.

D. Leopoldina e o início de sua consciência política do Brasil

D. Pedro perdia em todos os terrenos: sua reputação com a tropa acabara, ficava reduzido a mero fantoche do governo imposto pelos militares, sem qualquer influência política e com o principal aliado partindo não só do governo, como também do Brasil. Naquela mesma noite, retornou ao teatro por volta das oito da noite com d. Leopoldina. Assistiram à ópera, no intervalo foi declamado um poema em honra a d. João VI e, como atração extra, houve a apresentação do Hino à Constituição, com letra e poesia de d. Pedro. O príncipe foi extremamente saudado pela plateia, a quem cumprimentava jubiloso ao lado da esposa. Mas seu amor-próprio estava ferido, e d. Leopoldina não compartilhava de forma alguma a animação do público.

Dois dias depois, em 7 de junho, escrevia a princesa para o pai em Viena:

> [...] A cada dia as coisas ficam mais confusas e infelizmente todas as cabeças do governo foram tomadas por princípios totalmente novos, paciência. Eu, porém, permaneço fiel ao meu antigo modo de pensar e princípios austríacos.[131]

No dia 9, confidenciava a Maria Luísa, começando a dar demonstrações de um certo favoritismo aos brasileiros e de achar que o marido deveria ter enfrentado a crise com o uso da força e não dado aos revolucionários lusitanos o que eles queriam:

> [...] Aqui está uma verdadeira miséria, todos os dias novas cenas de revolta; os verdadeiros brasileiros são cabeça boa e tranquila, as tropas portuguesas estão animadas pelo pior espírito e meu esposo, infelizmente, ama os novos princípios e não dá exemplo de firmeza; como seria preciso, pois atemorizar é o único meio de pôr termo à rebelião; receio que tome consciência tarde demais, com seu próprio prejuízo, e só posso ver um futuro negro; Deus sabe o que ainda acontecerá conosco [...].[132]

Essa não seria a primeira vez que d. Leopoldina discordaria dos métodos do marido, nem de sua dubiedade e dúvidas em determinados momentos. D. Pedro, por outro lado, tentava como podia manter as tropas portuguesas pró-Constituinte calmas e confiantes de que ele estava do lado delas. Mesmo que para isso fosse cobrado frequentemente em demonstrações públicas a esse respeito, o que irritava d. Leopoldina.

Ao diplomata que lhe vendeu um "príncipe encantado", o marquês de Marialva, ela comentou numa carta a respeito dos acontecimentos recentes no Rio de Janeiro, novamente elogiando os brasileiros, mostrando seu desagrado com os portugueses e, pasme-se, com um ligeiro flerte ao "liberalismo". Para onde fora a fidelidade ao "antigo modo de pensar e princípios austríacos" que afirmara professar ao pai dois dias antes?

> Temos aqui quase que diariamente tumultos revolucionários das tropas de Lisboa; o povo e o exército do Brasil são excelentes e fiéis súditos, mas a força lhes impõe silêncio; eu não sei que fim este terrível turbilhão de espírito constitucional levará; embora eu me considere culpada dos sentimentos liberais; acho esses daqui liberais demais, e antevejo um futuro

> funesto e estou muito contente que nosso excelente soberano tenha se atirado aos braços de sua bem-amada pátria; pudesse eu fazer o mesmo. Paciência, é preciso ser corajosa e constante, um dever sagrado mo impõem.[133]

Para cada olhar e para cada ouvido, a frase correta. Ou d. Leopoldina, nesse momento, começava a comungar do liberalismo do marido ou estava falando o que o marquês de Marialva gostaria de ouvir. Entretanto, o marquês era um fiel absolutista; a primeira hipótese, de que d. Leopoldina deixou-se embalar pelo ideal liberal e começava a esconder isso do pai e da irmã na Europa, é a mais plausível. Um mês depois, em 8 de julho, a princesa escreveu a Francisco I: "[...] infelizmente estou sendo mal interpretada, o que me magoa muito, já que *tenho bons e autênticos desejos para o bem do Brasil*, mas as almas liberais mesquinhas estão todas contra mim e agora estou sendo muito cautelosa, não expressando minhas opiniões."[134] [grifo do autor]

A ideia de ficar permanentemente no Brasil parecia cada vez mais se cristalizar na alma da princesa. Em carta de 2 de julho de 1821, ela afirmou à irmã:

> Infelizmente, acabou-se a esperança de viajar rapidamente para a Europa, o que, sendo bem honesta, é sorte [...] o Brasil é, sob todos os aspectos, um país tão maduro e importante, que é incondicionalmente necessário mantê-lo. O Onipotente conduz tudo para o nosso bem e o bem comum vem antes do desejo individual, por mais intenso que seja.[135]

A MATRIARCA DA INDEPENDÊNCIA

D. Leopoldina havia se desdobrado até 1821 em diversas facetas, ou, por que não, personas. Para cada interlocutor, a princesa havia mostrado uma máscara. Temos a máscara da filha obediente com a qual ela se relacionava com o pai na Áustria; a de súdita fiel e nora grata, com a qual se apresentava perante d. João VI; à irmã Maria Luísa ela surgia mais na intimidade, mas não completamente. Queixava-se de seus problemas no Brasil, das ideias do marido, das quais daria futuramente amostras de se haver contaminado, mas não se revelaria integralmente. Com d. Pedro, como veremos futuramente, quando ele partiu para São Paulo, ela usaria a máscara da esposa obediente e apaixonada. Mas era aos vassalos, aos que lhe deviam obediência, sobretudo aos de origem germânica, como Schäffer e Flach, que d. Leopoldina mostrava a sua resoluta e destemida face.

D. Leopoldina, em suas cartas de 1821, passou a fazer distinções entre os "brasileiros" e os "portugueses". Sua tendência em pender para o lado do Brasil contra Portugal aparece ora nas entrelinhas, ora de forma explícita. Essa opinião dela era possível porque, nesse momento em que d. Pedro e ela se viram livres da corte de d. João VI e que o príncipe assumiu de fato o poder, este não caiu no erro do pai de afastar a esposa dos negócios.

D. João, devido à doença de d. Maria I, assumiu a regência por necessidade. Não estava ávido por governar Portugal e decidir o futuro do império ultramarino.

Ao contrário da mulher, d. Carlota, ele não tinha a ânsia do mando. A infanta espanhola, mulher inteligentíssima e perspicaz, acabou por se ressentir com o marido por não poder compartilhar o poder, já que d. João, cioso de sua herança, não o dividia com ela. Ele, como havia feito inicialmente com d. Pedro, afastou d. Carlota da vida política por não terem as mesmas ideias. Isso gerou ressentimentos que levaram à inimizade política entre marido e mulher. Ambas as cortes, a do rei e a da rainha, passaram a travar combates entre si, guerrilha essa que d. Leopoldina percebeu e noticiou aos parentes na Europa.

D. Pedro, ao contrário do pai, dividiu suas dúvidas e seus acertos desde o início com d. Leopoldina. Quando a corte partiu, as cartas da princesa para a Europa demonstram que ela era um personagem que participava do dia a dia político do marido. Leopoldina sabia o que acontecia, tinha opinião, que às vezes era bem-vinda, outras vezes não, mas o marido sempre a escutava. Diferente da sogra, a princesa não teceu nenhum plano próprio de poder; ao contrário, iria se bater numa ideia comum com d. Pedro e fazer disso um propósito superior. Além de cuidar da educação dos filhos e de ser uma esposa obediente, ela seria um elemento político de uma causa que abraçou. O porquê de ter abraçado a causa é outra questão.

Egressa do absolutismo, d. Leopoldina se esmeraria em garantir aos filhos e ao marido um trono, uma vez que a situação caótica das Cortes estava pondo em risco a integridade da herança que d. João VI poderia legar aos seus descendentes. Ao chegar a Lisboa, o rei foi completamente humilhado pelas Cortes. Teve que aguardar um dia no navio até que estas concordassem em recebê-lo em terra. Todas as nomeações que ele fez durante o seu aniversário passado a bordo do navio não foram ratificadas pelos deputados, o que as tornou inválidas. Diversos servidores e cortesãos foram dispensados do serviço do rei sem qualquer aviso anterior ou indenização. Muitas das damas portuguesas que serviram d. Leopoldina e que partiram com a família real para Portugal precisaram recorrer aos príncipes no Brasil para não ficarem na miséria. D. João passou a ser virtualmente prisioneiro das Cortes, que se debatiam entre demagogos e exaltados, os quais, em seus mandos e desmandos, ameaçavam causar a ruína administrativa e financeira de Portugal e do Brasil.

Sem muitos aliados após a queda do conde dos Arcos, d. Pedro e d. Leopoldina acabaram se aproximando dos militares portugueses, os mesmos que haviam obrigado o príncipe a jurar às bases da Constituição inexistente. Nesse período, d. Pedro acreditava que precisava apaziguar esta parte do Exército. Os brasileiros, até então, estavam quietos, e as Armas portuguesas representavam uma facção poderosa dentro do sistema das Cortes Portuguesas, que poderia determinar o futuro da dinastia de Bragança. Assim, d. Pedro procurou prestigiar várias vezes os comandantes e os comandados portugueses, aparecendo em alguma comemoração e jantares.

O mais importante de todos aconteceu em 24 de agosto, quando foi comemorada pelos portugueses no Rio de Janeiro a Revolução do Porto, ocorrida um ano antes. Os militares deram um baile, ao qual o casal real compareceu e se retirou somente às seis horas da manhã do dia seguinte. D. Pedro conseguia dessa forma conciliar as Forças Armadas. Segundo rumores, por essa época, passou a ter um caso com a esposa do general Jorge Avilez.

Mas, se as coisas no Rio de Janeiro estavam razoavelmente contidas, o mesmo não ocorria em Lisboa. As Cortes Portuguesas ficaram descontentes ao ver que d. Pedro, os filhos e d. Leopoldina não estavam com a família real quando esta desembarcou em Lisboa. Gostaram menos ainda do fato de d. João ter deixado o filho como príncipe regente no Brasil. A proposta das Cortes era que somente as juntas provinciais governassem, em comunicação direta com Lisboa. Em setembro de 1821, apenas 46 dos 82 deputados brasileiros haviam chegado às Cortes e tomado assento; desses, somente uma parte eram brasileiros natos.

Foi nessa época que o Parlamento resolveu acabar com tudo o que d. João havia construído no Brasil de 1808 até então: extinguiram a figura jurídica internacional do Reino do Brasil e não recriaram o vice-reino. De fato, todas as províncias brasileiras passavam a ser territórios ultramarinos portugueses, e, assim como Bahia, Pernambuco e Maranhão já faziam, as demais não deveriam reconhecer a autoridade de d. Pedro como príncipe regente do Brasil. Todas elas deveriam se reportar diretamente ao governo português na Europa. Decretaram o fechamento de todos os tribunais, agências e repartições públicas criados após 1807 no Brasil, transformando milhares de juízes, advogados, meirinhos e burocratas automaticamente desempregados em patriotas brasileiros pró-independência. O príncipe d. Pedro deveria retornar à Europa com a família e realizar uma viagem pelo Velho Continente para completar sua educação.

Os decretos das Cortes foram enviados em outubro para o Brasil e chegaram em 9 de dezembro. D. Pedro, aparentemente decidido a cumpri-los, mandou que os decretos e a sua resolução de partir no dia 11 fossem publicados na *Gazeta do Rio de Janeiro.*

Dois meses antes o príncipe mencionara, em carta ao pai:

> A independência tem se querido cobrir comigo, e com a tropa, com nenhum conseguiu, nem conseguirá, porque a minha honra e a dela é maior que todo o Brasil; queriam-me, e dizem que me querem, aclamar imperador; protesto a Vossa Majestade que nunca serei perjuro, que nunca lhe serei falso e que eles farão essa loucura, mas será depois de um e todos os portugueses estarem feitos em postas: é o que juro a Vossa Majestade, escrevendo nesta com o meu sangue estas seguintes palavras: juro sempre ser fiel a Vossa Majestade, à Nação e à Constituição Portuguesa.[1]

D. Pedro tentava sinalizar da melhor maneira possível que as coisas estavam desandando no Brasil. Mas os deputados constituintes portugueses não conheciam a real dimensão das questões brasileiras. Movidos pelo rancor de terem perdido a capital para o Rio de Janeiro por tantos anos e instados pela burguesia portuguesa, empobrecida devido à quebra do monopólio e ao enfraquecimento dos direitos sobre os produtos brasileiros, os deputados buscavam transformar novamente o Brasil

Imagem idealizada do desembarque de d. Leopoldina no Brasil. Litografia de autor desconhecido presente na obra *Vaterländische Immortellen aus dem Gebiet der österreichischen Geschichte*, 1840. Coleção Paulo Rezzutti.

Imperatriz Maria Teresa, mãe de d. Leopoldina. Óleo sobre tela de Elisabeth Louise Vigée Le Brun, *circa* 1790. ACERVO DO MUSEO DI CAPODIMONTE – NÁPOLES.

Vista da cidade de Viena no início do século XIX. Gravura de Jakob Adam, 1802. ACERVO DO MUSEU DA CIDADE DE VIENA.

Imperador Francisco I da Áustria, pai de d. Leopoldina. Óleo sobre tela de pintor desconhecido, s/d. ACERVO DO MUSEU IMPERIAL/IBRAM/MINC.

A arquiduquesa Leopoldina e sua família em um passeio no parque do Palácio de Laxenburg. A futura imperatriz do Brasil aponta para o castelo de Franzensburg, uma construção erguida numa ilha no lago do parque que servia como local de entretenimento para a família. Litografia de Johan Nepomuk, 1835.

Despedida da arquiduquesa Maria Luísa da Áustria dos seus irmãos, em 13 de março de 1810. D. Leopoldina aparece do lado direito, abraçada à nova esposa de Napoleão Bonaparte. Óleo sobre tela de Pauline Auzou, 1812.

A arquiduquesa Leopoldina aos 10 anos de idade. Aquarela sobre papel de Bernhard von Guérard, 1807. Coleção Paulo Rezzutti.

D. Leopoldina com aproximadamente 15 anos. Aquarela sobre papel de Jean Baptiste Isabey, *circa* 1812. Acervo da Fundação Maria Luisa e Oscar Americano, São Paulo/SP.

A arquiduquesa Leopoldina aos 20 anos. Óleo sobre tela de Joseph Kreutzinger, *circa* 1817.

D. Leopoldina na Ilha da Madeira. Óleo sobre tela de João José Nascimento, 1817. ACERVO DO MUSEU HISTÓRICO NACIONAL.

Augustinerkirche, ou Igreja Agostiniana, localizada na Josefsplatz, ao lado do Hofburg, em Viena. Essa era a paróquia da corte imperial e foi nesse local que d. Leopoldina se casou, por procuração, com d. Pedro, então príncipe do Reino Unido de Portugal, Brasil e Algarves, em 13 de maio de 1817. FOTO DE PAULO REZZUTTI.

Desembarque de d. Leopoldina no Rio de Janeiro, em novembro de 1817. Ela e d. Pedro aparecem de perfil, do lado direito, os irmãos do noivo e, adiante, d. Carlota Joaquina, com um toucado de plumas vermelhas. Ao fundo, embarcando na carruagem, d. João VI. Óleo sobre tela de Jean-Baptiste Debret, 1818. Acervo do Museu Imperial/Ibram/MinC.

Medalha confeccionada em 1817 em lembrança da partida de d. Leopoldina para o Brasil. Foram feitos exemplares em bronze e prata por Joseph Nikolaus Lang, medalhista e gravador da Casa de Moeda de Viena. ACERVO DO MUSEU DA CIDADE DE VIENA.

Passagem de S. S. M. M. e A. A. R.

em frente d

…ner debaixo do arco na rua Direita.

…a de cavalo

Copo de viagem, com o respectivo estojo, que pertenceu à imperatriz d. Leopoldina. Na reserva, vemos uma coroa real e as letras "M" e "L", de Maria Leopoldina. Acervo do Museu Histórico Nacional/Ibram. Fotos de Paulo Rezzutti.

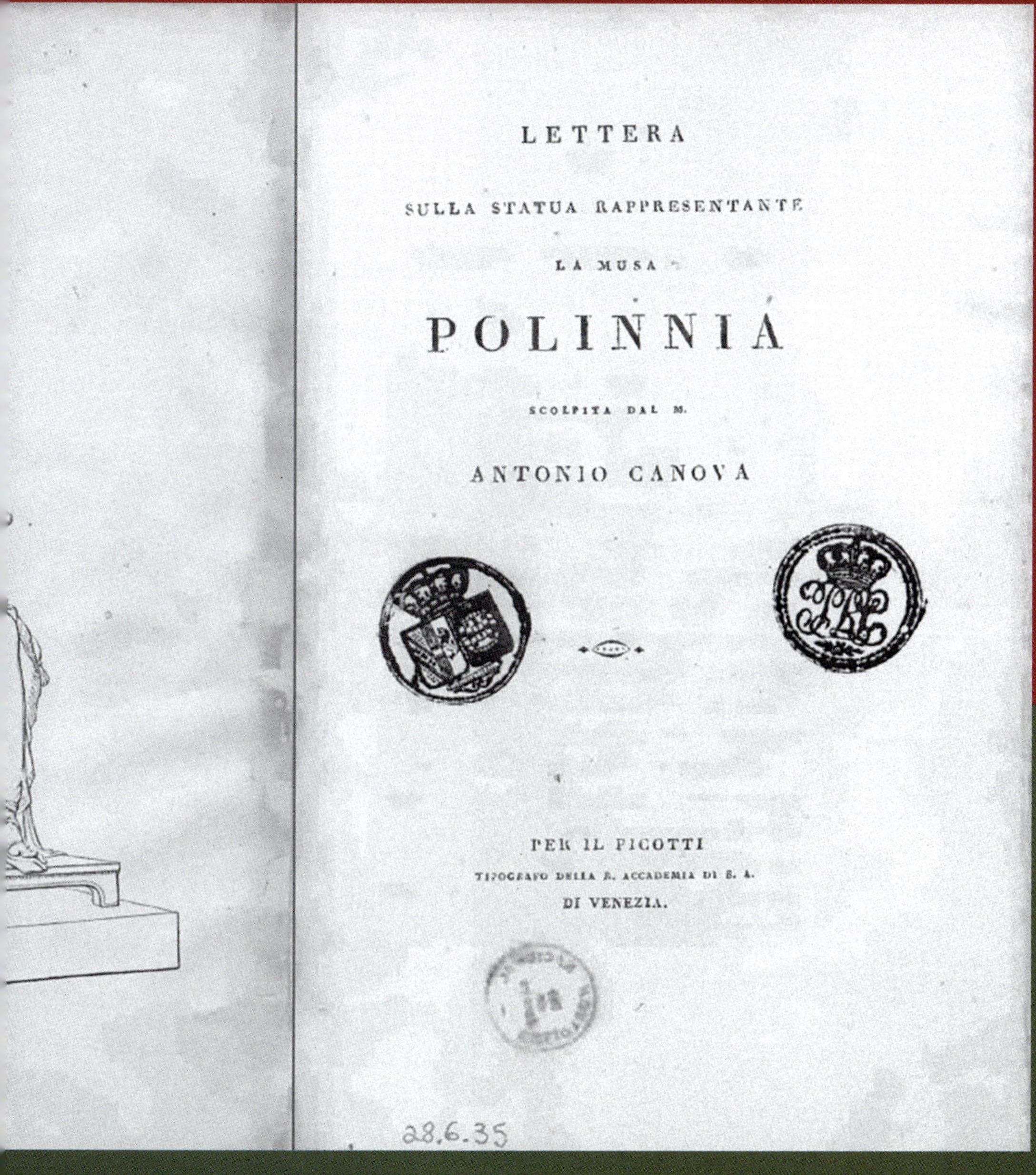

Livro que pertenceu à imperatriz d. Leopoldina. Nele, vemos dois carimbos como marcas de propriedade: do lado esquerdo, os brasões dos Habsburgos e do Reino Unido de Portugal, Brasil e Algarves; do lado direito, um monograma com a coroa real e as letras "P", "R" e "L", de Princesa Real Leopoldina. Acervo da Fundação Biblioteca Nacional – Brasil.

Imperatriz d. Leopoldina, Óleo sobre tela de pintor desconhecido, *circa* 1820. Acervo do Palácio Nacional da Ajuda, Lisboa. DPC/ADF. Foto de Luísa Oliveira.

D. Leopoldina, princesa do Reino Unido. Óleo sobre tela de pintor desconhecido, *circa* 1811. Acervo do Palácio Nacional da Ajuda, Portugal.

Prato de porcelana francesa do conjunto de bolo que pertenceu a d. Leopoldina. Nenhuma das peças do aparelho é igual. Em cada uma há uma flor diferente, e somente em algumas há ramalhetes. O interesse de d. Leopoldina pelas Ciências Naturais revela-se até em objetos cotidianos. Coleção Paulo Rezzutti.

A imperatriz d. Leopoldina com as cores nacionais brasileiras, verde e amarelo, no toucado e na faixa. Miniatura em prata, safira branca e esmalte, século XIX. Acervo da Fundação Maria Luisa e Oscar Americano, São Paulo/SP.

Leque comemorativo ao desembarque de d. Leopoldina no Brasil. Executado pelo pintor chinês Sun Qua sobre desenho de Jean Baptiste Debret. Leque de papel pintado a guache com varetas de marfim esculpidas e gravadas, *circa* 1817. COLEÇÃO PARTICULAR.

Leque comemorativo do casamento de d. Leopoldina com d. Pedro. Ao centro, aparece o casal em um cenário limitado por reposteiros e colunas, nas bases das quais aparece o brasão do Reino Unido. Nas extremidades, à esquerda, a inicial "P" e, à direita, a inicial "C". Por um erro da diplomacia, quando d. Leopoldina chegou ao Brasil, todos acreditavam que seu primeiro nome fosse Carolina. Ela foi recebida na capital do Reino com arcos do triunfo, colunas e fogos com as iniciais "C" e "P". É um dos poucos objetos que sobreviveram a rememorar esse equívoco. Papel pintado e varetas de marfim, China, *circa* 1817. ACERVO DA FUNDAÇÃO MARIA LUISA E OSCAR AMERICANO, SÃO PAULO/SP.

Efígie de d. Leopoldina, segurando o medalhão que recebeu em Viena com o busto do noivo. Ao fundo, vemos a baía de Guanabara. Xícara com pires, segunda década do século XIX. Acervo da Fundação Maria Luisa e Oscar Americano, São Paulo/SP.

Arquiduquesa Leopoldina. Busto em porcelana, manufatura austríaca, segunda década do século XX. Acervo particular. Foto de Maison Alexandre Landre.

D. Pedro e d. Leopoldina visitando os órfãos da Casa dos Expostos no Rio de Janeiro. Óleo sobre tela de Simplício Rodrigues de Sá, 1826. Fundação Romão Duarte, Rio de Janeiro.

Ex-voto mandado fazer por d. Leopoldina. A imperatriz aparece a cavalo, ao fundo, à esquerda, invocando Nossa Senhora, que envia um anjo para salvar d. Pedro da morte. A pintura foi feita em agradecimento pela cura do imperador após uma grave queda de cavalo ocorrida em 1823. Óleo sobre tela de Auguste-Marie Taunay e Felix Taunay. Acervo do Museu da Imperial Ordem de Nossa Senhora da Glória do Outeiro – Rio de Janeiro. Foto de Paulo Rezzutti.

Óleo sobre tela de Luís Schlappriz representando d. Leopoldina grávida. Acervo do Museu do Estado de Pernambuco – Recife.

Embora seja pouco lembrado, d. Leopoldina foi rainha de Portugal por um breve período, de março a maio de 1826, entre a morte do sogro, d. João VI, e a abdicação de d. Pedro ao trono português. Nessa imagem, vemos d. Leopoldina com a coroa de Portugal ao fundo. Caixa de rapé representando d. Leopoldina como rainha de Portugal, *circa* 1826. Acervo do Museu Imperial/Ibram/MinC.

Caixa de rapé com os bustos de d. Leopoldina e de d. Pedro I. As caixas de rapé, popularmente chamadas de tabaqueiras, guardavam o tabaco em pó, seco e ralado, que era inalado por membros das classes mais elevadas. O gesto era visto como elegante em contraponto com o hábito do povo de mascar o tabaco. O costume era tido como medicinal desde a chegada dos primeiros europeus à América, que observaram práticas dos povos originários. Essas caixas, feitas uma a uma, eram presenteadas pelos soberanos e tinham grande valor por serem um presente régio. Acervo do Museu Imperial/Ibram/MinC.

Miniatura retratando d. Leopoldina. Acervo do Museu Imperial/Ibram/MinC.

J.B. Debret del.

MONUMENT ET CONVOI FUNEBRE

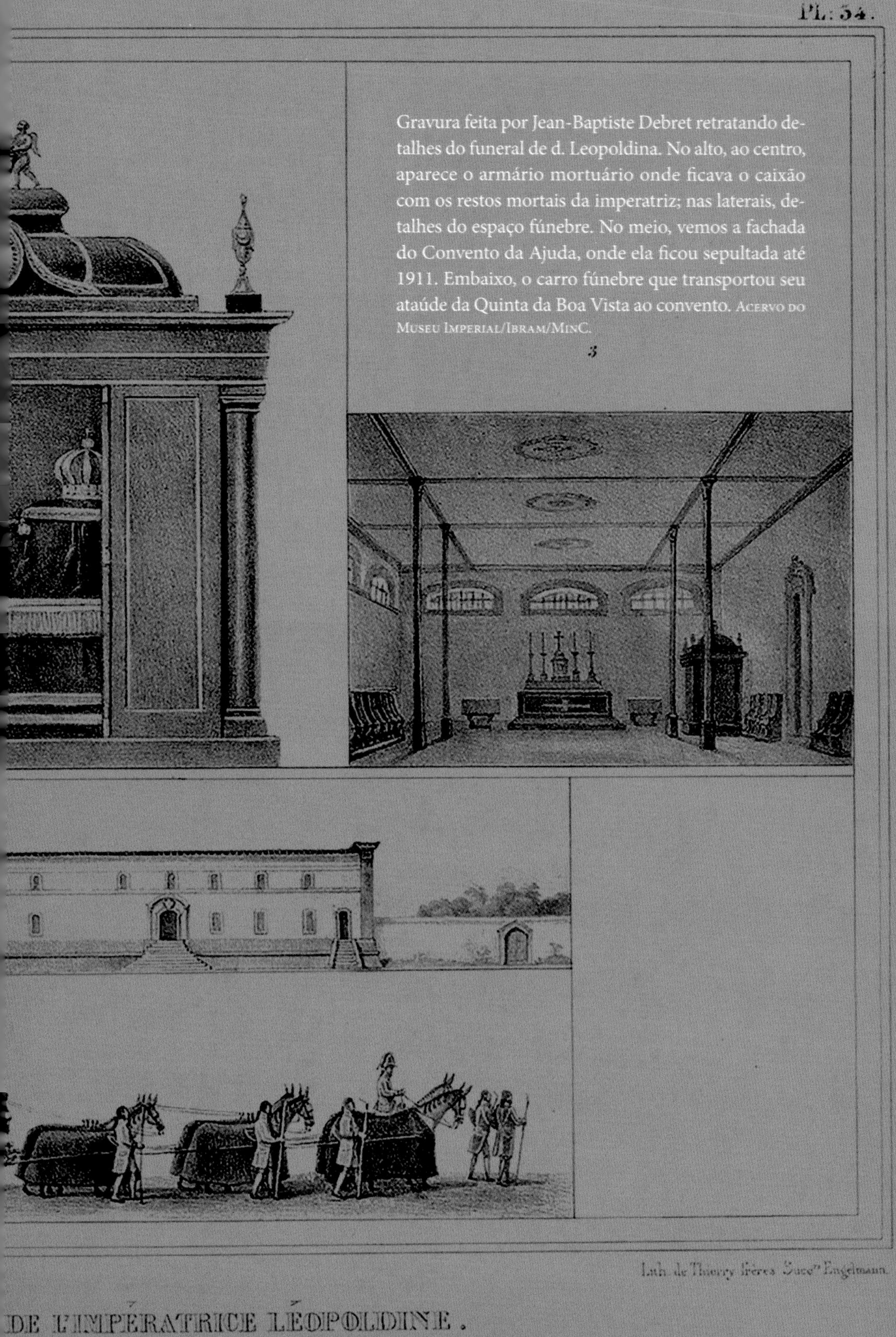

Gravura feita por Jean-Baptiste Debret retratando detalhes do funeral de d. Leopoldina. No alto, ao centro, aparece o armário mortuário onde ficava o caixão com os restos mortais da imperatriz; nas laterais, detalhes do espaço fúnebre. No meio, vemos a fachada do Convento da Ajuda, onde ela ficou sepultada até 1911. Embaixo, o carro fúnebre que transportou seu ataúde da Quinta da Boa Vista ao convento. Acervo do Museu Imperial/Ibram/MinC.

Trabalho em talha dourada com o brasão imperial e elementos simbólicos evocativos à morte. A peça foi feita para o translado da imperatriz d. Leopoldina do Rio de Janeiro para São Paulo em 1954. ACERVO DO INSTITUTO HISTÓRICO E GEOGRÁFICO DE SÃO PAULO. FOTO DE PAULO REZZUTTI.

Foto dos restos mortais de d. Leopoldina, tirada durante os trabalhos realizados pela arqueóloga Valdirene do Carmo Ambiel. FOTO DE VICTOR HUGO MORI.

Epitáfio que acompanhou o corpo de d. Leopoldina de 1826 a 1954. Acervo do Museu da Cidade de São Paulo.

Nesta tela, a pintora Georgina Albuquerque, no centenário da Independência do Brasil, em 1922, retrata d. Leopoldina na famosa Sessão do Conselho de Estado presidida pela futura imperatriz em 2 de setembro de 1822. Foi a primeira vez que uma pintora brasileira realizou uma pintura histórica cuja protagonista era uma mulher. Óleo sobre tela de Georgina Albuquerque, 1922. Acervo do Museu Histórico Naciona/Ibram/MinC.

D. Leopoldina com os filhos. No colo, o herdeiro do trono, futuro d. Pedro II, e ao redor as filhas d. Maria da Glória, d. Januária, d. Francisca e d. Paula Mariana. A pintura, realizada por Domenico Failutti, retrata a imperatriz como uma matriarca, cercada por seus filhos. Óleo sobre tela de Domenico Failutti, 1921. Acervo do Museu Paulista/USP – São Paulo.

Alegoria a respeito da morte de d. Leopoldina. Litografia de Antônio do Carmo, Rio de Janeiro, s/d. Acervo da Fundação Biblioteca Nacional – Brasil.

Embarque de d. Leopoldina em Livorno. A princesa aparece de pé, próxima da coberta da galeota à esquerda, que a leva em direção à nau *D. João VI*. Notem-se os marinheiros portugueses saudando a princesa de pé nos vaus das velas. Imagem A1618. Cortesia da Hispanic Society of America, Nova York.

Nesta ilustração, Frühbeck mostra a nau *D. João VI*, que transportou d. Leopoldina e sua comitiva do porto de Livorno, na Itália, até o Rio de Janeiro. O artista representou a constelação da Ursa Maior, visível somente no Hemisfério Norte, na popa, nos fundos do navio, enquanto o Cruzeiro do Sul, visível somente no Hemisfério Sul, aparece na proa, na parte da frente. Era o modo de ele indicar a direção em que iam: partia-se da Europa em direção ao Novo Mundo. Instituto Moreira Salles.

Serviço religioso a bordo da nau *D. João VI*. IMAGEM A1620. CORTESIA DA HISPANIC SOCIETY OF AMERICA, NOVA YORK.

Cozinha da nau *D. João VI*. Podemos observar nesta ilustração os diversos tipos humanos a bordo do navio e as mais diferentes situações. Alguns passam o tempo bebendo ou jogando, enquanto outros trabalham. No canto esquerdo ao fundo, podemos ver um animal sendo talhado por dois açougueiros. IMAGEM A1619. CORTESIA DA HISPANIC SOCIETY OF AMERICA, NOVA YORK.

Passeio feito por d. Leopoldina na Ilha da Madeira. A princesa segue montada a cavalo, enquanto parte da comitiva é transportada em liteiras. Numa delas, encontrava-se a condessa de Kühnburg, que descreveu a cena. IMAGEM A1623. CORTESIA DA HISPANIC SOCIETY OF AMERICA, NOVA YORK.

Frühbeck procurou retratar tudo o que chamasse atenção: dos tipos humanos presentes no navio aos pássaros, exóticos para o olhar europeu. INSTITUTO MOREIRA SALLES.

Sé do Funchal, retratada por Frühbeck. No local, foi realizado um *Te Deum* em 11 de setembro de 1817 pela chegada de d. Leopoldina à Ilha da Madeira. Instituto Moreira Salles.

Castelo de popa da nau *D. João VI*. No convés, à direita, próximo da escada, vemos um soldado montando guarda diante da entrada dos aposentos privados da princesa e de suas damas. Atrás do soldado, uma cortina vermelha, com as armas portuguesas bordadas, afastada, revela um corredor com três portas. A primeira dava acesso ao quarto da condessa Maria Ana von Kühnburg, que descreveu detalhadamente os ambientes. Uma dama, do lado direito, sobe as escadas em direção a d. Leopoldina, que aparece de perfil, no alto, com uma pluma na cabeça. Instituto Moreira Salles.

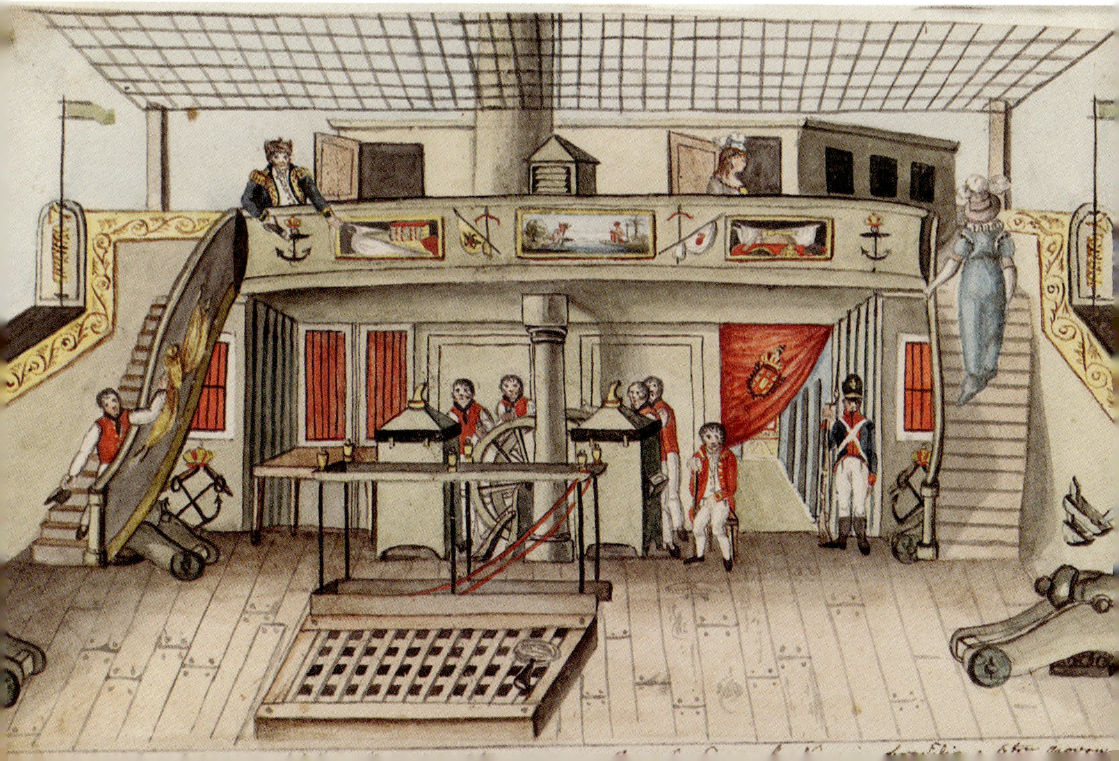

Festa de Netuno a bordo da nau *D. João VI*. Sentada no alto do castelo de popa, d. Leopoldina assiste à festa que ocorre no convés. Guache sobre papel de Franz Joseph Frühbeck, 1817. Coleção particular. Auktionshaus Michael Zeller.

Desembarque de d. Leopoldina no cais da Marinha, no Rio de Janeiro. Imagem A1621. Cortesia da Hispanic Society of America, Nova York.

Salão da nau *São Sebastião*, que transportou a comitiva de d. Leopoldina de volta para a Europa. Uma das três damas retratadas por Frühbeck seria a condessa Maria Ana von Kühnburg. INSTITUTO MOREIRA SALLES.

Campo de Santana, mais conhecido hoje como praça da República, no centro do Rio de Janeiro, retratado por Frühbeck. Ao centro da praça, vemos uma arena montada para a realização de touradas portuguesas, que, apesar de esporte nacional, não eram do agrado de d. Leopoldina. IMAGEM A1625. CORTESIA DA HISPANIC SOCIETY OF AMERICA, NOVA YORK.

Aquarelas feitas por Armand Julien Palliere retratando a viagem da esquadra que trouxe d. Leopoldina ao Brasil. A primeira mostra o embarque da princesa no porto de Livorno; a segunda retrata a recepção na Ilha da Madeira; e a terceira, a chegada dos navios ao Rio de Janeiro, em novembro de 1817. Coleção Herdeiros de Alfredo Allen.

numa colônia. O barão de Mareschal, diplomata austríaco no Rio de Janeiro, oficiava em janeiro de 1822 a Viena que as Cortes deveriam estar dementes[2] para impor ao Brasil sua recolonização.

Até então, todas as revoltas no Rio de Janeiro que forçaram juramentos a uma Constituição inexistente, à Constituição espanhola e à base de uma Constituição que estaria por vir haviam sido orquestradas por militares, comerciantes e caixeiros portugueses, ciosos de que não podiam perder o poder sobre o Brasil. Os brasileiros, até então sem se manifestar, começaram a temer, com os desmandos das Cortes de Lisboa, a perda de sua autonomia e passaram a se mostrar com mais força e mais vigor dentro das Forças Armadas e por meio da nascente imprensa nacional.

A carta do príncipe de que iria acatar a resolução das Cortes Portuguesas e voltar à Europa e os decretos limitadores à soberania brasileira caíram como uma bomba no Rio de Janeiro, o que talvez fosse esperado por d. Pedro. Com a extinção do Reino e o retorno à condição de mera colônia, mais de oitocentas famílias perdiam suas rendas devido à extinção dos postos no governo e no judiciário, o que afetaria os comerciantes, que não teriam para quem vender suas mercadorias. Além disso, ficava claro para os brasileiros natos a serviço do Exército que somente militares portugueses poderiam vir a ocupar determinados postos, sendo estes nomeados pelas Cortes.

Em suma, ser brasileiro era ser cidadão de segunda classe em seu próprio país. Mas d. Pedro já havia se resolvido. Ele e a família continuariam no Brasil até a eleição e a posse da nova junta que governaria o Rio de Janeiro; depois disso, partiria. Iria obedecer às ordens das Cortes e garantir a sua herança na Europa.

A conspiradora de São Cristóvão

Quase cinco anos antes, em 29 de dezembro de 1816, d. Leopoldina escrevia para Maria Luísa: "Não espero desempenhar um grande papel, como tu, minha boa irmã, mas viver tranquila e feliz; contudo, se for necessário, empenharei toda a minha força intelectual para fazer felizes as criaturas sobre as quais reinarei."[3] A jovem, que achou que iria fazer uma viagem ao "Novo Mundo" e logo retornaria ao "Velho", também pensou que não faria nada tão importante perto do sacrifício da irmã em se casar com Napoleão.

Na verdade, para d. Leopoldina estava guardado um papel na história muito mais relevante que o da arquiduquesa Maria Luísa. Enquanto a esta restava ser uma atriz coadjuvante, a irmã seria uma grande protagonista, com alguns brasileiros cultuando sua memória até hoje. Muito mais que esposa do príncipe e primeira imperatriz do Brasil, a princesa seria um elemento político importantíssimo, uma das articuladoras do movimento que visava à permanência de d. Pedro no Brasil.

Com sete meses de gestação, esperando a princesa d. Januária,[4] que nasceria em 11 de março, d. Leopoldina recusou-se a passar este período delicado a bordo de um navio. Decidida, alternou entre choro e ameaças de que não embarcaria para parte alguma antes do nascimento da criança, até que d. Pedro concordou em aguardar o parto em terra, pondo fim à hipótese de partirem dia 11 de dezembro.

O que acontecera àquela jovem que, um ano antes, igualmente grávida, estava disposta a atravessar a nado o Atlântico, se necessário fosse, atrás do navio que levasse seu marido para Portugal? A princesa daquela época era diferente da d. Leopoldina de dezembro de 1821, que tivera contato com os "Patriotas Brasileiros". Esse grupo visava inicialmente à emancipação política do Reino do Brasil e, posteriormente, à sua independência. Um dos membros com quem d. Leopoldina teve contato mais próximo foi o frei franciscano Francisco de Santa Teresa de Jesus Sampaio, em cuja cela, no Convento de Santo Antônio, conspirava-se, assim como na Maçonaria.

D. Pedro, a princípio, evitou todo e qualquer contato com a ideia da liberdade dos brasileiros. Tentava manter a neutralidade. Imaginava, não sem razão, que as Cortes constitucionais poderiam puni-lo com a perda da sua herança ao trono português caso se envolvesse em política contrária às ordens vindas de Lisboa.

D. Leopoldina, com visão mais arguta que a do marido, percebia que Portugal, nas mãos da turba que governava as Cortes, já estava perdido para eles e que o Brasil jazia ainda como uma tela em branco, que poderia vir a ser uma potência futura, muito mais relevante que a velha metrópole.

A princesa tinha mais consciência que d. Pedro de que nada mais poderia esperar de Portugal. As ordens vindas de lá, se forçosamente cumpridas, acabariam por despedaçar o Brasil em dezenas de repúblicas, como ocorrera com as províncias espanholas na América do Sul. Essa era também a visão dos brasileiros e até dos portugueses natos que se estabeleceram no Brasil e que iriam à ruína com os decretos das Cortes. Caso d. Pedro realmente saísse do território brasileiro, este permaneceria por mais quanto tempo acatando as ordens vindas de Portugal? D. João, como já vimos, havia alertado o filho antes de partir: "Pedro, se o Brasil se separar, antes seja por ti, que me hás de respeitar do que para algum desses aventureiros." Sem dúvida, a educação da princesa, principalmente em termos políticos, permitiu a d. Pedro ter ao lado de si a melhor conselheira que poderia existir naquele momento.

Ao seu secretário Schäffer, d. Leopoldina confidenciava entre o final de 1821 e o início de 1822:

> Fiquei admiradíssima quando vi, de repente, aparecer meu esposo, ontem à noite.
>
> Ele estava mais bem disposto para os brasileiros do que eu esperava — mas é necessário que algumas pessoas o influam mais, pois não está tão positivamente decidido quanto eu desejaria.
>
> Dizem aqui que tropas portuguesas o obrigarão a partir. — Tudo então estaria perdido e torna-se absolutamente necessário impedi-lo.
>
> Pernambuco deseja voltar à obediência, mas não quer nada saber das Cortes — não deverá, porém, manifestá-lo sob pena de ele não aquiescer.

Responda-me depressa por escrito, pois não convém visitar-me, a fim de que não desconfiem.[5]

Nesta carta ficam claros diversos pontos:

D. Leopoldina estava, nesse período, mais decidida pelo Brasil e pelos brasileiros do que d. Pedro.

Era preciso a todo custo, mesmo indo contra as tropas portuguesas, ou seja, usando de força bruta, fazer com que d. Pedro continuasse no Brasil. Caso isso não ocorresse, "tudo então estaria perdido". Ou seja, o "Fico" dela foi anterior ao do marido.

D. Leopoldina tinha acesso a informações privilegiadas acerca da política nacional. Ela afirmava que a província de Pernambuco queria voltar a responder ao Rio de Janeiro e não mais a Lisboa, sendo que desse fato o príncipe nem suspeitava, pois a província ainda não havia se manifestado oficialmente com medo de ele não aceitar. O medo não era infundado: de fato, a Bahia, antes de Pernambuco, já havia tentado responder novamente ao Rio de Janeiro, e não mais se reportar a Lisboa, e d. Pedro mandou-os obedecer às ordens das Cortes. Ou seja, respeitar a decisão delas e submeterem-se diretamente ao poder em Portugal.

Schäffer era o elemento de ligação da princesa com os patriotas brasileiros e não deveria visitá-la no palácio, pois os cortesãos e funcionários que ainda estavam juntos aos príncipes eram, em sua maioria, partidários das ordens das Cortes. Sendo assim, não convinha levantar suspeitas acerca da participação da princesa no movimento.

Guiado pela esposa, que articulava nos bastidores, pelo conselho do pai e pelo caos em que se antevia que o Brasil poderia cair após a sua partida, d. Pedro permaneceu no Brasil, garantindo, assim, ao menos um trono para seus filhos. Haja vista que a situação em Portugal, além dos desmandos das Cortes, era incerta. De Portugal, d. João VI alertaria o filho no final de 1821:

> Sê hábil e prudente, pois aqui nas Cortes conspiram contra ti, querendo os reacionários que abdiques em favor do teu mano Miguel. Tua mãe é pelo Miguel e eu, que te quero, nada posso fazer contra os carbonários que não te querem.

O "Fico"

D. Pedro acabou concordando em continuar no Brasil desde que essa fosse a vontade dos povos de Rio, Minas Gerais e São Paulo e que essas províncias se comprometessem a assumir a responsabilidade deste ato perante as Cortes. A resposta dos fluminenses foi redigida por frei Francisco de Santa Teresa de Jesus Sampaio em 29 de dezembro de 1821 e dizia:

> [...] Na crise atual, o regresso de S.A. Real deve ser considerado como uma providência inteiramente funesta aos interesses nacionais de ambos os hemisférios [...]. Se os motivos que as Cortes apontam para fazer regressar S.A. Real é a necessidade de instrução de economia política, que o mesmo Senhor deve adquirir viajando pelas Cortes da Europa, o povo julga que se faz mais necessário, para a futura glória do Brasil, que S.A. Real visite o interior deste vastíssimo continente desconhecido na Europa Portuguesa [...].[6]

O espírito das ideias no Rio de Janeiro era respirado diariamente por d. Pedro. Sua firmeza aumentou após receber, em 1º de janeiro de 1822, uma enérgica carta do governo paulista, redigida por José Bonifácio de Andrada e Silva, em que se lia:

> É impossível que os habitantes do Brasil, que forem honrados e se prezarem de serem homens — e, mormente os paulistas — possam consentir em tais absurdos e despotismos [...] V.A. Real deve ficar no Brasil, quaisquer que sejam os projetos das Cortes Constituintes, não só para o nosso bem geral, mas até para a independência e prosperidade futura do mesmo. Se V.A. Real estiver (o que não é crível) deslumbrada pelo indecoroso decreto de 29 de setembro, além de perder para o mundo a dignidade de homem e de Príncipe, tornando-se escravo de um pequeno grupo de desorganizadores, terá que responder, perante o céu, pelo rio de sangue que, decerto, vai correr pelo Brasil com sua ausência [...].[7]

No dia seguinte, d. Pedro escreveria ao pai:

> Ontem, pelas 8 horas da noite, chegou de São Paulo [...] o ofício que ora remeto incluso para que V. Majestade conheça e faça conhecer ao Soberano Congresso, quais são as firmes intenções dos Paulistas e por elas conhecer quais são as gerais do Brasil. Ouço dizer que as representações desta Província são feitas no dia 9 do corrente: dizem mais, que São Paulo escreveu para Minas. Daqui sei que há quem tem escrito para todas as províncias e dizem que tudo se há de fazer debaixo de ordem. Farei todas as diligências por bem para haver sossego e para ver se posso cumprir os decretos 124 e 125 (o que me parece impossível porque a opinião é toda contra por toda a parte).[8]

O príncipe, decidido a partir no início de dezembro, arrefecia e já considerava impossível cumprir os decretos das Cortes. À resolução paulista juntaram-se os fluminenses, com uma representação assinada por mais de oito mil pessoas pedindo a permanência de d. Pedro, à qual se somou a dos mineiros. Das cidades de Barbacena e Mariana chegaram novos pedidos para que ele ficasse. Quem não estava apreciando muito toda essa movimentação eram as tropas portuguesas no Rio de Janeiro. O general Avilez notificou ao príncipe o desejo do Exército de encarcerar e enviar para Portugal esses "perturbadores da ordem pública". Mas a marcha dos acontecimentos não tinha mais como ser impedida.

Na véspera de 9 de janeiro, d. Leopoldina novamente confidenciava com Schäffer:

> Receiam-se aqui muitos distúrbios para o dia de amanhã. Terá você ouvido alguma coisa? O príncipe está decidido, mas não tanto quanto eu desejaria. Os ministros vão ser substituídos por filhos do país, que sejam capazes. O governo será administrado de um modo análogo aos Estados Unidos da América do Norte. Muito me tem custado alcançar isso tudo — só desejaria insuflar uma decisão mais firme.[9]

Logo em seguida, d. Leopoldina complementava suas informações ao secretário:

> Na pressa que eu estava, esqueci de dizer-lhe que julgo preferível que os brasileiros conscienciosos deixem meu esposo organizar o governo como ele bem o entende. No caso contrário, esta particularidade insignificante talvez impedisse que *ele aqui ficasse*. Eles devem sobretudo prometer assumir toda a responsabilidade perante as Cortes.[10]

O gabinete de d. Pedro pediu demissão, e sozinho ele receberia os representantes do Senado da Câmara do Rio de Janeiro em 9 de janeiro, no Paço da Cidade, ao meio-dia. Lá, José Clemente Pereira, após cumprimentar o príncipe, pronunciou um discurso, para o qual colaborara frei Sampaio, em que dizia logo no primeiro parágrafo: "Senhor. A saída de V.A. Real dos Estados do Brasil será o fatal decreto que sancione a independência deste Reino! Exige, portanto, a salvação da pátria que V.A. Real suspenda a sua ida até nova determinação do soberano congresso."[11]

O discurso continuava afirmando que o Brasil não podia retornar ao estado anterior de Colônia e demonstrava a vontade das demais províncias, como Pernambuco, São Paulo e Minas Gerais. E, assim, d. Pedro capitulou e decidiu ficar no Brasil.

Esse dia entraria para a história como Dia do Fico, lembrado pela célebre frase que teria sido proferida pelo príncipe: "Como é para o bem de todos e a felicidade geral da nação, estou pronto: diga ao povo que fico." Entretanto, a história não é bem essa. Essa frase só surgiu no dia seguinte. A resposta real dada pelo príncipe e que consta no livro da vereança foi a seguinte:

> Convencido de que a presença de minha pessoa no Brasil interessa ao bem de toda a nação portuguesa, e conhecido que a vontade de algumas províncias assim o requer, demorarei a minha saída até que as Cortes e meu Augusto Pai e Senhor deliberem a este respeito, com perfeito conhecimento das circunstâncias que tem ocorrido.

A frase que entrou para a história era mais forte e mais precisa do que o texto original. Era um verdadeiro toque de clarim aos patriotas brasileiros e de alerta às tropas portuguesas que estavam dispostas a acabar com aquilo tudo e embarcar d. Pedro, d. Leopoldina e as crianças para Portugal à força.

O levante da Divisão Auxiliadora portuguesa

Dois dias após o "Fico", em 11 de janeiro, esboçava-se a reação dos militares portugueses no Rio de Janeiro. O general Jorge Avilez, mentindo que havia sido demitido, dirigiu-se aos quartéis do 11º e do 15º Batalhões para se despedir. Quando se retirou, foi saudado com vivas "ao general constitucional". Pouco depois, os dois batalhões sublevaram-se, e a revolta passou para os batalhões de artilharia. As tropas portuguesas foram para as ruas e destruíram as vidraças das casas e a iluminação pública festiva realizada em comemoração ao "Fico" do príncipe. A população do Rio entrava correndo em suas casas com os soldados atrás aos berros, gritando "Essa cabrada se leva a pau", como registrado por d. Pedro em carta a d. João.

Naquela noite, d. Leopoldina e d. Pedro foram ao teatro. Ali tomaram conhecimento do que estava ocorrendo no Rio de Janeiro. A viajante inglesa Maria Graham notou que

> [...] havia uma grande animação na conversa em uma parte da plateia e que os oficiais portugueses, de um determinado regimento, estavam ausentes da casa.
>
> Quando a ópera estava aproximadamente para mais da metade, parece ter havido um alarme repentino, não somente nos principais camarotes, mas na plateia, e todos os olhos estavam ansiosamente voltados para o príncipe, que, na parte posterior de seu próprio camarote, falava energicamente, parecendo dar ordens ao comandante da cidade, enquanto, ao mesmo tempo, uma cara nova aparecia a cada instante à porta do camarote, como se estivesse trazendo notícias desagradáveis.[12]

D. Pedro e d. Leopoldina, assim que entraram no teatro, notaram a falta do general Avilez, sempre presente, e tomaram isso como um mau sinal. Enquanto isso, à porta, o coronel brasileiro José Joaquim de Lima e Silva, tio do futuro duque de Caxias, e o tenente-coronel português José Maria da Costa, comandante do 11º Batalhão, desentenderam-se publicamente a respeito dos acontecimentos do dia 9. Segundo testemunhas, Costa afirmava que os brasileiros não queriam a Constituição e que iam ver só como seriam reduzidos novamente ao antigo cativeiro. Além disso, prometia que levaria d. Pedro de volta para Portugal pelas orelhas. O militar português saiu da discussão ameaçando o brasileiro: "Vocês foram nossos escravos, são e hão de continuar a ser e eu vou dar a prova."[13]

Segundo Maria Graham, presente no teatro, os sons vindos do camarote de d. Pedro, ao ser informado do ocorrido, começaram a abafar a voz dos atores. A plateia, preocupada, começou a se levantar para sair, no que foi impedida pelo próprio príncipe. Este, num discurso improvisado, explicou o que se passara e as providências que já teria tomado. Afirmou, ainda, que o melhor para todos, no momento, era ficar no teatro e terminar de assistir ao espetáculo para não prejudicarem o movimento das tropas nas ruas.

> De sua parte, ele pretendia permanecer onde estava, até o fim da ópera, e a princesa havia resolvido ficar com ele. Ela então avançou e deu a mesma segurança ao povo que, vendo-lhe firmeza (especialmente tendo em vista a sua condição muito adiantada de gravidez) aquiesceu e elevou um *Viva* que pareceu abalar o edifício.[14]

Após o fim da peça, d. Pedro foi escoltado até São Cristóvão por oficiais brasileiros e, de lá, enviou d. Leopoldina, grávida de oito meses, e os filhos para fora da cidade. Partiram às três horas da madrugada para a Fazenda de Santa Cruz.

Por sorte, viver o período napoleônico na Europa havia dado a d. Leopoldina o sangue-frio de escapar de capitais e refugiar-se no interior desde criança. Havia sido assim em Viena, Budapeste e agora no Rio de Janeiro. A experiência no assunto não deve tê-la apavorado como certamente ocorreria com alguém com menos vivência. O problema maior era fazer isso sob o intenso calor carioca.

Enquanto d. Leopoldina partia, o príncipe tratou de arregimentar as tropas favoráveis e partiu para o Jardim Botânico, onde ficava a fábrica de pólvora, para assegurar-se de que estava protegida e em mãos dos brasileiros.

Estrategicamente posicionada longe, a pólvora faria falta aos portugueses, que desde a madrugada ocupavam o morro do Castelo para proteger o Arsenal de Guerra, atual Museu Histórico Nacional. Diversas patrulhas fiéis ao general Avilez estavam próximas ao largo do Moura, onde havia aproximadamente dois mil portugueses em armas. No Campo de Santana, atual praça da República, onde se aquartelavam os batalhões brasileiros, juntaram-se a eles o povo do Rio de Janeiro, incluindo freis e padres armados e oficiais portugueses que se posicionaram a favor do príncipe.

A pé e a cavalo, a massa da tropa pró-Fico era composta de mais de dez mil pessoas. Mas, apesar de todo o ímpeto e da superioridade numérica, a disciplina militar dos portugueses acabaria facilmente com essa tropa mal organizada. Mais armada de "puro patriotismo" do que de armas que pudessem realmente ser chamadas assim, a disposição do terreno do Exército favorável a d. Pedro era pouco estratégica para um enfrentamento.

Mas, por fim, não houve batalha. O general Jorge Avilez retirou-se com suas tropas para Niterói, deixando a cidade em poder dos brasileiros.

José Bonifácio

Estava a caminho do Rio de Janeiro José Bonifácio de Andrada e Silva, o vice-presidente do governo provisório de São Paulo que tomara da pena para despachar a 24 de dezembro de 1821 a contundente carta dos paulistas solicitando a permanência de d. Pedro no Brasil. Ele, acompanhado de uma comitiva, vinha entregar ao príncipe as assinaturas colhidas na província, demonstrando, assim como o Rio de Janeiro fizera no dia 9, o apoio paulista.

José Bonifácio, bem como seus irmãos, Martim Francisco e Antônio Carlos, que tomariam parte do processo de Independência e de consolidação do Império Brasileiro, eram naturais de Santos, no litoral sul de São Paulo. Essa cidade ainda hoje cultua a memória dos Andrada. Na rua Quinze de Novembro, no centro antigo, é possível encontrar uma placa informando o local onde José Bonifácio nasceu em 13 de junho de 1763. Igualmente, na região central encontra-se, ao lado da Igreja da Ordem

Terceira do Carmo, o Panteão dos Andrada, onde os irmãos foram sepultados. Eles eram filhos do coronel Bonifácio José Ribeiro de Andrada.

Como ocorria com as famílias abastadas na época do Brasil Colônia, José Bonifácio foi enviado para estudar em Coimbra, onde se localiza a grande universidade lusitana. Aos 25 anos, em 1788, já era formado em direito e em filosofia. Seguiu a carreira acadêmica, especializando-se em matemática, mineralogia, história natural, entre outros ramos. Viajou pesquisando e estudando pela Europa, viagem essa patrocinada pela Coroa portuguesa.

Estava em Paris quando estourou a Revolução Francesa. Retornou para Coimbra, onde passou a dar aulas, ao mesmo tempo que prestava serviços ao governo lusitano, principalmente em questões referentes ao declínio da extração de ouro e pedras preciosas das minas brasileiras. Havia feito especialização em Freiberg, na Saxônia, na renomada Academia Mineralógica, onde passou alguns anos. Poliglota, José Bonifácio falava bem seis idiomas, chegando a compreender ao todo onze. Tinha o alemão fluente, como demonstram os trabalhos acadêmicos que produziu nessa língua.

Bonifácio permaneceu em Portugal durante a invasão francesa e alistou-se no Corpo de Voluntários Acadêmicos, no qual acabou chegando ao posto de comandante devido a sua capacidade de liderança. Já aposentado dos trabalhos no Reino, conseguiu permissão de d. João para retornar ao Brasil, aonde chegou em 1819, aos 51 anos. Junto ao irmão Martim Francisco, partiu para pesquisas mineralógicas por São Paulo, onde acabou organizando as eleições de 1821 e tomando parte no governo paulista.

A viajante inglesa Maria Graham, que conheceu José Bonifácio na década de 1820, descreveu-o como uma pessoa muito interessante, bastante polido, de estatura baixa, rosto magro e pálido. Segundo ela, parecia alguém tomado por uma atividade febril que lhe consumia corpo e mente. Também reparou que o velho sábio, além de conhecer diversos ofícios, línguas e países e tratar com nobres, reis e príncipes, era um namorador e amante incorrigível.

A bisneta de Maria Teresa da Áustria

José Bonifácio e sua comitiva chegaram ao porto de Sepetiba, próximo da Fazenda de Santa Cruz, em 17 de janeiro. D. Leopoldina, que desde o dia 12 ali estava, mandou cavalos para o grupo, além de uma escolta. Ela queria encontrá-los, principalmente esse "sábio", cuja fama fizera d. Pedro nomeá-lo secretário do Reino, Justiça e Negócios Estrangeiros do novo governo. Ansiosa, foi recebê-los a meio do caminho. O futuro marechal José Arouche de Toledo Rendon, em carta para Martim Francisco, que havia ficado em São Paulo, narrou o encontro da futura imperatriz com a comitiva paulista.

Assim como a sua bisavó Maria Teresa ao apresentar-se perante os húngaros em 1741 com o filho e herdeiro nos braços, pedindo ajuda, d. Leopoldina soube emocionar os paulistas:

> Entre outras expressões dela capazes de arrancarem lágrimas aos homens de sentimentos honrados, foi dizer que estimaria muito que víssemos seus brasileirinhos, além dos quais tinha um terceiro (apontou para o ventre), que o entregaria aos cuidados dos honrados paulistas.[15]

Falando em outro idioma — segundo o conselheiro Drummond, em alemão; segundo Rendon, em francês —, ela conversou com José Bonifácio. Talvez tivessem começado a conversação em francês e José Bonifácio passou dessa para a língua materna de d. Leopoldina. De qualquer modo, buscaram em outro idioma o conforto da intimidade e do segredo.

D. Leopoldina foi quem deu ao Andrada a notícia de sua nomeação como novo ministro, narrando-lhe os acontecimentos do Rio de Janeiro. Inicialmente, José Bonifácio recusou o cargo, mas, graças à insistência da princesa, ele acabou concordando em conversar primeiro com d. Pedro antes de tomar uma decisão final. E assim o velho Andrada e a comissão paulista seguiram para o Rio embalados pela indelével lembrança da princesa e de seus pequenos "brasileirinhos". Mas não foram apenas eles tocados por d. Leopoldina. Segundo o conselheiro Drummond, a princesa confessaria que "a impressão que José Bonifácio lhe tinha causado era ainda tal que ela a não podia explicar".[16]

D. João Carlos, o protomártir da Independência do Brasil

No dia 19 de janeiro, d. Leopoldina, sabendo que tudo no Rio de Janeiro estava calmo, retornou com as crianças para a capital. O Exército português, então acampado em Niterói, na época chamada de Praia Grande, prometera deixar o Brasil o mais rápido possível.

Mas, infelizmente, o príncipe d. João Carlos, herdeiro masculino do trono dos Bragança, ressentira-se da viagem e adoecera. Tanto d. Leopoldina quanto d. Pedro passaram a culpar as tropas portuguesas pelo estado de saúde do filho. Se elas não tivessem tentado se sublevar, a princesa e as crianças não teriam sido enviadas para fora da cidade. Em 22 de janeiro, aniversário de d. Leopoldina, tanto ela quanto o marido recusaram-se a receber um grupo de oficiais portugueses que viera beijar a mão dela pelo seu dia. No dia 4 de fevereiro de 1822, o filho do casal, depois de um longo sofrimento, faleceu.

Em carta ao pai, d. Leopoldina escreveu em 12 de fevereiro de 1822:

> Morreu-me o meu filho de uma espécie de mal curada inflamação do fígado, em convulsões durante 28 horas. Tudo isto motivado por nossa forçada fuga para Santa Cruz, distante 12 milhas. A pobre criança sofreu horrivelmente de um calor de 98°,[17] de modo que se pode atribuir a isto a sua prematura morte. Não lhe posso esconder a minha dor, somente a religião, a firme confiança no Altíssimo, que tudo faz para o bem dos homens, me dão alguma resignação e sossego, mas é preciso tempo. Como vai acabar isto, só Deus o sabe, nós ficamos aqui, não há mais dúvida alguma, e parece-me que para sempre...[18]

D. Pedro, igualmente consternado, comunicou ao rei d. João VI a morte do neto:

> Meu pai e meu senhor. Tomo a pena para dar a Vossa Majestade a mais triste notícia do sucesso que tem dilacerado o meu coração. O príncipe d. João Carlos, meu filho muito amado, já não existe.
>
> Uma violenta constipação cortou o fio de seus dias. Este infortúnio é o fruto da insubordinação e dos crimes da divisão portuguesa. O príncipe já estava incomodado quando esta soldadesca rebelde tomou as armas contra os cidadãos pacíficos desta cidade; a prudência exigiu que eu fizesse partir imediatamente a princesa e as crianças para a fazenda de Santa Cruz, a fim de as pôr ao abrigo dos sucessos funestos de que esta capital podia vir a ser o teatro. Esta viagem violenta, sem as comodidades necessárias, o tempo que era muito úmido, depois de grande calor do dia, tudo enfim se reuniu para alterar a saúde do meu caro filho, e seguiu-se-lhe a morte.
>
> A divisão auxiliadora, pois, foi a que assassinou o meu filho e neto de Vossa Majestade. Em consequência, é contra ela que levanto minha voz. Ela é responsável na presença de Deus e ante Vossa Majestade deste sucesso, que tanto me tem aflito, e que igualmente afligirá o coração de Vossa Majestade.

Após o falecimento do filho, farto dos adiamentos da ida das tropas para Portugal, d. Pedro embarcou a 9 de fevereiro na fragata *União* e dirigiu-se para Niterói, onde intimou os comandantes portugueses. Tinham até o dia seguinte para começar o embarque, caso contrário as declararia inimigas e os fortes e navios lhes fariam fogo. Em dois dias partiram.

Se antes d. Pedro havia se mantido fiel aos desígnios das Cortes, após o "Fico" e a consequente morte do filho, ele passou a atacá-las. Qualquer mínimo respeito que ele ainda tivesse em relação à Assembleia Portuguesa .norreu com seu filho, a quem o frei franciscano Monte

Alverne se referiria futuramente como "protomártir da independência brasileira".[19]

Apesar de mais esse desgosto, de mais essa dor e das diversas demonstrações de pesar em seus escritos para a sua família na Europa, d. Leopoldina demonstrou estar completamente resoluta. Do Brasil não sairia mais, e sua causa era a mesma do país ao qual chegara cinco anos antes.

Uma das provas de seu desvelo é que cinco dias após a morte do filho ela se mostrava imersa nos problemas brasileiros. Escreveu para seu secretário dizendo ter achado bom o texto que ele lhe remetera e que se fazia "especialmente necessário mandar imprimi-lo nas circunstâncias atuais".[20] Também reclamava que não haviam chegado para ela os pensamentos políticos de Schäffer "redigidos em colaboração com o Padre Sampaio".

Frei Sampaio, além de orador sacro, era orador da loja maçônica Comércio e Arte e um dos liberais a quem d. Pedro passaria a escutar. O religioso também era redator do jornal *O Regulador Brasílico-Luso*, que depois mudou, na 11ª edição, para *O Regulador Brasileiro*. Nessa folha quinzenal, Sampaio defendia os interesses do Brasil e dos brasileiros, a que d. Leopoldina acompanhava, e, pelo teor das mensagens trocadas com o seu secretário, em primeira mão, antes de os artigos serem impressos.

D. Januária, a Princesa da Independência

Em 11 de março, d. Leopoldina passou por mais um parto, porém, dessa vez, bem longe dos médicos que a haviam maltratado e dilacerado das vezes anteriores. Quem narrou o ocorrido foi o marido em carta para d. João VI:

> Dou parte a vossa majestade que a princesa real, minha amada esposa, lhe começaram as dores às duas da noite; às três e meia chamou-me e às cinco da madrugada, andando a passeio pela casa, agarrou-se-me ao pescoço e em pé mesmo deu à luz; e

> às cinco e meia já estava tudo acabado com imensa felicidade, tendo dado à luz uma menina.[21]

Para o marquês de Marialva, d. Leopoldina confidenciaria que havia parido em menos de duas horas e, acaso um funcionário não estivesse por perto na hora, "o assoalho teria sido o berço de minha filha".[22]

À menina, d. Pedro daria o nome de d. Januária, em homenagem ao Rio de Janeiro.

A criança, que teve por madrinha a irmã Maria da Glória e por padrinho São José, passaria a ser conhecida como a "Princesa da Independência", devido ao momento político em que nasceu.

A próxima filha, Paula Mariana, nascida em 1823, também receberia seu nome em homenagem a outras duas províncias brasileiras, São Paulo e Minas Gerais, igualmente importantes no processo da Independência.

Minas Gerais

Agora sem os militares portugueses a sua porta, e tendo acabado de impedir que uma nova divisão portuguesa desembarcasse no Rio de Janeiro, não havia mais quem pressionasse d. Pedro e d. Leopoldina. Logo o novo ministério passou, à revelia das Cortes Portuguesas, a trabalhar. Foram expedidas ordens para o Brasil para que nenhuma nova resolução das Cortes fosse cumprida sem aval do príncipe regente. Este, aconselhado por políticos "filhos da terra" e por ministros do calibre de José Bonifácio, continuaria as reformas liberais que havia começado no início de 1821.

Em 16 de fevereiro, foi convocado um colegiado de procuradores, que deveria ter representantes de todas as províncias brasileiras, a se reunir no Rio de Janeiro em 2 de junho de 1822. Esse corpo seria consultivo, uma espécie de Conselho de Estado, a quem caberia auxiliar o príncipe à medida que este fosse encaminhando o Brasil ao regime constitucional.

Na Bahia, em 17 de fevereiro, ocorreu uma revolta contra o governo e as tropas portuguesas. Os patriotas — em maior número, porém sem a disciplina militar — perderam e tiveram que se retirar da cidade, dando início a uma violenta guerra civil. Os patriotas baianos foram saudados por d. Pedro, que prontamente decretou que as tropas portuguesas no Brasil deveriam se submeter a sua autoridade ou deixar o país.

D. Leopoldina assim mencionou ao pai o ocorrido:

> Aqui reina um verdadeiro caos de ideias e cenas, tudo surgido do logro chamado espírito de liberdade, e nas províncias do Norte agora estão assassinando todos os europeus. Deus (que dispõe tudo para o bem do homem) permita que a situação fique calma, como quer me parecer; meu esposo declarou que ficará aqui; embora pensemos diferentemente, em alguns aspectos, é melhor que me cale e observe silenciosamente.[23]

Ficar calada e silenciosa era tudo o que, como boa política, precisava para conseguir seus intentos. Conhecia bem o marido. Em vez de enfrentá-lo abertamente, d. Leopoldina "era mais sutil". Por meio de conselhos pontuais e influenciando outros a aconselharem d. Pedro, ela ia conseguindo suas conquistas. Mas nem todas. A convocação de uma Assembleia Constituinte para o Brasil, por exemplo, não foi inicialmente bem aceita pela princesa. Entretanto, d. Leopoldina estava resoluta em permanecer: "Tomei a grande decisão de ficar no Brasil, desistindo assim para sempre da esperança de algum dia rever meus queridos amigos e pátria." Pensar diferente dessa forma, para ela, seria "reabrir [...] feridas perigosas".[24]

Apesar de algumas cidades de Minas Gerais terem se colocado, assim como ocorrera com São Paulo e o Rio de Janeiro, fiéis à regência de d. Pedro e contrárias às ordens das Cortes, o mesmo não aconteceu com a capital da província: Vila Rica (atual Ouro Preto). D. Pedro, vendo a necessidade da absoluta integração das três províncias à causa da autonomia política do Brasil, partiu para Minas em 25 de março de 1822.

Nesse momento, longe do marido, a princesa escrevia-lhe visivelmente chateada com a falta de notícias dele: "[...] Basta-me a separação, não era preciso de mais o desgosto de ser privada de notícias suas".[25] A carta dele chegou no dia seguinte após o desabafo. A princesa, toda contente, respondeu:

> Recebo neste instante sua carta de Barbacena que muito me alegrou tendo notícias tão satisfatórias pelo meu coração; agradeço-lhe muito os cavalos que podiam ser piores, porém, tendo vindo de sua mão, serão sempre caros e válidos.
>
> Nós estamos boas, mas eu inconsolável de ser separada do senhor que eu amo ternamente como devo, desejando muito sua breve volta, depois serei alegre e feliz.[26]

Assinava a princesa ao marido ora como "sua amante esposa", ora como "sua esposa que o ama ao extremo". Em pós-escrito, de maneira delicadíssima, ensinava ao marido a se comportar: "Peço-lhe pôr a data nas suas cartas, perdoa-me este atrevimento." Pena que José Bonifácio não tenha pedido o mesmo a ela, assim seus bilhetes para o velho Andrada poderiam ser mais bem colocados no tempo e no espaço do processo da Independência.

Pacificada Minas Gerais, d. Pedro instituiu eleições e retornou ao Rio de Janeiro, onde foi recebido com júbilo pela população. Em 13 de maio, a maçonaria conferiria a ele o título de "Defensor Perpétuo do Brasil". Para matar as saudades da esposa, o príncipe, logo após voltar à capital, levou-a para conhecer a Serra da Estrela, o que a deixou encantada.[27] Após o seu retorno, ela escreveu ao diretor do Gabinete Imperial de História Natural, von Schreibers, a respeito das pedras preciosas que pretendia enviar a Viena. Entre elas, havia algumas gemas ainda na matriz, como topázio, ouro e quartzo. Seguiriam também fósseis, sendo alguns da região de Abaeté. Na mesma carta, ela pedia também amostras de tudo o que havia sido descoberto desde 1817, quando partira da Áustria, porque não iria mais retornar à Europa e queria continuar inteirada das descobertas mais recentes.[28]

Conspirações

Durante a ausência do príncipe, a cidade do Rio de Janeiro inteira conspirava. Grupos contrários a José Bonifácio procurariam tirá-lo do governo. D. Leopoldina, ciente desse fato, tinha então, além do "excelente Schäffer", como o chamava em suas cartas, o barão de Mareschal, que lhe trazia notícias dos movimentos opostos ao Andrada. Um desses grupos intitulava-se "patriotas europeus". O curioso a respeito dessa história de movimentos contrários à autonomia brasileira é a presença do diplomata austríaco passando informações para d. Leopoldina. Num dos bilhetes da princesa para José Bonifácio, ela diz: "Vem este instante o Barão de Mareschal, secretário da legação austríaca, contar que o 'Club' era na fábrica de pólvora e que antes de ontem viu passar muita gente de lá para cá às 11 horas da noite."[29]

Em carta para Viena, o diplomata afirmou que aconselhou a princesa a não se deixar envolver nos negócios políticos do Brasil. Chegou a comunicar a Metternich a sua satisfação em se assegurar de que d. Leopoldina assim havia procedido.[30] Entretanto, cabe um aparte considerável entre o que era comunicado para a Europa e o que de fato ocorria no Rio de Janeiro. Nem a princesa estava afastada da política nem o austríaco. Mareschal claramente havia tomado partido dos patriotas brasileiros e continuava achando que as Cortes em Lisboa haviam enlouquecido ao tentar recolonizar o Brasil.

Nem mesmo dentro do palácio d. Leopoldina estava livre dos "espias", como dizia, nem dos "pés de chumbo", modo desdenhoso como os brasileiros chamavam os portugueses e que a princesa incorporara ao seu vocabulário. Para José Bonifácio, recomendava:

> [...] Não se fie no meu veador, o d. Francisco Misutella, ele é do partido oposto, e deu anteontem no meu quarto os seus sentimentos a conhecer, de modo que eu lhe aconselhei a calar-se e unir todos os seus esforços e desejos pelo bem do Brasil que é o verdadeiro interesse dos homens amantes da pátria e boa ordem.[31]

Os membros da antiga corte portuguesa que continuaram a serviço dos príncipes, tendo ciência das saudades que d. Leopoldina sentia da Europa, tentaram em certo momento cooptá-la à causa portuguesa.[32] É de imaginar quão bem ela deveria disfarçar dentro do palácio o seu pendor à causa do Brasil a ponto de isso acontecer! Para José Bonifácio, numa carta, tendo um homem negro por mensageiro, "me fiando mais neles que em certos brancos",[33] informava de uma tentativa de ser ludibriada pela corte:

> Dando-lhe parte que teve cartas de Lisboa que fazer toda a diligência para ver se semeavam a discórdia entre nós ambos, mas eles se enganam: sou alemã (que quer dizer constante e teimosa), e só tendo a infelicidade de perder o juízo eu mudarei o sistema que adotei e com o qual sempre me tenho dado otimamente.

A carta a que d. Leopoldina faz menção seria uma falsificação, que passaria como escrita por d. João VI, admoestando filho e nora para retornarem a Portugal.[34] Enfim, todos conspiravam.

Constituição

Uma semana depois do retorno de d. Pedro, a Câmara do Rio de Janeiro solicitou a ele a convocação de uma Assembleia Constituinte. O príncipe submeteu o pedido ao Conselho de Procuradores quando este se reuniu, em 2 de junho. Com o pedido aprovado por maioria absoluta, d. Pedro lavrou o decreto de 3 de junho convocando a Assembleia, que deveria se reunir no ano seguinte.

Quem parece não ter gostado muito dessas novidades foi d. Leopoldina. Ela tentou deixar claro ao pai que não compactuava completamente com todas as coisas que estavam acontecendo no Brasil:

> Aqui há uma verdadeira confusão, por toda parte reinam modernos princípios populares de tão exaltada liberdade e independência, agora se trabalha numa assembleia popular, imagina de forma democrática, como no país livre da América do Norte. Meu esposo, que lamentavelmente ama todas as novidades, está deslumbrado e infelizmente, parece-me, no final, pagará por todos, com relação a mim estão desconfiados, o que me deixa muito feliz, pois assim não sou obrigada, graças a Deus, a expressar minha opinião e pelo menos estou livre de briga, esteja convicto, querido pai, aconteça o que acontecer, de que nunca esquecerei o que devo à religião, aos meus caros princípios pátrios [...].[35]

A desconfiança de d. Leopoldina era compreensível. Afinal, toda a política de d. João VI havia sido destruída, quase levando o Brasil de roldão, após as Cortes Constitucionais em Portugal tomarem o poder e a demagogia entrar na pauta do dia.

Talvez a princesa esperasse que o mesmo ocorresse no Brasil e, assim como o sogro em Portugal, logo ela e d. Pedro se veriam como prisioneiros da Assembleia Constituinte a ser instalada. Se isso ocorresse, ela não sabia qual o futuro do marido, que cultivava desde jovem ideias liberais, mas d. Leopoldina já havia traçado um plano para si e suas filhas se tudo desse errado:

> No pior dos casos, se as coisas tomarem o rumo da Revolução Francesa, como receio, verei minha querida pátria com minhas filhas, pois infelizmente tenho certeza de que a venda do

> deslumbramento não cairá dos olhos do meu esposo; espero que o senhor então me dê o posto de mineralogista, que certa vez teve a bondade de me prometer, de brincadeira, durante um almoço [...].

Porém, suas suspeitas não se confirmaram, afinal, tanto em Portugal quanto na França, as revoluções irromperam contra a vontade dos monarcas, que tiveram seus poderes diminuídos à força. O mesmo não se verificaria no Brasil, onde d. Pedro convocou, ele mesmo, uma nova constituinte, independente da que estava sendo discutida em Portugal. Assim que o movimento autonomista e depois o movimento de independência ganharam d. Pedro e d. Leopoldina como protagonistas, os brasileiros viram neles aliados de primeira hora, não tiranos que deveriam ser derrotados para cederem seu poder. Conforme d. Leopoldina foi tendo segurança de que nada tinha que temer dos brasileiros, seus receios arrefeceram na mesma medida da certeza do caminho trilhado.

Independência

Meses depois, em agosto, já menos contrariada com o rumo dos acontecimentos, d. Leopoldina dava sinais para Maria Luísa de que, de simpatizante da autonomia política do Brasil, passara a ser uma defensora da causa da independência brasileira:

> [...] O Brasil é grande demais, poderoso e, conhecendo sua força política, incapaz de ser colônia de uma corte pequena, por isso custará muitas lutas duras e sangrentas. E, como me parece, pelo que meu humilde entendimento permite, o ódio dos europeus contra o Brasil é tão grande que terminará com o extermínio dos primeiros.[36]

Ao pai, uma semana após a carta enviada a Maria Luísa, abria-se completamente:

> Embora o senhor sempre tenha proibido o meu coração e mente, amantes apenas da verdade, de falar abertamente, não posso deixar desta vez de tentar minha sorte. Segundo todas as notícias confiáveis da pátria-mãe infiel [Portugal], a única conclusão a que se pode chegar é que Sua Majestade, o Rei, está sendo mantido pelas Cortes numa prisão elegantemente disfarçada; nossa partida para a Europa é impossível, já que o nobre espírito do povo brasileiro se mostrou de todas as formas possíveis e seria a maior ingratidão e erro político crassíssimo se nosso empenho não fosse manter e fomentar a sensata liberdade e consciência de força e grandeza deste lindo e próspero reino, que nunca poderá ser subjugado pela Europa, [...] eu, por mim, estou convicta, querido pai, como deseja tudo o que é nobre e bom, de que o senhor nos apoiará na medida do possível e com toda a força e poder possível [...].[37]

Mesmo não sendo do gosto do pai a franqueza usada por d. Leopoldina nesta carta, a ideia de que um dos líderes da Santa Aliança se aliaria de bom grado à ideia de emancipação política do Brasil pautado com uma Constituição seria no mínimo absurda. Mas ela parecia não querer ver isso, ou fingia não ver, cega como estava pela causa do Brasil, que fizera sua desde o final de 1821.

Essas cartas devem ter chegado junto com o Manifesto às Nações Amigas, assinado por d. Pedro em 6 de agosto de 1822, no qual se denunciava o despotismo das Cortes de Lisboa em relação aos assuntos brasileiros e convocava as nações amigas do Brasil a tratar diretamente dos assuntos com o Rio de Janeiro e não mais com o governo português.

Schäffer levou as cartas escritas pela princesa tanto para a irmã quanto para o pai. A carta para Maria Luísa foi escrita em 2 de agosto; quanto à destinada a Francisco I, essa foi feita uma semana depois, no dia 9. A distância entre as datas das duas missivas pode ser um indício de que d. Leopoldina talvez fosse uma das pessoas, junto com José Bonifácio, outros conselheiros e o príncipe, autora do projeto de redação do manifesto. Somente após a publicação deste é que ela escreveu ao pai. Sua carta é contundente, tanto quanto o manifesto assinado por d. Pedro. Ela pretendia mostrar ao pai que então, definitivamente, comungava das ideias dos brasileiros e de seu marido. E que a decisão deles era irrevogável.

D. Pedro deixou claro no manifesto que não desejava dissolver os laços entre Portugal e o Brasil, mas não prometia defender as ligações entre os dois países. Explicitava a sua causa no texto, que serviu para explicar às nações do mundo os acontecimentos políticos segundo o ponto de vista dos brasileiros. D. Pedro, também em agosto, determinou o retorno dos constituintes brasileiros junto às Cortes Portuguesas. E, antevendo um futuro confronto, buscava se preparar para ele.

A ida de Schäffer para a Europa tinha um propósito, que depois seria mudado: o de angariar tropas austríacas e/ou suíças para a causa do Brasil. D. Leopoldina não acreditou que isso seria possível e não se envolveu nesse assunto. Porém, se envolveria quando da mudança de estratégia, e, em vez da instalação de um Exército, o Brasil passaria a contratar mercenários e fomentar a imigração. Schäffer empreenderia na Europa esse novo plano, principalmente junto às nações germânicas.[38]

Os assuntos brasileiros, desde o "Fico", eram notícias nos principais jornais da Europa. Em setembro, fazendo uma análise dos últimos acontecimentos no Brasil, o jornal londrino *The Courier*[39] simplificava a questão dando a entender que tudo seria um golpe da própria família Bragança para garantir seus tronos de ambos os lados do Atlântico:

> Há algumas semanas aludimos à possibilidade de que a conduta do Príncipe Real, opondo-se à vontade das Cortes Soberanas e aos aparentes desejos de seu pai, resultaria de uma combinação política entre eles, a fim de garantir o Império Brasileiro para a Casa de Bragança [...].

São Paulo

São Paulo, que, sob a liderança dos Andrada e seus aliados, havia se alinhado com o príncipe, agora causava problemas. Parte do governo local decidiu voltar-se a Portugal e expulsou Martim Francisco, irmão de José Bonifácio, da junta governativa. O Andrada foi preso e enviado ao Rio de Janeiro. Ali chegando, foi nomeado ministro do Tesouro. A indisposição dos irmãos Andrada com o governo paulista fez com que o presidente da junta de governo da província fosse demitido. Porém, como o governador não acatou a resolução e não rumou imediatamente para o Rio de Janeiro, como ordenado, d. Pedro partiu para São Paulo. Faria o mesmo que em Minas: apaziguaria e comandaria novas eleições. Pelo caminho, ao longo do Vale do Paraíba, foi tecendo alianças com os fazendeiros que sustentariam a causa brasileira.

Era um projeto antigo, mencionado por d. Leopoldina, ir visitar São Paulo. Após a perda do filho d. João Carlos, essa ideia tomou forma, como uma espécie de terapia para aliviar a dor da morte do varão. "Logo que estiver restabelecida de meu resguardo, prometeram-me uma viagem a cavalo para São Paulo, preciso muito disso para recuperar as forças [...]",[40] escrevia d. Leopoldina à irmã em março de 1822, após ter dado à luz a princesa d. Januária. Entretanto, novamente grávida em agosto, a princesa teve que ficar no Rio de Janeiro. Ao marquês de Marialva, comentaria no dia 15 desse mês: "Estou fazendo um grande sacrifício, deixando uma viagem encantadora."[41]

A viagem de d. Pedro daria muitos frutos políticos, mas um particularmente amargo para d. Leopoldina. De "se" não se faz história, mas fica difícil não imaginarmos aqui um "e se". E se ela tivesse acompanhado o marido a São Paulo? A independência não seria afetada, ela ocorreria mais cedo ou mais tarde, mas talvez novas pessoas na vida dos dois não teriam existido, transformando a vida da princesa num martírio.

Uma vez mais, o número treze entraria na vida de d. Leopoldina. D. Pedro nomeou-a para ocupar a regência em sua ausência em 13 de agosto de 1822.

O decreto dizia:

> Tendo de ausentar-me desta capital por mais de uma semana para ir visitar a província de São Paulo, e cumprindo a bem dos seus habitantes e da segurança e tranquilidade individual e pública, que o expediente dos negócios não padeça com esta minha ausência temporária, hei por bem que os meus ministros e secretários de Estado continuem nos dias prescritos, e dentro do paço, como até agora, debaixo da presidência da princesa real do reino Unido, minha muito amada e prezada esposa, no despacho do expediente ordinário das diversas secretarias do Estado e repartições públicas que será expedido em meu nome, como se presente fora; e hei por bem outrossim que meu Conselho de Estado possa igualmente continuar as sessões nos dias determinados ou quando preciso for, debaixo da presidência da mesma princesa real, a qual fica desde já autorizada para, com os referidos ministros e secretários do Estado, tomar todas as medidas necessárias e urgentes ao bem e salvação do Estado; e tudo me dará imediatamente parte para receber a minha aprovação e ratificação, pois espero que nada obrará que não seja conforme às leis existentes e aos sólidos interesses d'Estado. O ministro de Estado dos Negócios do Reino e Estrangeiros o tenha assim estendido e faça executar os despachos necessários.
>
> Palácio do Rio de Janeiro, 13 de agosto de 1822 (Com a rubrica de S.A.R. o príncipe regente).
>
> José Bonifácio de Andrada e Silva.

É romântico imaginar a princesa assinando a Independência do Brasil. Essa história ganhou força a partir de 2017. *Hashtags* surgem nas mídias sociais todo dia 2 de setembro, data que lembra a reunião do Conselho de Estado, presidida por ela, dizendo que *#foiela* quem assinou a independência nesse dia. A ideia por trás disso é valorizar o protagonismo de uma mulher em detrimento ao "Grito do Ipiranga" dado pelo seu marido cinco dias depois em São Paulo. Porém tal fato, mediante o decreto expedido, é inimaginável e historicamente incorreto. O poder da princesa era limitado, e o que ela decidisse teria que passar pela aprovação do marido: "Tudo me dará imediatamente parte para receber a minha aprovação e ratificação, pois espero que nada obrará que não seja conforme às leis existentes e aos sólidos interesses d'Estado." Isso explica a quantidade de despachos e cartas que ele receberia futuramente, a 7 de setembro, próximo ao riacho do Ipiranga, em São Paulo.

É de supor que, entre d. Leopoldina e d. Pedro, nessa época, houvesse uma estreitíssima afinidade política e de pensamento. É só imaginar, por exemplo, um contraponto: d. João nunca faria de d. Carlota regente nem do quarto dela, que dirá do Reino em sua ausência. D. Pedro confiava inteiramente na esposa num momento político extremamente delicado. Os deveres de d. Leopoldina, segundo carta à tia Maria Amélia, tiravam-lhe tempo para escrever mais, pois "meu adorado esposo partiu para São Paulo e neste momento estou encarregada de todos os afazeres, que é o maior sacrifício que posso lhe fazer e ao Brasil".[42]

D. Pedro deixou o Rio de Janeiro em 14 de agosto, acompanhado, inicialmente, por poucas pessoas: um secretário, dois criados, o jovem militar brasileiro Francisco de Castro Canto e Melo e Francisco Gomes da Silva, o Chalaça, seu velho amigo, que depois se tornaria seu secretário. Essa comitiva foi engrossada por uma guarda de honra formada por paulistas à medida que avançavam pelo Vale do Paraíba. Chegaram a São Paulo em 24 de agosto, entrando na cidade no dia seguinte.

D. Leopoldina, no Rio de Janeiro, cumpria o seu papel: despachava com ministros, secretários e o Conselho. Comportava-se como era esperado de uma arquiduquesa Habsburgo, ciente de seu papel de líder, porém confidenciava intimamente a d. Pedro: "Fui à audiência e tive muita vergonha."[43] Em outra ocasião, mencionou ao marido que teve "um despacho de seis horas que fiquei mais cansada do que se fosse a São Paulo a cavalo!!! Deus, queria que voltasses em breve, meu gênio não é para tudo isto".

Mas, apesar das queixas, decisões importantes foram tomadas durante a regência de d. Leopoldina, por exemplo, a contratação de lorde Cochrane, mercenário britânico que havia se batido pela Independência do Chile. No Brasil, ele chefiaria a esquadra brasileira durante a futura Guerra da Independência.

A princesa, nas cartas ao marido, também narrava os acontecimentos da corte e alguns incidentes, como a festa de Nossa Senhora da Glória do Outeiro, em que houve pregação de frei Sampaio. D. Leopoldina apreciou a oratória, entretanto, outras pessoas presentes, provavelmente devido ao discurso político pró-autonomia política do Brasil entremeado na pregação religiosa, não gostaram. Foi o caso de certo frei José, provavelmente português e contrário ao movimento. Este, segundo a princesa, não escondeu sua desaprovação ao sermão e "estendeu de tal feito o bico que foi cumprimentado por bicudo; de modo que eu e o José Bonifácio achamos melhor mandá-lo proibir o Paço, eu achava melhor mandá-lo para Lisboa, mas o J.B. quis o primeiro, diga-me o que quer que se faça".[44]

Para José Bonifácio, enviava recomendações de acordo com o que ia apurando a respeito da índole das pessoas que se acercavam do governo:

> [...] O governador que vai para Santa Catarina não é capaz, fui avisada hoje, por muitos amigos verdadeiros e sinceros de nossa causa, que Soares é muito pé-de-chumbo, sua conduta em Pernambuco tem sido péssima, e aqui foi muito falador a favor das Cortes de Lisboa [...]. É melhor tardar com a ida de tal sujeitinho até a vinda de meu adorado esposo.[45]

Como já dito anteriormente, dentro dos conventos, principalmente no de Santo Antônio, no Rio de Janeiro, conspirou-se e muito. Em ambos os sentidos, como pode ser visto por outra carta da princesa ao seu principal ministro:

> O padre mestre Sampaio me pede para falar-lhe neste requerimento, aqui incluso, depois do aviso que foi aos rebeldes do

> convento, fizeram mais excessos que nunca, até ameaçar os mestres de morte, e falando contra o sistema de agora; que eu acho, que é preciso mandar outro aviso, dizem eles ser preciso às 3 horas da tarde, temendo que os criminosos fujam, e dando autoridade ao Guardião de castigá-los com rigor.[46]

D. Leopoldina, irritada com a falta de notícias do marido e sem ordens suas a respeito de decisões tomadas por ela, escreveu bastante zangada ao príncipe em 22 de agosto:

> Confesso-lhe que tenho já muito pouca vontade de escrever-lhe, por não ser merecedora de tanta amabilidade; faz oito dias que me desaponto por não chegar nenhuma instrução sua; normalmente, quando se ama alguém com ternura sempre se encontra momentos e ocasiões de provar-lhe a sua amizade e o seu amor; todos estão bem e tudo muito sossegado, graças a Deus. Receba mil abraços e saudades minhas com a certeza de ser a última carta a falar da necessidade urgente de notícias suas.[47]

No pós-escrito dessa carta, d. Leopoldina comentou que no dia seguinte receberia uma embaixada das "Senhoras Bahianas", que, segundo ela, provava "que as mulheres têm mais ânimo e são mais aderentes à causa boa".

A Bahia, procurando se juntar ao governo do Rio de Janeiro, combatia os portugueses desde o início de março de 1822. Em 14 de junho, na Câmara da Vila de Santo Amaro da Purificação, foi feita uma proclamação em que se pregava a unidade nacional, reconhecendo os baianos a autoridade de d. Pedro. A Bahia foi a primeira província a declarar a sua independência de Portugal e seria a última a se ver livre das tropas portuguesas. As senhoras baianas entregaram à princesa uma mensagem assinada por 186 damas daquela província. A mensagem dizia:

> As baianas abaixo assinadas, sensíveis ao muito que tem S.A.R. o senhor d. Pedro Príncipe Regente contribuído para a política e prosperidade de todo o Brasil sob os auspícios das bases constitucionais por todo ele juradas; esforçando-se inteiramente por que se acabe o anárquico sistema de desunião que ia retalhar este reino em outros tantos Estados independentes, quantas as suas províncias, caso se desse execução ao decreto do primeiro de outubro passado [...]: E ponderando nós que nesta heroica resolução teve V.A.R., anuindo ao que deliberava seu augusto e adorado esposo [...] mostrando assim quanto é digna do trono para onde a vontade do Onipotente arbítrio dos impérios a tem chamado; possuídas do maior respeito, depois de congratularmos aos nossos conterrâneos por termos entre nós tão preciosas e augustíssimas pessoas, vimos oferecer os nossos corações, únicas oblações que pôs a natureza ao alcance do nosso sexo, para que faça a posteridade o devido conceito das brasileiras e, em particular das baianas.[48]

Essa foi uma das primeiras demonstrações públicas de que o povo brasileiro passava a reconhecer d. Leopoldina como uma aliada e uma das responsáveis por se evitar que o Brasil voltasse a ser colonizado por Portugal. Como curiosidade, vemos novamente a coincidência do número 13 na vida da princesa. A carta das senhoras baianas foi assinada em 13 de maio de 1822, data que lembrava, além do aniversário de d. João VI, o casamento de d. Leopoldina com d. Pedro, cinco anos antes. A data da entrega também era significativa: 23 de agosto, aniversário da Revolução do Porto, que não foi comemorada na corte e no Rio de Janeiro em 1822 durante a regência de d. Leopoldina.

Só erraram as baianas num ponto, ao acharem que, como boas filhas da elite da época que eram — afinal sabiam assinar seus nomes —, só podiam dar à princesa "os nossos corações, únicas oblações que pôs a natureza ao alcance do nosso sexo". A Bahia legaria ao Brasil a jovem Maria Quitéria. Natural de Feira de Santana, a heroína baiana fez-se passar por homem para poder participar da guerra pela independência de sua província e do Brasil.

O Grito do Ipiranga

Em 28 de agosto, chegara ao Rio de Janeiro o navio *Três Corações*, que, tendo deixado Portugal em 3 de julho, trazia informações a respeito do que se passava nas Cortes de Lisboa. Soube-se — talvez por nota de deputados brasileiros no Congresso, extrato da ata ou algum resumo das decisões — das resoluções que seriam adotadas em relação ao Brasil. Somente em 21 de setembro, pelo navio *Quatro de Abril*, chegariam as Cartas Régias obrigando ao seu cumprimento.

As resoluções debatidas nas Cortes em junho de 1822 e votadas em 1º de julho negavam a petição enviada do Brasil para que se repensasse a fragmentação do Reino em províncias ligadas diretamente a Portugal. Além do mais, as Cortes consideravam violenta e injuriosa a linguagem usada pelo governo provisório de São Paulo em carta para d. Pedro, de dezembro de 1821, pedindo que ele não obedecesse às ordens de deixar o Brasil. Os membros do governo, incluindo José Bonifácio, agora como ministro, deveriam ser presos e enviados para Lisboa, onde seriam processados e julgados. Todas as decisões do príncipe ficavam anuladas, inclusive a criação do Conselho de Procuradores. E, para completar, as Cortes ordenavam que d. Pedro e a família deveriam cumprir as ordens anteriores e seguir para a Europa.

A linguagem com que os deputados portugueses trataram tanto os paulistas quanto a figura de d. Pedro deve ter contribuído para a apreensão com que o Conselho de Estado se reuniria para debater a nova crise. Os paulistas foram chamados de "os treze infames de São Paulo", enquanto que o príncipe recebeu diversos xingamentos, como "desgraçado e miserável rapazinho", "mancebo ambicioso e alucinado". Os constituintes portugueses ameaçavam fazer d. Pedro aprender a ser constitucional entre as quatro paredes do Palácio de Queluz.[49]

Além disso, também chegaram informações de que um exército de mais de sete mil soldados estava sendo preparado em Portugal para ser enviado ao Brasil. No Rio de Janeiro, no mesmo período, soube-se da chegada de seiscentos soldados em Salvador e de dois navios de guerra, sem que a esquadra brasileira impedisse. Os portugueses pretendiam fazer da Bahia uma ponta de lança para varrerem do restante das províncias brasileiras os que se tinham colocado ao lado da unidade do Brasil junto aos príncipes.

Em 2 de setembro, o Conselho de Estado, convocado e presidido por d. Leopoldina no Palácio de São Cristóvão, discutiu as notícias vindas de Lisboa. Além dos ministros, estavam também presentes os procuradores-gerais das províncias, entre eles José Gonçalves Ledo e José Clemente Pereira. Segundo o cronista Melo Morais, apoiado em informações que lhe passou o conselheiro Vasconcelos de Drummond, presente a essa reunião,

> [...] aí se deliberou sem discussão, depois de José Bonifácio ter feito uma exposição verbal do estado em que se achavam os negócios públicos, e de concluir, dizendo ter chegado a hora de acabar com aquele estado de contemporizar com os seus inimigos, que o Brasil tinha feito tudo quanto humanamente era possível fazer para conservar-se unido com dignidade a Portugal, mas que Portugal em vez de acompanhar e agradecer a generosidade com que o Brasil o tratava, insistia nos seus nefastos projetos de o tornar à miserável condição de colônia, sem nexo e nem centro de governo, que portanto ficasse com ele a responsabilidade da separação. Propôs que se escrevesse ao sr. d. Pedro para que Sua Alteza Real houvesse de proclamar a independência sem perda de tempo. A princesa real, que se achava muito entusiasmada em favor da causa do Brasil, sancionou com muito prazer a deliberação do Conselho![50]

Segundo a historiadora Viviane Tessitore:

> Leopoldina não teria tomado uma atitude de tal dimensão sem uma margem mínima de segurança de que d. Pedro ratificaria o seu ato. Poderia ser constrangedor e até arriscado. Mas o apoio de José Bonifácio, que integrava o Conselho e de quem se tornou amiga, confidente e admiradora, provavelmente contribuiu para encorajá-la.[51]

Ou seja, marido e mulher já haviam conversado seriamente a respeito de tomarem a frente do movimento de separação do Brasil de Portugal. Ainda segundo o conselheiro Drummond, em suas memórias, o despacho teria ocorrido às onze horas da manhã:

> Enquanto o conselho trabalhava, já Paulo Bregaro estava na varanda, pronto a partir em toda a diligência para levar os despachos ao Príncipe Regente. José Bonifácio ao sair lhe disse: "Se não arrebentar uma dúzia de cavalos no caminho nunca mais será correio: veja o que faz" [...]. A princesa mandou-me esperar e era para que eu visse a carta particular que S.A. escrevia ao príncipe. Eu a li e tive ocasião de admirar o espírito e a sagacidade da princesa. Retirei-me, eram quase três horas da tarde.[52]

Drummond, ao ler a mensagem de d. Leopoldina, não tinha conseguido refrear exclamações de admiração pelas reflexões da princesa no documento. Mas ela interrompeu as felicitações do conselheiro dizendo que seu trabalho era modesto e que não buscava elogios por ele. "Quando o mesmo confidente deu conta a José Bonifácio da sua surpresa, e das suas impressões, o venerado velho que todos os dias via a princesa no trabalho, disse: 'Meu amigo, ela devia ser ele'."[53]

A carta da princesa — além de todos os despachos e mais cartas de José Bonifácio e de Henry Chamberlain, diplomata inglês no Rio de Janeiro, que seguiram com os mensageiros despachados de São Cristóvão para d. Pedro em São Paulo — dizia:

Pedro, o Brasil está como um vulcão. Até no paço há revolucionários. Até oficiais das tropas são revolucionários. As Cortes Portuguesas ordenam vossa partida imediata, ameaçam-vos e humilham-vos. O Conselho do Estado aconselhava-vos para ficar. Meu coração de mulher e de esposa prevê desgraças, se partirmos agora para Lisboa. Sabemos bem o que tem sofrido nossos pais. O rei e a rainha de Portugal não são mais reis, não governam mais, são governados pelo despotismo das Cortes que perseguem e humilham os soberanos a quem devem respeito. Chamberlain vos contará tudo o que sucede em Lisboa. O Brasil será em vossas mãos um grande país. O Brasil vos quer para seu monarca. Com o vosso apoio ou sem o vosso apoio ele fará a sua separação. O pomo está maduro, colhei-o já, senão apodrece. Ainda é tempo de ouvirdes o conselho de um sábio que conheceu todas as cortes da Europa, que, além de vosso ministro fiel, é o maior de vossos amigos. Ouvi o conselho do vosso ministro, se não quiserdes ouvir o de vossa amiga. Pedro, o momento é o mais importante de vossa vida. Já dissestes aqui o que ireis fazer em São Paulo. Fazei, pois. Tereis o apoio do Brasil inteiro e, contra a vontade do povo brasileiro, os soldados portugueses que aqui estão nada podem fazer.

Leopoldina.[54]

A carta de José Bonifácio suplicava ao príncipe:

Senhor, as Cortes ordenaram a minha prisão por minha obediência a Vossa Alteza. E no seu ódio imenso de perseguição atingiram também aquele que preza em o servir com lealdade e a dedicação do mais fiel amigo e súdito. O momento não comporta mais delongas ou condescendências. A revolução já está preparada para o dia de sua partida. Se parte, temos a revolução no Brasil contra Portugal, e Portugal atualmente não

> tem recursos para subjugar um levante que é preparado ocultamente para não dizer quase visivelmente. Se fica, tem Vossa Alteza contra si o povo de Portugal, a vingança das Cortes, que direi?, até a deserdação, que dizem já estar combinada. Ministro fiel, que arrisquei tudo por minha pátria e pelo meu príncipe, servo obedientíssimo do senhor D. João VI, que as Cortes têm na sua detestável coação, eu como ministro, aconselho a Vossa Alteza que fique e faça do Brasil um reino feliz, separado de Portugal, que é hoje escravo das Cortes despóticas. Senhor, ninguém mais que sua esposa deseja a sua felicidade, e ela lhe diz em carta que com esta será entregue que Vossa Alteza deve ficar e fazer a felicidade do povo brasileiro, que o deseja como seu soberano, sem ligações e obediências às despóticas Cortes Portuguesas que querem a escravidão do Brasil e a humilhação do seu adorado príncipe regente. Fique, é o que todos pedem ao magnânimo príncipe que é Vossa Alteza, para o orgulho e felicidade do Brasil. E se não ficar, correrão rios de sangue nesta grande e nobre terra, tão querida do seu real pai, que já não governa em Portugal pela opressão das Cortes, nesta terra que tanto estima a Vossa Alteza e a quem tanto Vossa Alteza estima.
>
> José Bonifácio.

Infelizmente, nenhuma das duas cartas, nem a de d. Leopoldina nem a de José Bonifácio, foram localizadas fisicamente até os dias atuais. Sabe-se delas devido a menções de testemunhos do Conselho de Estado[55] e do Grito do Ipiranga e às publicações realizadas a partir da década de 1920 em que aparecem citadas. Teriam sido copiadas de um folheto raro de 1826, onde teriam sido publicadas inicialmente.[56]

Um outro texto de José Bonifácio é muito citado como sendo a carta que teria chegado ao príncipe em São Paulo, com a célebre frase: "Senhor! O dado está lançado e de Portugal não temos a esperar senão escravidão e horrores." Na realidade, trata-se de uma minuta, datada de 1º de setembro, ou seja, anterior aos despachos do Conselho de Estado realizados no dia 2.[57]

São interessantes duas passagens da carta de d. Leopoldina: *Com o vosso apoio ou sem o vosso apoio ele fará a sua separação. O pomo está maduro, colhei-o já, senão apodrece.* Esse trecho é como um eco do que d. João teria aconselhado d. Pedro antes da partida em 1821. Outro ponto diz respeito ao fato de ela afirmar que d. Pedro havia dito o que tinha ido fazer em São Paulo e ordenava ao marido que então o fizesse. Já haveria então um pré-entendimento entre o casal.

Os correios enviados do Rio de Janeiro alcançaram o príncipe no alto de uma colina nos arrabaldes de São Paulo, num local chamado Moinhos, às quatro horas da tarde de 7 de setembro de 1822. Próximo, corria o riacho do Ipiranga. D. Pedro não estava passando bem, sofria de uma diarreia que vinha lhe "quebrando o corpo" da subida da serra de Santos até o planalto. Sua comitiva e a guarda de honra estavam mais adiante quando ele recebeu os correios cercado de poucos companheiros.

As informações vindas de Portugal, provavelmente por meio da mala diplomática destinada a Henry Chamberlain, mais os despachos do Conselho e as cartas de José Bonifácio e de d. Leopoldina, teriam levado o príncipe a um acesso de fúria. Amassou os documentos e jogou-os no mato, onde foram recolhidos pelo padre Belchior Pinheiro. Após se consultar com algumas pessoas que estavam próximas, ele tomou a resolução, montou em seu cavalo e partiu para se juntar ao restante da comitiva mais abaixo. Segundo o padre Belchior,[58] a seguinte cena ocorreu:

> — Amigos, as Cortes Portuguesas querem escravizar-nos e perseguem-nos. De hoje em diante, nossas relações estão quebradas. Nenhum laço nos une mais. E arrancando [o príncipe] do chapéu o laço azul e branco decretado pelas Cortes, como símbolo da nação portuguesa, atirou-o ao chão dizendo:
>
> — Laços fora, soldados! Viva a independência, a liberdade, e a separação do Brasil!

> Respondemos com um viva ao Brasil independente e separado, e um viva a d. Pedro. O príncipe desembainhou a espada, no que foi acompanhado pelos militares, os paisanos tiraram os chapéus. E d. Pedro disse:
>
> — Pelo meu sangue, pela minha honra, pelo meu Deus, juro fazer a liberdade do Brasil.
>
> — Juramos, responderam todos.
>
> D. Pedro embainhou a espada no que foi imitado pela guarda, põe-se à frente da comitiva e voltou-se, ficando em pé nos estribos:
>
> — Brasileiros, a nossa divisa de hoje em diante será Independência ou Morte!

Eram quatro e meia da tarde. Tomando as rédeas de sua besta, d. Pedro esporeou-a e, seguido da guarda e da comitiva, partiu a galope para São Paulo, a primeira cidade a comemorar o Brasil oficialmente independente.

Dois dias depois, d. Pedro partiria para a corte. Os laços azul e branco arrancados por ele no Ipiranga seriam, com o retorno do príncipe ao Rio de Janeiro, substituídos, inicialmente, por fitas verdes, segundo o conselheiro Drummond. Ele seria um dos primeiros a ir ao palácio cumprimentar d. Pedro quando de seu retorno à capital. Na audiência, também foi recebido por d. Leopoldina, que

> [...] tratou-me com aquela alta benevolência com que ela sabia agraciar os súditos que de alguma forma se distinguiam, e deu-me um laço de seda verde que seu augusto esposo havia adotado como sinal da independência, dizendo-me que era das fitas do seu travesseiro, porque já tinha desmanchado em laços para dar todas as outras fitas verdes que tinha.[59]

Drummond, em suas recordações, diz que havia sempre conservado “este precioso dom com religioso cuidado”, mas que acabou ele por ser destruído num incêndio. De todas as perdas sofridas na ocasião, a que mais lamentava era a do laço já quase sem cor e puído, pois marcava

> [...] uma época tão gloriosa para o meu país como satisfatória para mim. Era o dom de uma princesa que não nascera no Brasil, mas que o amava como se nele nascida fosse. Fui testemunha ocular e posso asseverar aos contemporâneos que a princesa Leopoldina cooperou vivamente dentro e fora do país para a independência do Brasil. Debaixo deste ponto de vista o Brasil deve à sua memória gratidão eterna.[60]

Como demonstração da aliança, até então inquebrantável, do casal e da participação de d. Leopoldina no processo de Independência, se juntaria ao verde heráldico dos Bragança o amarelo dos Habsburgo, que ainda fazem parte das cores nacionais brasileiras. Foram oficializados em 18 de setembro de 1822.

O Rio de Janeiro entrou em apoteose com a chegada de d. Pedro. Em 15 de setembro, d. Pedro e d. Leopoldina compareceram ao teatro, onde foram ovacionados. Trazia ele o seu laço verde com uma presilha de ouro em forma de "V" invertido que mandara fazer em São Paulo. Numa das "pernas", aparecia a palavra "Independência" e na outra "ou Morte".[61]

Em 22 de setembro, ao chegarem os avisos régios oficializando no Brasil as determinações das Cortes de que d. Pedro retornasse a Portugal e anulando seus decretos anteriores, o príncipe tomou da pena e escreveu a d. João:

> Jazemos por muito tempo nas trevas, hoje já vemos a luz. Se Vossa Majestade cá estivesse, seria respeitado e amado e então veria que o povo brasileiro, sabendo prezar a sua liberdade e independência, se empenha em respeitar a autoridade real, pois não é um bando de carbonários e assassinos como os que têm a Vossa Majestade no mais ignominioso cativeiro.

Triunfa e triunfará a independência brasílica ou a morte nos há de custar.

O Brasil será escravizado, mas os brasileiros não, porque, enquanto houver sangue nas veias, há de correr e primeiramente hão de conhecer melhor o rapazinho e até que ponto chega sua capacidade.

Peço a Vossa Majestade a mande apresentar esta as Cortes para o terem mais com que se divirtam e gastem ainda um par de moedas a esse estígio Tesouro. Deus guarde a preciosa vida e saúde de Vossa Majestade como todos nós brasileiros desejamos.

Sou de Vossa Majestade.

Filho que muito o ama e súdito que muito o venera.

Pedro.[62]

IMPERATRIZ DO BRASIL

A aclamação de d. Pedro como imperador do Brasil foi programada para 12 de outubro, seu aniversário de 24 anos. Apesar da chuva, os cariocas foram em peso prestigiar o evento no Campo de Santana, que após essa data passou a ser chamado de praça da Aclamação até 1889, quando foi renomeada praça da República.

Por volta das nove horas da manhã, infantaria, cavalaria, artilharia, granadeiros, caçadores e fuzileiros formaram na praça à espera do futuro imperador e de sua família. Enquanto isso, a cidade toda, em festa e decorada para a ocasião, com arcos do triunfo e coretos onde orquestras tocavam, ouvia as salvas dos fortes e dos navios na entrada da baía de Guanabara.

Às dez horas, chegou a guarda de honra, formada por paulistas e fluminenses. Seus uniformes ostentavam as cores branca e vermelha, inspiradas nos trajes dos dragões austríacos, em homenagem a d. Leopoldina.[1] Seguiam, logo atrás, dois exploradores e oito soldados da mesma guarda, como batedores, acompanhados de três moços de estribeira: um indígena, um pardo e o outro negro.

Buscava-se, na base da caricatura, uma tentativa de incluir no espetáculo as diversas raças que formavam o Brasil. Logo em seguida, num coche puxado por oito cavalos, vinham d. Pedro, d. Leopoldina e a herdeira do casal, a princesa d. Maria da Glória.

Rumaram para o antigo Palácio do Conde dos Arcos, onde se estabelecera o Senado da Câmara Municipal do Rio de Janeiro.[2] Lá, d. Pedro e a família foram recebidos pelos vereadores. Clemente Pereira, presidente do Senado, no seu discurso para a ocasião, afirmava:

> Quer o Brasil sustentar a sua Integridade, e Defender a sua Independência, e antes morrer, que perdê-la: e quer que a sua forma de Governo seja a de um Império Constitucional, Hereditário na Família Reinante de V.M.I. conservando sempre V.M.I. e Seus Augustos Sucessores o distinto título de Defensor Perpétuo do Brasil.[3]

No final da sua fala, invocando o "Santo Liberalismo, o doce amor da verdadeira Glória e da Sólida Grandeza", pedia que mostrassem ao "nosso jovem Imperador em vivas cores a fealdade da escravidão e a nobreza da Liberdade".

D. Pedro assim respondeu:

> Aceito o título de Imperador Constitucional, e Defensor Perpétuo do Brasil, porque tenho ouvido a Meu Conselho de Estado, e Procuradores Gerais e examinado as representações das Câmaras das diferentes províncias. Estou intimamente convencido de que tal é a vontade geral de todas as outras, que só por falta de tempo não têm ainda chegado.

A essa resposta, todos no edifício e a multidão na praça soltaram os mais calorosos vivas, deram-se abraços e parabéns. A artilharia salvou 101 vezes, a infantaria descarregou três vezes para o ar. Vivas ao imperador, à imperatriz, à religião, à independência e à Constituição foram dados em altos brados. Seguiram todos para a Capela Real, rebatizada de Capela Imperial, para uma bênção. A imperatriz e a princesa foram de carruagem, enquanto d. Pedro seguiu a pé.

Como quando de sua chegada ao Brasil em 1817, d. Leopoldina pôde contemplar novamente os arcos de triunfo erguidos pelas ruas em homenagem à coroação. Mais uma vez, colchas e panos coloridos pendiam das janelas das casas em festa, e as mulheres, muitas vestidas de verde e amarelo,[4] jogavam de suas varandas flores à passagem dos novos soberanos.

Um dos arcos, o da rua do Ouvidor, próximo do largo de São Francisco de Paula, era dedicado ao "amor conjugal". No alto, jazia uma esfera coroada em cujo centro viam-se as iniciais dos imperadores. Também aparecia no arco o pelicano alimentando seus filhotes, emblema do amor maternal, e figuras escultóricas mostrando um guerreiro deixando o filho brincar com suas armas enquanto uma mãe amamentava. As esculturas eram douradas, e as paredes do arco eram pintadas de branco, imitando mármore. Em cada face do arco, versos homenageavam d. Leopoldina:

> Desta doce união no céu tecida
> Logras em paz, o fruto abençoado
> A suspirada prole esclarecida
>
> Amas os filhos, preza o consorte;
> Nos deveres de mãe e esposa acertas,
> Vives ditosa, e não te assusta a morte.[5]

No arco dedicado à "Prosperidade do Brasil", erguido na rua Direita, além de homenagear d. Pedro, havia também versos para d. Leopoldina:

> Temos pátria; e que pátria? o Império novo.
> Assim do grão-Brasil vozêa o povo:
> Filha augusta dos Césares, já hoje
> Mãe dos Césares, do Brasil exulta.[6]

A coroação

Não era costume dos portugueses coroarem seus reis; eles eram aclamados. Entretanto, o Brasil não pertencia mais a Portugal. Precisava criar seus próprios rituais e, principalmente, uma cerimônia de tamanha gala e pompa que ofuscasse a aclamação de d. João VI, realizada no Rio de Janeiro quatro anos antes.

A data escolhida para a coroação de d. Pedro foi 1º de dezembro de 1822. A cerimônia deu-se na Capela Imperial. José Bonifácio despachou ordens para que as plumagens de tucanos conservadas no Museu Natural fossem usadas na confecção do novo manto do imperador, "revestindo--se de tons amarelo-brasiliano a vestidura verde do monarca, como se o manto fosse urdido, naturalmente, pela floresta circunvizinha do Rio de Janeiro".[7] Para a coroa, foram usados mais de três quilos de ouro, com oito florões e muitos brilhantes.

José Bonifácio, o barão de Santo Amaro, frei Arrábida, o bispo capelão-mor e Monsenhor Fidalgo criaram uma cerimônia em que juntaram o cerimonial de coroação dos imperadores romano-germânicos, o de Napoleão e o do rei da Hungria, em que se cortava o ar com a espada.[8] Esse ato foi utilizado para simbolizar o título de d. Pedro de "Defensor Perpétuo do Brasil".

Somente d. Pedro foi coroado. D. Leopoldina, em gravura feita por Jean-Baptiste Debret para imortalizar a ocasião, aparece diante do marido, juntamente com a princesa d. Maria da Glória, assistindo à cerimônia. Segundo Max Fleiuss:

> Na primeira tribuna baixa imperial, em frente do trono, figuravam, em ar jubiloso, por ver também coroados de êxito os seus ingentes esforços em prol da independência da sua segunda pátria, a quem tanto soube amar e de quem tão amada foi sempre, a sereníssima imperatriz [...] com a sua filha d. Maria da Glória.[9]

Diferentemente da coroação de Napoleão, em que Jacques-Louis David representou uma submissa Josefina ajoelhada perante Bonaparte em glória, coroando-a, o retrato de Debret, primo do pintor francês, mostra d. Pedro e d. Leopoldina um defronte do outro, com a imperatriz olhando o esposo de cima e este olhando os cortesãos abaixo de si. O casal aparece como em pé de igualdade, sem a subserviência explícita da imperatriz Josefina diante do marido a quem tudo deve.

D. Leopoldina, retratada por Debret, paira como uma protetora sobre todos. Nenhuma semelhança com a cena da aclamação de d. João VI, ocorrida em 1818, que o mesmo artista havia retratado. Nessa, d. Carlota Joaquina aparece numa tribuna elevada, à direita do marido e quase sem vista para este. É obrigada a se contorcer para ver o que está ocorrendo. Em vez de aparecer em destaque, a rainha aparece ao fundo da tribuna, depois das infantas e de d. Leopoldina, praticamente uma mancha. Nas tribunas da coroação de d. Pedro I, ao lado de onde a princesa d. Maria da Glória e a imperatriz estavam, encontravam-se as damas da corte, que, assim como d. Leopoldina, usavam longos mantos e vestidos de cetim verde e amarelo, em estilo Império, bordados a ouro. A imperatriz usava também um "turbante e plumas de cor creme e de pontas verdes, em cima do diadema de brilhantes".[10] Com exceção das joias, ela seria sepultada com essas vestes, e foi assim que a vi em 2012.

Especial atenção na cerimônia foi dada ao cônsul dos Estados Unidos, primeiro país que reconheceria, em 1824, o Brasil como nação independente. Por uma concessão especial, os diplomatas de Inglaterra, França e Rússia assistiram ao cerimonial, mesmo esses países não reconhecendo a independência brasileira. O barão de Mareschal, pedindo desculpas por motivo de saúde, não compareceu à coroação, assim como já não havia presenciado a aclamação. Intimamente, o austríaco achava que agora não apenas Lisboa e seus deputados haviam enlouquecido, mas que d. Leopoldina e d. Pedro haviam se deixado levar longe demais com toda a questão da emancipação política do Brasil. Mareschal não via com bons olhos todos os tormentos pelos quais eles passariam na construção do novo império e acreditava que eles estavam fazendo tudo isso ora sob pressão, ora por vaidade.

D. Leopoldina como diplomata

No rolar da máquina inexorável dos acontecimentos, a imperatriz comunicou ao pai, somente em 12 de dezembro, onze dias após a coroação do marido, que

> [...] o barão de Mareschal lhe dará notícias de todos, por isso silencio, só pedindo que observe por um ponto de vista e creia firmemente que não poderia ser de outra forma; para afastar o espírito popular das ideias republicanas. Graças a Deus estamos todos bem e minhas filhas encantadoras.[11]

O barão encontrava-se estarrecido. Apesar de ter se colocado inicialmente a favor das ideias dos patriotas brasileiros em relação à autonomia do Reino, auxiliando d. Leopoldina e d. Pedro, não imaginou que se daria uma independência total, levando a um rompimento de fato com Portugal. Agora ambos eram tratados pelos brasileiros de imperadores. A explicação, bastante pragmática, de d. Leopoldina ao pai é, em resumo: ou nos separávamos e virávamos imperadores do Brasil, ou o perderíamos para os republicanos.

Poderiam ser de fato imperadores, mas isso não fazia do Brasil, automaticamente, um império, e o reconhecimento de todas as nações tampouco viria de maneira rápida e fácil. Tudo teria que ser disputado, batalhado, enfim, conquistado. Enquanto o solo e o mar brasileiros se encharcariam de sangue brasileiro e português, d. Leopoldina trabalharia a sua diplomacia pessoal.

A imperatriz, ciente da necessidade do apoio da Áustria à independência brasileira, justificaria ao pai, em diversas oportunidades, a necessidade de d. Pedro ter se tornado imperador e declarado a Independência do Brasil. Um exemplo é ao apresentar a Francisco I Antônio Teles, camareiro de d. Pedro e futuro marquês de Resende, encarregado dos negócios do Brasil na Áustria. Na carta ao pai, levada pelo portador em abril de 1823, a imperatriz informa:

> Como esta bela oportunidade me permite falar abertamente, quero lhe contar tudo, querido papai, e descrever o que até agora infelizmente lhe apresentaram sob uma ótica equivocada, ou por maldade para nos prejudicar, ou por pouco conhecimento, não quero julgar isso! Desde que meu esposo tomou as rédeas do Estado, Deus sabe que não por sede de poder ou ambição, mas para satisfazer o desejo do probo povo brasileiro, que se sentia sem regente, dilacerado em seu íntimo por partidos que ameaçavam com uma anarquia ou República, qualquer um que se encontrasse na mesma situação faria o mesmo, aceitar o título de imperador para satisfazer a todos e criar a unidade; estou convicta, querido pai, de que devem ter lhe dito ou escrito que querem instituir aqui uma constituição igual às das vis Cortes portuguesas ou das sanguinárias Cortes espanholas; é uma mentira grosseira, e para provar tomo a liberdade de citar os editoriais. A família real não apenas está segura, como desfrutamos do amor e confiança do povo, de quem temos as demonstrações mais comoventes e seguras. A grandeza do Brasil é de supremo interesse para as potências europeias, especialmente do ponto de vista comercial, e o maior desejo das Cortes aqui reunidas é fechar contratos comerciais com as possessões austríacas na Itália e estabelecer seu monopólio comercial em seus portos, o que seria extremamente vantajoso para minha querida pátria, pela riqueza extraordinária do Brasil em madeiras corantes e mercadorias coloniais.

Seguiu a imperatriz na carta narrando a qualidade dos deputados da Constituinte, dizendo serem eles possuidores da "máxima capacidade e dignidade, que honram o poder real e sabem mantê-lo". A respeito da forma de governo, ela assim o defendia perante o pai:

> A assembleia compõe-se de duas câmaras, o imperador tem veto absoluto, seus conselheiros e ministros particulares são de sua

> escolha, sem qualquer protesto nem intromissão, assim como sua criadagem e cargos na corte; o imperador possuirá todas as atribuições que fomentem o êxito de seu governo, como chefe do poder executivo e como dirigente da máquina política.

Quanto ao seu dever como imperatriz, d. Leopoldina encarnava o "papel de intercessora do nobre povo brasileiro, pois todos nós lhe devemos algo, nas circunstâncias mais críticas este povo fez os maiores sacrifícios, que demonstram amor à pátria, para proteger sua unidade e o poder real".

Depois de mencionar toda a questão relativa ao comércio entre os dois países, d. Leopoldina entrou na questão dinástica. Prometia, caso não conseguisse dar um novo varão ao Império, casar a princesa d. Maria da Glória, herdeira do casal, com "um de meus primos". Nesse ponto, ou a imperatriz equivocava-se ou foi levada a isso por alguma mudança de planos momentânea por parte de d. Pedro, que retomaria a ideia original de casar a filha com o infante d. Miguel. D. Pedro, em carta ao irmão de 19 de junho de 1822,[12] após o "Fico" e antes da Independência, tratou especificamente a respeito desse assunto, que se concretizou, por procuração, em outubro de 1826, sendo posteriormente anulado.

Na carta a Francisco I, d. Leopoldina também acenava com a possibilidade de as antigas colônias espanholas na América do Sul decidirem por juntar-se novamente sob um sistema monárquico. Nesse caso, seria possível escolher algum príncipe da "casa da Áustria" para seu soberano, "no que o Brasil está disposto a ajudar com força e poder". O canto da sereia do retorno do A.E.I.O.U. poderia encantar Francisco I e, principalmente, o príncipe de Metternich.

D. Leopoldina deixou claro que ainda lhe era possível lutar em prol dos ideais do sistema monárquico e sua propagação pela América. Essa causa era cara ao imperador austríaco, membro da Santa Aliança, que havia permitido a sua filha cruzar o Atlântico em razão do fortalecimento desse sistema no Novo Mundo.

Depois de explicar o fato de d. Pedro ter feito o que fez pelo bem dos brasileiros, de explicar que a Constituição e a estrutura de governo não usurpavam os direitos reais, de mencionar dinheiro e benemerências futuras à "casa da Áustria" e ao sistema monárquico na América, vinha uma espécie de ameaça:

> [...] Se lhe contarem que falta dinheiro na força naval estarão mentindo ou querendo iludi-lo, devido a uma administração sensata e adequada, as finanças nunca estiveram em melhor situação [...] dentro de poucos anos uma força naval poderosa estará pronta, sendo que o começo já está feito [...].

Em resumo: se nos atacarem, saberemos e teremos com o que nos defender. No final, ela se colocou aos pés do pai:

> [...] Querido pai, assuma o papel de nosso verdadeiro amigo e aliado; certamente será para meu esposo e para mim um dos nossos dias mais felizes quando tivermos essa certeza; quanto a mim, caríssimo pai, pode estar convicto de que, caso aconteça o contrário, para nosso maior pesar, sempre permanecerei brasileira de coração, pois é o que determinam minhas obrigações como esposa, mãe e gratidão de um povo honrado, que se dispôs, quando nos vimos abandonados por todas as potências, a ser nosso esteio, não temendo quaisquer sacrifícios ou perigos.[13]

O apelo da imperatriz é eloquente e definitivo. Uma das principais felicidades de d. Leopoldina ao descobrir que se casaria com d. Pedro era que Portugal reconhecia os direitos de Maria Luísa ao ducado de Parma. Isso significava que poderia se corresponder com a irmã. No caso de a Áustria se colocar ao lado de Portugal, contra o Brasil, cessariam as cartas e o contato com a família na Europa, mas ela estava decidida: "Sempre permanecerei brasileira de coração." Afinal, quando se viram abandonados por todas as potências, e à mercê da Divisão Auxiliadora Portuguesa e dos que admoestavam d. Pedro a jurar fidelidade quase que semanal a uma

Constituição que ainda era apenas uma ideia em Portugal, d. Leopoldina e o marido somente puderam contar com os brasileiros.

O futuro marquês de Resende, Antônio Teles, também partia para a Europa com cartas para Maria Luísa e para o barão Sturmer, o antigo diplomata que havia caído em desgraça perante d. Leopoldina ao tentar impedi-la de seguir com d. Pedro em 1821 para Portugal. Tentando atraí-lo agora à causa brasileira, a imperatriz falava com ele a respeito da situação do Brasil e pedia a Sturmer que interviesse junto a Francisco I para que este "se declare protetor e aliado do Brasil".

A Maria Luísa, ela foi mais longe: "Espero que tua amizade e amor fraternal, se possível, que interceda com tua inteligência junto a nosso querido pai e ao príncipe Metternich, que é afeiçoado a ti, para que sejam nossos aliados e reconheçam o governo do Brasil." E novamente, a ameaça velada ou blefe: "[...] Embora o Brasil seja capaz, por sua grandeza, força e poderio, de resistir a todas as potências europeias unidas, é sempre melhor ter amigos do que inimigos."[14]

Exército e imigração alemã

O governo do Brasil começou logo uma campanha para o fortalecimento do Exército nacional na perspectiva de um ataque maciço vindo de Portugal. Previa-se uma tropa de 20 mil soldados e 40 mil milicianos. Da Europa, deviam ser enviados mercenários para se formar um batalhão de estrangeiros. D. Leopoldina, continuando a ajudar no governo, ou melhor, no projeto de um Brasil independente, escrevia ao seu secretário:

> Caríssimo Flach! Tenha a bondade de despachar esta carta a Schäffer e, quando o senhor lhe escrever, recomenda-lhe especial e encarecidamente de despachar imediatamente os outros 1.500 homens para antecipar o governo e o ministério daqui que querem ver o imperador sem força e antes que se arrependam e enviem uma contraordem.[15]

A imperatriz foi encarregada pelo imperador de tratar com o major von Schäffer na Europa sobre o envio dos alemães. E assim, sucessivamente, seguiriam diversas ordens para Schäffer: "mande mais 3 mil homens, todos solteiros e moços, descontando o número que lhe comuniquei na outra vez", "mande-me os livros e muitos, muitos soldados".

D. Leopoldina considerava os soldados germânicos um fator de estabilização da monarquia brasileira que, na visão dela, contribuía para a união do Brasil. Entretanto, em 1826, a Assembleia Nacional combateria a existência desses batalhões por entender que esses corpos militares davam uma força pessoal ao imperador maior do que o desejado para o equilíbrio de poder dentro do Império. Isso fez com que "Schäffer recebesse muitas vezes ordens do imperador para mandar tantos soldados quantos lhe fosse possível angariar, enquanto que o ministério lhe dava ordens de acabar com as remessas".[16] Algumas vezes d. Pedro tinha que reforçar a ordem da imperatriz, para mostrar que o major von Schäffer deveria obedecer ao que ela dizia e não ao governo:

> Muito lhe agradeço a boa gente que tem mandado como soldados. A imperatriz já lhe mandou da minha parte encomendar mais 800 homens para soldados; agora eu lhe ordeno que em lugar dos colonos casados mande mais 3 mil solteiros para soldados, além dos oitocentos. O ministro dos Negócios Estrangeiros lhe mandou dizer para não mandar mais; mas eu quero que mande os que por esta lhe encomendo e faça de conta que não recebeu ordem para não mandar. Mande, mande, mande, pois que lhe ordena é que o há de desculpar e premiar.[17]

O envio dos mercenários foi camuflado como envio de colonos germânicos ao Brasil. A nova nação não era reconhecida ainda pela Europa, tecnicamente continuava fazendo parte do Império Ultramarino Lusitano, até que Portugal reconhecesse a sua independência. Enquanto isso não ocorresse, Schäffer teria muitos problemas. Afinal, estaria recrutando soldados para lutar numa guerra civil na América contra uma nação europeia. A solução encontrada foi arregimentar colonos para o Brasil, cujos homens deveriam cumprir o serviço militar como forma de pagar pela sua viagem e a de sua família. Muitos deles eram camponeses que vinham com ou sem parentes esperando encontrar aqui a terra prometida. Mas para isso teriam que pegar em armas assim que desembarcassem, sendo obrigados a servir ao Exército por três anos.[18] Outros eram realmente veteranos do antigo Exército napoleônico em busca do Eldorado.

Sobre o trabalho feito por Schäffer, um germânico que viria para o Brasil, Eduard Theodor Bösche, dizia que o encarregado da imigração era

> [...] um destes panegiristas, que sopram com bochechas infladas na trompa da lisonja, mostrando aos jovens a perspectiva de uma carreira brilhante com as cores encantadoras de uma descrição eloquente, e rivalizando com inconsciência e impostura como todos os aliciadores de tropas.

Ainda, segundo Bösche, várias questões contribuíam para os germânicos se deixarem levar pela conversa e promessas de Schäffer. Uma delas era a imagem que se fazia do Brasil na Europa, outra era que os alemães acreditavam, pelo que se dizia de d. Pedro na Europa, que o imperador era um homem extraordinário "[...] e se achava ainda mais intimamente ligado à Alemanha pelo seu casamento com uma princesa da casa imperial da Áustria".[19]

A primeira decepção de Bösche ocorreu no próprio navio que o trouxe ao Brasil. Segundo o autor, na mesma viagem seguia uma corja de ladrões e assassinos tirados das cadeias do grão-ducado de Mecklenburg. Esse Estado alemão havia negociado o reconhecimento do Brasil desde que pudesse se ver livre de 147 presidiários, acordo esse aceito por Schäffer. Dessa forma, condenados mecklenburgueses viriam a ser sinônimo no Rio de Janeiro de criminosos.[20] Bösche afirmava que também seguiam, enganados por falsas promessas e ilusões acerca do Brasil, diversos veteranos em busca de serviços e camponeses hessianos esmagados pelos impostos e sem conseguir cultivar a própria terra.

O dia a dia do casal imperial

Uma interessante peça para atrair imigrantes germânicos foi impressa pelo major von Schäffer e distribuída na Europa em 1824. Com o título de "A vida doméstica do imperador e da imperatriz",[21] contava sobre o dia a dia do casal. Por se tratar de uma peça de propaganda, é de imaginar que tenha havido autorização do casal imperial e trabalho da própria imperatriz no texto.

Além de informar que eles moravam no "Castelo" de São Cristóvão, a uma légua da cidade e que frequentavam o Paço da Aclamação (atual Paço Imperial), em dias de grande gala, o documento faz uma radiografia da intimidade de d. Leopoldina e de d. Pedro. Por meio dele, sabe-se, por exemplo, que o imperador era um madrugador: "Levanta-se cedo, por volta das 5 horas." Depois de resolver assuntos privados até as sete, tomava o seu almoço, o que hoje seria equivalente ao nosso café da manhã. Despachava assuntos do governo até a uma da tarde, quando, então, almoçava. Às quatro, d. Leopoldina e d. Pedro saíam a passeio, geralmente a cavalo ou de carruagem, quando, então, as filhas iam junto. Por volta das seis, se não fossem ao teatro, ficavam no palácio, onde faziam música. "O imperador acompanha a sua esposa ao piano, tocando flauta e às 11 horas vão descansar." Ainda informava o folheto que os imperadores dormiam no mesmo quarto.

Também dava detalhes, como o fato de d. Pedro no almoço não tomar mais do que um copo de vinho e vários de água, e ainda ter o costume de realizar trabalhos de marcenaria, hábito que trouxera da juventude. Nos eventos de grande gala, d. Pedro aparecia sempre de farda azul de marechal com todas as insígnias, enquanto que, em casa, usava "apenas casaco branco ou de Nankin, calças igualmente brancas e chapéu de palha".

Já a imperatriz acordava uma hora depois do marido, às seis da manhã. E saía para aproveitar o frescor do dia. Geralmente andava a cavalo ou de carruagem. Enquanto o sol ainda estava baixo, aproveitava para caçar ou pescar na baía próxima ao Palácio de São Cristóvão. Às nove horas, tomava o seu café da manhã ao ar livre quando o calor não permitia ficar no quarto. Até o jantar, ocupava-se em ler, escrever, pintar e supervisionar a educação das princesas d. Maria da Glória, d. Januária e d. Paula Mariana, esta última nascida em 17 de fevereiro de 1823. Depois do meio-dia, a imperatriz realizava a sesta, ao fim da qual passava o restante da tarde em sua biblioteca. O folheto ainda dava detalhes a respeito de seus gostos literários e sua erudição:

> Goethe é o seu poeta predileto, que antepõe a Schiller. Sua língua preferida é principalmente a alemã, que escreve com correção. Ama a literatura alemã mais do que todas as outras, posto que português e francês escreva e fale como a língua materna e além destas também fale e escreva em latim, espanhol, inglês, italiano, boêmio e húngaro.

Provavelmente, seria d. Leopoldina no Brasil a "dama que fala maior número de línguas". Por volta das quatro da tarde, acompanhava o imperador a passeio, quase sempre a cavalo, "e nos trajes que prefere, de amazonas. Apenas nos dias de gala aparece de vestido".

Às sextas-feiras, a imperatriz visitava a Igreja de Nossa Senhora da Glória do Outeiro, onde ouvia missa. O folheto ainda informava como era fácil chegar aos imperadores. Para falar com d. Pedro, bastava comparecer à audiência pública do beija-mão, todas as sextas-feiras, às nove horas da manhã, no Paço de São Cristóvão. Não se exigiam roupas formais, nem mesmo sapatos. Nesse momento, qualquer súdito poderia beijar a mão do imperador e fazer-lhe algum pedido. Para conversar com d. Leopoldina, necessitava-se apenas se fazer "anunciar por algum dos seus criados" ou então esperá-la à entrada da Quinta da Boa Vista para lhe falar quando ela entrasse ou saísse do palácio. "Oh! Como atende ao pedido dos infelizes a humanitária princesa, que nos modos e conduta traz sempre diante dos olhos os exemplos de sua grande avó Maria Teresa!"

Efetivamente, d. Leopoldina e d. Pedro recebiam todos que os procuravam, como narram as memórias de diversos alemães que vieram ao Brasil. Carl Schlichthorst, que chegaria a tenente dos granadeiros alemães, informa que assim que desembarcou no país viu o casal imperial. Assim ele descreveu d. Leopoldina:

> A imperatriz é baixa e gorda, com traços genuinamente alemães. Parece-se à primeira vista com a ex-imperatriz Maria Luísa, porém sem aquelas feições delicadas e graciosas, que tornaram tão encantadora a esposa de Napoleão. O sol dos trópicos e o modo de vida a que se adotou no hemisfério meridional emprestaram-lhe às faces alto grau de vermelhidão e lhe deram corpulência que se manifesta em quase todas as mulheres brasileiras, passada a primeira mocidade.
>
> Além disso, a roupa com que se apresentava absolutamente não podia agradar a um olhar europeu. Altas e duras botas de Dragão [soldado] com pesadas esporas de prata, largas calças brancas e por cima curta túnica de seda, um fato de montar aberto, de pano cinzento, um lenço branco atado ao pescoço, à moda masculina, por cima da gola da camisa, e um chapéu branco, enfeitado de azul-claro. Essa bizarra combinação de trajes tão diversos não poderia produzir um conjunto agradável.
>
> A imperatriz fala o alemão à maneira de Viena, servindo frequentemente de intérprete ao marido.[22]

Desde jovem, d. Leopoldina, como sabemos pela franqueza de sua irmã Maria Luísa, não era considerada uma pessoa vaidosa, e sua vestimenta de amazona, prática para ela, seria criticada por diversos outros viajantes.

Se, por um lado, Schlichthorst não viu o menor interesse em d. Leopoldina, isso não pode ser dito de outro militar alemão, Carl Seidler, que, num momento de galanteio, ofereceu-se para ser o seu cavaleiro andante. Após conseguir encaminhar uma petição pessoalmente para d. Pedro, Seidler permaneceu algum tempo a mais em São Cristóvão, que era mesmo aberto para qualquer um que quisesse se aproximar, e acabou se encontrando novamente com o imperador, que se encaminhava ao beija-mão.

> Surgiu d. Pedro a conduzir pela mão com galanteria de cavalheiro sua alta esposa [...]. Nunca eu havia visto a imperatriz, mulher divina que todo o Brasil endeusava e que tantas vezes entrara como mediadora entre o povo e o imperador. Não se podia desconhecer que era da casa de Habsburgo. O cabelo louro, ondeado, o olho azul, cismador, a testa alta, sonhadora, o nariz orgulhoso, brandamente curvo, a tez ofuscante de brancura, à qual o clima da terra mal comunicara leve sombra que ainda a embelezava, o rubor suave, mas ético, pousado em suas faces, a encantadora simpatia que falava em todos os seus gestos e palavras, a grande bondade, que, de par com a brandura e a majestade, transluzia de cada um de seus movimentos e que envolvia como uma auréola de glória a sua peregrinação terrena — tudo realçava aquela figura encantadora, era o orgulho e o prazer de um grande império.
>
> Jamais mulher exerceu uma impressão sobre mim como esta nesta hora; mal me atrevia a erguer os olhos para ela e, quando se voltou para mim e nossos olhares se encontraram, envergonhei-me como se tivesse cometido algum mal, ou como Adão que estivesse nu no paraíso. Neste momento eu teria dado tudo por uma coroa régia. "Meu marido manda perguntar-lhe se o sr. quer mais alguma coisa dele", falou-me ela sorridente, em dialeto austríaco. E que palavras! Que som de voz e os ademanes de que foram acompanhadas. Esta é toda a riqueza que pude trazer do Brasil, o Eldorado de meus desejos. "Meu marido manda perguntar-lhe em que poderá ser-lhe útil", repetiu ela timidamente.[23]

Outro que demonstra como era fácil se aproximar de d. Leopoldina é Julius Mansfeldt:

> Após uma hora, chegamos a São Cristóvão, descemos no pátio do palácio e fomos recebidos por um pajem vestido de preto, carregando uma espada como a dos marinheiros ingleses, que nos informou de que a imperatriz saíra para um passeio a cavalo do qual ela logo estaria de volta. O pajem nos levou ao recinto do capitão da guarda, o qual comandava uma companhia de infantaria [...]. Logo em seguida vi uma dama de postura nobre sobre um pequeno cavalo marrom, acompanhada de um camareiro e de um serviçal entrarem pelo pátio do palácio e não fiquei muito tempo em dúvida sobre essa aparição.
>
> — Esta é a imperatriz, me disse meu acompanhante no momento em que a guarda pegava em armas.
>
> Uma capa longa negra cobria o corpo de tão nobre senhora e sua cabeça estava coberta por um simples chapéu de palha. Eu me aproximei da imperatriz até uma distância adequada e fiz as honras militares. Logo após, fui levado pelo pajem até a imperatriz, a qual esperava por mim na frente da entrada para seus aposentos.[24]

A breve entrevista teve que ser suspensa por uma aparição inesperada:

> Neste momento as crianças imperiais chamaram do alto de uma das janelas olhando para baixo: "Oh, mamãe querida!". A imperatriz se apressou ao encontro das crianças carinhosamente amadas e me disse:
>
> — Eu vou vê-lo mais vezes. Futuramente o senhor pode se apresentar às 3 horas. E à minha pergunta "se eu poderia desfrutar da felicidade de apresentar a Vossa Majestade os outros oficiais vindos comigo da Europa", a imperatriz respondeu:
>
> — Eu vou para a cidade e então isso poderá acontecer.[25]

A Assembleia Constituinte

Em 3 de maio de 1823, d. Pedro abriu os trabalhos da Constituinte no edifício da antiga Casa da Câmara e Cadeia no Rio de Janeiro, onde hoje se ergue o Palácio Tiradentes, ao lado do Paço Imperial. O imperador chegou ao local numa carruagem puxada por oito belas mulas; usava uma farda verde, com o seu manto da coroação de veludo verde, em forma de poncho, bordado a ouro e com a gola ornada com as plumas amarelas de tucanos. D. Leopoldina seguiu ao lado do marido na carruagem. Maria Graham achou-a "muito abatida devido a uma indisposição recente".[26] Numa carta de 24 de maio para a irmã, d. Leopoldina informava: "Estive com reumatismo durante algumas semanas, o que me deixou bem deprimida."[27]

Em seu discurso de abertura dos trabalhos, d. Pedro reafirmou repetidamente que desejava que os deputados fizessem uma Constituição que merecesse a sua "real aceitação", o que não agradou a todos. Tanto d. Pedro quanto d. Leopoldina acreditavam que, se eles estavam dispostos a ceder parte de suas prerrogativas régias, os deputados deveriam fazer algo significativo com isso. Caso contrário, o imperador não concordaria com a Constituição que sairia daquela casa. Isso causou discussões logo de início, com alguns deputados afirmando que do povo, e não do imperador, a Constituição deveria ser digna. Entretanto, tanto d. Leopoldina quanto d. Pedro acreditavam que os políticos, na maioria das vezes, estavam mais preocupados em defender os seus direitos e as prerrogativas da classe alta de onde se originavam do que os direitos da população brasileira como um todo. Os imperadores pensavam, e incutiriam isso em seus filhos, que fazia parte de suas obrigações velarem pelo povo, indo contra os políticos se preciso fosse.

Naquela noite, segundo relato da inglesa Maria Graham, o dia encerrou-se "como todos os dias importantes no Brasil — com um espetáculo de gala. A peça, que foi montada para a ocasião, chamava-se o 'Descobrimento do Brasil'".[28] De acordo com Graham, ou antes da apresentação, ou no intervalo, "apareceu o estandarte imperial com as palavras inscritas:

'Independência ou Morte'. Isto era completamente inesperado e provocou as mais longas e vivas manifestações". D. Pedro então, ao presenciar a cena, escondeu o rosto por um momento, quando então notaram sua face pálida e marcada de lágrimas pela emoção da surpresa. "Pelo final da peça, as aclamações se repetiam e os gritos de 'Viva a Pátria', 'Viva o Imperador', 'Viva a Imperatriz' e 'Viva os Deputados' se ouviram dos espectadores." Quando Martim Francisco Ribeiro de Andrada, de um dos camarotes dos deputados, propôs um viva ao "povo leal e fiel do Rio de Janeiro", a saudação foi respondida "especialmente pelo imperador".[29] D. Leopoldina não presenciou a cena pois não havia acompanhado o marido ao teatro "devido a sua moléstia recente".[30]

Logo começariam os atritos entre o imperador e os políticos, incluindo os irmãos Andrada. Em meados de junho, o deputado Muniz Tavares propôs uma lei radical, em que os portugueses no Brasil deveriam ser declarados brasileiros e manteriam suas posses se houvessem dado provas de sua adesão à causa da Independência e à pessoa do imperador. A proposta foi sustentada em plenário por Antônio Carlos num discurso no qual questionava a natureza ambígua do próprio imperador:

> [...] Até no ápice e sumidade da nação um ser, sim raro, e que despira todo o lusitanismo para professar de coração o genuíno brasileirismo, mas que como homem não poderá nunca sufocar de todos os gritos da sua origem.[31]

A afronta ao imperador era clara, assim como a milhares de portugueses divididos entre a causa da independência e a origem lusitana, incluindo membros da elite, do ministério e da corte imperial, formada principalmente por portugueses fiéis a d. Pedro. A lei não foi aprovada, mas o estrago já havia sido feito.

D. Leopoldina, por volta dessa época, em carta a Maria Luísa, comentaria a respeito: "Não vou escrever nada de política porque os jornais falam e as tempestades trovejam; agora todos estão enxergando com óculos cor-de-rosa, eu porém vejo tudo negro, vamos ver quem está enganado!!!"[32]

Em 30 de junho de 1823, d. Pedro sofreu um dos mais perigosos acidentes de cavalo de sua vida. O relatório enviado à Assembleia Constituinte, em 8 de julho, pelo cirurgião da Imperial Câmara, dr. Domingos Ribeiro dos Guimarães Peixoto, relatava que d. Pedro, vindo da Chácara do Macaco, na segunda-feira, dia 30, por volta das seis horas da tarde,

> [...] ao chegar à ladeira perto do paço de S. Cristóvão, como corresse o selim tanto para a garupa do cavalo em que vinha, pela razão de estarem as silhas traseiras mui largas, que estas ficaram nas virilhas do animal, que se corcoveava e desabridamente corria, Sua Majestade Imperial, receando resvalar juntamente com o selim e ser, em consequência, maltratado pelos muitos e violentos coices, sobretudo faltando-lhe o apoio da crina por se ter esta arrebentado e à qual lançara a mão, tomou a resolução de deitar-se abaixo, o que fez para o lado esquerdo.

Depois de uma queda tão considerada, batendo com as costas em cheio sobre barro duro, não obstante levar de encontro o braço esquerdo, [...] soldados do telégrafo, que logo o acudiram e seguraram até que chegou Sua Majestade, a Imperatriz, acompanhada de seu criado, que ajudaram Sua Majestade Imperial a recolher-se ao paço [...] subiu a escada [...], seguro tão somente a uma bengala, como observei, quando o vi [...].

Na queda, d. Pedro contundiu duas costelas, a clavícula esquerda e o quadril, ficando preso ao leito numa espécie de equipamento imobilizante feito pelos médicos. O relatório era finalizado dizendo que, passados nove dias, o monarca se encontrava recuperado. D. Leopoldina, em carta[33] de 9 de julho a seu pai na Áustria, fez eco ao médico, informando que o marido estava melhor. Essa carta, assim como diversas outras enviadas após a coroação em dezembro de 1822, não seria respondida. Somente com Maria Luísa a correspondência não se interrompeu. A essa irmã, d. Leopoldina especulava: "[...] Podes me dizer o que pensa meu querido pai e o que ele diz sobre o Brasil",[34] pedia em 24 de maio de 1823.

Uma recordação da queda de d. Pedro ainda pode ser vista no Rio de Janeiro. Dentro do espírito da *Pietas Mariana* dos Habsburgo, d. Leopoldina encomendou um ex-voto para agradecer aos céus, sobretudo a Nossa Senhora, o restabelecimento do marido. A tela, que anteriormente ficava na sacristia da Igreja de Nossa Senhora da Glória do Outeiro, hoje se encontra no Museu da Imperial Ordem, atrás da igreja. Nela, d. Leopoldina, como uma peticionária, roga pela vida do imperador brasileiro a Nossa Senhora. Esta, localizada no alto do quadro, envia um anjo para proteger d. Pedro da queda do cavalo. O anjo, armado de lança e escudo, afasta a imagem da morte de perto do monarca. A obra, iniciada por Auguste-Marie Taunay, falecido em 1824, foi terminada por seu sobrinho Felix Émile Taunay em 1827. Na legenda em latim, lê-se: "Pedro I, fundador do Império Brasileiro escapando por pouco da fúria de desenfreado cavalo."

D. Pedro, durante o tempo que esteve preso ao leito, recebeu diversos deputados da Assembleia Constituinte e ouviu-os, principalmente suas queixas a respeito de como os irmãos Andrada tratavam seus inimigos políticos no Rio de Janeiro e em São Paulo. O imperador, devido aos apelos, teria resolvido conceder uma anistia geral.

Por meio de seu ministro da Justiça, mandou que fossem lavrados decretos libertando os prisioneiros políticos. Além disso, finalizava a devassa de São Paulo contra os que haviam participado da revolta contra os Andrada em maio de 1822. Anulou os decretos de deportação e concedeu anistia a todos. Tratava-se de um ato executivo, cuja decisão cabia a ele e ao ministro da Justiça. Porém, os Andrada, por não haverem sido consultados, receberam-no como uma afronta aos seus brios. A discussão que se seguiu levou à saída dos dois irmãos do ministério e da irmã deles do serviço de camareira-mor de d. Leopoldina.

Datada de 15 de julho[35] é a proclamação feita por d. Pedro intitulada "Aos habitantes do Brasil". Nela, o imperador oficializava o fim das perseguições políticas. Afirmava que só recentemente havia tido conhecimento dos atos arbitrários e despóticos tomados contra o seu povo. Ressaltava que, como monarca, raramente ouvia a verdade, mas a tinha buscado e visto o mal que estava se abatendo contra os brasileiros. Terminava assim a colaboração íntima entre os Andrada e o imperador. Os irmãos partiriam para seus cargos eletivos na Assembleia e se ocupariam diretamente do anteprojeto constitucional, que, embora ainda fixasse no imperador a chefia do Executivo, passava a proibir-lhe dissolver o Parlamento e imiscuir-se nos outros poderes.

D. Leopoldina já se queixara um mês antes de todos esses acontecimentos para a irmã: "Tenho que te confessar que estou muito melancólica, porque me encontro sem amigo ou amiga em que possa depositar minha confiança." Apesar de ter trabalhado durante o processo da independência diretamente com José Bonifácio e ter a irmã deste como camareira-mor, pelos comentários feitos a respeito de sua contínua solidão, podemos acreditar que a relação entre a princesa e os Andrada era mais no campo da política e da cultura do que uma amizade mais estreita e íntima. A solidão não era somente fora do casamento. Também do marido se queixava: "Todos os meus deveres me ligam a meu esposo e infelizmente não posso lhe oferecer minha confiança, nossas mentalidade e educação são muito distintas."[36]

Passada a empolgação e todo o movimento autonomista e da independência, apesar de ajudar em algo no governo do marido, principalmente na questão da imigração, voltava d. Leopoldina a se ressentir da falta de gente em que pudesse efetivamente confiar. Não podia contar nem com o marido, que a continuava deixando em situação financeira periclitante a ponto de ela continuar se endividando constantemente. Para seu secretário Flach, num dos vários pedidos de dinheiro, exclamava como num desabafo: "Por amor ao Brasil perdi o ordenado de uma rainha de Portugal que montava a mais de cem contos."[37]

A relação entre a Assembleia Constituinte e o imperador degringolaria ao longo de 1823, culminando num golpe dado por d. Pedro em 12 de novembro, quando fechou a Assembleia. Diversos deputados foram exilados, incluindo José Bonifácio e seus irmãos. Em 1824, d. Pedro daria uma Constituição ao Brasil escrita por ele e por seu Conselho de Estado.

Por essas e outras amostras de brutalidade, d. Pedro foi perdendo gradualmente a afeição do povo, ao contrário de d. Leopoldina, que, por sua bondade e caridade, passou a ser cada vez mais estimada. Ela seria o lado humano, bondoso e caridoso do trono. O conselheiro Drummond, em suas memórias, lembra que uma tentativa de depor o imperador em 1824 foi descartada pois a "respeitosa veneração que todos tributavam à imperatriz Leopoldina" fizera desistir do plano.[38]

Os partidários iniciais da independência, que haviam visto em d. Leopoldina a aliada da primeira hora, chegaram a acalentar a ideia de substituir o imperador por ela. Ofereceram a Coroa à imperatriz e tentaram fazê-la compreender que tudo seria feito pelo bem do país. Mostraram-lhe os defeitos do marido e a situação que ela mesma sofria com o gênio dele. Porém, imperturbável, d. Leopoldina teria respondido: "Sou cristã, dedico-me inteiramente ao meu marido, aos meus filhos e antes de consentir em semelhante ato me retirarei para a Áustria."[39] Apesar de sua fidelidade, a partir de 1823 cessava, juntamente com o afastamento dos Andrada do ministério, a participação de d. Leopoldina de maneira direta no governo. Em abril de 1823, a imperatriz fez uma das últimas menções a respeito. "Não reclames de mim, minha cara, por te escrever pouco, não sabes, minha boa irmã, quanta coisa tenho para fazer, já que ajudo meu esposo em seus deveres."[40]

Aniversário da coroação

Em dezembro de 1823, d. Pedro comemorou o primeiro aniversário da sua coroação. O oficial da Marinha russa Otto von Kotzebue escreveu:

> Despertei cedo, com a salva da artilharia da fortaleza e dos navios que estavam no porto. Tudo estava em movimento. O povo circulava em todas as ruas; os soldados em grande uniforme iam reunir-se em seus quartéis para tomar parte na parada. [...] Às 11 horas, o imperador e a imperatriz, em uma magnífica carruagem puxada por oito cavalos, chegaram à igreja escoltados por uma companhia de guardas a cavalo, em elegantíssimos uniformes; um grande número de carruagens seguia o cortejo, que avançava a passo lento para dar ao povo o tempo de admirar esse espetáculo.[41]

Após a cerimônia de graças na Capela Imperial, os imperadores seguiram para o Paço da Cidade, onde receberam para o beija-mão. Por volta das quatro da tarde, as tropas no Campo da Aclamação estavam reunidas aguardando a chegada de d. Pedro e d. Leopoldina.

> O canhão se fez ouvir; o imperador e a imperatriz apareceram ao longe, ambos a cavalo e seguidos de uma brilhante comitiva. Então os soldados lançaram fora seus cigarros, e o povo agitou os chapéus, as damas seus lenços brancos; todos gritam: Viva o imperador. [...] A imperatriz trazia um hábito de amazona negro, bordado a ouro, elegantíssimo; quando ela tomou lugar no pavilhão, o imperador se pôs à frente das tropas e fê-las desfilar diante de sua esposa.[42]

D. Pedro podia ser um desastre como marido, desatento, abrutalhado, extremamente grosseiro e sovina, mas sabia como se fazer encantador. Colocar-se à frente do exército e passá-lo em desfile diante da esposa foi, sem dúvida, um dos maiores momentos da vida de d. Leopoldina. Nessa parada, ele demonstrou o reconhecimento à esposa, perante o Rio de Janeiro em peso, por tudo o que ele havia granjeado até então. Quase como uma ironia do destino, enquanto d. Leopoldina era homenageada publicamente pelo marido, de quem tinha se aproximado ainda mais durante o processo da Independência, conquistando sua atenção e sua confiança, ela havia perdido o seu coração.

AS AMIZADES DOS IMPERADORES

No meio da multidão e, até mesmo no meio da tropa que seguia atrás de d. Pedro prestando honras a d. Leopoldina, deveriam estar membros da família paulista dos Castro Canto e Melo. Essa era a família do alferes Francisco de Castro, que havia guiado d. Pedro, ainda como príncipe regente, do Rio de Janeiro a São Paulo em agosto de 1822. Francisco era filho de João de Castro, militar açoriano de origem fidalga e ex-comandante do 4º Esquadrão de Cavalaria da Legião de São Paulo, e de d. Escolástica Bonifácia de Toledo Ribas, natural de São Sebastião, litoral norte de São Paulo. Descendia tanto de portugueses quanto de indígenas e bandeirantes ilustres. Francisco de Castro tinha uma irmã divorciada, Domitila, apelidada de Titília. Em 1822, na época da independência, a moça tinha 24 anos; era nove meses mais velha que o príncipe e onze meses mais nova que d. Leopoldina. Ambas nasceram nos extremos de 1797: a imperatriz, a 22 de janeiro, e Domitila, a 27 de dezembro.

A fama de Domitila, quando d. Pedro a conheceu em São Paulo, já estava na boca do povo. Havia sido esfaqueada pelo marido numa tentativa de homicídio em 1819. Felício Pinto Coelho de Mendonça, o esposo, foi preso, mas logo solto graças à influência de sua família. O rapaz alegou legítima defesa da honra, mas não apresentou provas de que a mulher efetivamente o traíra. Entretanto, o real motivo da tentativa de assassinato era outro: ao longo do processo de divórcio, ficaria provado que o marido falsificara a assinatura de Domitila para poder vender terras que pertenciam ao casal em Minas Gerais. Felício estava desesperado pela transação. Estava falido, pois, segundo o governador de São Paulo, em carta a d. João VI pedindo a intervenção do rei no caso, gastava todo o dinheiro em bebida, jogos e mulheres, deixando Domitila e os filhos passarem necessidades.[1]

Uma longa disputa judicial seguiu-se, com os pais de Domitila dando abrigo à filha e aos netos, enquanto o sogro queria tirar-lhe as crianças; desejava que eles fossem educados em Minas pela família paterna. Foi nesse ponto da vida dela que d. Pedro a conheceu, em São Paulo, em agosto de 1822. Ele havia chegado à cidade no dia 25 e quatro dias depois passou a ter "amizade" com ela, como recordaria em diversas cartas. A "amizade" a que d. Pedro faz referência era bem menos inocente do que parece à primeira vista: eles passaram a ter um caso nessa época, e a paulista engravidaria dele. Até esse ponto, nada de diferente do que já havia ocorrido na vida do príncipe, tanto na sua época de solteiro quanto na de casado com d. Leopoldina.

Quando d. Pedro partiu de São Paulo, após ter proclamado a Independência, além de Francisco de Castro seguia também com ele o pai deste, João, e o cunhado, Boaventura Delfim Pereira. Este último, um fidalgo português, tomaria parte no cerimonial da coroação do imperador, sendo um dos responsáveis pela entrega do pálio sob o qual ficou d. Pedro I.

Em novembro de 1822, d. Pedro escreveria a primeira carta que ficou registrada entre ele e Domitila:

> Santa Cruz, 17 de novembro de 1822
>
> Cara Titília
>
> Foi inexplicável o prazer que tive com as suas duas cartas. Tive arte de fazer saber a seu pai que estava pejada de mim (mas não lhe fale nisto) e assim persuadi-lo que a fosse buscar e a sua família, que não há de cá morrer de fome, muito especialmente o meu amor, porque estou pronto a fazer sacrifícios.

> Aceite abraços e beijos e fo...
> Deste seu amante que suspira pela ver cá o quanto antes,
>
> O Demonão[2]

Também nessa carta, talvez demonstrando a fogosidade de que era capaz, d. Pedro assinava com um dos seus pseudônimos para a amante; outro era "Fogo-Foguinho".

Em maio de 1823, o pai de Domitila, já reformado no posto de tenente-coronel do Estado-Maior do Exército, passaria a receber sua aposentadoria no Rio de Janeiro, sinalizando que a família já estava estabelecida na capital do novo império, assim como aos pés do trono e dos favorecimentos que deste recairiam por sobre toda a família.

Até Domitila surgir na vida de d. Pedro, todos os casos do príncipe não passavam de encontros fugazes. A maioria eram apenas eventos de uma única noite. Tirando a sua paixão de juventude, Noemi Thierry, todas as demais mulheres com quem compartilhou um leito, uma porção de feno, uma rede, uma esteira ou até mesmo uma parede haviam sido transitórias, passageiras. Mas com Domitila isso seria diferente.

Inúmeros fatos comprovam que, de início, o relacionamento entre o imperador e Domitila era discreto, escondido. Isso pode se depreender pela falta de relatos da época em que o romance começou e pelos bilhetes dele para ela, como neste, em agosto de 1823, escrito quando o imperador ainda se recuperava da queda do cavalo:

> Tomara eu que os ladrões dos médicos deixassem já de cá dormir, para você me vir cá visitar com o Nhô Xico conforme lhe mandei dizer, o que por ora não pode ser, em consequência do acima exposto.[3]

A família inteira de Domitila bancaria os alcoviteiros do casal de amantes, como mostra o bilhete, no qual d. Pedro manda que ela fosse acompanhada pelo irmão "Nhô Xico", como o imperador chamava a Francisco de Castro. O pai e a mãe dela seriam tratados por d. Pedro por "meu velho" e "minha velha", os irmãos, João, José, Pedro e Francisco, seriam tratados por "nhô" ou, ainda, "manos". Isso demonstrava o nível de intimidade que o imperador havia concedido a eles: praticamente adotaria os Castro como a uma segunda família, bem mais fácil de se lidar do que com os Bragança.

O curioso é a dinâmica criada por essa relação. Em nenhum momento foi verificado algum tipo de tentativa de Domitila em ser desrespeitosa com d. Leopoldina, muito menos dos irmãos ou dos cunhados dela. Boaventura Delfim Pereira, por exemplo, seria feito veador da imperatriz, cargo relativo a prestações de contas e pagamentos a ser efetuados por d. Leopoldina. Ainda havia o caso da irmã de Domitila, Ana Cândida, que homenageou os imperadores dando ao casal de filhos que teve com o marido, o militar português Carlos Maria Oliva, os nomes de Pedro e Leopoldina, sendo d. Pedro o padrinho deles.

Não se sabe ao certo em que momento Domitila teve contato com d. Leopoldina, mas o primeiro encontro teria se dado de maneira informal, talvez em 1823 ou início de 1824. D. Pedro, em carta à amante, narrou o diálogo, que beira o surreal, que teve com a esposa a respeito de Domitila:

> [...] Ela me disse que mecê lhe disse que tinha a moléstia de Lázaro. [...] Eu respondi "ou tenha ou não, cá para mim não me importa, porque não tenho tratos com ela".[4]

A tal "doença de Lázaro", de que Domitila disse à imperatriz que sofria, é o que se conhece hoje como hanseníase, ou, mais popularmente, lepra. Na época, sem tratamento, a doença era contagiosa e causava mutilações. O disfarce inicial era bom, afinal, quem iria ter uma leprosa como amante? Mas o afoito d. Pedro não se contentaria em manter as coisas longe e afastadas de sua casa e de sua esfera mais próxima de ação.

O caráter, a educação e os princípios diferentes de d. Pedro e d. Leopoldina acabaram criando um abismo entre eles, como a imperatriz confessa em diversas cartas para Maria Luísa. Entretanto, o nascimento e a criação dos filhos, o fazer esses filhos, interesses em comum, como a música, os negócios da pátria e outros, os uniam. Mas era inegável, e todos os que os rodeavam viam, quanto d. Leopoldina era superior ao marido cultural, intelectual e politicamente. Ela viera de uma das cortes mais fulgurantes da Europa. Desfrutara de um estilo de vida e de uma liberdade antes de chegar ao Brasil que lhe permitiam, por exemplo, ir ao teatro quando pudesse e quisesse, levando até o sobrinho, filho de Maria Luísa e Bonaparte. No país, vivia num verdadeiro desterro intelectual no que era o Rio de Janeiro da época. Após todas as suas ilusões serem destruídas, dizia à irmã que a cidade não passava de uma "[...] selva, que ainda está no tempo antes da destruição da Babilônia (e pode ser chamada, com justiça, de uma nova Babilônia e de Torre de Babel!!!) estamos privados dos mais simples recursos".[5]

Como imperatriz, teria menos liberdade dada pelo marido no Rio de Janeiro do que usufruíra em Viena, a ponto de ter que usar de subterfúgios e de prepostos para conseguir ir ao teatro. Para um afilhado dela e do imperador, expressou a respeito de d. Pedro não lhe permitir essa diversão:

> Tenho uma pena infinita da crueldade do padrinho que não quer deixar-me acompanhar-te ao teatro. Queria ver a função e distrair-me que me era muito preciso. Veja o afilhado, se o vê, se o persuade de deixar-me ir ao teatro tendo a arte a fazê-lo mudar de opinião.[6]

Além da falta de cultura e de polidez de d. Pedro, o exercício de seu pátrio poder, seus mandos e desmandos no destino da esposa, era um fardo pesado para d. Leopoldina. A imperatriz não nascera com temperamento dócil: revoltara-se contra o pai quando este a proibira de ir a Parma visitar Maria Luísa antes de embarcar para o Brasil. Em carta a essa irmã, pouco antes do embarque para a América, confessava: "Sabes que sou de temperamento forte, mas te prometo que com d. Pedro serei paciente como um cordeiro."[7] No Brasil, além de ser excluída de toda e qualquer diversão pelo marido, até mesmo o que poderia ou não vestir era fiscalizado por ele:

> Muitíssimo obrigado pelos vestidos e tecidos, minhas filhas ficaram radiantes, e sou muito grata a ti por não me mandares nenhum vestido, pois meu esposo certamente não mo deixaria vestir, porque imagina que quando alguém se veste segundo a moda é porque tem segundas intenções e por isso, para manter a querida paz doméstica, me calo com paciência.[8]

Para as mulheres dessa época, o que mais se fazia necessário era paciência. O espírito provinciano de d. Pedro em achar que a moda era imoral contrastava diretamente com Napoleão, que fazia Josefina lançar moda e aliava esta, como estilo, ao seu novo Império. Napoleão também, como d. Pedro, supervisionava pessoalmente o que a esposa usava, mas, ao contrário do imperador brasileiro, o francês queria que Josefina estivesse sempre com os melhores vestidos, os melhores penteados e as melhores joias.

Se os dois imperadores tinham pensamentos opostos quanto à altura da cintura e do decote, a sovinice era a mesma. Ao mesmo tempo que Napoleão instigava a mulher a se vestir com três vestidos diferentes por dia sem os repetir em outra ocasião, acusava-a de ser perdulária e de gastar demais com roupas e joias.

Apesar da paciência que d. Leopoldina se forçaria cada vez mais a ter com o marido e com os que a cercavam, pouco d. Pedro poderia fazer para compensar a diferença de nível entre eles. Era muito mais fácil para ele se apaixonar, proteger e amar alguém que o olhasse de baixo para cima, e não de cima para baixo, como sentia que a mulher fazia. Não que da parte da esposa isso fosse proposital; pelo contrário, delicada como a imperatriz era, dificilmente faria ou falaria algo premeditado para magoar ou inferiorizar o marido. Sua mentalidade e educação, bem como o respeito que tinha por d. Pedro eram impeditivos para que isso ocorresse. Entretanto, o imperador, sensível e ciente de suas falhas, ressentia-se do fato de ter a seu lado alguém que poderia achá-lo inferior. Isso explicaria, em parte, o seu apego a Domitila. Homens gostam de ser adorados; príncipes, então, têm nisso quase que uma de suas fontes de energia vital.

D. Pedro, que relegaria d. Leopoldina a sofrer com eternos problemas financeiros, iria pagar até mesmo a educação dos filhos que Domitila teve do primeiro marido. Ensinaria a amante a se comportar, explicaria a ela que não poderia fazer suas próprias roupas, que deveria ir a tais modistas, uma das quais, madame Josefine,[9] "cuja tesoura de imperial predileção cortava cara e desapiedadamente",[10] que vestia a própria imperatriz. Enfim, ensinaria a se portar como uma grande dama da corte, elevando-a até ele.

Invariavelmente, desde o início do século passado, todos os autores que se debruçaram sobre esse triângulo amoroso acabaram caindo na facilidade falsa de embasarem a predileção de d. Pedro por Domitila levando apenas em conta elementos superficiais, como a beleza ou o descuido da esposa com a sua aparência. Alguns dizem que d. Leopoldina não se cuidava, passando de mulher a "imperatriz em exercício", e que isso teria afastado d. Pedro, o que não é verdade.

Todos os relatos de pessoas que diziam que ela era descuidada com a aparência descrevem momentos em que ela não estava numa função oficial. Nos dias de grande e pequena gala, quando tinha que se apresentar perante a corte, era sempre notada por seus vestidos, plumas e joias. Como na descrição que Maria Graham fez a respeito da primeira vez que esteve com a imperatriz: "Fui encaminhada à sala de recepção [...]. A Imperatriz chegou pouco depois, com um belo vestido de manhã, de cetim púrpura com enfeites brancos."[11]

Em momentos mais íntimos, também era notada, como quando recebia alguém no palácio para alguma audiência particular ou em suas visitas a instituições de caridade e às igrejas. O difícil era esperar ver alguém com a pele extremamente clara e sensível sem estar toda coberta em seus passeios diários a cavalo.

Além do mais, atribuir à falta de beleza de d. Leopoldina a existência de Domitila na vida de d. Pedro é um argumento raso. Pelos padrões de hoje, nenhuma das duas mulheres, pelos retratos que sobreviveram, ganharia qualquer concurso de misse. Os padrões de beleza e até o que se considera atrativo sexualmente mudam a cada geração.

Na época, um simples calcanhar feminino exposto seria responsável por despertar desejos libidinosos. Além do mais, o caso entre d. Pedro e Domitila durou sete anos. Não existe beleza que mantenha um relacionamento extraconjugal por tanto tempo. Ainda mais que d. Pedro, na época, o homem mais poderoso do Brasil, tinha fácil acesso a todas as mulheres que se insinuassem a ele. E não foram poucas. A própria irmã de Domitila, Maria Benedita, futura baronesa de Sorocaba, teve um caso com o imperador e um filho bastardo. A francesa madame Bonpland tencionou tirar o posto de favorita de Domitila, mas a única coisa que conseguiu foi ser apenas mais uma na longa lista de relações de uma noite só de d. Pedro.

O fato é que d. Pedro enamorou-se perdidamente por Domitila, inclusive porque talvez se satisfizesse com ela como não se atreveria, pela moralidade da época, com a esposa. Isso criou abertura para a aparição de uma favorita nos moldes do Antigo Regime francês, quando as amantes eram públicas, como igualmente público era o papel delas na política de alcova junto ao governante. Entretanto, esse papel estava condicionado aos favores sexuais que Domitila estivesse disposta a fornecer ao imperador, o que determinaria, ou não, a estabilidade dessa parceria.

Domitila acabou sendo levada, por interesses pessoais e familiares, a se transformar numa exímia amante para satisfazer e, literalmente, prender o imperador. Por exemplo, conheceria, segundo a sua irmã, a baronesa de Sorocaba, a técnica de pompoar, ou pompoarismo,[12] na qual, contraindo os músculos vaginais, a mulher consegue levar o homem ao orgasmo sem que este precise se mover. Dificilmente Domitila seria adepta de ioga tântrica para saber como realizar essa técnica. Ela teria se submetido a aprender, deixando de lado as regras morais da época, para entreter sexualmente ainda mais o imperador.

Pelas cartas e pelos bilhetes trocados entre d. Pedro e a amante, ficamos sabendo de detalhes de alcova, por exemplo, que ele gostava também de ir aos "cofres"[13] de Domitila e que constantemente se preocupava em ter deixado a amante "escandalizada".[14,15] Enfim, nenhuma educação Habsburgo preparava tão bem uma princesa para a função de amante que d. Pedro encontrou em Domitila.

Os papéis desempenhados pela imperatriz e pela marquesa na vida de d. Pedro eram claramente dissociados, como ele dá mostras ao afirmar: "Ontem mesmo fiz amor de matrimônio para que hoje, se mecê estiver melhor e com disposição, fazer o nosso amor por devoção."[16]

Foi com a discrição que pautava os relacionamentos extraconjugais na época, tidos como normais, que d. Pedro lidou a princípio com seu envolvimento com Domitila. Não que o estouvado príncipe fosse um modelo de bom senso. Os amigos e servidores mais próximos do imperador não só sabiam da ligação entre eles, como ela fazia parte de sua vida social. Porém tudo mudou a partir de 1824.

Nesse ano, em maio, Domitila daria à luz Isabel Maria, primeira filha do casal a sobreviver ao parto e à infância. Antes do nascimento, d. Pedro conseguiu acelerar o processo de divórcio de Domitila para que o ex-marido dela não tivesse poderes sobre a criança. Em setembro de 1824, ao tentar assistir a uma peça num teatro que só admitia associados, Domitila foi impedida de entrar. O amante imperial, num ímpeto, mandou que o local fosse fechado. Começavam assim, nas ruas do Rio de Janeiro, os murmúrios acerca de uma "favorita".

Os rumores se intensificariam ainda mais até que, na Páscoa de 1825, ao tentar assistir à missa na tribuna das damas de honra do Paço, na Capela Imperial, Domitila foi afrontada. As damas, sabendo pelos comentários quem era aquela que adentrava o local, retiraram-se acintosamente. Não ficariam no mesmo espaço que uma "rameira". Assim como feito antes, o castigo de d. Pedro não tardaria. Como de praxe, nas comemorações dos aniversários de membros da família imperial, títulos, condecorações, mercês e perdões eram distribuídos pelo imperador e pela imperatriz. Na segunda-feira após a Páscoa, 4 de abril, era aniversário de d. Maria da Glória, filha mais velha de d. Pedro e d. Leopoldina. Na lista das pessoas agraciadas com alguma benesse imperial aparecia o nome de Domitila de Castro do Canto e Melo, nomeada dama camarista da imperatriz. Esse posto conferia a ela o direito de acompanhar d. Leopoldina a todos os lugares, sendo-lhe destinado o lugar de honra logo após os imperadores em qualquer ocasião pública, isto é, na igreja, no teatro e em outros eventos, tendo precedência sobre as outras damas.

A tentativa de d. Pedro em constranger as damas que tinham se julgado superiores a Domitila ateou fogo ao mundo diplomático da corte. Os embaixadores e ministros plenipotenciários procuraram por informantes que pudessem lhes dar notícias de quem era essa mulher que o imperador estava protegendo. Depois de colhidas as informações, cada uma mais disparatada que a outra, mandaram relatórios aos seus países informando quem era a amante oficial do imperador. Alguns chegavam até a conclusão de que a paulista poderia ter sido a verdadeira causa da demissão dos Andrada, especificamente de José Bonifácio, que, do exílio, a chamava de prostituta.[17]

O barão de Mareschal, em informe a Viena em 15 de abril de 1825, comentou que d. Leopoldina comportou-se da melhor maneira possível quando Domitila foi lhe beijar a mão pela graça obtida. Segundo o diplomata, a imperatriz cedeu sabiamente aos desejos do marido sem hesitação e sem censura. Num ofício a Metternich, Francisco I comentaria que, com esse despacho de Mareschal, descobrira o homem miserável que era o seu genro.[18]

Uma coisa era ser mais uma das amantes eventuais de d. Pedro, outra era ganhar um dos mais elevados cargos na corte e o direito de viver com os soberanos, trabalhando no palácio, ao menos uma semana por mês. Isso deu a Domitila um peso político, colocando-a, senão em pé de igualdade com d. Leopoldina, com uma aproximação muito grande do trono e seus favores, o que acabou por desequilibrar o poder do casal imperial.

Segundo alguns historiadores, d. Leopoldina, ao saber do ocorrido na igreja, e sem ter real conhecimento de que Domitila era amante do marido, teria ficado aborrecidíssima com o tratamento dado à paulista por suas damas e proposto sua nomeação. Afinal, seria uma maneira de honrar a família Castro, que já gravitava ao redor do monarca desde antes da Independência. Mas essa história parece ficar a meio caminho da construção mítica da imagem da soberana, oscilando entre a cegueira da imperatriz, que não via o que estava acontecendo, e a da santa mártir, esposa fiel, que a tudo perdoava. De fato, d. Leopoldina, cercada por uma corte hostil, não deveria saber na época do relacionamento extraconjugal do marido. Afinal, a própria Titília contara-lhe que era leprosa!

Porém, claramente, a nomeação fora ideia de d. Pedro. Existem provas[19] da raiva do imperador com a afronta sofrida por Domitila.

O assunto ainda rendeu um poema de d. Pedro a Domitila:

> Domitila, minha imperatriz do coração. Desde que pus meus olhos na tua formosura, quis ser todo e sempre teu. Queres, divina augusta de meu pensamento? É para ti estes versos, meu amor.
>
> Pedro
>
> Filha dos césares, imperatriz augusta,
> tu abateste altiva soberbia
> com que tuas damas de raça ímpia
> abater queriam quem delas não se assusta.
>
> Vedes, aristocratas cafres, quanto custa
> apezinhar aquela cuja alegria
> consiste em amar a Pedro e a Maria,[20]
> Titília bela, sua causa é justa.
>
> O mérito, a verdade em todos os países
> aparecerão sempre em grande esplendor.
> Sustem-nos o soberano, são suas raízes.
>
> Conta com Pedro, pois ele é defensor
> do pobre, do rico, do Brasil, dos infelizes,
> ama a justiça, de seu amigo é vingador.[21]

Maria Graham informa que as principais damas da corte se recusaram, a princípio, a visitar Domitila para cumprimentá-la pela nomeação,

> [...] mas em breve fizeram-lhes compreender que a teimosia não resultaria em nenhum bem à imperatriz, mas, com maior probabilidade, arruinar-lhes-ia as famílias. Antes, pelo contrário, sei que o preço exigido pelo perdão de uma Casa foi o sacrifício de uma linda carruagem nova, havia pouco importada de Londres, e que se destinou à cocheira dela.[22]

Logo Domitila não apenas receberia a visita das damas e demais servidores do Paço, congratulando-a pelo posto, como os diplomatas estrangeiros também passariam a cortejá-la. Ela foi recebida oficialmente pela primeira vez na corte no Palácio de São Cristóvão, como ditava o protocolo, em dia de grande gala.

D. Leopoldina nunca chamou Domitila de "canalha", como querem acreditar alguns autores. A imperatriz usou frequentemente essa palavra em sua correspondência desde que chegou à corte do Rio de Janeiro em 1817 para se referir, de maneira coletiva, aos servidores do Paço com quem possuía alguma rixa, como o "barbeiro" Plácido e diversas damas portuguesas. Nas cartas a Maria Luísa, até o momento, não apareceu nenhuma referência direta a Domitila, pois seria humilhação demais a imperatriz expor completamente o caso do marido à irmã.

Apenas aos seus funcionários, seus germânicos fiéis que lhe deviam obediência, Flach e Schäffer, ela desabafava. Para Flach, por exemplo, escreveu: "O meu esposo se interessa somente pela maldita bruxa e à outra [Leopoldina referia-se a si própria] pode acontecer o que quiser."[23] Para Schäffer, na Europa, disse:

> Aqui, infelizmente, anda tudo transtornado, pois, sinceramente falando, mulheres infames como se fossem Pompadour e Maintenon e ainda pior, visto que não têm educação alguma, e ministros da Europa toda e da Santa Ignorância governam tudo torpemente.[24]

Se a menção a madame Pompadour, célebre amante de Luís XV, não necessita de explicações, a referência a madame Maintenon, amante de

Luís XIV, é mais interessante. Essa cortesã chegou a ser quase um chefe de gabinete do rei, tomando decisões em seu lugar e mesmo nomeando e demitindo bispos na França.

No Brasil, na época, cabia ao monarca nomear os bispos, o que posteriormente seria ratificado pelo papa. Ao frei Sampaio, amigo do casal imperial e um dos articuladores do movimento autonomista e da independência, havia sido prometido por d. Pedro o bispado de São Paulo. Porém, quando a vaga surgiu, em 1826, o imperador colocou no lugar d. Manuel Joaquim Gonçalves de Andrade, um amigo de longa data da família Castro. O fato muito magoou frei Sampaio, e a questão aborreceu grandemente d. Leopoldina, que, além de ver quanto o marido estava envolto nas teias da amante e de sua família, tomou consciência de que sua influência pessoal havia decaído muito.

As benesses à favorita não pararam de ocorrer. Depois de ter sido elevada a dama camarista da imperatriz, d. Pedro fê-la, no mesmo ano, em 12 de outubro de 1825, viscondessa de Santos, devido aos "distintos méritos e serviços",[25] e, posteriormente, marquesa de Santos, em 12 de outubro de 1826.

Maria Graham, a amiga da imperatriz

Em 21 de abril de 1823, a inglesa Maria Graham pediu em carta destinada a José Bonifácio uma audiência com d. Leopoldina.[26] Graham chegara do Chile, onde o marido, Thomas Graham, falecera um ano antes.

Não era a primeira vez que pisava em solo brasileiro. Em 1821, ela esteve no país acompanhada de Thomas, quando o navio-escola que este comandava, a fragata *Doris*, aportou em Pernambuco, Bahia e Rio de Janeiro. No Rio, a inglesa testemunhou o "Fico" e o levante da Divisão Auxiliadora.

A missão de Thomas com a presença do seu navio na América Latina era garantir a proteção dos súditos britânicos que estavam envolvidos em ou ameaçados pelas Guerras de Independência na América. Maria, que na realidade se chamava Mary, mas gostava da pronúncia do nome em latim e assim assinava os livros que escrevia, viajava com o esposo como professora dos guardas-marinha do navio e coletando experiências para suas novas obras.

Thomas Graham faleceria a bordo do *Doris* no cabo Horn, na Terra do Fogo. Maria, viúva, desembarcou em Valparaíso e viveu um ano no Chile. Nesse país, ficou sob a proteção do antigo amigo lorde Thomas Cochrane. A viajante e o escocês, que se bateria pela independência chilena e brasileira, conheceram-se em Edimburgo, anos antes, na casa do tio paterno dela, sir James Dundas. Cochrane, então almirante da frota chilena, tentava libertar o país dos últimos focos de resistência espanhola na América. Teria sido ela quem convencera o lorde mercenário a aceitar o convite feito pelo governo brasileiro para participar da Guerra da Independência. Ela veio com ele ao Brasil, onde teve oportunidade de ver a abertura da Constituinte e as demais cerimônias do primeiro ano da aclamação e da coroação de d. Pedro.

A audiência solicitada em abril a José Bonifácio para ver a imperatriz só foi realizada em 19 de maio devido a diversos fatores, entre eles o estado de saúde de Graham, pelo qual tanto d. Pedro quanto d. Leopoldina demonstraram interesse.

Sobre essa audiência, a inglesa registrou que a imperatriz

> falou comigo com a maior amabilidade, e disse, da maneira mais lisonjeira, que há muito me conhecia de nome, e diversas outras coisas que ditas por pessoas de sua categoria se tornam agradáveis pela voz e pela maneira de dizer. Deixei-a com a mais agradável das impressões. Ela é extremamente parecida com diversas pessoas que vi da família Imperial da Áustria, e tem uma expressão notavelmente doce.[27]

Em 12 de outubro, Graham estava no Paço para a comemoração do primeiro ano da aclamação de d. Pedro. Era dia de grande gala pela data festiva, e ela assim o descreveu:

> Havia pouco formalismo e nenhuma rigidez. Sua Majestade a Imperatriz conversou livremente com todo o mundo, somente dizendo a todos que falassem português, o que, naturalmente, fizemos. Ela conversou um bom pedaço comigo sobre autores ingleses e especialmente acerca das novelas escocesas e ajudou-me muito amavelmente em meu português que eu, apesar de entender, tenho poucas oportunidades de praticar com pessoas cultas. Se é verdade que eu anteriormente lhe ficara grata, fiquei desta vez encantada. Logo que o Imperador recebeu as entidades públicas aproximou-se e conduziu a Imperatriz ao grande salão de recepção e ali, estando ambos de pé no degrau superior do trono, deram a mão a beijar aos funcionários da marinha, do exército, aos civis e aos particulares. Desfilaram assim, parece-me, alguns milhares. Era curioso, mas agradou-me, ver alguns oficiais negros tomar a pequenina e branca mão de Dona Leopoldina em suas mãos grosseiras e aplicar os lábios grossos africanos em pele tão delicada; mas eles contemplavam Nosso Imperador e a Imperatriz com tal reverência que isto me pareceu uma promessa de confiança nos soberanos e uma demonstração de delicadeza para com eles. O Imperador ostentava riquíssimo uniforme militar; a Imperatriz, um vestido branco bordado a ouro e um toucado correspondente de plumas, com as extremidades guarnecidas de verde. Seus diamantes eram soberbos, seu adorno de cabeça e brincos contendo opalas, tais como penso que não há no mundo, e os brilhantes, que circundam o retrato do Imperador que ela usa, são os maiores que já vi.[28]

Maria Graham era uma mulher peculiar. Era uma aventureira e uma intelectual. Além de livros a respeito da Índia, onde conhecera seu falecido marido e casara-se com ele, escreveria outros, inclusive biografias. Estudou botânica e traduziu obras para a educação de crianças. Chegou também a produzir um relato de um grande terremoto que vivenciou no Chile em 1822. Esse depoimento seria usado em Londres para provar a teoria de que as montanhas se originavam de tais fenômenos e a colocaria como pivô de uma briga científica, na qual Charles Darwin se alinharia a seu lado.

Sua posição de viúva e culta logo chamou a atenção de José Bonifácio, que pensou em fazer dela preceptora da herdeira do trono, a princesa Maria da Glória.[29] Sondada a esse respeito pelo comandante britânico da frota do Atlântico Sul, sir Thomas Hardy, Maria respondeu:

> [...] Que coisa deliciosa, salvar esta linda criança das mãos das criaturas que a cercam, educá-la como uma dama europeia — ensinar-lhe, já que ela terá que governar este grande país, que o Povo é menos feito para os Reis que os Reis para o Povo.[30]

Sua resposta era típica da arrogância a que os ingleses se arvoraram ao se proclamarem civilizadamente superiores. Muitos, como Graham, pensavam que toda a humanidade devia entoar loas aos céus por ter a honra de serem tirados da ignorância pelos britânicos. Isso viria a colocá-la em apuros com "as criaturas" que mencionara. Outro ponto que pode não ter ajudado muito em sua brevíssima carreira de preceptora de d. Maria da Glória foram as precauções insufladas a ela pela própria imperatriz, que a alertou, deixando-a de sobreaviso, contra a camarilha que tomava conta da corte. Seu erro seria não tentar uma abordagem mais política, mais conciliadora com a criadagem.

Assim que acertada a preceptoria, Graham pediu para retornar a Londres, onde resolveria seus negócios e adquiriria material para os estudos de suas pupilas. Ela retornou ao Rio de Janeiro em 4 de setembro de 1824, apresentando-se em São Cristóvão no dia seguinte, tendo sido recepcionada pelo próprio imperador ao portão.

D. Leopoldina, que há muito já havia externado para Maria Luísa a respeito de sua preocupação com a educação das crianças, parece ter previsto que as coisas não ocorreriam da melhor maneira. Afinal, as "criaturas" a que Graham mencionava eram as mesmas que tinham a imperatriz na conta de "estrangeira".[31] Eram as damas e os cortesãos portugueses que haviam continuado no Brasil servindo a d. Pedro. A maioria era muito pouco instruída, como o caso do tesoureiro-mor Plácido Antônio Pereira de Abreu. Pessoa de baixa extração, era bem mais velho que d. Pedro, de quem era amigo muito antes da chegada de d. Leopoldina ao Brasil. Foi barbeiro do então príncipe e envolveu-o em negócios escusos, como a venda de cavalos que fingia ser da Fazenda de Santa Cruz, portanto do rei. D. João VI, ao descobrir o golpe, ameaçou d. Pedro de lhe quebrar a bengala nas costas se não desfizesse a sociedade.[32] O "barbeiro", como lhe chamava Maria Graham, havia granjeado alta estima de d. Pedro com o passar dos anos, a ponto de lhe ser confiado o Tesouro da casa real. Todos os pagamentos e recebimentos passavam por ele. Plácido, por exemplo, era quem administrava os servidores da casa, o pagamento das damas, das cozinhas etc.

Ciente do nível e da índole das pessoas que a cercavam na corte, a quem chamaria diversas vezes de "canalha", no coletivo, d. Leopoldina escreveu para a irmã em 10 de setembro de 1824:

> Minha Maria está a cada dia mais inteligente e amável e é minha queridinha, já que se parece com teu filho e toda a casa austríaca pelo seu temperamento franco, alegre e bom coração, parece-me que encontrei em Lady Graham uma boa educadora para ela, Deus permita que a maneira de pensar equivocada daqui e a política da corte não me coloquem obstáculos nem afugentem a boa mulher, pois imagina, querida Luísa, por vezes não querem me conceder nem os direitos de uma mãe de decidir sobre a educação das minhas filhas, assim entenderá facilmente que muitas vezes tenho razão para desesperar totalmente.[33]

D. Leopoldina estava acostumada ao sistema educacional dos Habsburgo, como já visto, de padrões bastante elevados. Entre outras coisas, ela e os irmãos cultivavam suas próprias hortas e jardins, conseguindo unir o ensino a um momento de confraternização familiar, como quando se reuniam com Francisco I para cultivar o jardim do pai num terraço no Palácio de Schönbrunn. Esse mínimo prazer d. Leopoldina não pôde dar aos seus filhos. Como conta Maria Graham:

> A imperatriz, querendo educá-las à moda europeia, havia encomendado pequenos jogos de ferramentas, mas estes haviam sido mantidos escrupulosamente em desuso, porque, como diziam as damas, não ficava bem as princesas estarem revolvendo a terra suja como negros, e as ferramentas eram consideradas uma pilhéria europeia da imperatriz, que não sabia o que convinha nem ao clima do Brasil nem à dignidade dos Bragança.[34]

Mas nem todos os membros da corte eram completamente ignorantes. Tanto Maria Graham quanto d. Leopoldina tinham muito respeito por frei Antônio de Arrábida, confessor de d. Pedro e seu antigo tutor. Esse religioso visitou Graham em seus aposentos no Palácio de São Cristóvão, conversando algumas vezes com ela a respeito do tipo de educação que melhor se adequaria à "[...] provável situação da princesa mais velha, que ele encarava de fato, como todo o mundo, como possível herdeira do Brasil, supondo que qualquer filho do Imperador seria chamado ao trono português pela morte de d. João VI".[35]

Quanto à instrução religiosa, Arrábida deu para Maria Graham um "livrinho de Belarmino, sobre a Doutrina Cristã, resumido, que ele queria fosse por ela [d. Maria da Glória] aprendido como um catecismo". Também disse à nova preceptora que seria conveniente que ela acompanhasse sua pupila às orações dominicais na capela do palácio, quando Maria da Glória não acompanhasse seus pais à Igreja de Nossa Senhora da Glória. O velho frei comentou que "a dama que geralmente acompanhava a princesa nessas ocasiões permitia que ela corresse pela capela e interrompesse a cerimônia". Ainda segundo Arrábida, quando os imperadores não estavam no serviço religioso, "a capela era pouco melhor que um lugar de conversas, para as damas pertencentes ao palácio e as mulheres dos oficiais aquartelados nas redondezas".

Esse era o ambiente em que viviam d. Leopoldina e suas filhas, que passaram a ser quatro com a chegada da princesa Francisca Carolina. Nascida em 2 de agosto de 1824, a princesa recebeu esse nome em homenagem ao seu avô e padrinho, o imperador Francisco I da Áustria. Ela viria a se casar com seu primo, o príncipe Francisco de Joinville, filho da tia materna de d. Leopoldina, a rainha Maria Amélia da França.

A imperatriz tentava se apegar aos seus estudos e às filhas, mas queixava-se constantemente da "negra melancolia" que vivenciava na corte. Embora vivesse "no mais silencioso e solitário recolhimento", não podia evitar "ouvir e ver muitas coisas que eu, com minha mentalidade e íntegros princípios austríacos, desejaria fossem diferentes".[36]

D. Leopoldina, apesar de se queixar constantemente de que não conseguia lutar contra a tacanhez da corte e que sentia não ter nem "forças nem instrução para cumprir"[37] o papel de dirigir a educação das filhas, conseguiu vitórias, e muitas. Quando Maria Graham assumiu a tutoria de d. Maria da Glória, d. Leopoldina informou à irmã que a filha "já lê fluentemente na língua materna e em francês e sabe de cor quase todas as fábulas de La Fontaine, agora está começando em Geografia e a Bíblia".[38]

Do dia de sua chegada ao palácio, 5 de setembro, até a sua demissão e partida, em 10 de outubro, Maria Graham criou um vínculo profundo com a imperatriz, carente de amigos e distante de pessoas cultas e ilustradas. Da mesma forma, acabou sendo alvo do "barbeiro" Plácido e das damas portuguesas que serviam ao casal imperial e às princesas. Afinal, já bastava uma "estrangeira" com que eles tivessem que lidar.

Inicialmente, Maria Graham foi vista com curiosidade. Assim que instalada em seu quarto, tanto Plácido quanto diversas damas permaneceram com ela no intuito de oferecer ajuda, quando, na verdade, queriam examinar o que ela tirava de dentro de suas malas. Havia uma suspeita em relação a ela, afinal era uma estrangeira, uma inglesa, vivendo junto aos soberanos. O embaixador francês a tinha por espiã e, diferentemente do que ela diria no futuro em suas memórias, informou em despacho para Paris que havia sido expulsa do palácio por ter tentado se imiscuir na política. Quatro "pecados", entre vários, foram cometidos pela inglesa aos olhos da corte imperial. Primeiro, não ter deixado os criados jogarem de noite na antecâmara de sua pupila d. Maria da Glória, como eles haviam solicitado; segundo, não ter beijado a mão de d. Pedro numa das visitas que ele fez à filha. O imperador não levou o caso a sério e até brincou com Graham quando esta tentou fazer isso em outra ocasião. D. Pedro, vendo-a tentar tomar-lhe a mão para ser beijada, "arrebentou de rir, e sacudiu-me cordialmente a mão, dizendo: 'Esta é que é a maneira inglesa de dizer bom-dia'".[39]

A atitude jovial dele irritou ainda mais os servidores portugueses do palácio pela deferência com que o imperador tratava a segunda "estrangeira". Terceiro, não haver dado a menor importância às regras da corte imperial, por exemplo, quando deixou d. Maria da Glória se sentar onde quisesse na carruagem. Sem conhecer a ordem de precedência da corte, a preceptora acabou se sentando no lugar de honra, que era por direito da herdeira do trono, e isso enfureceu ainda mais os servidores de d. Pedro. O quarto "pecado" foi a gota d'água: Graham teria dito em alto e bom som não ser um criado doméstico para usar uniforme,[40] fazendo referência aos vestidos formais das damas da corte imperial, o que colocou todas as damas do Paço contra ela.

A intriga foi feita, e d. Pedro acabou diminuindo as funções e fazendo restrições a respeito de Maria Graham. Isso, segundo a inglesa, teria ocorrido após uma das damas portuguesas irromper no quarto do imperador durante a sua sagrada sesta e despejar sobre ele diversas reclamações a respeito da preceptora. D. Leopoldina foi a encarregada de dar as notícias para ela:

> [...] Ouvi na minha escada o ruído das botazinhas de montaria da Imperatriz, subindo com violenta pressa. Seus olhos estavam vermelhos de chorar e após me ter beijado, com muito afeto, e de me ter chamado "caríssima amiga", pôs-me na mão um papel escrito pelo próprio Imperador — a tinta ainda estava úmida — ordenando-me que me confinasse no meu próprio apartamento, a não ser quando fosse chamada a dar a lição de inglês à princesa, ou a passear com as irmãs pelo jardim.[41]

Nesse momento, Maria Graham desabou e começou a chorar com a imperatriz. Explicou a esta que nada

> me tentaria a permanecer onde o meu caráter era tão pouco compreendido e meus serviços tão mal apreciados; [...] que exceto as horas agradáveis que ela me permita passar em sua companhia, minha vida havia sido a de um prisioneiro de estado e ainda submetida a todas as espécies de impertinências e insolências por parte de pessoas da mais baixa extração, pois como tal certamente considerava o barbeiro Plácido e as criadas do Paço.[42]

D. Leopoldina entendia perfeitamente o que Graham estava sentindo. Caráter incompreendido, serviços mal apreciados, sentir-se como um prisioneiro de Estado e ser submetida a toda sorte de insolências e impertinências de pessoas sem educação era o resumo da vida da imperatriz dentro do Paço desde que chegara ao Brasil. A diferença entre elas é que d. Leopoldina não podia pedir demissão de seu cargo nem esperar ser mandada embora, enquanto que Maria Graham era livre para ir e vir. E foi isso que a imperatriz aconselhou à amiga: que partisse.

Com esse conselho, Maria Graham aproveitou a deixa dada por d. Pedro, ao modificar o que havia sido tratado entre eles inicialmente, e pediu demissão. Na carta que enviou ao imperador, fazendo da imperatriz garota de recados, alegava, entre outras coisas, que nunca teria saído da Inglaterra, de junto de sua família, para ser uma simples professora de inglês; se não fosse para ser governanta das princesas, ela nada mais tinha que fazer lá. D. Leopoldina voltou rapidamente, com a permissão do marido para que Graham deixasse o cargo e o palácio quando quisesse, o que a inglesa desejou que fosse na mesma hora. Porém, Plácido havia, ainda como plano para humilhá-la mais, disponibilizado todas as carruagens do Paço para outros funcionários. Maria Graham viu-se ante a perspectiva de deixar o palácio a pé com sua criada, carregando, cada uma, uma trouxa às costas debaixo da chuva que se avizinhava.

A imperatriz, inconformada, mandou que ele preparasse então a carruagem dela, ao que Plácido respondeu não ser possível por não haver cavalos. Perdendo completamente a compostura, aos berros, d. Leopoldina ordenou então que colocasse cavalos de montaria no lugar das bestas. D. Pedro ouviu os gritos e quis saber o que acontecia. O imperador, dado a ímpetos, já se arrependera da demissão abrupta de Graham num acesso de raiva.

Ao saber o que estava acontecendo, mandou Plácido ordenar que uma das damas devolvesse a carruagem de d. Maria da Glória que lhe havia sido emprestada e que esta fosse deixada à disposição de Maria Graham por uma semana. Além disso, deu outras diversas ordens em prol da inglesa. Alegando que já estava muito tarde para passearem, cancelou a cavalgada da tarde com a imperatriz para que esta pudesse ficar um pouco mais com a amiga. D. Leopoldina então retornou ao quarto da inglesa e lá a ajudou:

> Imperatriz do Brasil e Arquiduquesa da Áustria, nada pôde impedi-la de usar suas pequenas e brancas mãos para embrulhar livros e roupas, ocupando-se de tudo que podia. Mandou uma criada sua, com cartas, a dois ingleses amigos meus, pedindo que qualquer desses me arranjasse um quarto às 12 horas do dia seguinte.[43]

Ainda segundo Graham, d. Leopoldina não pretendia se revoltar com o ocorrido, pois

> [...] amava seu marido e seus filhos e esperava ter forças para nunca se queixar do que fosse seu dever suportar; que era sua sina estar separada de todos de quem mais gostava e, afastando-se de mim, que ela considerava como a amiga que deveria guardar suas filhas dos malefícios da ignorância e da grosseria de todos em volta delas, só se preocupava em saber se não seria a última separação.[44]

Maria Graham, após sua saída do palácio, continuaria a morar no Rio de Janeiro e seria mais uma causa das dívidas de d. Leopoldina. A imperatriz disponibilizaria à amiga algum dinheiro no início e sempre que pudesse a protegeria.

D. Pedro também daria diversas amostras do apreço à inglesa, mas em decisão tomada ele não voltava atrás. Demonstraria publicamente que tudo estava bem entre todos, d. Leopoldina, d. Pedro e Maria Graham, para que esta última não ficasse malfalada perante seus conterrâneos e a comunidade estrangeira no Rio de Janeiro, de onde só partiria no segundo semestre de 1825.

D. Leopoldina frequentemente escreveria também a Maria Graham. Em 14 de outubro de 1824, mencionou a falta que sentia da amiga:

> Eis que não se passa um momento sem que eu não lamente vivamente ter-me privado de sua companhia e amável conversação, meu único recreio e verdadeiro consolo nas horas de melancolia, à qual infelizmente tenho demasiados motivos para estar sujeita.[45]

Em novembro, confidenciaria: "Não pude seguir os impulsos de meu coração e saber notícias de sua saúde", pois, segundo d. Leopoldina, as pessoas que a haviam privado da companhia da amiga inglesa, não satisfeitas, "ainda acham de me espionar para me amofinar e provocar-me aborrecimentos. É preciso resolver-se a ser um mártir de paciência".[46]

A "MÁRTIR DE PACIÊNCIA"

Passado o pior momento da Guerra da Independência do Brasil, já com o território todo libertado, Portugal e a antiga colônia, após as mudanças políticas ocorridas na velha metrópole, iniciaram negociações diplomáticas. Quase quatro anos após o Sete de Setembro, desembarcou no Rio de Janeiro, em julho de 1825, um antigo conhecido de d. Leopoldina, o inglês sir Charles Stuart. Ele chegava munido de poderes plenipotenciários por d. João VI para discutir o tratado de reconhecimento entre Brasil e Portugal. Stuart tinha sido um dos últimos cavalheiros com quem d. Leopoldina se divertira despreocupadamente nas últimas festas animadas do Carnaval de 1817 em Viena.

Maria Graham, inicialmente feliz em ver o compatriota, acabou se irritando com ele:

> Nunca poderia perdoar sir Charles uma coisa: seguindo, como suponho, o costume das cortes europeias, cedo começou a dar grande atenção a madame de Castro e não posso deixar de atribuir à sua atenção neste setor o reconhecimento público como amante e a consequente mágoa nos insultos feitos à Imperatriz.[1]

Passado o instante inicial da independência, com d. Leopoldina auxiliando d. Pedro tanto política quanto diplomática e administrativamente, ela acabou sendo afastada aos poucos de tudo. Exemplos de como andava isolada politicamente podem ser sentidos no relato de Maria Graham. Efetivamente, não apenas sir Charles Stuart visitou Domitila de Castro em 1825, sendo ela ainda dama camarista da imperatriz, como teria se beneficiado do vínculo dela com o imperador.

O diplomata britânico, em despacho ao secretário de Negócios Estrangeiros, George Canning, informou, a 5 de setembro de 1825,[2] que a "influência da senhora Domitila" havia sido, junto com a de Felisberto Caldeira Brant, futuro marquês de Barbacena, decisiva para o bom andamento das conversações de paz entre os dois países. A problemática resumia-se à menção no ato da ratificação do tratado por parte do Brasil da aclamação popular do imperador, o que era uma afronta direta a d. João VI. Em vez de dizer que "d. Pedro, por graça de Deus e unânime aclamação dos povos" havia sido feito imperador do Brasil, deveria constar no tratado que ele havia sido empossado nesse cargo "de acordo com a Constituição". Pequeno ou grande o empecilho a ser removido, o embaixador achou importante o suficiente mencionar a ajuda da favorita do imperador.

Desde o segundo semestre de 1824, a correspondência entre d. Leopoldina e o pai iria se regularizando aos poucos. Em 7 de abril de 1825, comunicava a Francisco I que estava novamente grávida e que esperava dar à luz por volta de novembro. Quanto aos seus comentários sobre a política brasileira, eles foram escasseando a ponto de quase enfado. Chegou a mandar Maria Luísa saber sobre a política brasileira pelos jornais, afirmando que o que eles diziam estava correto.

Para a irmã, relatava sempre que estava tendo paciência e que se dedicava cada vez mais aos filhos e a excursões e pequenas viagens pelo Rio de Janeiro e região. Era desses passeios que ela ainda conseguia arrancar alguma alegria, na solidão da selva, em meio à natureza que sempre amara. Em resposta a um relato de Maria Luísa sobre uma viagem pela Itália, especificamente à Sicília, que d. Leopoldina sonhara conhecer desde pequena, diz "quase me causa inveja". "É completamente diferente viver num país culto ou num paraíso terrestre como o Brasil, que ainda está no estágio em que Adão e Eva foram expulsos do paraíso." Na sequência, narrou à irmã uma pequena viagem que fizera:

> [...] Numa linda manhã me perdi na floresta, onde me arranhei toda nos espinhos das mimosas, nas folhas cortantes dos juncos e nas raízes das árvores e plantas [...] e quase caí mais de trinta vezes [...]. Além disso estava acompanhada, não pelo canto encantador e gracioso do rouxinol, mas pelo rugido das onças, porcos-espinhos e pelo grunhido dos grandes macacos berradores barbados, por vezes ainda tive a sorte de encontrar um negro ou nativo, chamado de caboclo, como vieram ao mundo [...].[3]

A ascensão meteórica de Domitila em 1825 seria o grande escândalo do ano. Após ter sido nomeada dama camarista da imperatriz em abril, em 12 de outubro, junto às honras concedidas por d. Pedro no dia do seu aniversário, encontrava-se a concessão do título de viscondessa de Santos para a favorita. Em despacho para Viena doze dias após o fato, o barão de Mareschal relatava:

> Parece-me impossível que a senhora arquiduquesa não veja o que se passa tão diretamente sob os seus olhos; mas sua alteza real tem a alta prudência de jamais fazer menção disso para com quem quer que seja e de simular que nada percebe. O senhor príncipe, em contrapartida, está cheio de atenção e de respeito para com ela e, apesar da existência de uma amante favorita, instante algum cessou de se mostrar bom marido e de aproveitar todas as ocasiões para fazer o elogio das virtudes de sua esposa e de elogiar a felicidade que presidiu à união.[4]

Após a bem-sucedida embaixada de sir Charles Stuart, em 15 de novembro de 1825, foi publicada em Portugal a assinatura do tratado com o Brasil. As datas que acompanham esse acordo da parte de d. João foram, claramente, uma tentativa do velho rei em honrar sua nora, d. Leopoldina. No dia 22 de janeiro de 1825, aniversário de d. Leopoldina, o rei decidiu pelo restabelecimento da paz entre as duas nações e nomeou um gabinete português favorável à independência brasileira para dar início às tratativas. Em 13 de maio, dia do seu aniversário e do casamento em Viena de d. Leopoldina com seu filho, d. João assinou a primeira das Cartas Régias com as diretrizes a serem seguidas por sir Charles Stuart durante as negociações. Quanto a 15 de novembro, data escolhida pelo monarca português para divulgar o tratado, era o dia de São Leopoldo da Áustria, padroeiro daquele país e santo onomástico da nora.

Enquanto o monarca português desdobrava-se em demonstrações de apreço a d. Leopoldina, d. Pedro, cego pela paixão, só tinha olhos para Domitila. Chegou a tecer uma relação místico-espiritual entre as novas datas importantes à pátria e a relação extraconjugal:

> Meu amor
> e meu tudo...
> 27 de dezembro de 1825
>
> No dia em que fazia três anos[5] que eu comecei a ter amizade com mecê assinei o tratado do nosso reconhecimento como Império por Portugal. Hoje, que mecê faz os seus 27,[6] recebo a agradável notícia que no Tejo tremulara em todas as embarcações [...] o pavilhão imperial, efeito da ratificação do tratado por el-rei, meu augusto pai. Quando há para notar uma tal combinação de acontecimentos políticos com os nossos domésticos e tão particulares?
>
> Aqui há o que quer que seja de misterioso, que eu ainda por ora não diviso, mas que indica que a providência vela sobre nós (e se não há pecado) até como aprova a nossa tão cordial amizade com tão célebres combinações [...].[7]

A despedida de Maria Graham

Maria Graham chegara pela primeira vez ao Brasil quando a Bahia começava a se abater pela independência e partiria definitivamente quando o *Sibila*, um pequeno navio de carga, deixasse o porto do Rio de Janeiro em direção à Europa levando a documentação favorável ao tratado de paz e reconhecimento entre Brasil e Portugal. Em 8 de setembro de 1825, Graham foi se despedir de d. Leopoldina em São Cristóvão.

A imperatriz aguardou a amiga em sua biblioteca, totalmente sozinha. Maria Graham achou d. Leopoldina "fraca de saúde, e com maior depressão de ânimo que de costume".[8] Utilizando a ida da escritora para a Europa, a imperatriz pediu que entregasse diversas cartas que ela havia escrito a seus parentes e "especial carinho para uma que havia escrito à sua irmã, a ex-imperatriz Maria Luísa. Eu sabia que um maior grau de amizade subsistia entre as duas irmãs do que entre quaisquer membros da família [...]".[9] Depois, solicitou que Maria Graham lhe prometesse escrever tudo o que havia de se saber na Europa a respeito da família imperial austríaca.

No final da conversa, d. Leopoldina prometeu à amiga que responderia às suas cartas e "então perguntou-me se eu queria alguma coisa que ela pudesse fazer por mim ou dar-me. Pedi-lhe uma mecha de seus cabelos e como não houvesse tesouras ao alcance, não quis chamar um criado. Tomou um canivete que estava sobre a mesa e cortou uma".[10]

"Saí com um sentimento de opressão", continua Graham, "pois deixava-a, como previ, para uma vida de vexações maiores que tudo que ela havia sofrido até então, e num estado de saúde pouco propício para suportar um peso adicional."

De d. Leopoldina, em seu diário de viagem ao Brasil, Graham ainda deixaria um último pensamento:

> Pondo de parte a consideração pela sua alta categoria, não foi pequeno o meu prazer em encontrar uma mulher tão bem cultivada e bem-educada; fiquei muito triste por deixá-la sem

> dizer isto: ela é, sob todos os pontos de vista, uma mulher amável e respeitável. Nenhuma pessoa miserável jamais recorre a ela em vão; e seu comportamento, tanto público como privado, inspira justamente a admiração e o amor de seus súditos a sua família; suas atividades pessoais exornariam a posição de qualquer dama particular; sua paciência, prudência e coragem, tornam-na digna de sua alta posição.[11]

O herdeiro masculino

No Arquivo Histórico do Museu Imperial, em Petrópolis, existe um conjunto interessante de cartas[12] enviadas ao imperador d. Pedro I em 1827. Nelas, uma certa madame Goufferteau de Château-Neuf reclama o seu prêmio, por, segundo ela, ter ensinado a d. Leopoldina o segredo de se ter filhos varões. O alegado mérito da madame seria o responsável pelo fato de a imperatriz ter dado à luz um menino, o segundo, após o falecido príncipe d. João Carlos, morto em 1822.

Na noite de 1º para 2 de dezembro de 1825, a imperatriz começava a sentir as primeiras dores do seu sétimo filho querendo vir ao mundo. Por mais de cinco horas, lutou para dar à luz. A criança nasceria na madrugada de 2 de dezembro. Segundo o boletim médico, "Sua Majestade deu à luz um Príncipe com a maior felicidade possível". De acordo com a Constituição, um herdeiro masculino suplantava uma herdeira mulher, sendo assim, d. Maria da Glória deixava de ser vista como a futura imperatriz do Brasil.

Assim como em alguns dos outros partos, nesse também ocorreram problemas com a saída da criança. Nesse caso específico, o futuro d. Pedro II não estava em posição adequada, e os ombros dele eram maiores que a abertura da pelve da mãe, o que dificultou o nascimento.[13]

D. Leopoldina somente em 17 de dezembro informaria ao pai sobre o nascimento:

> Perdoe-me, querido papai, por não lhe ter escrito pelo último paquete, mas estava muito doente e não pude cumprir o dever tão doce para meu coração. Graças a Deus estou muito feliz, embora tenha dado à luz, com muito esforço e não sem ajuda de um parteiro competente, às três horas da manhã do dia 2 de dezembro, um menino muito grande e forte, que recebeu no sagrado batismo o nome de Pedro, embora inda muito faça não posso me negar o prazer, conhecendo seu amor e cuidado paternais, de lhe dar tal notícia agradável.[14]

Cinco dias depois, em outra residência, nascia outro bebê que também receberia o nome de Pedro. A criança era filha do imperador com a viscondessa de Santos. D. Pedro teria ficado tão empolgado com o nascimento dos dois meninos que, completamente sem limites, imaginara batizar ambos com todas as pompas na Capela Imperial. A prudência de algum conselheiro fez com que mudasse de ideia, e o varão bastardo foi batizado na Igreja de São Francisco Xavier, no Engenho Velho, como filho de pais incógnitos.

O ano de 1825 terminava para a nação e para os imperadores de maneira favorável. Brasil e Portugal não estavam mais em guerra, e, com o reconhecimento da independência brasileira pela antiga metrópole, todas as demais nações reconheceram oficialmente o novo país. D. Pedro e d. Leopoldina tinham finalmente um filho homem que poderia levar adiante o nome da dinastia e asseguravam o herdeiro do novo país.

Entretanto, no sul, em abril de 1825, alguns exilados vindos de Buenos Aires retornaram à Província Cisplatina, atual Uruguai. Essa província havia sido anexada por d. João ao Brasil quando da mudança da corte para a América. Esses exilados políticos levantaram a população espanhola contra o governo imperial brasileiro no primeiro semestre daquele ano. Montevidéu, a capital, manteve-se fiel ao governo do Rio de Janeiro, porém outras cidades passaram para o lado dos uruguaios que queriam se unir aos argentinos num novo país. Em 12 de outubro de 1825, aniversário do imperador, numa tentativa de acabar com a guerrilha, o general Lecor preparou uma ofensiva contra os rebeldes, mas as tropas brasileiras foram dizimadas.

Algumas semanas depois, devido ao sucesso dos uruguaios dissidentes, o governo argentino decidiu aceitar oficialmente a petição deles para que a Cisplatina fosse admitida às Províncias Unidas do Rio da Prata. Buenos Aires e outras províncias argentinas mandaram tropas para ajudar os uruguaios contra os brasileiros, levando d. Pedro a declarar guerra contra o país em 10 de dezembro de 1825.

A viagem à Bahia

Por conta das constantes sublevações no Norte e no Nordeste brasileiros, e mais recentemente um levante de escravizados que matou diversos portugueses na Bahia, somados ao projeto de arregimentar tropas nordestinas para a guerra do Sul, d. Pedro decidiu visitar Salvador no início de 1826.

Ao contrário das duas viagens anteriores, a da Bahia foi um evento imperial. Não só iria d. Pedro, mas seus principais ministros, militares, altos cortesãos, a imperatriz d. Leopoldina, a princesa d. Maria da Glória e a viscondessa de Santos. O embarque deu-se em 2 de fevereiro. O burburinho foi grande. Os cariocas comentavam que d. Pedro levava a mulher para disfarçar a amante! O barão de Mareschal despachava ao príncipe de Metternich no dia 13:

> A viagem da corte à Bahia deu lugar a um grande escândalo; ver o imperador fazer acompanhar-se no mesmo navio pela imperatriz, sua filha mais velha e sua amante oficial ofendeu necessariamente todo o mundo, mas o medo pessoal que a violência do caráter deste príncipe inspira fechou a boca de todos.
>
> A senhora arquiduquesa que, naturalmente, se devia sentir a mais ferida, mostrou a este respeito a mais perfeita indiferença; a ideia da viagem a agrada mais do que ficar aqui: o

> único receio que ela se dignou exprimir referiu-se ao mau exemplo que isso daria à jovem princesa, criança precoce a quem nada escapa. Não sei se isto é sabedoria, filosofia prática ou despreocupação, mas a gente não se poderia conduzir com mais tato do que a arquiduquesa; todos concordam com isso e ela ganha a cada dia a opinião pública e a de seu augusto esposo.
>
> Poucos dias antes da partida foram publicadas pasquinadas e o imperador recebeu cartas anônimas, onde o censuravam de levar a mulher só para servir de véu para a sua amante. Ficou por causa disso muito irritado e apressou-se em levar as cartas à imperatriz: esta recebeu tão estranha confidência com o seu costumado sangue-frio, dizendo-lhe que aquilo ou era falso, ou verdadeiro, que no primeiro caso não valia a pena ocupar-se com isso e no segundo seria preciso fingir que se despreza o boato para fazê-lo cair. O mais engraçado é que o sangue-frio da imperatriz enraiveceu o imperador, e ele censurou-a por não se aborrecer com ele; pôde observar-se em seguida que Sua Majestade aparecia constantemente em público com a senhora arquiduquesa e que ele redobrou de atenção e consideração para com ela.[15]

É de se notar o grau de ironia com que d. Leopoldina tratou o marido, que, sem refinamento algum, acabou tomando as palavras da esposa ao pé da letra e se exasperando com ela. Talvez ele tivesse alguma esperança de que ela fizesse algum escândalo ou que o afrontasse diretamente. Entretanto, isso não havia ocorrido anteriormente quando ela soube das diversas outras amantes e não seria nesse momento que a imperatriz mudaria de atitude. Afinal, até então, os demais casos do marido haviam passado, e ela permanecera. A postura de d. Leopoldina perante o novo capricho do marido era puramente política.

Se, por um lado, o fato de amar d. Pedro fazia-a aceitar calada tudo o que viesse dele, por outro, ela tinha uma noção maior do que o marido do seu dever como imperatriz e estaria pronta a aguentar as humilhações para não desprestigiar a Coroa perante o povo. Não lhe restavam alternativas a não ser fingir que nada estava ocorrendo. A outra opção, um escândalo público, só agravaria sua solidão diante da hostilidade da própria corte para com ela, como já havia sido evidenciado no episódio a respeito de Maria Graham. Domitila, mais hábil que esta, provavelmente fez aliança com esses funcionários, que com suas intrigas fizeram a inglesa ser posta para fora de São Cristóvão. Do contrário, a paulista não teria sobrevivido tão bem dentro da corte.

D. Pedro interpretou a reação da mulher como qualquer homem interpretaria: ela não se importa. D. Leopoldina importava-se, sim, mas tinha mais compostura do que o marido. Porém, o excesso de submissão a que se impusera, pois não lhe era natural na Áustria aceitar as coisas de que não gostava sem lutar, cobraria o seu preço, abalando-a psicologicamente no futuro.

A viagem à Bahia foi, provavelmente, a agonia em vida de d. Leopoldina. Logo que voltou, em cartas ao pai e a Maria Graham, fez referência à jornada. A Francisco I, disse que a viagem fora "extremamente desagradável em todos os sentidos";[16] para a amiga inglesa, afirmou que havia sido "bem penosa" e que a "permanência de dois meses eternos naquela província privaram-me da única satisfação que resta num enorme afastamento, sem uma amizade delicada e espiritual". Na carta, comentou que invejava a felicidade de Graham, que havia retornado para a Europa e já se encontrava

> [...] em sua querida e esclarecida pátria, entre bravos e virtuosos compatriotas [...]. O único consolo que me resta é o de seguir sempre o caminho da virtude e da retidão, com firme confiança na divina Providência, que não abandona jamais um coração sincero e religioso.[17]

Uma coisa, até então, havia sido ter que suportar a amante do marido no palácio trabalhando eventualmente durante a escala dos semanários do Paço. Outra era passar uma viagem de 24 dias de navio sendo humilhada publicamente.

Apesar da tentativa de amigos íntimos em aconselhar d. Pedro a não se expor a escândalos, que o mundo tinha os olhos postos nele, que as pessoas do navio estavam atentas aos seus passos, que a filha de 7 anos e a imperatriz deveriam ser respeitadas, ele não ouvia: a paixão o cegara.

Sem compostura, tratava a amante com intimidade total na frente de quem quer que fosse. Chamava-a publicamente de "minha Titília" e "minha rica viscondessa".[18] D. Leopoldina, retirada à cabine, preferia muitas vezes fazer suas refeições sozinha. Na sala de jantar do navio, era possível ver no almoço e no jantar d. Pedro presidindo a mesa sentado no centro, com d. Maria da Glória à sua direita e Domitila à esquerda. A princesa, acompanhando o pai na intimidade da favorita, passeava com esta de braços dados pelo convés. D. Leopoldina, acostumada desde a infância a ser assistida dia e noite por criadas, teria obrigado Domitila a dormir com ela em seu quarto para caso precisasse de algo durante a noite.[19]

No dia 26 de fevereiro, os imperadores desembarcaram em Salvador, com d. Pedro fazendo questão absoluta de que "aquela dama", Domitila, estivesse no mesmo barco que os levaria à terra. Ficaram hospedados onde hoje se localiza o Palácio Rio Branco, na praça Tomé de Souza, próximo ao Elevador Lacerda. No local, erguiam-se o Palácio do Governador e a Casa de Relação.[20] As duas construções eram unidas por um passadiço, onde foi instalada a princesa d. Maria da Glória. O governo baiano destinou à imperatriz os aposentos da Casa de Relação, os mesmos onde d. Carlota Joaquina havia ficado ao chegar ao Brasil em 1808. Já d. Pedro e Domitila receberam aposentos no Palácio do Governador. Melo Morais afirma que o quarto da amante do imperador era maior e mais luxuoso que aquele dado à imperatriz, e mais: "Os aduladores, tanto da primeira grandeza como os da camada inferior, rendiam homenagem à viscondessa de Santos, como se ela fosse a verdadeira imperatriz."[21] Pelo diário mantido por Francisco Gomes da Silva, o Chalaça,[22] vemos que a imperatriz sempre saía acompanhada por Domitila. A viscondessa de Santos acompanhava frequentemente os soberanos nos eventos e passeios por Salvador e região. Quando passeavam de carruagem, d. Pedro ia guiando, com a imperatriz ao seu lado e d. Maria da Glória e Domitila sentadas atrás. Quando o passeio era a cavalo, a imperatriz preferia seguir na frente com um veador e deixar o casal de amantes para trás.[23] Após mais de dois meses na Bahia, os soberanos retornaram ao Rio de Janeiro, aonde chegaram em 1º de abril.

Hyacinthe Yves Philippe Potentien, barão de Bougainville, foi apresentado a d. Leopoldina quando esta se preparava para desembarcar no Rio de Janeiro. Notou que a soberana possuía uma fisionomia meiga e aberta que denunciava "uma mulher excelente". O desembarque ocorreu no mesmo cais do Arsenal da Marinha em que ela tinha colocado os pés pela primeira vez no Brasil, em 1817. De lá, seguiram em cortejo até a Capela Imperial, onde seria entoado um *Te Deum* pela chegada a salvo dos imperadores à corte. D. Pedro, exasperado pela quantidade de gente que se prostrava diante dele e de d. Leopoldina para beijar-lhes as mãos, não se conteve e, impacientado, abandonou o dossel debaixo de onde o casal caminhava. Abriu caminho, não sem esforço, em direção à igreja. D. Leopoldina, não menos incomodada que o marido, mas mostrando-se mais digna e consciente de sua posição, como sua educação assim exigia, permaneceu em seu posto seguida de suas damas dando sua mão para ser beijada.[24]

Início das perdas de 1826

Logo no início do ano, em março, duas mortes abalariam as vidas de d. Pedro, d. Leopoldina e Domitila. Em 13 de março de 1826, ainda enquanto os imperadores estavam na Bahia, faleceu no Rio de Janeiro o filho de d. Pedro com a viscondessa de Santos. Como não daria tempo para saber qual a vontade do monarca, devido à demora nas comunicações, o governo e a corte decidiriam, para escândalo do barão de Mareschal, como se daria o rito fúnebre da criança. O diplomata oficiou a Viena que a morte do bebê, cujo enterro realizou-se em 17 de março, "causou grande embaraço aos ministros, que se reuniram várias vezes para decidir se o corpo seria considerado como de uma pessoa real ou não, se o embalsamariam, se o enterrariam ou conservariam até a chegada dos pais".[25]

Por fim, decidiu-se que a criança não seria embalsamada com todas as formalidades dispensadas a membros da família Bragança e que no dia 17, à noite, como de praxe se faziam os enterros, o corpinho do bebê seria velado na Igreja de São Francisco Xavier, no Engenho Velho. O diplomata continuou o seu relato informando que "os Ministros e Conselheiros de Estado, bem como todos os encarregados da corte, assistiram a esta cerimônia fúnebre". Os convites para o sepultamento foram emitidos tanto pelo ministro da Marinha, visconde de Paranaguá, quanto pelo mordomo-mor, conde de Palma. Ambos diziam de viva voz aos presentes que a criança era filha de d. Pedro. O corpo foi conduzido em cortejo até a igreja. Os viscondes de Taubaté, Aracati, Santo Amaro e da Cunha foram os responsáveis por carregar o esquife e depositá-lo na catacumba da igreja. O barão de Mareschal notou ainda que "frei Antônio de Arrábida, confessor do imperador, assistiu à cerimônia e parecia penetrado da mais viva dor".

Inconformado com a magnitude que o enterro do bastardo do imperador e da favorita havia tomado, Mareschal ainda desabafava a Viena:

> Na presente ocasião, uma vez que a mãe da criança era dama da imperatriz, viscondessa e dignitária da corte, os seus pais, em cuja casa a criança morreu, podiam ter anunciado o falecimento e convidado todas as pessoas que assistiram ao enterro [...]. Teria sido possível então demonstrar o mesmo respeito pela dor privada do soberano sem ferir publicamente os valores sociais e a decência. Achamos mesmo estranho que os senhores Paranaguá e de Palma proclamassem como filho do soberano uma criança que ele jamais reconheceu publicamente.

Os ritos de sepultamento do bastardo, cercados de toda a pompa, visavam não ofender o imperador e sua favorita. Antes pecarem pelo excesso do que pela falta e serem alvos da fúria de d. Pedro. Entretanto, esse enterro e o reconhecimento desse fruto adulterino do imperador perante todos também marcaram claramente o declínio da influência de d. Leopoldina junto ao governo e aos membros mais graduados da corte. Esse funeral foi a derradeira pá de cal na influência política que ela ainda tinha junto a eles. Com exceção de Mareschal, todos só parecem ter levado em conta a dor da perda do imperador e de sua amante. Com a humilhação que a cerimônia representaria para a imperatriz, ninguém se importou.

Outra perda que desataria um dilúvio de complicações políticas e familiares foi a morte, três dias antes do pequeno Pedro no Brasil, do seu avô português, o rei d. João VI. A notícia chegou ao Brasil com a fragata portuguesa *Lealdade*, que aportou no Rio de Janeiro em 24 de abril de 1826. D. João VI havia falecido aos 59 anos, em 10 de março. Além de seu problema crônico numa das pernas, não se sabia de nenhuma outra doença do rei, que ainda imaginava viver por muitos anos. Segundo se dizia na época, ele teria sido envenenado, boatos esses que acabariam, na última década do século XX, sendo revelados como procedentes.[26]

A morte de d. João VI daria origem a uma evolução de acontecimentos, que, entre outras coisas, levaria d. Pedro a uma guerra civil em Portugal anos mais tarde. Mas, no início de 1826, isso o colocava como sucessor do pai ao trono, tornando-o rei de Portugal com o nome de d. Pedro IV. Da mesma forma, finalmente, honrando o que era previsto em 1817, d. Leopoldina tornava-se rainha dos lusitanos. Mas esse reinado, ao menos o dela, seria efêmero.

Dois dias após receber a notícia da morte do pai, d. Pedro enviou uma consulta ao seu Conselho de Estado em que questionava se seria possível o imperador do Brasil assumir o trono português governando essa nação da América. Enquanto os conselheiros deliberavam, d. Pedro, com seu secretário, Francisco Gomes da Silva, o Chalaça, escreveu uma Constituição para Portugal e outorgou-a em 29 de março como

d. Pedro IV. Além disso, concedeu anistia ampla e irrestrita aos portugueses e confirmou o Conselho da Regência com a presidência de sua irmã, a infanta d. Isabel Maria, a quase imperatriz da Áustria que havia tanto encantado a condessa de Kühnburg no Brasil. No dia seguinte, marcou as eleições em Portugal, e, em 2 de maio, após considerar os pareceres de seus conselheiros, emitiu a carta régia de sua abdicação condicionante ao trono português em nome de sua filha, d. Maria da Glória.

A abdicação vinha com algumas condições para ter efeito. Seguindo a vontade de d. Pedro, seu irmão, d. Miguel deveria jurar a Constituição portuguesa em Viena, ao arrepio de Francisco I e Metternich, e casar-se com d. Maria da Glória, agora d. Maria II, com 7 anos. D. Miguel assumiria como lugar-tenente de d. Pedro o poder em Portugal até que a jovem rainha tivesse idade para consumar o casamento com o tio.

D. Miguel estava exilado em Viena após o último golpe que tentara dar em d. João VI. O primeiro, em abril de 1823, ficou conhecido como Abrilada e terminara com a experiência constitucional portuguesa e com a paz interna dos Bragança. Nele, d. Miguel colocou-se à frente da revolta contra o Parlamento e a Constituição. Tanto o infante quanto d. Carlota queriam a deposição do rei. Inicialmente, d. João manteve-se fiel à Constituição que jurara, até que, vendo o movimento popular aumentar cada vez mais, acabou por se juntar à causa e, num golpe, tornou-se líder dele no lugar do filho.

As Cortes foram dispensadas, e diversos políticos e ministros, presos e torturados. Em 1824, d. Miguel tentou novamente colocar-se diante de um movimento para tirar o pai do trono, mas, graças à intervenção dos diplomatas estrangeiros em Lisboa e da Inglaterra, o golpe fracassou. O infante assumiu a responsabilidade pelos seus atos e exilou-se em Viena, aonde lhe chegou a notícia da morte do pai.

D. Leopoldina perdia o sogro, que sempre fora o mais gentil com ela, e sentiu muito por isso. Um dos primeiros para quem ela externou seu luto foi Rodrigo Navarro de Andrada, o antigo encarregado de negócios de Portugal em Viena. Navarro havia interrompido a correspondência com a imperatriz após a independência e retomado após o reconhecimento do Brasil por Portugal. Para ele, d. Leopoldina desabafava em 25 de abril de 1826: "Não tenho força para explicar a dor e a mágoa que sente o meu coração no momento em que eu recebo a triste notícia da morte do melhor e do mais terno dos pais."[27] Para o pai, Francisco I, comentava em 28 de abril: "Foi extremamente doloroso ficar sabendo que falecera meu excelente sogro, que amei e prezei como um segundo pai, meu coração se lembrará dele sempre com sentimento de gratidão."[28] Em 29 de abril, para Maria Graham, dizia estar extremamente emocionada pela "morte de meu respeitável e bem-amado sogro, que foi sempre para mim mais delicado e afetuoso que o melhor dos pais".[29]

Outra perda agora se avizinhava: a da filha, d. Maria da Glória. A intenção inicial era de enviar a menina para Portugal. D. Leopoldina mencionaria mais esse golpe na sua vida para diversas pessoas ao longo de 1826. Em maio, suplicava ao pai na Áustria:

> Como conheço sua bondade e zelo paternos, é preciso recomendar-lhe minha querida filha Maria, que em pouco tempo partirá para Portugal, é a segunda separação terrível que sofro; ah! Se ela pudesse ir para a Áustria, eu ficaria totalmente tranquila; é uma boa menina e possui qualidades excelentes, mas receio muito as bajulações.[30]

No mesmo dia, para sua antiga preceptora, a condessa von Lazansky, d. Leopoldina traçava um perfil da filha e desabafava: "Em pouco tempo me espera a separação de minha boa Maria, que será rainha de Portugal [...] se pudesse estar no seio de minha amada família eu ficaria mais tranquila". O mesmo a Maria Graham em junho: "Dentro de pouco serei obrigada a fazer um novo sacrifício, além do de deixar uma família e pátria que adoro. É o de me separar de uma filha [...]."[31] Em 17 de setembro, ela foi mais enfática ainda com o pai:

> Importuno-o com estas linhas, querido papai, já que sei como meu cunhado o considera e ama, para pedir-lhe, amado pa-

> pai, que lhe faça um bom sermão, para que, quando minha querida filha Maria me deixar e for entregue a ele, como me asseguram, que ele tome conta de sua juventude e a proteja de todos os perigos a que possa estar exposta, por forças violentas independentes e ao mesmo tempo por ter um coração tão bom e meigo; vejo que não é mais necessário recomendá-la ao senhor, querido papai, mas perdoe uma mãe que só encontra sua felicidade e paz na felicidade e bem-estar de seus filhos.[32]

Numa das últimas cartas para a irmã Maria Luísa, datada de 17 de setembro, d. Leopoldina exprimia-se mais profundamente a respeito da filha, e até mesmo dela, por meio dos temores a respeito dos casamentos dinásticos:

> Alegra-me muito que meu cunhado tenha mudado para melhor, especialmente porque querem casá-lo com minha filha. Deus permita que seja uma união feliz, pois tenho que te confessar que cada vez mais me convenço de que apenas paixão mútua e amizade podem fazer um casamento feliz, e nós, pobres princesas, somos tais quais dados, que se jogam e cuja sorte ou azar depende do resultado; dirás que sou uma verdadeira filósofa, mas o ardor da juventude se extingue facilmente, com a prudência adquirida em certas experiências.[33]

O ardor juvenil dela demorou a se extinguir; e o da filha, quando se extinguiria? Seria tão romântica quanto a princesa apaixonada pelo retrato do seu Adônis nove anos antes e que sofreu muito com a realidade diante do homem com quem a casaram? D. Leopoldina projetava-se em d. Maria da Glória. Temia que a menina tivesse que passar por todos os desgostos e por todas as séries de humilhações que ela estava passando e que vinham piorando muito após o retorno da Bahia e a morte do sogro em Portugal. O concubinato de d. Pedro com Domitila tomava vulto cada vez maior, e d. Leopoldina continuava a se cobrar a paciência e subserviência que nunca tivera antes.

Duquesa de Goiás

Em maio de 1826, d. Pedro resolveu reconhecer a filha que tivera com a amante em 1824. Isso pode ter ocorrido por insistência de Domitila ou, talvez, na tentativa de d. Pedro colocar ordem na sua vida após a lembrança da brevidade dela com a morte do pai. Já o barão de Mareschal, em ofício a Viena, informaria: "Há muito tempo que a senhora viscondessa de Santos trabalhou neste caso, Sua Majestade recusava, mas, provavelmente, a morte do filho que ele teve com essa dama e a popularidade que lhe deu a renúncia a Portugal, tê-lo-ia feito arriscar agora esse ato."[34]

D. Pedro, desacostumado a ser afrontado, acabou sendo-o no seu intento. Para o reconhecimento, o termo do batizado da criança teria que ser refeito. Entretanto, o bispo do Rio de Janeiro, d. José Caetano da Silva Coutinho, proibiu que o vigário da Igreja de São Francisco Xavier, do Engenho Velho, rasgasse a página do batizado de Isabel Maria para que fosse feito novo assento, onde constaria o imperador como pai.

O imperador não se fez de rogado: mandou publicar um decreto ministerial no qual declarava a paternidade, que era reconhecida pelos ministros Lages, Inhambupe e José Feliciano Fernandes Pinheiro. Nele se lê:

> Declaro que houve uma filha de mulher nobre e limpa de sangue, a qual ordenei que se chamasse dona Isabel Maria de Alcântara Brasileira e a mandei criar em casa do gentil-homem da minha Imperial Câmara João de Castro Canto e Melo. E para que isto a todo o tempo conste, faço esta expressa declaração, que será registrada nos livros da Secretaria de Estado dos Negócios do Império, ficando o original em mão do mesmo gentil-homem da Imperial Câmara para ser devidamente entregue à dita minha filha como seu título.
>
> Palácio do Rio de Janeiro, vinte e quatro de maio de mil oitocentos e vinte seis, quinto do Império e da Independência.[35]

De posse do documento, Francisco Gomes da Silva cavalgou até a igreja e intimou o padre a reformar o assento de batismo. Na nova certidão constava apenas o nome do pai, mas não se mencionava a mãe. O decreto já dizia tudo: ela era "nobre e limpa de sangue", ou seja, uma não judia. Oficialmente, d. Pedro daria ao velho coronel João de Castro, pai de Domitila, a incumbência de criá-la, ficando Isabel Maria nesse arranjo junto à mãe. Com esse ato, d. Pedro oficializava publicamente o seu adultério. Mesmo sem o documento mencionar quem era a mãe da criança, todo mundo sabia e apontava a então viscondessa de Santos.

Como se não bastasse o reconhecimento, d. Pedro ainda lhe conferiu o título de duquesa de Goiás. Pelo sistema nobiliárquico brasileiro, o título de duque era reservado apenas a pessoas pertencentes à família do soberano. Num único caso ele foi conferido a uma pessoa fora da Casa Imperial, como forma de distinção máxima aos serviços prestados à nação, que foi o título de duque de Caxias, dado por d. Pedro II a Luís Alves de Lima e Silva. O título de duquesa colocava a filha do imperador e da viscondessa de Santos acima de todos os demais membros da corte e da nação. A menina não se curvaria a ninguém, exceto aos imperadores e aos príncipes, seus irmãos. Foram dadas instruções às tropas a respeito do tratamento que deveriam dar a ela, que passou a fazer parte da família imperial e receberia o tratamento de Alteza.

Um dia após o aniversário de Isabel Maria, em 24 de maio, foi realizada uma grande festa na nova casa que d. Pedro dera à amante, segundo o barão de Mareschal, "situada a um tiro de fuzil da Quinta da Boa Vista".[36] A festa comemoraria o reconhecimento e o título que a menina recebeu do pai. Os convidados começaram a chegar ao meio-dia. Os ministros que assinaram o decreto estavam presentes, além do capitão da guarda do imperador, o primeiro ajudante de campo, o secretário de gabinete, o visconde de Barbacena, o de Gericinó, entre outros titulares do Império, todos vestidos com uniformes de gala. O luto em memória a d. João VI havia sido levantado para o evento.

D. Pedro, com sua guarda de honra, foi recebido à porta pelo avô da menina, que carregava a criança nos braços. Feita a leitura dos documentos de reconhecimento e do título conferido, o imperador questionava a todos que dele se aproximavam: "Já foi beijar a mão de minha filha?", ou ainda insistia com a menina: "Duquesa, dá a mão a beijar ao Sr. Fulano." Durante o almoço que se seguiu, o imperador e a filha ficaram a uma mesa, a outra, os parentes maternos e os convidados.

D. Leopoldina passou o dia todo fora de São Cristóvão, caçando. Segundo o barão de Mareschal, havia razão para acreditar que a imperatriz havia sido informada pelo próprio esposo a respeito da comemoração.[37]

Quatro dias depois, a duquesinha de 2 anos de idade foi apresentada oficialmente à imperatriz nos braços do avô, o coronel João de Castro. Segundo o diplomata espanhol Delavat y Rincón, a imperatriz, após manter o sangue-frio perante a corte, encerrou-se em seus apartamentos privados, onde teria passado o dia chorando. De acordo com alguns cronistas do início do século XX, ela teria balbuciado, ao beijar a pequena duquesinha: "Tu não tens culpas, tu não tens culpas." Um mês após o reconhecimento e a apresentação, em novo informe, o embaixador espanhol deixava claro que, para espanto da corte e do Rio de Janeiro como um todo, a imperatriz continuava tratando publicamente Domitila de maneira amigável.

Para explicar aos brasileiros a decisão do imperador, seu secretário, Francisco Gomes, juntamente com o padre Boiret, fez uma relação histórica de reis europeus, inclusive portugueses, que haviam reconhecido seus filhos ilegítimos. Afinal, a própria Casa de Bragança não fora criada a partir de um bastardo da casa de Avis?[38] De posse dessas informações, jornais como o *Diário Fluminense* de 10 de junho e o *Spectador Brasileiro* do dia 14, nitidamente influenciados pelo governo imperial, teceram louvores a d. Pedro por ter reconhecido a criança, que não era culpada pelos erros do pai. No mesmo ano, seria construído um navio de guerra que levaria o nome de *Duquesa de Goiás*.

Nem todos gostaram muito da notícia. Segundo informe de Guinebaud, cônsul francês na Bahia:

> O povo clama, em altas vozes, contra a fraqueza e a vilania dos conselheiros do monarca, apologistas públicos e, por escrito, de sua conduta em relação à jovem duquesa de Goiás, filha natural, fruto de duplo adultério vivo, legitimada e reconhecida, a pretexto do que os reis franceses Henrique IV e Luiz XIV tinham feito o mesmo. Entretanto, não obstante verificar a existência do grande desprestígio do governo imperial, não diviso ainda sintoma algum de rebelião.[39]

Enquanto isso, o barão de Mareschal relatava a Metternich em 13 de junho o que vinha se passando entre o casal e o modo submisso com que d. Leopoldina acatava as ordens do marido e a restrição deste a sua liberdade.

> Por mais estranho que a afirmação possa parecer, não é menos verdade que, apesar dos motivos existentes, a união dos dois augustos esposos ainda não está materialmente alterada; mas o mérito é inteiramente à sua majestade.[40]

Mareschal comentava que d. Leopoldina mantinha uma conduta acima de qualquer reprovação, mesmo ela tendo que ter "permissão do imperador para passear". Além disso, d. Pedro passou a determinar até a "hora e o lugar" de seus passeios, e, mesmo assim, a permissão era concedida eventualmente

> sob a condição de que seja ali onde ele se encontra com a sua amante e seus parasitas; em uma palavra esta princesa não se levanta ou se deita, não bebe ou come nem anda sem permissão especial de seu marido; autorização que não se estende a aparecer na cidade ou em qualquer lugar público, exceto quando ele a acompanha. A Imperatriz suporta uma situação tão dolorosa e humilhante com toda a coragem e a resignação possível, é uma filosofia prática que não pode deixar de admirá-la, que ela possa um dia receber a sua justa recompensa.[41]

É curioso o fato de d. Pedro continuar não permitindo que d. Leopoldina fosse sem ele à cidade. Talvez o amor que o povo consagrava à imperatriz só devesse ser demonstrado com o marido a seu lado. Segundo Mansfeldt:

> Um dia eu tive a sorte de ver suas majestades o imperador, a imperatriz e seus filhos saindo para um passeio a cavalo.
>
> A doçura, a suavidade e as altas qualidades que enfeitavam o rosto da imperatriz eram um espelho de sua alma.
>
> Os vivas que o povo gritava nas ruas para o casal imperial eram o cumprimento de um dever perante o imperador, mas os gritos para sua esposa eram expressão de fiel amor e alegria em ver sua amada soberana.
>
> O povo amava a imperatriz e, por toda a parte aonde ela ia, era recebida com júbilo. Sim! O amor de seus súditos fiéis é a mais alta felicidade de um soberano. Como a imperatriz devia se sentir feliz com estas manifestações, as quais lhe ofereciam compensação aos diversos sofrimentos que ela tinha que suportar na corte e os quais ela suportava com paciência e brandura.[42]

Mareschal, em seus despachos narrando as agruras que d. Leopoldina passava e como ela encarava a situação, foi taxativo quanto à forma como ela lidou com as circunstâncias: "Talvez um pouco de firmeza no início tivesse evitado muito mal."[43]

O diplomata tentou, claramente, se eximir de culpas, dizendo que havia aconselhado a imperatriz a ter mais cuidados com a saúde e pessoais. Não achava prudente, no clima brasileiro, ela andar a cavalo entre as oito e as nove horas da manhã, nem os trajes masculinos que usava em ocasiões informais, como as próprias cavalgadas.[44] Ou seja, segundo a mentalidade da época, além de tudo o que d. Leopoldina tinha que passar com o marido, a culpa ainda era dela por não ter se portado de maneira a não dar a d. Pedro desculpas para procurar outra mulher fora de casa.

No final do relatório, Mareschal faz um alerta que, visto com o olhar atual, parece um vaticínio:

> Meus receios pela saúde dessa augusta princesa são compartilhados por boa parte das pessoas; embora, felizmente, ela seja forte e robusta; uma febre será provavelmente fatal e seu marido jurou, chorando-a com sinceridade, que não a substituirá pelo objeto de sua paixão.[45]

Em 7 de junho de 1826, no P.S. de uma carta a Maria Graham, d. Leopoldina escreveu: "Perdoe-me a má letra, mas depois de minha viagem por mar apanhei umas dores reumáticas nos dedos da mão direita, que me dificultam muito a escrita." Tirando essa passagem, as demais cartas conhecidas do período, endereçadas para amigos e familiares, não trazem menção alguma a doenças que justificassem a afirmação de Mareschal. Ao contrário, a imperatriz era sempre taxativa ao afirmar que todos iam bem de saúde, o que provavelmente, baseando-se no relato do diplomata, não seria verdade. Algum problema de saúde ela deve ter tido, a ponto de, como Mareschal relata, d. Pedro, chorando, ter jurado que não substituiria d. Leopoldina, se esta morresse, pela amante. Julius Mansfeldt, que a viu no segundo semestre de 1826, se recordaria dela como uma pessoa doente:

> Como eu me espantei ao encontrar a augusta princesa na flor da idade tão pálida, quase se esvaecendo. Fui tomado por sentimentos e só tremendo consegui beijar a mão que ela me estendia. O olhar quase desfalecido que sua majestade lançou às cartas que lhe entreguei parecia infelizmente somente estar confirmando que suas forças físicas estavam se acabando, as quais só graças à sua rara formação espiritual ela conseguia manter.[46]

O reconhecimento público da filha bastarda de d. Pedro atingiu moral e psiquicamente d. Leopoldina. O caso do reconhecimento escancarou a infidelidade do imperador, e o fato passou a ser comentado abertamente tanto no Brasil como na Europa e no restante da América. D. Leopoldina ainda procurava se armar de uma olímpica paciência, para descontrole do embaixador austríaco:

> A 29 de junho festejou-se d. Pedro em casa do veador da Imperatriz [...]. D. Pedro, d. Leopoldina e as jovens princesas lá passaram o dia em companhia da viscondessa de Santos, da Goiás, sua mãe, seu avô e todo o resto da família materna. A despeito da estranha mistura, o dia passou tão alegre e tão tranquilamente como se a poligamia estivesse legalmente estabelecida neste país.[47]

O imperador deixava-se cada vez mais ficar na casa da amante, tão perto do palácio. Tinha ali até um gabinete de onde podia despachar. O barão de Mareschal, em ofício particular para Metternich, comentou a situação escandalosa que era vivida à vista de todo o Rio de Janeiro.

> A ligação do Imperador com a amante é cada vez mais forte. Ele passeia frequentemente na cidade com a Goiás; foi publicamente com a mãe na alfândega e assistiu a 31 de julho, com a imperatriz e com a rainha de Portugal, a uma festa religiosa por motivo de uma promessa da Santos pelo restabelecimento da saúde da filha. S.S. M.M. foram acompanhados da guarda de honra, o que só acontece em grandes ocasiões.

Além disso, segundo o barão, a influência de Domitila chegava a ponto de "todas as graças, ofícios públicos e empregos que vagam" serem dados ou a amigos ou parentes da viscondessa, ou ainda "em virtude de recomendação sua". Mareschal, devido à proverbial sovinice de d. Pedro, conseguia justificar o tráfico de favores: "Como S. Majestade o Imperador não é muito generoso e é preciso que todo mundo viva, a casa de sua amante se transformou em verdadeira agência de negócios onde tudo tem o seu preço." No mesmo informe, o austríaco relatava o mais recente escândalo imperial: as férias de d. Pedro com a amante e a família desta.

> Sua Majestade partiu em 3 de agosto acompanhado da viscondessa e sua família para Santa Cruz, donde ainda não voltou; nem a S.M. a Imperatriz, nem camareiros, ministros ou secretários tiveram autorização para os acompanhar. Todos os negócios parados porque ninguém pode decidir as menores coisas sem ser por ordem sua. Tal ausência no momento mostra o quão longe vai o poder da amante.
>
> O público está extremamente escandalizado e descontente, mas todos estão em silêncio, salvo alguns pasquins; os jornais estão em silêncio sobre este ponto tão delicado, mas eu acredito que essa reserva seja mais por medo de que um ataque pessoal seja seguido de uma vingança pessoal, do que por respeito ao governo.

Se d. Leopoldina dava mostras de ser uma "mártir de paciência", apesar de seu gênio nada submisso, aguentando tudo o que a atingisse pessoalmente, o mesmo não se poderia esperar no que tocasse aos filhos, então misturados à duquesa de Goiás. Segundo Mareschal, ela reagiria com "vivacidade" quanto a tudo o que se relacionasse às crianças.

> [...] Pequenos incidentes sempre foram provocados pelas crianças, visto o Imperador mostrar-se às vezes ríspido com as jovens princesas e com muita parcialidade para com a sua filha natural e S. M. a Imperatriz tem muita vivacidade em relação a tudo que se refere às crianças quanto ela tem de paciência para aquilo que lhe toca pessoalmente.[48]

Com seu reconhecimento, a pequenina duquesa de Goiás passou a frequentar o Paço e brincar com seus outros irmãos. O mal de d. Pedro, um dos vários, foi querer tomar partido da filha em relação às brincadeiras dos demais. Certa vez, por exemplo, d. Paula Mariana teria esbarrado sem querer na duquesinha e feito a irmã cair no chão. Por isso, apanhou do pai e ficou traumatizada. Sempre que Isabel Maria aparecia, a princesa agarrava-se às criadas.[49] Outro acidente ocorrido no Palácio de São Cristóvão foi narrado a Maria Graham, provavelmente por carta, uma vez que esta não se encontrava mais no Brasil quando do reconhecimento da duquesa de Goiás. A viajante inglesa relatou que a duquesa havia sido a causa de um

> [...] grande agravo à Imperatriz e ocasionou uma explosão de mau humor de Dona Maria, agora Rainha de Portugal, que posso bem registrar aqui. Quando alguns anos depois esta meninazinha foi apresentada no palácio, o Imperador determinou que ela deveria jantar com Dona Maria. A princesa recusou sentar-se à mesa com a que ela chamava de "a Bastarda". O Imperador insistiu e ameaçou dar em D. Maria uma bofetada, ao que se voltou ela orgulhosamente para ele e disse: "Uma bofetada! Com efeito! Nunca se ouviu dizer que uma Rainha, por direito próprio, fosse tratada com uma bofetada!"[50]

A informação não parece ser mera fofoca da inglesa, uma vez que Julius Mansfeldt menciona o mesmo drama familiar a respeito de d. Maria da Glória não querer ter qualquer contato e demonstrar falta de consideração para com a nova irmã: "O imperador tomou o assunto para si e provou à sua filha, muitas vezes com a mão levantada, que toda posição tinha seu valor e que ele não procurava o mérito no nascimento."[51]

O muro de indiferença pública que d. Leopoldina havia erguido começava a rachar. Segundo relata Melo Morais:

> A imperatriz continuou a receber a marquesa de Santos do mesmo modo, depois do reconhecimento da filha; e quando a duquesa lá ia, dava-lhe um beijo na face, chamando-a de minha filha; e quando a duquesa se retirava dizia a todos que a cercavam:

> "tudo posso sofrer e tenho sofrido, menos ver essa menina a par de meus filhos; e estremeço de raiva quando a vejo; é o maior dos sacrifícios recebê-la".[52]

Ninguém tinha mais dúvida alguma a respeito do que acontecia. O povo e até brasileiros fora do país discutiam abertamente a traição pública do soberano. Em Buenos Aires, Cipriano Barata e outros exilados políticos publicaram panfletos contra os atos imorais do imperador. Casas e muros cariocas amanheciam com caricaturas de d. Pedro, Domitila e d. Leopoldina. Numa delas, a imperatriz esfaqueava a amante, enquanto d. Pedro implorava para que ela perdoasse Titília. Em outra, o imperador era o cavalo e puxava a carruagem da amante, que controlava as rédeas.[53] As inquietações das ruas também chegariam ao palácio. Em 24 de agosto de 1826, quando o futuro d. Pedro II foi reconhecido publicamente como herdeiro do trono, o intendente da polícia recomendou que não se fizesse uma apresentação de gala no teatro para comemorar a data. Dois dias depois, uma delegação da Assembleia chegou ao palácio com o ato de reconhecimento e foi apresentada ao bebê. Quem segurava o futuro imperador nos braços era ninguém menos que o pai de Domitila, João de Castro, agora no cargo de estribeiro-mor.[54] Antecipando-se a algum movimento de revolta que se avizinhava, d. Pedro deu ordens para que as tropas fossem aquarteladas e as patrulhas e as guardas foram dobradas. O imperador visitou pessoalmente, na calada da noite, diversos quartéis, conforme relata o barão de Mareschal a Viena.[55] É provável que d. Pedro tenha recebido algum informe de que um golpe contra Domitila e sua família estava sendo preparado. Nesse momento, parece ter percebido quão longe havia ido e passou a dar mais atenção à esposa, tanto em público quanto em particular, e d. Leopoldina engravidou novamente.

Entretanto, a reaproximação foi efêmera. Em 8 de outubro, em carta para o major Schäffer, d. Leopoldina, provavelmente já sabendo da nova graça que a amante imperial alcançaria, comparou-a, como já vimos, a outras favoritas históricas, as marquesas de Pompadour e Maintenon.[56]

Em 12 de outubro de 1826, aniversário de d. Pedro, não apenas a amante teve o seu título elevado de viscondessa para marquesa de Santos, como seu pai foi feito visconde de Castro, o cunhado Boaventura Delfim Pereira recebeu o título de barão de Sorocaba e todos os irmãos de Domitila foram feitos gentis-homens da câmara de sua majestade, o imperador. Um deles recebeu a patente de coronel, e dois primos da nova marquesa foram nomeados guarda-roupas de Sua Majestade.

Se na primeira titulação de Domitila o texto da justificativa fazia menção aos serviços que a Castro prestara à imperatriz como dama camarista, na elevação de viscondessa para marquesa, d. Leopoldina era completamente esquecida. A justificação do título dizia respeito aos serviços prestados por Domitila referentes à criação da duquesa de Goiás. D. Pedro pretendia mostrar o apreço que ele tinha pela viscondessa desde que esta passara a ser a cuidadora oficial da pequena Isabel Maria: "E querendo fazer-lhe honra e mercê em atenção a tão distintos serviços, que sobremaneira tem penhorado Meu Coração, Hei por bem acrescentá-la em grandeza com o Título de Marquesa de Santos [...]."

A mesma ideia do barão de Mareschal a respeito da falta de uma posição mais dura de d. Leopoldina em relação às vontades do marido passou a ser compartilhada pelo encarregado dos negócios franceses no Rio de Janeiro, o conde de Gestas. Inicialmente, ele vira a reação de d. Leopoldina, ou melhor, a falta de reação dela diante do caso de Domitila com d. Pedro como uma "feliz indiferença". Entretanto, após 12 de outubro de 1826, passou a julgar "infeliz tão extrema bondade, que agravava a situação da esposa diante do marido por diminuição da própria dignidade".[57]

A atitude de d. Leopoldina perante todos os demais casos do imperador havia sido a mesma. Se desabafava em suas cartas a respeito dos desgostos com o marido, sem explicitá-los completamente, não o fazia publicamente. Desde que chegara ao Brasil, preferiu ignorar as amantes; todas, até então, passageiras, como julgou erroneamente que Domitila seria. D. Leopoldina, optando por seguir o plano habitual, que até então dera certo, fingiu fechar os olhos para a relação do esposo com a paulista.

Porém, com o tempo, isso se revelou imprudente, e a imperatriz viu-se numa situação alarmante. D. Pedro, acreditando que a esposa não se importava e lhe era indiferente, passou a se envolver cada vez mais com a paulista. Seus constantes agrados e demonstrações públicas acabaram por tornar Domitila sua amante oficial perante o mundo. A imperatriz, definitivamente, não estava preparada para ela, sua família e protegidos, que foram se amalgamando e se enredando ao redor do imperador e seu trono.

Ainda as dívidas de d. Leopoldina

Nem mesmo com o período de estabilização do Império as finanças de d. Leopoldina foram sanadas. Para todos que podia, ela pedia dinheiro, até mesmo para o marquês de Marialva na Europa. Entretanto, era raro pedir diretamente. Costumava usar dois prepostos: o major Schäffer, na Europa, e seu secretário Flach, no Rio de Janeiro. Eles serviam como intermediários junto aos especuladores e até bancos. O major Schäffer, d. Leopoldina encarregou de levantar um empréstimo numa "casa segura" da Alemanha, como se refere em carta de 15 de março de 1825.[58] O major recebeu a incumbência de levantar 120 mil florins, equivalentes a 40 contos de réis. D. Leopoldina pretendia com esse valor acabar com suas dívidas. Entretanto, dois meses depois, em 16 de maio,[59] ela lhe solicitava mais 40 mil florins "para que me veja livre de toda esta gentinha, o que não será pequena felicidade".

Em julho de 1826, a imperatriz escreveu a seu secretário pedindo auxílio para esconder do marido mais um empréstimo:

> Caríssimo Flach! Por amor de Deus, tenha a bondade de me arranjar os três contos. Quanto ao homem pequeno, não recebi uma resposta má do Imperador; no entanto, ao que me parece, o meu esposo quer que ele lhe peça pessoalmente, mas diga-lhe que não mencione nunca o dinheiro. [...]
>
> Leopoldina. 22 de julho de 1826.[60]

A posição ocupada por d. Leopoldina não serviria de freio aos credores, estes, cada vez mais atrevidos. Não eram poucos os que a atormentavam cobrando as dívidas contraídas. Além da aflição com as cobranças, a imperatriz tinha verdadeiro pavor que d. Pedro tomasse conhecimento desses valores, o que acabou acontecendo no segundo semestre de 1826. Julius Mansfeldt escreveu em suas memórias sobre o caso:

> Conta-se em geral no Rio de Janeiro que ela teria sido maltratada por seu marido quando seu encarregado de negócios, o qual cuidava das suas pequenas despesas, apresentou as contas para o imperador.
>
> A imperatriz se viu obrigada a escrever a seu encarregado de negócios que ela não poderia pagá-lo no momento e que, por causa da carta dele, ela já teria sofrido o suficiente.

A se considerar a devoção com que Flach, o "encarregado de negócios", servia a d. Leopoldina, é possível que Mansfeldt tenha ouvido errado a história que circulou no Rio de Janeiro. Mais provável é que algum credor zangado com a falta de pagamento da imperatriz tenha recorrido diretamente ao imperador.

Ainda segundo Mansfeldt, o imperador, descontrolado ao saber das dívidas da esposa, teria tratado-a de maneira cruel:

> Como a imperatriz deve ter se sentido infeliz de, mesmo não estando sozinha, ter que tolerar um tratamento tão duro por parte de seu marido dentro de seus aposentos, mas ainda, dizem, em plena rua, às vistas do povo indignado, também ter sido maltratada por ele. Fato que teria gerado grande descontentamento nas classes mais baixas.[61]

Mansfeldt foi o único a relatar que d. Pedro a teria maltratado em público, diante do povo. Salta aos olhos a palavra "dizem". O alemão não presenciou o fato, ouviu dizer. Tais afirmações merecem cuidado, mas demonstram categoricamente que as dívidas de d. Leopoldina e suas condições financeiras eram de domínio público.

Numa mensagem para o seu "caríssimo Flach", a imperatriz deixa clara a sua contabilidade:

> Caríssimo Flach! Agora mesmo foi decidido dar ao imperador [uma dotação de] oitocentos contos de réis. Eu também queria falar [na comissão para as dotações do casal imperial], mas o meu esposo que, infelizmente!!, não se importa de maneira alguma com a gente [i.e. com ela, a imperatriz], não me deixou; pois com 60 contos de réis inclusive, como declaram os deputados e os senadores, pagando minha corte, que calculada escrupulosamente, custa sozinha 34 contos sem alimentação e roupa e sem outras despesas para mim, não posso viver decentemente e devo então conduzir uma vida cheia de preocupações o que, afinal, seria tempo de acabar. Veja, caríssimo Flach, se pode conseguir junto dos nossos amigos e irmãos que me deem oitenta a cem contos, caso contrário não pode ser. Por amor ao Brasil perdi o ordenado de uma rainha de Portugal que montava a mais de cem contos. Assegurando-lhe... Leopoldina.[62]

Esse bilhete, sem data, provavelmente é de meados de 1826, época em que a comissão criada para estudar o problema da dotação dos imperadores preparava o seu relatório. Essa comissão decidiria conceder a d. Pedro a fortuna de 800 contos de réis, enquanto que para d. Leopoldina seriam concedidos sessenta contos. Isso, segundo ela própria, não seria o suficiente para viver com dignidade, haja vista que as despesas imediatas com a sua corte consumiam anualmente 34 contos anuais, de modo que sobrariam 26 contos para ela passar o restante do ano, e daí seria tirada a sua alimentação e suas demais despesas pessoais. Mas nem isso ela receberia, pois a lei seria aprovada somente em 1827.

D. Pedro, embalado pela mentalidade da época, chegando a ponto de determinar quando e por onde a esposa devia fazer seus passeios, também limitava a quantidade de dinheiro que esta receberia, desonrando o tratado matrimonial. D. Leopoldina só contava com 1 conto e 600 mil réis por mês, para os chamados "alfinetes", que, pelo contrato de casamento, lhe permitia manter suas despesas particulares, como joias, esmolas etc. Como comparação, Domitila recebia, por mês, como dama camarista, 1 conto de réis,[63] e o secretário do imperador, Francisco Gomes, o oficial mais graduado de todas as secretarias de Estado, recebia 10% desse valor por mês: 100 mil réis.

Entretanto, os gastos da imperatriz eram muito superiores aos dos outros dois. Ela precisava manter o seu status e cumprir com as suas obrigações, o que fez até o final da vida, mesmo que para isso se endividasse cada vez mais. Com o dinheiro que recebia, era impossível a ela subvencionar seus asilos, dar esmola aos pobres e doentes, cumprir com as pensões que precisava pagar e, ainda, cuidar do guarda-roupa e da sua própria alimentação.

As dívidas da imperatriz eram bem conhecidas no exterior, como revela um documento até então inédito que foi localizado no Arquivo Nacional, no Rio de Janeiro. Em carta datada de 4 de abril de 1825, o ministro plenipotenciário do Brasil em Viena, Antônio Teles da Silva Caminha e Meneses, marquês de Resende, relatava para seu colega, o marquês de Barbacena, plenipotenciário brasileiro em Londres, que havia conseguido de Conrado Meyer, capitão do navio *Argus*, cartas que a imperatriz d. Leopoldina havia enviado aos seus parentes em Viena. Elas eram endereçadas aos seus tios, os arquiduques Carlos e João, e tinham a finalidade de pedir que estes fizessem um empréstimo em seu nome na Áustria para quitar as dívidas dela no Brasil, sem o conhecimento do imperador. Na carta, Resende informava a Barbacena as providências que tomou para sustar a entrega das missivas e solicitou auxílio para evitar que a divulgação do episódio pudesse causar embaraços ao imperador e à imperatriz.[64]

De Londres, Barbacena aprovou a resolução tomada por Resende, mas queixava-se de ter sido posto a par de tal segredo, que o deixava em posição embaraçosa junto aos soberanos. Também lamentava não poder ajudar a imperatriz, lembrando a Resende as suas próprias dívidas.[65]

Os cortesãos pareciam mais interessados em evitar que se divulgasse na Europa as dívidas de d. Leopoldina do que em quitá-las. Mas o fato de não se falar publicamente delas não impedia que Viena tivesse conhecimento do lastimável estado financeiro em que a imperatriz se encontrava. Até mesmo junto ao barão de Mareschal ela tentara levantar empréstimos, e este passara a informação a Metternich.

Em 1826, o estado de abandono de d. Leopoldina era tamanho e o nível de suas dívidas tão alarmante que ela acabou desabafando com Flach:

> Caríssimo Flach! [A]o senhor, que ao menos tem as mais honestas intenções para comigo e que é o meu único amigo nesta feia América, imploro por tudo que é sagrado e caro, que me arranje 8 contos de réis, 4 para o senhor e 4 para mim. Infelizmente a minha situação está cada vez mais triste. O meu esposo se interessa somente pela maldita bruxa e à outra [a ela, a imperatriz] pode acontecer o que quiser. Veja junto a Samuel Philips [representante do banco Rothschild no Rio de Janeiro], ele diz que sempre está às minhas ordens, e junto ao meu novo veador Antonio Bussego, sobrinho de João Bussego. Acho que eles servirão. E ao senhor, um honesto alemão, posso confiar, e eles podem ajudar o senhor e a mim na miséria.[66]

Como se não bastasse o imperador ter dado à amante um palacete, joias, roupas, criados, carruagens e cavalos, e até mesmo capim para alimentá-los, para d. Leopoldina ele apresentava listas de contenção de despesas. Talvez numa atitude desastrada de impedir que a esposa engordasse mais, descontando na comida a sua ansiedade perante a situação deprimente em que vivia, d. Pedro determinou que fossem cortados os custos de sua cozinha. D. Leopoldina não se adaptava à comida portuguesa gordurosa e por isso tinha um cozinheiro próprio. Muitas vezes, chegava a encomendar almoços ou jantares num hotel dirigido por alemães localizado próximo ao Paço da Cidade. Nem mesmo os tradicionais doces de ovos portugueses, confessava em carta à irmã, a agradavam.

Como a morte da imperatriz ocorreu antes da aprovação pela Câmara de sua dotação, d. Romualdo Antônio de Seixas, na sessão de 28 de maio de 1827, propôs que o governo pagasse as dívidas da soberana.

> Mas poderá dizer-se que o nosso tesouro não se acha em estado de tomar sobre si o pagamento de semelhante quantia, de que a maior parte foi derramada, como todos sabemos, no seio dos pobres e desgraçados desta capital: conheço bem o aperto em que nos achamos, porém ai de nós, sr. presidente, se estamos tão miseráveis, que já não podemos satisfazer a este ato de equidade reclamando por tantos e tão poderosos motivos de conveniência e dignidade nacional! [67]

D. Romualdo ainda continuava dizendo que, se a imperatriz fosse viva, a Câmara seria obrigada a "fornecer essa, ou ainda maior soma, não por uma só vez, mas todos os anos, enquanto ela vivesse". Na ocasião, o deputado Cunha Matos deu a sua palavra de honra de que sabia que o dinheiro tomado pelos empréstimos pela imperatriz era realmente para dar esmolas aos pobres.[68] Também atestaria a origem das dívidas frei Francisco de Paula de Santa Gertrudes Magna na oração fúnebre dirigida em 1827 a d. Leopoldina:

> [...] Quem pode contar todos os pobres que ela socorria ocultamente? Ah, se acaso eu pudesse aqui expor-vos a lista, que depois da sua morte se achou no seu próprio gabinete, que pasmo não seria então o vosso, vendo a enorme despesa, que fazia nos socorros mensais, com que amparava tantas pessoas pobres, infelizes de toda a idade, sexo e condição.[69]

Em suas memórias, d. Romualdo afirmou que a ideia de que o Brasil e não d. Pedro pagasse pelas dívidas de d. Leopoldina havia partido do próprio imperador. Este pediu ao deputado para que agisse junto à Assembleia com discursos em prol dessa proposta, o que acabou funcionando, poupando, assim, o bolso do monarca.[70]

O decreto de 11 de outubro de 1827 criou uma dotação de 80 contos de réis para o pagamento aos credores de d. Leopoldina, porém, nos anais da Câmara dos Deputados, existe menção a isso ainda em 1838.[71] Se, por um lado, o governo saldou as dívidas de sua soberana, pagando a seus credores e agiotas, nenhuma palavra quanto à manutenção de suas esmolas aos necessitados foi dada.

A morte do visconde de Castro e da paciência da imperatriz

As benesses descarregadas aos borbotões em 12 de outubro de 1826 sobre a família e os amigos da marquesa de Santos seriam comemoradas por pouco tempo. Alguns dias após ter recebido o título de visconde de Castro, o pai de Domitila sofreu um acidente vascular cerebral que o prostraria ao leito, de onde não mais se levantaria.

O imperador demonstrou publicamente seus sentimentos em relação à doença do pai da amante. Segundo rumores recolhidos pelo historiador Alberto Rangel, d. Pedro teria feito se acompanhar da imperatriz e de d. Maria da Glória, nova rainha de Portugal, numa visita ao visconde de Castro. Além disso, o imperador teria ido com a esposa à Igreja de Nossa Senhora da Glória do Outeiro pedir pela saúde do sogro por afinidade. Uma das damas da imperatriz, a marquesa de Itaguaí, teria tentado fazer d. Leopoldina desobedecer ao imperador e não o acompanhar à igreja. A imperatriz, em resposta à sugestão, teria dito: "Cada um ora a seu modo, ele pede a Deus pelo Castro, eu peço que lhe abra os olhos."

O maior medo de d. Leopoldina, e isso explicaria em parte a sua forma de encarar o relacionamento escandaloso do marido, era romper publicamente com a dignidade majestática do casal. Os Habsburgo, do alto de seus quase mil anos como dinastas, sabiam melhor do que qualquer outro membro de dinastia europeia quanto a construção da mítica do trono e dos imperantes era necessária para justificá-los e consolidá-los junto aos povos sobre os quais reinavam. Resumindo, o que qualquer publicitário sabe hoje: a imagem ilibada de um político ou de um produto, se alguma diferença existe entre ambos, torna mais fácil vendê-los. Os Habsburgo já sabiam havia séculos desse fato e transformaram-no numa ciência, na qual a educação, a religiosidade, a filantropia e as cerimônias públicas ajudavam a alimentar o espetáculo da monarquia.

D. Leopoldina, como boa estrategista, temia a opinião pública. O ápice da popularidade do casal perante os brasileiros foi atingido durante a abertura da Assembleia Constituinte de 1823. Daí em diante, as atitudes de d. Pedro em fechar a Constituinte e impor a sua própria Constituição renderam-lhe a primeira mácula em sua imagem pública, que agora estava irremediavelmente comprometida com o caso escancarado com Domitila.

A imperatriz, pelo contrário, política hábil, protegida pelo seu sexo e só conseguindo por meio dos homens que a cercavam ser representada, ao influenciá-los, manteve-se intocada. Sua maneira natural de se portar em público em relação à amante e à duquesa de Goiás aumentara ainda mais sua popularidade. O pedido para que Deus abrisse os olhos do marido não era em relação a si própria, e sim ao trono e ao futuro da dinastia que fundara no Brasil.

Mas d. Pedro parecia estar enfeitiçado pela "bruxa". Servindo praticamente de enfermeiro do visconde de Castro, o imperador acabou ficando quase um mês à cabeceira do doente. Durante um longo período, não dormiu em casa. Depois de três dias e noites sem que ele aparecesse no Palácio de São Cristóvão, o governo ficara à deriva. D. Leopoldina, tão contida até aquele momento, finalmente explodiu em fúria toda a indignação. A imperatriz fartara-se da falta de respeito que o marido reservara a ela, e, principalmente, da falta de decoro para com a Coroa. Ela comportara-se dignamente, aguentando tudo o que recebera de desagravo do marido até aquele momento; havia sido necessário para preservar tudo o que haviam construído. A dedicação de d. Leopoldina e seus sacrifícios pela monarquia brasileira eram superiores a qualquer prazer em prol de sua felicidade pessoal. Os dinastas não podiam se dar ao luxo de serem simples particulares e agirem com paixão e emoção descontrolada. Porém, nesse momento, a imperatriz enxergava claramente que o marido agia do modo inverso. Além de d. Pedro colocar tudo a perder, ainda mostrava para a esposa que os sacrifícios dela haviam sido em vão.

O barão de Mareschal, num inquérito pessoal realizado para suprir de informações os seus superiores na Áustria a respeito dos acontecimentos ocorridos no final do segundo semestre de 1826, chegou a um cozinheiro francês, François Pascal Bouyer, que havia servido à imperatriz. Segundo Bouyer, exasperada com o prolongado distanciamento do imperador do palácio, d. Leopoldina teria desabafado com o cozinheiro. Teria dito a este que escrevera uma carta a d. Pedro em 21 de outubro em que afirmava:

> Senhor, faz um mês que o Senhor não dorme mais em casa; desejarei que o Senhor deixasse reconhecer uma das duas [dando-lhe a entender com isto: S.M. a Imperatriz, ela mesma, ou a amante, a marquesa de Santos], ou me dará licença de me retirar para junto de meu pai na Alemanha.
>
> Maria Leopoldina d'Áustria.

Ainda segundo Bouyer, o imperador não se dignara a responder à esposa e ainda teria dito que, se fosse o caso, preferia perder o Império, desde que conservasse a sua relação com a amante.[72]

Sem receber resposta do marido, em 22 de outubro, d. Leopoldina afirmaria para Maria Graham estar "há algum tempo numa melancolia realmente negra".[73] Nesse mesmo dia, a imperatriz procurou o barão de Mareschal e deu a entender as suas aflições, porém não lhe confiou os pormenores, ou assim ele disse a Viena, para não ser acusado de não ter ajudado d. Leopoldina.

Já antes do envio da carta para d. Pedro, o diplomata sueco no Rio de Janeiro, em despacho de 19 de agosto de 1826, informava que era voz corrente na capital a partida de d. Leopoldina para a Áustria.[74] Outro boato afirmava que ela teria dito que iria se retirar para o Convento da Ajuda enquanto esperasse as ordens de seu pai para retornar à Europa.[75]

Ainda segundo o cozinheiro, d. Pedro teria retornado para casa no dia 23 de outubro e ordenado que tirassem os cavalos da esposa e que esta diminuísse os gastos com a sua cozinha. Melo Morais afirma que as discussões daquela noite acabaram por se tornar de domínio público. Segundo ele, a "noite da grande questão" motivou "sérios comentários, até se dizendo que o imperador lhe atirara [a imperatriz] um pontapé no ventre, o que foi falso, não passando como em outras muitas ocasiões de insultuosas palavras de parte a parte".[76] A história do pontapé de d. Pedro na esposa grávida se tornaria uma das maiores lendas envolvendo o primeiro imperador brasileiro, reverberada até os dias atuais.

O barão de Mareschal, no seu relatório de 13 de dezembro de 1826, informou que a altercação entre o casal ocorrida em 23 de outubro fora motivada, além do abandono do lar pelo marido, pelas desordens financeiras da imperatriz. Teria sido nessa ocasião, conforme mencionado por Mansfeldt, que um dos credores de d. Leopoldina abordou d. Pedro.

O estopim de toda essa crise entre d. Leopoldina e d. Pedro, o visconde de Castro, faleceu aos 85 anos em 2 de novembro de 1826. O seu luxuoso funeral foi arcado pelo próprio imperador. A contabilidade é de impressionar: seiscentos convites para as exéquias, incluindo o corpo diplomático da corte, dez arrobas de cera de vela, seiscentas tochas, músicos para a cerimônia e mais cinquenta missas pagas para se rezar pela alma do velho coronel.

Três dias depois da morte do visconde, em 5 de novembro, cumprindo o seu último dever público no Rio de Janeiro naquele ano, d. Pedro compareceu, sem d. Leopoldina, à inauguração da Academia Imperial de Belas-Artes, em prédio próprio projetado pelo arquiteto Grandjean de Montigny. O ministro encarregado, visconde de São Leopoldo, assim se recordaria da data:

> Prestei toda atenção e solicitude ao desenvolvimento das belas artes, cuja academia abri solenemente no dia 5 de novembro de 1826, com assistência do imperador e da rainha de Portugal: a imperatriz, por incomodada, não pôde assistir ao ato.[77]

Nessa ocasião, comemoravam-se igualmente os nove anos da chegada de d. Leopoldina ao Brasil. Segundo Mareschal, desde o início de novembro, o que ele temia anteriormente ocorrera: "No dia 3 deste mês [d. Leopoldina] fora atacada por um acesso de febre."[78]

Melo Morais, a respeito da doença de d. Leopoldina, anotou:

> A imperatriz D. Maria Leopoldina adoeceu nos primeiros dias de novembro de 1826, estando grávida de três meses, tendo por causa a grande questão que teve com o marido. Ela sofria dor em uma perna, e ataques de melancolia, que a faziam chorar como uma criança, e dizia que tinha uma saudade excessiva de sua família e de sua pátria, e da sua Bobó [na verdade Nanny, sua velha babá], que era a ama que a tinha criado, a qual veio com ela ao Rio de Janeiro, e nele esteve seis meses, voltando depois para Viena. Neste estado deixou de passear a cavalo, e só o fazia de carruagem com as filhas e voltava no mesmo estado de tristeza, dizendo sempre que morria. O dr. Peixoto, barão de Inhomirim, seu médico particular, a quem ela chamava "meu rico barão", deu-lhe um vomitório; e depois dele principiou a passar ainda mais incomodada.[79]

Se à primeira vista existem alguns elementos de fantasia no relato de Melo Morais, é certo afirmar que desde o início de novembro d. Leopoldina não se encontrava bem de saúde. No primeiro boletim médico a respeito de sua doença, o de nº 1, de 30 de novembro de 1826, o dr. Vicente Navarro de Andrade dizia: "Sua majestade a imperatriz tem padecido vários incômodos, que tiveram princípio com a entrada do mês de novembro, época em que fui convocado para ter a honra de assistir-lhe."[80]

Durante esse período, no dia 19, o médico notou que d. Leopoldina sofria com "dores de cadeiras, e alguma evacuação mucosa-sanguínea pela via-anterior [vaginal], o que fez desconfiar encaminhamento para mau sucesso [aborto]".[81] Ainda segundo Inhomirim, apesar de não haver sinal de contração do útero, a evacuação repetiu-se "moderadamente e com intervalo de até dois dias" até 30 de novembro.

No dia 20, d. Leopoldina escreveu ao pai:

> Apesar de ainda extraordinariamente fraca, pois durante 18 dias tive uma febre biliar e ainda que não posso dormir bem, nem comer coisa alguma; acho meu dever escrever ao senhor e tirar-lhe os receios e recomendar-me a sua oração paterna, pois a minha fraqueza extraordinária, as minhas permanentes dores assim como o estado de minha gravidez de três meses, fazem-no mais do que nunca necessário que rogue ao senhor que suplique ardorosamente ao Todo-poderoso.[82]

Nesse mesmo dia, segundo informe do barão de Mareschal a Viena,[83] d. Pedro recebeu os cumprimentos do corpo diplomático e da corte no Palácio de São Cristóvão por ocasião de sua partida para o Rio Grande do Sul. O imperador deixaria mais uma vez o governo nas mãos da imperatriz. Partia para o Sul devido às complicações com a Guerra da Cisplatina, a desorganização das tropas e da administração local. Levava consigo as tropas mercenárias do 27º Batalhão de Infantaria Ligeira, oficiais e soldados baianos e pernambucanos, totalizando um reforço de mais de oitocentos homens. Também seguia uma frota de novos navios de guerra, entre eles a corveta *Duquesa de Goiás*.

No ato de gala que antecederia o embarque do imperador, estaria presente a marquesa de Santos, em seu posto de dama camarista da imperatriz. Segundo sugere Carlos Oberacker, biógrafo de d. Leopoldina, o imperador pretendia na ocasião, usando como pretexto o beija-mão, mostrar d. Leopoldina e Domitila juntas perante a corte e os diplomatas estrangeiros. Com isso, procurava "desmentir pelo aparecimento em conjunto de d. Leopoldina e da amante todos os perigosos boatos sobre a discórdia entre ele e a esposa".[84]

Entretanto, a imperatriz, doente, teria desta vez se recusado terminantemente a atender ao desejo do marido. Segundo o diplomata francês marquês de Gabriac, o imperador teria na ocasião "perdido a cabeça". Após a tentativa do marido em forçar fisicamente d. Leopoldina a entrar no salão com a marquesa, Gabriac teria notado que a imperatriz trazia contusões.[85] Diversas outras pessoas, nenhuma testemunha ocular e todos eles estrangeiros que não frequentavam o Paço, afirmam que algo definitivamente teria ocorrido. Alguns falaram sobre o pontapé, e esse rumor tomaria maior vulto quando da abdicação do monarca, em 7 de abril de 1831. Segundo informe do barão de Daiser, que viria a substituir o barão de Mareschal, a abdicação de d. Pedro seria, segundo o que se ouvia das ruas, um castigo divino:

> Sabe o que dizem na cidade, a respeito do ex-imperador? Eis o castigo dos maus tratos que fez sofrer à imperatriz defunta; era uma santa aquela princesa; se vivesse ainda, tudo isto não teria sucedido, ou teríamos pelo menos uma regente a quem obedeceríamos com gosto. São os pontapés que ele deu antes de partir, em 1826, que apressaram a morte desta soberana e que o enxotam agora para fora da barra; é a vingança celeste. É assim que se fala em todas as classes da população.[86]

Mareschal, em seus informes a Viena, nada relatou sobre o ocorrido, continuou impassível e sem ventilar qualquer boato. Muito ao contrário, ele afirmaria que teve a honra de ser "testemunha da maneira com que o imperador, que parecia fortemente comovido, lhe testemunhava [à d. Leopoldina] o seu pesar em a abandonar neste estado". Ainda, contrariando todos os demais rumores, Melo Morais narra a seguinte despedida final entre d. Leopoldina e d. Pedro:

> Na véspera da viagem do imperador para o Rio Grande do Sul ela [d. Leopoldina] lhe fez presente de um anel com dois pequenos brilhantes, cujo anel abrindo-se tinha dois corações com o nome de ambos: ela mostrando-lhe disse chorando: eu morro: você quando vier do Rio Grande já não me há de achar. Aqueles que na vida foram desligados sejam unidos depois da morte. Ele a abraçou, chorando ambos muito; e ela lhe disse: que tudo lhe perdoara, e nenhum rancor lhe tinha.[87]

Parece haver algo de real nessa cena, uma vez que a tia de d. Leopoldina, a futura rainha da França, Maria Amélia, em carta para Maria Luísa, datada de 7 de março de 1827, menciona que a imperatriz brasileira teria dito ao imperador, durante a despedida: "Adeus para sempre, pois não o verei mais [...]."[88]

Devido ao estado de saúde de d. Leopoldina — que o barão de Mareschal afirmava estar um pouco melhor, mas agitada e triste, chorando e dizendo sentir saudades de seus parentes na Europa —, d. Pedro deu uma contraordem ao embarque das tropas para o Sul. Em vez de subir ao navio no dia 21, esperou que o estado da esposa melhorasse e embarcou no dia 23 à noite, partindo no dia 24 para o Rio Grande do Sul. Perante os desvelos de d. Pedro com o pai moribundo da amante, não é difícil imaginar que, se no lugar da esposa doente estivesse a marquesa de Santos, a viagem não seria apenas adiada, mas provavelmente cancelada.

Segundo um relatório geral escrito em 5 de dezembro de 1826 pelo barão de Inhomirim para o mordomo-mor, o marquês de São João da Palma, quando d. Pedro se ausentou do palácio:

> [...] Consistia o padecimento de S.M. a Imperatriz na inchação erisipelosa de toda a coxa, perna e pé, e nos incômodos, que são inseparáveis desta moléstia; o tratamento que se empregou foi tão eficaz que S.M. saía da sua Câmara para a Sala Chinesa, e já se ocupava do dia em que pela primeira vez devia de alegrar o público aparecendo no palácio.[89]

O dia da melhora de d. Leopoldina mencionado por Inhomirim foi 29 de novembro, data que comemorava dez anos da assinatura de seu contrato nupcial em Viena. Nesse dia, a imperatriz estava disposta o suficiente para, como regente no lugar do imperador, receber os ministros em conselho. Entretanto, na mesma tarde, ela teria uma recaída.

Ainda sem nada suspeitar do que ocorria no palácio, d. Pedro escreveria para a imperatriz quando de sua chegada a Santa Catarina no mesmo 29 de novembro, contando-lhe pormenores da viagem. Terminava a carta afirmando:

> Agora só me resta patentear-lhe por este modo as acerbas saudades que tinha da Imperatriz que pode contar que é amada do fundo do coração.
>
> Deste seu esposo amante e saudoso,
>
> O Imperador.
>
> P.S. — Abraços, e beijos em todos os nossos queridos filhos, e conte que quanto mais depressa eu puder aí estarei.[90]

A preocupação com a esposa não tirava do imperador o desejo pela amante, que recebeu carta datada do mesmo local, dia e hora, com as mesmas palavras a respeito da viagem, mas com um final muito mais extenso, em que d. Pedro jurava: "[...] Sou teu, e do mesmo modo quer esteja no céu, no inferno, ou não sei onde tu existes e existirás sempre na minha lembrança e não se passa um momento em meu coração me não doa de saudades tuas [...]."[91]

Devido à recaída de d. Leopoldina e seus sintomas, os médicos temeram uma convulsão e então resolveram pela

> [...] aplicação de sanguessugas, sinapismos e outros; a febre, pois, bem que diminuísse no dia 30 de manhã, continuou todavia com o mesmo caráter, tipo renitente, mas irregularmente, e

apareceu nesta manhã, o que já por vezes havia acontecido, excreção vaginal mas não continuada, e a febre do mesmo modo.[92]

O barão de Inhomirim então decidiu reunir os médicos da Imperial Câmara em colegiado para decidirem o melhor tratamento a ser seguido. O barão de Mareschal, com a piora da imperatriz, passou a ir todos os dias ao Paço. Num de seus informes ao governo austríaco, ele afirmou que a marquesa de Santos haveria dado provas de "imprudência e tolices" e foi aconselhada a fingir uma indisposição e não aparecer mais no palácio para cumprir suas funções enquanto d. Leopoldina não melhorasse. Mas o conselho não surtiu efeito, e, em novo relatório, Mareschal afirmava:

> Restringi-me estritamente a estar presente, nada aconselhei e nada exigi e observei com olho frio os ares imperiosos da amante, que atravessou os apartamentos como se viesse para tomar posse, e o tom arrogante e escandaloso com que se queixava de que a camareira-mor que, segundo o costume, presidia à consulta dos médicos, não abandonava tudo para recebê-la.

Uma tentativa de Domitila entrar no quarto de d. Leopoldina teria sido proibida, segundo alguns pelo marquês de Paranaguá, segundo outros pela camareira-mor, a marquesa de Aguiar, e segundo diversos mais pelos grandes do Império ou da câmara de suas predileções. De qualquer forma, não importa quem narre ou quem a teria barrado na entrada, chamando-a à ordem, Domitila não teria mais colocado os pés no Paço de São Cristóvão desde 30 de novembro, segundo Mareschal. Nesse dia, d. Leopoldina teve uma piora. De acordo com o relatório de Inhomirim, a imperatriz "ofereceu novidades mui graves, a saber, sono inquieto e pouco, fastio, tosse, língua mucosa, excitamento cerebral e espasmos, incêndio nas faces e esmorecimento de espírito com ansiedade e frequência de pulso, e este mole".[93] Mareschal, preocupado com o estado de d. Leopoldina, acabou ficando no palácio, de onde só sairia no dia 2 após a meia-noite. Segundo o boletim médico desse dia:

> [...] Pela volta de uma hora manifestaram-se os sinais de contração de útero, e começou o trabalho de um parto prematuro, rompendo-o as águas com pouca demora e realizando-se pelas duas horas, o aparecimento de um feto do sexo masculino, que mostrava ter de dois e meio a três meses; pareceu pela inspeção que a cessação de sua vida era mui recente, preparada talvez por efeito do crescimento febril e desordem extraordinária do sistema nervoso havidos no dia 30 de novembro [...]. Uma hora após o parto prematuro saíram as secundinas [placenta].[94]

Nesse ponto, fica claro que o abortamento de d. Leopoldina foi algo motivado pela sua doença. Segundo estudo realizado em 1973 pelo dr. Odorino Breda Filho,[95] com base nos boletins médicos de d. Leopoldina, no período da gestação em que a imperatriz se encontrava, o feto dentro do útero está bem protegido pelo anel ósseo formado pela sínfise púbica, pelo ilíaco e pelo sacro. Um pontapé, por mais forte que d. Pedro fosse, não destruiria esses ossos nem atingiria o útero, provocando o aborto. Mesmo que fosse o caso, o óbito e a expulsão do feto ocorreriam em questão de horas e não dias. Lembrando que o aborto ocorreu nove dias após a partida de d. Pedro para o Sul.

Após o aborto, no dia 3 de dezembro, o barão de Mareschal juntamente com o mordomo-mor e a camareira-mor, não abandonou mais o Paço e ali permaneceu durante a doença de d. Leopoldina. Esta, depois do abortamento, entrou em delírio quase contínuo. Como nenhum dos tratamentos levava a alguma estabilização da paciente, o barão de Mareschal, em entrevista com o barão de Inhomirim em 7 de dezembro, quis saber qual era realmente a doença que a atacava. O dr. Vicente Navarro de Andrade estava indeciso quanto ao diagnóstico, mas assegurou ao barão que a febre biliosa inicial dera lugar a uma febre nervosa: "Há uma afecção moral que produz os espasmos e indica o verdadeiro núcleo da doença; os médicos dizem que de lá vem o maior perigo, porque é um mal para o qual eles não têm remédios."[96]

Entre os diversos despachos enviados pelo ministro-chefe, o marquês de Paranaguá, a d. Pedro no sul, o final dizia:

> Julgamos do nosso dever e fidelidade comunicar a V.M.I. que S.M. a Imperatriz durante a Sua cruel Enfermidade sofreu alternadamente violentas convulsões e ataques nervosos com perturbação de cérebro; e em seus delírios pronunciando palavras que indicavam os motivos de Sua inquietação, deixava perceber que algumas causas morais ocupavam sua imaginação e que objetos de desgosto e de ressentimento se tinham apoderado grandemente do seu espírito [...].[97]

A medicina na época parecia considerar tudo o que desconhecia como "doenças do espírito". O fato de d. Leopoldina ter piorado em vez de melhorar após o aborto confundiu os médicos, e estes foram obrigados a revisar suas opiniões. Se antes achavam que a gravidez era o problema, depois do aborto e do exame do feto, a junta médica concluiu que a expulsão da criança era uma consequência da doença e não a sua causa, como afirmou o dr. Breda Filho:

> [...] A evolução do abortamento se fez em quatorze dias [de 19 de novembro a 2 de dezembro], prazo descabido para causa traumática direta [pancadas, pontapés, etc.], de qualquer intensidade [...]. Em conclusão, o aborto da Imperatriz Leopoldina não decorreu de trauma. Foi secundário à gravíssima infecção, contraída há um mês antes [...].[98]

Durante o período em que ficou acamada, d. Leopoldina, alternando entre um estado comatoso e delírios, segundo relatos, teria, pela primeira vez publicamente, dito tudo o que pensava de Domitila e da duquesinha de Goiás misturada junto aos seus filhos. O primeiro-ministro daria a entender a d. Pedro no seu despacho que esse desabafo da imperatriz teria sido uma das causas, ou o "mal moral", que a fizera definhar.

Se por um lado a "negra melancolia" em que ela se encontrava, que talvez pudesse ser o que hoje conhecemos como um quadro de depressão profunda, deve ser um dos fatores levados em conta no seu estado, por outro, a medicina da época não ajudava. O tratamento sofrido por d. Leopoldina foi drástico: "epispáticos, fricções, banhos, fomentações, sanguessugas, nauseantes, antiespasmódicos, e diversos outros medicamentos que a ocasião exigia",[99] vomitórios, laxativos, aplicação de compressas na cabeça; uso das sanguessugas em diversos locais do corpo, incluindo no ânus, e diversos exames de toque vaginais — quando ainda os médicos desconheciam que lavar as mãos era essencial para evitar infecções. Enfim, se d. Leopoldina não foi morta pelo chute que d. Pedro não deu, pela doença ou por complicações com a gravidez, provavelmente o foi pelo "desvelo" dos médicos. Não que tenha sido maltratada por eles, pelo contrário, fizeram o que sabiam para a época, talvez mais efusivamente ainda por terem tamanha responsabilidade nas mãos.

Comoção popular

No dia 4 de dezembro, d. Leopoldina, segundo o boletim nº 3, "confessou-se sem abalo, e tomou o santíssimo sacramento pelas oito horas". No dia seguinte, o *Diário Fluminense* comunicava que no Imperial Teatro São Pedro de Alcântara, "enquanto durar o muito sentido incômodo de Sua Majestade, a Imperatriz, e continuarem as preces pela sua preciosa saúde, não haverá espetáculos".

A primeira notícia ao povo do Rio de Janeiro a respeito do estado de d. Leopoldina foi dada em 29 de novembro. Nessa data, o mesmo jornal publicou o comunicado assinado pelo porteiro da Imperial Câmara, João Valentim de Souza Lobato: "Em consequência de continuar o incômodo de Sua Majestade a Imperatriz, não há beija-mão nos dias 1 e 2 do próximo mês de dezembro". A primeira data era a do aniversário de quatro anos da coroação de d. Pedro I, e a segunda, o aniversário de um ano do herdeiro do trono. No dia 4, no mesmo jornal, nova nota:

> Sábado, 2 do corrente, dia de grande Gala por ser o Faustíssimo Natalício de S.A.I. o Príncipe Real, estiveram embandeiradas as embarcações de guerra, e Fortalezas, que deram as devidas salvas, não tendo lugar a felicitação a S.M. a Imperatriz pela infeliz continuação dos padecimentos da mesma Augusta Senhora, de que o público foi informado pelo Boletim que se distribuiu com o número precedente.[100]

No dia 3 de dezembro, após o aborto, os boletins médicos passaram a ser distribuídos e impressos no jornal. O Rio de Janeiro começou a acompanhar a gravidade da doença de d. Leopoldina. O embaixador da Prússia, Theremin, oficiava a respeito das demonstrações públicas a Berlim:

> A consternação no meio do povo era indescritível; nunca [...] foi visto igual sentimento uníssono. O povo se encontrava literalmente nos joelhos rogando ao Todo-Poderoso pela conservação da imperatriz, as igrejas não se esvaziavam e nas capelas domésticas todos se encontravam de joelhos, os homens formavam procissões, não das habituais que quase costuma provocar risos, mas sim das de verdadeira devoção. Em uma palavra, tal inesperada afeição, manifestada sem dissimulação, deve ter sido para a alta enferma uma verdadeira satisfação.
>
> Fui todas as manhãs a São Cristóvão, para onde se apressavam a ir todas as classes de gente.[101]

No dia 7 de dezembro, o *Diário Fluminense* noticiava que o povo do Rio de Janeiro continuava, em sua ansiedade, a procurar a todos os momentos saber do "estado aflitivo" de d. Leopoldina

> já pelos boletins, já pessoalmente dirigindo-se à Imperial Quinta, onde se mistura grandes e pequenos, nacionais e estrangeiros, ricos e pobres, com as lágrimas nos olhos, o rosto

> abatido e o coração repassado de amargura e inquietação, fazem tremendo esta pergunta — Como está a Imperatriz?[102]

Na tarde do dia 6, conforme noticiava o mesmo jornal, e confirmaria futuramente o sermão de frei Sampaio, diversas procissões acompanhando “as Sagradas Imagens das respectivas igrejas” tinham como destino a Capela Imperial. A irmandade da Imperial Casa da Santa Misericórdia levou o seu painel e crucifixo, a Ordem Terceira de São Francisco concorreu com a imagem do seu patriarca, as irmandades do SS. Sacramento e de Nossa Senhora das Dores, da Freguesia da Candelária, com a imagem de Nossa Senhora. Também concorreram com procissões e com seus santos e crucifixos as Ordens Terceiras de Nossa Senhora do Carmo, São Francisco de Paula, Conceição e Boa Morte. Segundo frei Sampaio:

> Nunca se observou na estrada de S. Cristóvão maior concurso de povo; atropelavam-se as carruagens; todos corriam em lágrimas, entretanto que no centro da cidade giravam as procissões de preces, com suas imagens, e com o acompanhamento de todo o clero, assim regular ou secular. O povo não pode ver sem público sinais de piedade a imagem de Nossa Senhora da Glória, que nunca saiu de seu templo, e que pela primeira vez, debaixo de muita chuva, ia como visitar a princesa, que aparecia todos os sábados aos pés dos seus altares [...]. Não houve, em uma palavra, irmandade alguma, que não levasse à Capela Imperial os Santos da maior devoção.[103]

Em algum momento de consciência durante o seu padecimento, d. Leopoldina pediu para se despedir de seus criados. Segundo relatou o reverendo Walsh:

> [...] Depois de ter recebido humildemente os últimos ritos de sua igreja, ela chamou todos os criados de sua casa em redor

de si, e enquanto eles derramavam lágrimas de verdadeira simpatia e compaixão ao lado de sua cama, perguntou a cada um se o tinha ofendido ou lhe feito mal por palavras ou atos, pois não poderia deixar o mundo com a impressão em sua memória de que alguém se lembrasse de alguma coisa para a qual podia prestar reparação.[104]

Morte

Também nesse momento d. Leopoldina se despediu dos filhos que deixava. Nas primeiras horas de 11 de dezembro, o capelão-mor começou a recitar as preces da agonia. No final da manhã, os boletins n°s 16 e 17 foram publicados. Impressos juntos, unidos por moldura tarjada de luto e com um dos símbolos da morte — uma ampulheta com asas —, noticiavam:

> 16º Boletim sobre o estado de Sua Majestade a Imperatriz
>
> 11 de dezembro pelas 10 horas da manhã.
> Sua Majestade a Imperatriz tem passado pior, as suas forças vão desaparecendo, e tudo quanto faz parte de sua enfermidade tem piorado.
>
> Tem-se posto tudo quanto se podia aplicar interna e externamente, e não há recurso que não se tenha tentado, por deliberação das Conferências feitas de manhãs e de tarde. Sua Majestade ainda vive, e as diligências continuaram, mas o seu estado é para desanimar.
>
> Barão de Inhomirim.
>
> 17º e último boletim
>
> 11 de dezembro pelas 10 horas e um quarto.
> Pela maior das desgraças se faz público que a enfermidade de Sua Majestade a Imperatriz resistiu a todas as diligências mé-

> dicas empregadas com todo o cuidado por todos os Médicos da Imperial Câmara. Foi Deus servido chamá-la a si pelas dez horas e um quarto.
>
> Barão de Inhomirim.

O barão de Mareschal, testemunha ocular do que se passara no palácio, relataria a Viena o que ocorreu na manhã de 11 de dezembro:

> Sua Majestade continuava a estar num estado convulsivo, o desânimo aumentando a cada momento e não lhe permitindo mais do que tons de fracos gemidos; a respiração extremamente curta, o pulso muito fraco depois de 24 horas; enfim às 10 horas da manhã a morte terminou os seus sofrimentos, sem esforço, sem estertor, suas feições de modo algum eram alteradas, e ela parecia ter adormecido pacificamente e na posição mais natural.

Coincidentemente, a morte de d. Leopoldina ocorreu precisos dez anos após ela ter escrito para a sua tia Maria Amélia a respeito da viagem que faria ao Brasil: "A viagem não me assusta. Creio que se trata de predestinação, já que senti sempre uma inclinação singular pela América e, até mesmo, quando era criança eu dizia frequentemente que gostaria de ir até lá."[105]

Após o último suspiro de d. Leopoldina, os ministros e os funcionários da corte expediram ordens quanto ao seu funeral. Todas as fortalezas e navios de guerra içaram suas bandeiras a meio mastro, os canhões de terra e mar disparavam a cada dez minutos e os tribunais foram fechados por oito dias. Mesmo antes de ser declarado o luto oficial, a população do Rio de Janeiro já dava sinais externos do maior pesar pela perda de d. Leopoldina.

Às seis horas da tarde do dia 11, segundo o *Diário Fluminense*, "os cirurgiões da Imperial Câmara, o Conselheiro Cirurgião Mor do Império e Jeronimo Alvarez de Moura ligaram o corpo de S.M.I. e o prepararam com aromas, continuando a vigília as Suas Excelentíssimas Damas".[106] O corpo, que não foi embalsamado, mas apenas recebeu o tratamento necessário para as cerimônias que se seguiriam, segundo o pintor Jean-Baptiste Debret, passou a noite toda mergulhado em "espírito de vinho e cal", para o enrijecimento dos tecidos.

Depois, o corpo da primeira imperatriz brasileira foi vestido de grande gala. Assim o vi, 185 anos depois, em 27 de fevereiro de 2012, durante a sua exumação na Cripta Imperial, no Monumento à Independência em São Paulo. Ela foi sepultada com o toucado de plumas, a faixa peitoral, o vestido e o manto, como havia sido diversas vezes retratada por Debret. As joias ficariam de herança para os filhos; algumas delas, como o medalhão da apresentação de d. Pedro a ela, passariam para a segunda esposa do imperador, d. Amélia de Leuchtenberg.

No dia 12, d. Leopoldina foi colocada em seu leito, sobre uma riquíssima colcha da China, cor de pérola. O corpo descansava levemente erguido sobre duas grandes almofadas de seda, uma verde e a outra amarela, as cores nacionais brasileiras até hoje. Suas damas e seus veadores revezavam-se na câmara ardente de duas em duas horas. É notável o fato de que nenhum dos membros da família da marquesa de Santos, os Castro, Toledo Ribas etc., participaram de nenhuma parte de toda a cerimônia fúnebre. Foram vetados pelo mordomo-mor, marquês de São João da Palma.

O quarto estava todo forrado em seda branca e verde, as portadas, guarnecidas de veludo verde com galões de ouro. Ao meio-dia, teve início o beija-mão à falecida. O primeiro a fazê-lo foi o risonho bebê louro de um ano, príncipe imperial d. Pedro de Alcântara, futuro d. Pedro II, conduzido por seu camarista, João José de Andrade Pinto. Seguindo a ele, conduzida por seu camareiro José Alves Pereira Ribeiro Cirne, veio a rainha de Portugal, d. Maria II; mais atrás, as princesas d. Januária, d. Paula Mariana e d. Francisca. As reações delas foram divulgadas pelo *Diário Fluminense*:

> Se não temêssemos tocar tão penetrante ferida, mencionamos agora a dor que mostrava a Senhora Rainha, sufocada pelo seu veementíssimo sofrimento e logo rompendo em soluços significativos de sua consternação, precedendo a ternura de Sua Alma inocente e a ideia de sua perda irremediável à sisuda reflexão da idade. Esta não abafava também as demonstrações de Suas Augustas Irmãs, que pareciam ainda duvidar da Sua desgraça [...].[107]

Após as crianças, todos os demais que se encontravam no palácio beijaram a mão da imperatriz. Segundo o jornal *Spectador Brasileiro*: "O Beija-Mão público fixado para o dia seguinte não teve lugar por causa da rápida decomposição dos restos mortais da Augusta Defunta."[108] O corpo então foi, no dia 13, "metido em um caixão de cedro, forrado de lhama branca e por fora de veludo preto com galão de ouro, e tampa do mesmo [...]". Esse caixão foi posto "dentro de outro de chumbo, e ambos em um terceiro forrado de seda branca".[109]

O ataúde fechado foi posto na sala do trono sobre um estrado para ser velado. Ao redor dele, estavam 22 tocheiros de prata. O caixão foi recoberto por um rico pano de veludo preto bordado e agaloado de ouro, com uma cruz de damasco branco e guarnecido de galões e franjas de ouro fino. Aos pés do ataúde, foram colocadas sobre almofadas a coroa e o cetro imperial.

No dia 14, às dez da manhã, o bispo capelão-mor, paramentado e acompanhado do seu cabido, realizou no altar erguido na sala do trono, diante do esquife da imperatriz, o ofício de defuntos, acompanhados pelos músicos da Imperial Câmara e Capela. Praticamente toda a corte e o corpo diplomático enlutado estiveram presentes à cerimônia.

Das três horas da tarde até as sete da noite, dirigiram-se ao Palácio de São Cristóvão as sete freguesias da cidade, as três ordens religiosas e os colegiados da Misericórdia e S. Pedro para encomendarem o corpo de sua soberana.

Às oito, o caixão foi retirado da sala e depositado no coche que deveria levá-lo até o Convento da Ajuda. O carro fúnebre da imperatriz era conduzido por oito cavalos e ia coberto de cima a baixo por longos tecidos de veludo preto que quase arrastavam no chão. Todas as damas de d. Leopoldina, com exceção da marquesa de Santos, acompanharam o seu féretro. D. Maria II, junto ao seu veador, o barão de Macaé, seguiu o caixão até o último degrau da escadaria do palácio, onde, em lágrimas, pela última vez se despediu da mãe.

Aos membros do Senado da Câmara a cavalo, todos vestindo luto pesado, seguiam centenas de carruagens levando os altos oficiais da Casa Imperial, os diplomatas estrangeiros e as autoridades eclesiásticas. Iam todos adiante do coche fúnebre. Atrás da carruagem levando o corpo de d. Leopoldina vinha a guarda alemã, comandada pelo marquês de Aracati.

No portão da Quinta da Boa Vista encontrava-se formada a 1ª Brigada de Infantaria, com um parque de artilharia montado. Quando da saída do corpo de d. Leopoldina, a artilharia deu três salvas de 21 tiros, alternadas com três descargas da infantaria. A segunda e a terceira brigadas formavam alas da Quinta de São Cristóvão até o Passeio Público, e a quarta estava postada diante do Convento da Ajuda. Os batalhões dos granadeiros alemães também estavam presentes, com as bandeiras e os tambores cobertos de crepe negro. Diante de todo o cortejo, seguia o Estado-Maior do Exército e, fechando, um piquete de cavalaria.

A procissão seguiu do Paço, por São Cristóvão, Mataporcos, Catumbi, rua do Conde, rua do Lavradio, rua de Mata-Cavalos, rua das Mangueiras e Passeio Público, até a igreja do Convento da Ajuda, aonde o cortejo chegou por volta das onze horas da noite. Lá, novas cerimônias foram realizadas, sendo tudo encerrado às duas da manhã do dia 15 com cargas de infantaria e artilharia próximas ao convento sendo respondidas pelos fortes e pelas embarcações.

A princesa que havia cruzado o Atlântico como moeda de troca para tratados que beneficiassem o seu antigo país não veria nenhum ser realizado. Somente em 16 de junho de 1827 seria assinado em Viena um Tratado de Comércio e Navegação entre Brasil e Áustria.

Reações

Nenhum brasileiro então duvidava de ter perdido uma valorosa aliada. Em maio de 1827, em discurso na Câmara, o deputado d. Romualdo, arcebispo da Bahia, lembrou o que d. Leopoldina representava para os brasileiros:

> Qual é o brasileiro que não sabe quanto ela se identificou com os nossos interesses e com a causa da pátria, quanto o atrativo das suas egrégias virtudes contribui para chamar a reunir os membros da grande família brasileira em roda do trono constitucional, como centro da unidade política, quanto finalmente as suas relações de sangue com os maiores soberanos da Europa concorrerão para vencer à face de todas as nações a justiça de nossa causa, e dos nossos esforços à prol da independência e liberdade? E quando não houvessem tão superabundantes e justificados motivos para penhorar a gratidão e lealdade brasileira, não foi ela o majestoso trono, e a imortal fundadora dessa dinastia, a quem temos jurado fidelidade: a mãe do tenro príncipe, que faz as nossas esperanças, e dessas mimosas princesas, que nos encantam pela sua inocência, e pelas suas graças?[110]

Se os textos publicados nos jornais e os discursos dos políticos podem ser vistos hoje como parciais e acusados de atribuírem qualidades que a imperatriz não possuía, supervalorizando a consternação do povo etc., o mesmo não se pode dizer dos relatos dos diplomatas estrangeiros. Estes só deviam obediência aos governos europeus a que serviam. Petr Kielchen, vice-cônsul da Rússia no Rio de Janeiro, em seu relatório de 18 de janeiro de 1827 ao chanceler príncipe de Lieven, assim se referia ao ocorrido:

> A mocidade da imperatriz, sua reconhecida bondade, sua infatigável caridade e os desgostos domésticos em que era plausível

> presumir fosse ela a vítima excitaram a mais viva dor em todo o povo desta capital.
>
> O sensível interesse tomado pela sua morte manifestava-se pela afluência da população, até mesmo estrangeiros, às antecâmaras do paço, onde esperavam a toda hora notícias de tão preciosa saúde. Inúmeras procissões de todas as irmandades, sem licença dos ministros e mesmo provavelmente contra o seu voto, enchiam as ruas e o religioso respeito com que elas eram acolhidas anunciavam iniludivelmente o doloroso sentimento de que cada qual se achava possuído.
>
> A imperatriz faleceu: nada igualava a profunda consternação da capital a não ser o seu profundo silêncio [...].[111]

Carl Wilhelm von Theremin, cônsul da Prússia, em 4 de janeiro de 1827, informou sobre o espírito do Rio de Janeiro após a morte de d. Leopoldina: "Comprazem-se todos em dar à defunta imperatriz o título de anjo tutelar deste nascente império." Alegava o diplomata que era devido as suas "virtudes domésticas, à pureza e doçura de seus modos, à beleza d'alma e a cultura de espírito que ela devia esse voluntário tributo prestado a sua admiração".[112]

Segundo os murmúrios que tomavam conta das ruas, ao mesmo tempo que o povo se comprazia em dar "à defunta imperatriz o título de anjo tutelar", d. Pedro, Domitila e o dr. Vicente Navarro de Andrade, que havia se desdobrado em curar a imperatriz, eram acusados pela população da morte de d. Leopoldina. José Bonifácio, em seu exílio na França, comentou suas suspeitas ao seu amigo, o conselheiro Drummond: "A morte da Imperatriz me tem penalizado assaz. Pobre criatura! Se escapou ao veneno, sucumbiu aos desgostos [...]."[113]

No despacho enviado pelo presidente do Conselho de Ministros, d. Pedro era informado de que as "causas morais" que durante os delírios de d. Leopoldina ocupavam a sua imaginação e os "objetos de desgosto e de ressentimento que tinham se apoderado grandemente do seu espírito" haviam chegado até o ouvido do povo, "a quem nada pode ser oculto em tais circunstâncias". Isso teria ocasionado "murmuração com ameaças de vingança, proferindo a esse respeito proposições inconsideradas e temerárias". Paranaguá confiava que tudo o que estava no alcance deles foi feito para se evitar alguma tragédia, entretanto, após o "povo desta capital com que se compreendem todos os estrangeiros" ter realizado as maiores demonstrações de interesse pela saúde da imperatriz, em preces públicas, procissões de penitência etc.,

> [...] tem agora pranteado amargamente sua morte parecendo que cada indivíduo chora a falta da pessoa que lhe era mais conjunta, e isto mesmo acontecerá em todo o Império pelo respeito e adoração que toda a nação tributava as suas sublimes qualidades.

O estado de abatimento público que perdurou no Rio de Janeiro durante a agonia de d. Leopoldina parece ter atingido o próprio ministério. Este, por incompetência ou excesso de melindres diplomáticos, recusou a ajuda de navios britânicos e franceses para levar os despachos para d. Pedro no Sul. Em vez disso, os ofícios e boletins sobre a doença da imperatriz só foram despachados do Rio de Janeiro em 7 de dezembro, alcançando d. Pedro na cidade de Rio Grande no dia 20. Retornando ao Rio de Janeiro, recebeu em Torres, no dia 25, o marquês de Quixeramobim, que vinha trazendo mais relatórios e boletins, além de cartas do marquês de Paranaguá, do da Palma, da camareira-mor, de frei Arrábida e da marquesa de Santos. Oficialmente, apenas catorze dias depois da morte da esposa d. Pedro soube do ocorrido.

Entretanto, os informes eram desencontrados. Enquanto o chefe do ministério proclamava que a capital estava em polvorosa, o intendente-geral da polícia tranquilizava o imperador. Corrigindo o relatório dos ministros, dizia que o Rio de Janeiro estava em paz. Domitila acusava os ministros de terem insultado a ela e a sua família e de haverem vetado a sua presença no Paço. Também afirmava suspeitar que os ministros houvessem excitado o povo contra ela. Se não fosse pelo ministro da

Guerra e pelo intendente da polícia, a marquesa afirmava que ela, seus parentes e amigos teriam sido apunhalados. E, para completar, o gabinete ministerial, em conluio, pretendia criar uma regência para d. Pedro II e aprisionar o imperador no Sul.[114] Domitila implorava pela volta do amante. O próprio barão de Mareschal declararia a d. Pedro, quando este desembarcou, que, se a imperatriz houvesse falecido entre os dias 5 e 6, provavelmente teria estourado uma revolução na capital.[115]

D. Pedro, em 15 de janeiro, assim que seu navio entrou na barra do Rio de Janeiro, escreveu para a amante dizendo que o tio desta, o militar Manuel Alves de Toledo Ribas, que o acompanhava, iria narrar-lhe a respeito dos "incômodos, sofrimentos, aflições, pesares e mais que tudo, o desgosto pela morte da minha adorada esposa".[116] Também nessa carta ele afirmava que Manuel Alves "contará do célebre sonho que tive em 11 do mês passado, que desde então data a minha aflição e disposições para vir unir-me contigo". Infelizmente, não existe qualquer indício a respeito do assunto do sonho que o imperador teve no dia da morte de d. Leopoldina. Assim que chegou ao palácio, d. Pedro realizou um expurgo. Demitiu praticamente todo o ministério, incluindo Paranaguá, e do Paço livrou-se do mordomo-mor, da camareira-mor e de frei Arrábida.

Trancado em São Cristóvão durante o período de luto, d. Pedro demonstrou, mais uma vez, não ter nenhum talento como poeta:

A sempre para mim sentida morte da
Minha adorada esposa a Imperatriz
Deus Eterno, por que me arrebataste
A minha muito amada imperatriz?
Tua divina vontade assim o quis?
Sabe que o meu coração dilaceraste.
Tu de certo contra mim te iraste,
Eu não sei o motivo, nem que fiz,
E co'aquele direi, que sempre diz:
Tu m'a deste, Senhor, tu m'a tiraste!
Ela me amava c'o maior amor,

E eu n'ella admirava a honestidade;
Sinto o meu coração quebrar de dor.
O mundo não verá mais n'outra idade
Modelo mais perfeito, nem melhor
D'honra e candura, amor e caridade.

Apesar de se abrir com a amante a respeito da dor que sentia com a perda da esposa, de ter sido visto chorando na igreja durante as cerimônias em homenagem à falecida imperatriz em 25 de janeiro, de ter, com a voz embargada, falado sobre a morte de d. Leopoldina na cerimônia de abertura da Câmara dos Deputados, pouco no poema demonstra qualquer profundidade de sentimentos. Mas estes apareceriam não raras vezes, afinal d. Pedro a amara. Perdia a mãe de seus filhos e sua principal aliada. Mesmo quando não compactuava inteiramente de sua política, d. Leopoldina sempre esteve ao lado dele, para o melhor e para o pior, desde o princípio. O imperador se ressentiria da falta de seus conselhos; além disso, a consciência dele pesaria. Ao sogro austríaco, no dia 26 de janeiro, escreveu:

> Não é por ter sido minha esposa, nem o ser filha de V.M. que me faz dizer, como publicamente digo, que era o modelo da honra, candura, bondade, honestidade e caridade. A minha saudade excede todas as expressões, de que podia usar, e direita a V.M. que ela existe ainda em meu coração, e existirá, até que a morte me faça separar deste mundo, elevando-me (como espero em Deus) ao céu, onde ela seguramente está colocada. [...] Sou amigo de V.M. até por me ter dado uma filha, que fez as minhas delícias, e as de todos os brasileiros durante o pouco espaço de tempo que entre nós existiu.[117]

Entretanto, se amava realmente a esposa, para a amante estava guardada a sua paixão, pelo tempo que esta durasse. E ela perdurou até d. Pedro tomar consciência das complicações que seu caso extraconjugal causou em seus planos de se casar novamente com uma princesa europeia. Nenhum soberano, ciente de tudo o que d. Leopoldina havia suportado no Brasil, parecia interessado em enviar a filha para ser imperatriz na América. Mesmo d. Pedro II teria tido problemas em arranjar uma noiva por conta do histórico do comportamento de seu pai.

Por fim, o relacionamento entre Domitila e d. Pedro terminaria em 1829, quando o imperador, após dois anos procurando uma noiva na Europa, conseguiu achar uma que aceitasse a proposta, d. Amélia de Leuchtenberg. Na ocasião, d. Pedro, com a mesma grosseria com que tratara antes d. Leopoldina, expulsaria a marquesa de Santos da corte. O imperador comprou-lhe, e não pagou completamente, todos os bens que havia lhe dado, incluindo o palacete diante dos portões do Palácio de São Cristóvão, e proibiu todos os parentes de Domitila de entrarem no Paço. Exilada em São Paulo, ela viria a ser primeira-dama do estado, pois se amancebaria e depois se casaria com o brigadeiro Rafael Tobias de Aguiar. Faleceu milionária e cheia de filhos, netos e bisnetos em 3 de novembro de 1867, cinquenta anos após a chegada de d. Leopoldina às costas brasileiras.

Com a morte de d. Leopoldina, d. Pedro, assim como quando Napoleão trocou Josefina por Maria Luísa, perdeu também a sua "boa estrela". Sem a esposa benevolente, caridosa e majestática para contrabalançar a rudeza, os ímpetos de ira e a falta de educação do imperador, a popularidade deste, aliada aos problemas do Império, decaiu vertiginosamente. D. Pedro perderia o trono em 7 de abril de 1831, falecendo em Queluz, no mesmo palácio em que nascera em Portugal, em 24 de setembro de 1834.

Durante a guerra civil que moveu contra o irmão, d. Miguel, para fazer valer os direitos da filha, a rainha d. Maria II, ao trono de Portugal, d. Pedro não se esqueceu dos filhos que deixou no Brasil. Durante o Cerco do Porto, escreveu a José Bonifácio, reabilitado e colocado por ele como tutor dos príncipes, dando ordens a respeito do sepultamento do corpo da princesa d. Paula Mariana, falecida em janeiro de 1833. O corpo deveria ser depositado no "[...] Convento de Nossa Senhora da Ajuda e no mesmo lugar que se acha depositada sua boa mãe, a minha Leopoldina, pela qual ainda hoje derramo lágrimas de saudade".[118]

Em 1827, meses após o falecimento de d. Leopoldina, segundo relata Melo Morais em suas crônicas, d. Pedro teria abandonado uma comemoração do aniversário da duquesa de Goiás e sido apanhado pela marquesa de Santos abraçado, chorando e soluçando junto a um retrato da imperatriz. Acostumado a pedir perdão sempre que ofendia d. Leopoldina, não teve como assim se conduzir quando recebeu no Sul do Brasil a notícia da morte da esposa. "A memória da imperatriz não me deixa", teria confessado, conforme anotou o marquês de Gabriac num despacho. E nunca deixaria.

A última carta de d. Leopoldina

Em 5 de agosto de 1834, quase oito anos após a morte de d. Leopoldina, quatro estrangeiros, César Cadolino, Johann Martin — o antigo secretário de d. Leopoldina —, Flach, J. Buvelot e Hindrichs, dirigiram-se a Joaquim José de Castro, tabelião do Público Judicial e Notas na Corte do Rio de Janeiro, para registrar a cópia em português de uma carta que, segundo uma única frase em francês no documento, seria a transcrição da original expedida em 12 de dezembro de 1826.

Todos os que se ocuparam até hoje dessa carta serviram-se dessa cópia, que hoje se encontra junto com os papéis da Casa Imperial no Arquivo Histórico do Museu Imperial. A original nunca foi encontrada em nenhum arquivo, no Brasil ou no exterior. A transcrição é a seguinte:

> Cópia
>
> Minha adorada Mana!
>
> Reduzida ao mais deplorável estado de saúde, e chegada ao último ponto de minha vida no meio dos maiores sofrimentos, terei também a desgraça de não poder eu mesma explicar-vos

todos aqueles sentimentos que há tanto tempo existiam impressos na minha alma. Minha Mana! Não vos tornarei a ver! Não poderei outra vez repetir que Vos amava, que Vos adorava! Pois, já que não posso ter esta tão inocente satisfação igual a outras muitas que permitidas me não são, ouve o grito d'uma vítima que de Vos reclama — não vingança — mas piedade, e socorro do fraternal afeto para inocentes filhos que órfãos vão ficar, em poder de si mesmos ou de pessoas que foram autores das minhas desgraças, reduzindo-me ao estado em que me acho de ser obrigada a servir-me de interpretes para fazer chegar até vós os últimos rogos da minha aflita alma. A Marquesa de Aguiar de quem vós bem conheceis o zelo e o amor verdadeiro que por mim tem como repetidas vezes vos escrevi. Essa única amiga que tenho é quem vos escreve em meu lugar.

Há quase quatro anos, minha adorada mana, como vos tenho escrito que por amor de um monstro sedutor me vejo reduzida ao estado da maior escravidão e totalmente esquecida do meu adorado Pedro. Ultimamente acabou de dar-me a última prova do seu total esquecimento a meu respeito maltratando-me na presença daquela mesma que é a causa de minhas desgraças. Muito e muito tinha a dizer-vos mas faltam-me as forças para me lembrar de tão horroroso atentado que será sem dúvida a causa da minha morte. Cadolino que por vós me foi recomendado, e que me tem dado todas as provas da maior subordinação e fidelidade, é que fica encarregado de vos entregar a presente e declarar-vos o que por muitos motivos não posso confiar a este papel, bem tendo ele todas as informações que são precisas sobre este artigo, nada mais tenho a acrescentar confiada inteiramente na sua probidade, honra e fidelidade.

Faltaria ao meu dever se além de ter declarado ao Mareschal e ao Cadolino que tenho dívidas contratadas para sustentar os pobres, que de mim reclamam algum socorro e para as minhas despesas particulares não vos dissesse que o Flach de quem vos tenho muitas vezes escrito é digno de toda a consideração vossa e de Meu Augusto Pai a quem vos peço remeter a inclusa. Este virtuoso amigo, além de se ter sacrificado e comprometido a si mesmo e seus negócios para me servir não desprezou meio algum para me procurar socorros. Vos peço por quanto tendes de sagrado de lhe prestardes todo o auxílio, de modo que ele possa satisfazer aquelas dívidas que por mim tem contraído. Recomendo este exemplo da mais virtuosa amizade. Cadolino vos dirá qual foi o procedimento do Mareschal para comigo. A Marquesa de Aguiar fica encarregada de vos dar os mais miúdos detalhes sobre quanto diz respeito as minhas queridas filhas. Ah, minhas filhas! que será de vós depois minha morte! A ela é que eu entreguei a sua educação até que o meu Pedro, o meu querido Pedro, não disponha o contrário. Adeus, minha adorada mana. Permita o Ente Supremo que eu possa escrever-vos ainda outra vez pois que será o final do meu restabelecimento.

8 de dezembro de 1826 às 4 horas da manhã

S.B. Marquesa d'Aguiar escrevi
L.

Conform a l'original dejá expedú la 12 Decembre de 1826

Cesar Cadolino
J.M. Flach
L. Buvelot
Carlos Hindrichs

Reconheço verdadeira assinatura supra em conformidade de outras que há neste cartório.

Rio 5 de agosto de 1834.[119]

Essa carta é tratada como um verdadeiro dogma pela maioria dos historiadores brasileiros, temerosos em dessacralizar fontes históricas, ainda mais quando estas se encaixam perfeitamente dentro de suas teses. A carta, sem contestação alguma, adéqua-se também perfeitamente ao mito da esposa mártir, da princesa civilizada que acabou sendo sacrificada a um ogro nos trópicos. Entretanto, uma análise desapaixonada levanta alguns questionamentos:

- 1º: A carta é datada do dia 8 de dezembro às quatro da manhã. Segundo o boletim nº 10, publicado às nove desse dia, d. Leopoldina "passou mal a noite". Segundo Inhomirim, uma febre forte, a que ele chama de "crescimento", recomeçou às 21h10 do dia 7 e "durou, com pouca remissão, até às 4 horas e um quarto da madrugada de hoje". Então, novamente, a febre aumentou, até diminuir um pouco às sete e meia da manhã. Ainda segundo o médico: "Não houveram sintomas novos, mas cresceram infelizmente alguns dos que mais tem figurado, como delírio, sobressaltos, tremores, sonolência e as forças diminuem."

  O "crescimento" é o que o barão de Mareschal descreveu como "febre nervosa [...] estado de delírio e excitação quase contínuos, depois do abortamento". Com base no relatório médico, não parece que d. Leopoldina estivesse em condições de, às quatro horas da manhã, como informa a carta, ditar coisa alguma.
- 2º: Em nenhuma outra carta conhecida, d. Leopoldina trata a irmã por "mana". Sempre a chama de caríssima ou queridíssima Luísa, independentemente de a mensagem seguir por correio diplomático ou por mensageiro particular de confiança. Se d. Leopoldina alguma vez escreveu queixando-se de Domitila para a irmã, essas cartas foram destruídas por Maria Luísa, pois nunca vieram a público, ao contrário das endereçadas para Flach e Schäffer, em que a imperatriz chama a marquesa ora de bruxa, ora de mulher infame.

- 3º: O tipo de tratamento dispensado à irmã na carta não era a maneira usual de d. Leopoldina falar com Maria Luísa. Segue um poema escrito pelo poeta russo Púchkin, em 1828, que ilustra bem a questão da utilização dos pronomes pessoais "tu" e "vós":

  Ela o vós neutro, sem querer,
  Trocou no tu afetuoso; Fez-me de ventura nascer
  Sonhos do espírito amoroso.
  Demoro, pensativo, ali:
  Não mais vê-la é-me impensável.
  E digo: "Como sois amável!"
  Mas penso: "Como quero a ti!".

  O poema mostra a diferença de intimidade no uso dos dois pronomes pessoais. Até hoje, em alguns países europeus, como na Alemanha, é impensável chamarmos alguma pessoa com que temos pouca familiaridade pelo pronome "tu", por ser íntimo demais. D. Leopoldina, em todas as demais cartas à irmã, trata-a com a familiaridade que é própria aos parentes, usa "você" e "tu". Entretanto, na última carta, ao se utilizar da segunda pessoa do plural, "vós", para tratar com Maria Luísa, assume uma postura que denuncia falta de intimidade e, até mesmo, grande respeito para com a interlocutora. Por que faria isso na sua carta de despedida? Fantasiosa seria a hipótese de a marquesa de Aguiar substituir o "tu" afetuoso pelo "vós" majestático na carta que a ama moribunda ditava à ex-imperatriz dos franceses: "Não vos tornarei a ver! Não poderei outra vez repetir que vos amava, que vos adorava!"

- 4º: Apesar de d. Leopoldina afirmar na carta que quem estava escrevendo era a marquesa de Aguiar, esposa do último vice-rei do Brasil, de "quem vós bem conheceis o zelo e o amor verdadeiro que por mim tem como repetidas vezes vos escrevi. Essa única amiga que tenho", a marquesa não é mencionada em nenhuma outra das mais de trezentas cartas conhecidas da imperatriz a seus parentes. Entretanto, seria uma das damas mais ilustradas de d. Leopoldina, segundo Maria Graham, e poderia muito bem ter escrito a missiva em francês, idioma que dominaria. Era, muito provavelmente, uma das poucas pessoas do serviço pessoal de d. Leopoldina capaz de fazê-lo. No mesmo sentido de "já te disse sobre isso" está a frase: "Há quase quatro anos, minha adorada mana, *como vos tenho escrito*, que por amor de um monstro sedutor me vejo reduzida ao estado da maior escravidão e totalmente esquecida do meu adorado Pedro." Se, por um lado, como já comentado, não existem referências da marquesa de Santos em outras cartas escritas por d. Leopoldina à irmã, por outro, nesta, a imperatriz acusa a marquesa, e não o marido, pelo abandono em que se encontra, o que com certeza faria.

- 5º: Se a carta muito diz, por outro lado não revela nada que já não se soubesse nas ruas no final de 1826. A questão do "pontapé" na barriga, a que poderia ser referir o "horroroso atentado", ou ainda o fato de d. Pedro tê-la obrigado a ir ao beija-mão, tendo sido bruto, eram públicos. No Rio de Janeiro, muito se comentaria e inventaria a respeito do assunto ao longo da doença de d. Leopoldina e posteriormente.
- 6º: Em parte da missiva, existe uma menção direta ao embaixador austríaco: "Faltaria ao meu dever se além de ter declarado ao Mareschal e ao Cadolino que tenho dívidas contratadas para sustentar os pobres [...]." O diplomata, pela carta, teria sido informado por d. Leopoldina desses débitos e tinha recomendação para pagá-los. Isso contraria o relato dele para Viena a respeito da ausência de disposições da imperatriz e de que só soube das dívidas da soberana quando estas se tornaram públicas. Isso, porém, não é verdade, uma vez que d. Leopoldina havia pedido dinheiro emprestado para ele.
- 7º: D. Leopoldina era profundamente religiosa, a ponto de anos depois, já adulta, culpar-se diversas vezes por ter sido uma criança

que dizia mentiras. Dentro do catolicismo e dentro de sua honra, certamente seria importante a menção às dívidas. E por isso faltariam forças para se lembrar do "horroroso atentado", mas não para continuar ditando mais da metade do total da carta falando sobre credores e os empréstimos que estes haviam contraído para ajudá-la financeiramente. Entretanto, por que somente a esses dois devedores d. Leopoldina queria saldar suas dívidas? E o restante da lista de pessoas a quem a imperatriz devia dinheiro?

Motivos

Além da questão das dívidas, é interessante notar como a carta contempla diretamente Cadolino e Flach, sendo ambos colocados sob a proteção, a pedido de d. Leopoldina, de Maria Luísa e do imperador da Áustria. Entretanto, por que registrar uma cópia em português dessa carta em 1834? Nessa época, d. Pedro, em Portugal, estava morrendo, mas os brasileiros ainda não tinham tomado conhecimento do fato.

Desde julho de 1833, uma comissão parlamentar de inquérito havia sido criada na Câmara dos Deputados para investigar a contratação do exército de mercenários com o qual d. Pedro invadira Portugal. Reeditava-se novamente o medo dos políticos brasileiros de que o ex-imperador dispusesse de um Exército forte sob o seu comando. Entre as apreensões dos deputados, havia a questão, que tentavam provar, de que o contrato firmado entre d. Pedro e as tropas mercenárias apresentava uma cláusula em que os soldados se obrigavam a se bater por ele em qualquer lugar do mundo, não apenas em Portugal e não somente contra as tropas de d. Miguel.

Seria essa, segundo alguns assustados ministros e políticos, uma das provas que demonstrariam as reais intenções do ex-imperador de invadir o Brasil e instalar-se novamente no trono tão logo resolvesse a questão da sucessão portuguesa. Essa carta, tornada pública, ajudaria a demonizar ainda mais d. Pedro perante a opinião pública brasileira.

Entretanto, essa cópia só foi divulgada cem anos após o falecimento de d. Leopoldina, quando foi publicada no livro *Textos e pretextos*, de Alberto Rangel. O diplomata e historiador teve acesso a ela ao estudar o arquivo da Casa Imperial Brasileira, ainda quando este se encontrava no Castelo d'Eu, na França. O arquivo havia sido remetido, junto com outros bens da família imperial, para o castelo francês, adquirido pelo conde D'Eu, esposo da princesa Isabel e genro de d. Pedro II, após o golpe militar que destronou os Bragança no Brasil, em 1889. Ou seja, além de a cópia da carta não ter sido publicada anteriormente, ela foi parar no arquivo da Casa Imperial. Com qual propósito ela chegou a d. Pedro II e ele permitiu que fosse guardada no arquivo da família? Ele teria certeza da veracidade dela e de que seu pai agredira sua mãe antes de partir para o Sul? Infelizmente, essas dúvidas permanecem sem respostas.

A "última carta" sempre foi utilizada sem qualquer contestação, pois cabe até hoje como prova do martírio de d. Leopoldina, praticamente santificada durante a construção de sua imagem póstuma. Entretanto, diversos pontos da carta são questionáveis, e seria no mínimo leviano não apontá-los e aceitá-la sem qualquer questionamento, como um dogma.

EPÍLOGO

Onde hoje fica a Cinelândia, no Centro do Rio de Janeiro, erguia-se antigamente o Convento da Ajuda. Seu prédio e seus terrenos iam do Passeio Público até o Cine Odeon e deste até, aproximadamente, o bar Amarelinho. O edifício começou a ser erguido em 1745, foi inaugurado em maio de 1750 e demolido em 1911 durante as obras de melhoramento da então capital federal.

Quando dos preparativos da demolição, foram transferidos do local os corpos de d. Leopoldina, da princesa d. Paula Mariana e dos demais defuntos imperiais que ali se encontravam. A comoção pela retirada do corpo da imperatriz do local muito se assemelhou aos eventos fúnebres ocorridos 85 anos antes. Uma guarda de honra carregou o esquife e uma imensa multidão, como é possível ver nas fotos de jornais da época, seguiu o caixão em procissão até o Convento de Santo Antônio, no largo da Carioca.

Fazia cerca de vinte anos que o Império tinha sido derrubado, mas a população que compareceu em peso ao traslado da imperatriz parecia pouco se importar com o fato. Nenhum membro da família imperial estava presente, uma vez que ainda vigorava a Lei do Banimento, que impediu até 1920 os destronados Bragança de retornar ao Brasil. Os franciscanos, sob a guarda de quem o corpo ficaria, construíram no convento uma cripta imperial e se orgulhariam por anos de ter entre eles a "Paladina da Independência", protegida pelas mesmas paredes do convento onde os "patriotas brasileiros" conspiraram pela liberdade do Brasil em 1822.

Durante o Estado Novo, Getúlio Vargas iria procurar criar ligações entre seu governo ditatorial e a história do Brasil, sobretudo o período imperial. Ajudou na criação do Museu Imperial em Petrópolis, doando ele próprio miniaturas pintadas das imagens da imperatriz Leopoldina, de d. Amélia e da marquesa de Santos, além de outras peças. Também tentaria criar vínculos entre a preocupação de d. Pedro II com a educação e a do seu governo. Sua esposa, Darcy Vargas, iria, durante o tempo que o marido ficou no poder, honrar pessoalmente a memória de d. Leopoldina, levando orquídeas ao seu túmulo no aniversário da morte da imperatriz e na época da "Semana da Pátria".

Em 1952, em São Paulo, no interior do Monumento da Independência, no bairro do Ipiranga, começou a ser construído um cenotáfio em homenagem a d. Pedro I e a d. Leopoldina. Lá, haveria dois sarcófagos vazios honrando a memória dos monarcas protagonistas da Independência. Como parte dos festejos do IV Centenário, em 1954, o Instituto Histórico e Geográfico de São Paulo decidiu que uma cripta vazia não era homenagem suficiente.

Seus membros traçaram um plano e imaginaram que seria mais fácil trazer o corpo de d. Pedro do Mosteiro de São Vicente de Fora, em Lisboa, para a Cripta Imperial de São Paulo se fosse para repousar no mesmo espaço onde estivesse a imperatriz. O dr. Ernesto de Souza Campos, presidente do IHGSP, dirigiu-se ao Convento de Santo Antônio, no Rio de Janeiro. Lá, numa conversa com frei Oscar Moch, guardião do convento, o religioso teria dado a entender inicialmente que, se o Instituto Histórico conversasse com a família imperial, com o governo federal e com o departamento do Instituto do Patrimônio Histórico e Artístico Nacional, os franciscanos não se oporiam ao traslado do corpo do Rio para São Paulo.

Souza Campos entrou em contato com os dois ramos da família imperial, o de Petrópolis e o de Vassouras, chefiados respectivamente por d. Pedro Gastão e d. Pedro Henrique, ambos trinetos de d. Leopoldina.

Enquanto o príncipe d. Pedro Gastão só pediu que o local fosse consagrado antes da chegada do corpo da imperatriz, d. Pedro Henrique solicitou o mesmo e mais: um grande crucifixo e um altar para que no local fossem rezadas missas em sufrágio das almas dos que ali repousassem. As reformas na cripta, executadas pelo corpo técnico da Prefeitura de São Paulo, foram supervisionadas pessoalmente pelo arquiteto da nova Basílica de Nossa Senhora Aparecida, Benedito Calixto de Jesus Neto.

Com tudo pronto, foi marcada a data do novo sepultamento para 12 de outubro de 1954. Com as autoridades avisadas e um trem especial destinado para trazer do Rio de Janeiro os despojos, frei Oscar Moch, aparentemente exasperado com a perda de tão preciosa relíquia, começou a telegrafar para São Paulo afirmando que de Santo Antônio não sairia corpo algum. Segundo ele, o dr. Ernesto de Souza Campos havia entendido errado a conversa que tiveram meses antes. Os restos mortais da imperatriz só sairiam do Rio de Janeiro se fosse para se juntar aos do esposo e que, em vez de São Paulo, seria melhor que ambos descansassem eternamente na catedral de Petrópolis. Enquanto isso, os jornais paulistas já começavam a dar a notícia da chegada do corpo de d. Leopoldina e das cerimônias que se seguiriam.

Diante do impasse, o dr. Campos buscou falar diretamente com frei Heliodoro Mueller, chefe-geral da Ordem Franciscana no Brasil. Este, aparentemente, acabou concordando com o traslado para São Paulo. O instituto enviou um de seus diretores, Everaldo Seixas Martinelli, até frei Heliodoro para que este assinasse uma ordem obrigando frei Oscar, do Convento de Santo Antônio, a entregar d. Leopoldina aos paulistas. Entretanto, o chefe-geral da ordem não foi localizado na sede dos franciscanos em São Paulo, pois estaria de viagem ao Sul do país. A FAB colocou à disposição do Instituto Histórico um avião monomotor. Se hoje subir e descer de aviões é coisa rotineira, o mesmo não era em 1954. Primeiro informaram que frei Heliodoro estava na cidade de Palmas, no Paraná. Chegando lá, Martinelli foi informado de que o religioso estava na verdade em Chapecó, Santa Catarina. Mas, ao chegar a essa cidade, o ágil frei já havia partido para Erechim, no Rio Grande do Sul, onde também não foi encontrado.

Enquanto isso, os franciscanos do Convento de Santo Antônio tentavam junto a d. Jaime, cardeal Câmara, arcebispo do Rio de Janeiro, evitar que o corpo saísse da cidade. O cardeal também inicialmente se posicionou contrário à ida de d. Leopoldina a São Paulo antes que o corpo de d. Pedro lá estivesse, o que só ocorreria dezoito anos depois. Mas as pressões políticas fizeram-se insuportáveis, e, em 9 de outubro, o cardeal deu a permissão, sendo o corpo entregue, conforme ata lavrada, no dia 10. O ataúde com os restos mortais de d. Leopoldina chegou a São Paulo no dia 11 e foi transportado em cima de um caminhão do Corpo de Bombeiros, acompanhado por uma multidão, que pôde velá-la na Catedral da Sé. No dia seguinte, 12 de outubro, aniversário de d. Pedro I e data de sua aclamação como imperador do Brasil, os despojos da imperatriz foram colocados na Cripta Imperial. Junto de seu caixão, veio um epitáfio em madeira, que estava junto dela desde seu primeiro sepultamento no Convento da Ajuda, em 1826. Essa peça hoje se encontra no Museu da Cidade de São Paulo. Nela, lemos:

> Aqui repouzão os Preciozos Restos
> Da Adorada Imperatriz Ma. Leopoldina
> Seu Espírito Cremos Habita os Céos
> Sua Memória Não Gastarão os Séculos

D. Pedro se juntaria à esposa em 7 de setembro de 1972, e a imperatriz d. Amélia seria desastradamente emparedada na cripta em 1982. A segunda imperatriz veio parar novamente no Brasil devido a uma alegação, absurda, de que havia declarado a sua irmã, Josefina, rainha da Suécia, que gostaria de ser sepultada "aos pés de D. Pedro, seu Augusto Senhor, no Brasil". A ex-imperatriz só poderia escrever algo do gênero antes de falecer, em 1873, se fosse dotada de dons mediúnicos. Primeiro que a ideia de voltar ao Brasil não passava pela cabeça dela: sua curta vivência nessa terra não havia sido das melhores, e não guardara boas recordações; segundo que, na época de sua morte, jamais se cogitara a ideia do envio do corpo de d. Pedro de Portugal ao Brasil.

O fato chegou até a alimentar em alguns monarquistas mais afoitos a ideia de que a cripta poderia servir de sepultamento para os demais membros da família imperial. De qualquer forma, o objetivo original do local fora desvirtuado: deixara de ser um panteão para os monarcas que se envolveram diretamente com o processo da independência brasileira.

Em 27 de fevereiro de 2012, ocorreu a exumação de d. Leopoldina. O clima estava bastante abafado, o céu de São Paulo, carregado de nuvens. Parecia que a qualquer instante desabaria um aguaceiro sobre a cidade. Mas, na cripta sob o Monumento da Independência, o ar-condicionado fazia as pessoas ali reunidas tremerem de frio. No entanto, ninguém parecia particularmente se importar com o fato.

Médicos forenses, físicos e demais técnicos da USP, chefiados pela historiadora e arqueóloga Valdirene do Carmo Ambiel, devidamente paramentados com macacão branco, máscaras e luvas, preparavam-se para o momento da exumação da imperatriz. Além dos técnicos, havia no local diversas autoridades e convidados, como o príncipe d. Bertrand, pentaneto da imperatriz.

Após uma cerimônia religiosa, o caixão foi aberto. Os presentes puderam subir num periclitante andaime de madeira que ladeava o sarcófago de granito, dentro do qual jaziam num ataúde os restos da imperatriz. Emocionados, os presentes viram a delicadeza dos ossos do rosto dela, a única parte visível de seu corpo, uma vez que as vestes imperiais com que ela havia sido enterrada em dezembro de 1826, incluindo seu manto, permaneciam intactas. O trabalho da arqueóloga e de sua equipe consistiu em analisar os remanescentes humanos dos nossos primeiros imperadores, de maneira não invasiva, e preservá-los.

Na madrugada de 19 para 20 de março de 2012, na Faculdade de Medicina da Universidade de São Paulo, uma tomografia computadorizada realizada nos restos mortais da imperatriz constatou apenas que d. Leopoldina não possuía um dos dentes do siso. Nada que ajudasse a perpetuar a lenda de uma queda de escada, um chute do imperador ou alguma fratura foi encontrado. Todo o transporte dos corpos e as tomografias computadorizadas feitas no Hospital das Clínicas foram realizados em sigilo, e os resultados, divulgados apenas no início de 2013.

Junto ao corpo de d. Leopoldina, foi localizado um par de brincos de ouro de 18 quilates com resina, a única joia com a qual a imperatriz havia sido enterrada. Provavelmente, os brincos foram a primeira joia que d. Leopoldina recebeu na vida. No restante do mundo, o ouro não era tão abundante como no Brasil, e peças de joias de 18 quilates eram mais comuns do que as de 24 quilates. Quanto à resina, são grandes as chances de se tratar de âmbar, uma resina fóssil, bastante utilizada para joias.

Segundo a pesquisadora Cláudia Witte, é comum em países germânicos como Suíça, Alemanha e Áustria, até nos dias de hoje, o costume de se presentear um bebê com peças de âmbar como colares, brincos ou pulseiras, assim que a primeira dentição aflore. Pesquisas recentes afirmam que algumas espécies de âmbar liberam ácido succínico, componente esse utilizado na fabricação de remédios para alívio de alguns tipos de dor e reumatismo. Acredita-se que essa pedra, e o ácido que ela libera, tem a propriedade de aliviar as dores do nascimento dos dentes dos bebês.

Dessa exumação, como a dos demais remanescentes da Cripta Imperial, material foi coletado e preservado e vem sendo estudado até agora. É possível que, no futuro, alguma nova descoberta sobre nossa primeira imperatriz ainda venha a surgir.

POSFÁCIO

Frühbeck e a redescoberta do Brasil

Jemima Kindersley foi uma das únicas mulheres não portuguesas a visitar o Brasil em quase trezentos anos. Casada com um capitão da artilharia britânica, a caminho de Calcutá, pararam em Salvador para reabastecer o navio em que viajavam com água e suprimentos. Ela deixou um interessante relato de sua estada na Bahia em 1764:

> Temo que não poderei desfrutar do meu descanso em terra como gostaria, pois o governo local, desconfiado e pouco hospitaleiro, submeteu-me ao mais desagradável confinamento. Para todo lugar onde vou, quando estou em terra, sou seguida e vigiada por um oficial e um soldado; a vigilância é tanta que não posso ir nem de um cômodo a outro sem tê-los atrás de mim. Até para falar com uma senhora inglesa casada com um português e moradora da cidade, era necessário uma autorização do governador.[1]

Por três séculos, Portugal manteve o Brasil fechado aos olhos estrangeiros. A fim de impedir que os recursos naturais brasileiros despertassem a cobiça de outros países, a colônia se manteve inacessível para qualquer outra metrópole europeia, com exceção de traficantes e piratas que insistiam em burlar o bloqueio imposto.

Os raros viajantes que tivessem avarias em seus navios, e recebessem permissão para desembarcar, eram escoltados quando desciam de suas embarcações e cuidadosamente vigiados. A ordem era manter o Brasil protegido da curiosidade estrangeira.

Foi só com as invasões holandesas no século XVII que artistas trazidos por Maurício de Nassau retrataram o Nordeste, fazendo com que a obra de Frans Post se tornasse praticamente o primeiro significativo registro iconográfico brasileiro.

Ao longo do século XVIII, algumas exceções foram abertas a viajantes ingleses, como o capitão James Cook, em sua famosa viagem de circum-navegação terrestre, ou o próprio capitão Kindersley, esposo de Jemima, a mesma que abre este capítulo se queixando da escolta a que se viu forçada.

Via de regra, o reabastecimento era permitido, mas os cientistas que acompanhavam as expedições não recebiam permissão para desembarque. Seguindo essa lógica, em julho de 1800, o naturalista e geógrafo alemão Alexander von Humboldt, que estudava a fauna e a flora da Amazônia venezuelana, recebeu ordem de prisão caso tentasse visitar o Brasil. Perdeu-se a oportunidade de que um dos maiores pesquisadores de todos os tempos estudasse a Amazônia brasileira. Foi só no início do século XIX que Portugal fez duas notáveis concessões: em 1802, Thomas Lindsey, outro inglês, pôde conhecer o Brasil e, em 1807, seu compatriota John Mawe recebeu permissão para visitar a fechadíssima região das minas, e, provavelmente, só porque estas já se encontravam então em franca decadência.

Com a vinda da família real em 1808 e o estreitamento dos laços entre Portugal e Inglaterra, que patrocinara e escoltara d. João VI e sua corte, vários outros ingleses se seguiram aos primeiros, entre eles John Luccock, Henry Koster e o célebre Richard Francis Burton, famoso pela primeira tradução do *Kama Sutra* e das *Mil e uma noites* e descobridor europeu das nascentes do Nilo. Cada um deles escreveu sobre suas descobertas e cada obra publicada funcionava como propaganda, estimulando novos estudiosos a vir para o Brasil.

Ainda cercado por curiosidade e mistérios, foi aos poucos que o Brasil passou a receber outros estrangeiros além dos britânicos. Em 1817, quando a arquiduquesa Leopoldina se casou com o príncipe herdeiro d. Pedro, abriu-se para a Áustria, pela primeira vez, a possibilidade de enviar uma missão oficial de cientistas e artistas para explorar o desconhecido Brasil.

Tendo em vista futuros negócios com a ex-colônia, desde 1815 elevada à categoria de Reino Unido de Portugal, Brasil e Algarves, o imperador Francisco I, pai de d. Leopoldina, financiou uma grande expedição. Sonho de qualquer pesquisador, não havia prazo nem orçamento preestabelecidos para a empreitada. Planejada pelo próprio príncipe de Metternich, principal ministro austríaco, a comitiva era composta por catorze cientistas e artistas e outros tantos assistentes destes.

A pedido do rei da Baviera, Maximiliano José I, o botânico Carl Friedrich Philipp von Martius e o zoólogo Johann Baptist von Spix se juntaram ao grupo comandado pelos renomados pesquisadores Johann Natterer e Johann Christian Mikan. A comitiva bávaro-austríaca se dividiu entre as duas fragatas, *Áustria* e *Augusta*, naquela que foi a primeira viagem transatlântica da Marinha austríaca, e nas duas naus da Marinha de Guerra Real de Portugal: *São Sebastião* e *D. João VI*. Na fragata *Áustria* seguiam já em abril o chefe da expedição Mikan e sua esposa, o pintor paisagista Thomas Ender, os bávaros Spix e Martius e diversos diplomatas. Uma tempestade logo nos primeiros dias de viagem após a saída do porto de Trieste separou a *Áustria* da fragata *Augusta*, fazendo com que a tripulação da primeira chegasse antes ao Rio de Janeiro, ainda em julho de 1817, enquanto a outra esperou pela frota portuguesa em Gibraltar e só alcançou o porto carioca em novembro. Ender retratou dia a dia a travessia em desenhos que se encontram hoje na Academia de Belas-Artes de Viena.

Na fragata *Augusta* viajaram Johann Natterer, responsável pelo Gabinete de História Natural de Viena e subchefe da expedição, Heinrich Wilhelm Schott, botânico austríaco, e Dominik Sochor, responsável pela caça e preparação dos animais. Na nau portuguesa *São Sebastião*, comandada por Francisco Maximiliano de Sousa, seguiam o embaixador Emmerich Johann Nepomuk, conde Eltz; Johann Buchberger, pintor botânico; Johann Emanuel Pohl, mineralogista e botânico, e Joseph Raddi, naturalista italiano indicado pelo tio de d. Leopoldina, o grão-duque Fernando da Toscana. A viagem neste navio foi narrada por Pohl em seu livro *Viagem ao interior do Brasil* e retratada por A. Julien Pallière, que vinha se juntar a seus compatriotas franceses já instalados havia um ano e meio no Rio de Janeiro. O álbum da travessia, intitulado *Viagem de Sua Alteza Real à corte do Rio de Janeiro desenhada, segundo a natureza, a bordo da nau* São Sebastião *que acompanhava S.A.R.*, contém trinta aquarelas, das quais 27 permanecem inéditas.

Na nau *D. João VI*, construída no ano anterior e comandada por Manuel Antonio Farinha, viajava também o chefe da frota portuguesa e responsável pelos dois navios, Henrique da Fonseca de Sousa Prego. A *D. João VI* levava a comitiva pessoal de d. Leopoldina, da qual faziam parte seu antigo professor de pintura, G. K. Frick, seu médico pessoal e ornitólogo, o dr. Kammerlacher, e Roque Schüch, mineralogista, que assumira a função de bibliotecário pessoal da arquiduquesa.

Todos eles artistas e cientistas renomados, escolhidos entre os melhores do mundo germânico, na mais longa e mais importante expedição científica que a Áustria e a Baviera jamais haviam organizado. Os resultados dos trabalhos, pesquisas e desenhos realizados por essa equipe levariam a vida toda de alguns deles para serem concluídos e publicados.

Mas eis que, de última hora, inesperadamente, outro austríaco se juntou à expedição. O jovem Franz Joseph Frühbeck, comerciante e artista amador, conheceu em junho de 1817, por coincidência, o bibliotecário imperial dr. Schüch, que estava justamente em busca de um ajudante que tivesse habilidades linguísticas e conhecimentos de literatura. O rapaz de 22 anos se interessou pela aventura que representava uma viagem ao Brasil e se candidatou ao cargo. No entanto, para que ele fosse aceito, era necessária uma autorização da própria d. Leopoldina, a qual veio numa carta que só chegou a Viena no dia 28 de julho de 1817, quando a comitiva já se encontrava em Florença. Para tentar alcançá-los e não perder a oportunidade, Frühbeck partiu no dia seguinte e foi então com as carruagens do Correio Imperial numa corrida desenfreada.

Percorrendo a mesma rota que d. Leopoldina fizera, ele passou por Klagenfurt, Udine e Bolonha. Trocando de cavalo em 76 diferentes estações postais, Frühbeck conseguiu chegar a Florença em cinco dias, quando os correios mais rápidos o faziam em sete. Mas ao chegar lá, foi informado que o bibliotecário com quem iria trabalhar tinha se dirigido a Pisa. Em Pisa, soube que ele já havia partido para Livorno, e, mais uma vez correndo contra o tempo, o jovem conseguiu finalmente alcançá-lo. Ele chegou exatamente a tempo de ajudar a embarcar os caixotes contendo os livros de d. Leopoldina a bordo da nau *D. João VI*, que já se encontrava no porto de Livorno.

Foi assim que o artista amador se viu dentro do navio que levava a futura imperatriz do Brasil, convivendo com suas damas de companhia e outros membros da comitiva, enquanto a maioria dos outros artistas e cientistas viajava nos demais navios da frota. Sem grandes pretensões a princípio, e apenas após superar os primeiros dias com muito enjoo em sua primeira viagem marítima, Frühbeck começou a usar seu longo tempo disponível para registrar suas impressões da vida a bordo, criando aquarelas que ele ainda não sabia, mas seriam praticamente os únicos registros iconográficos de como transcorriam as travessias transatlânticas de nobres no início do século XIX.

O novíssimo navio militar *D. João VI*, que comemoraria seu primeiro aniversário logo no início da viagem, havia sido adaptado para o transporte da princesa Leopoldina: dos 96 canhões que costumavam estar a bordo, por exemplo, ficaram apenas 36 a fim de sobrar espaço para toda a comitiva. D. Leopoldina dispunha de uma grande e bonita sala de refeições, um fino salão, um quarto de dormir iluminado por uma claraboia, onde sua cama era de mogno e ornamentada com cordões de seda vermelhos e brancos. Separando seu quarto de dormir do de vestir havia uma longa cortina vermelha e ainda um banheiro privativo, onde os artigos para sua higiene pessoal eram de ouro. Suas damas, Kühnburg, Lodron e Sarntheim, também receberam boas instalações a bordo.

Frühbeck não compartilhava a intimidade das damas, seus registros são sempre discretos e respeitosos, como se ele observasse de longe ou pelas portas entreabertas. Na cena em que ele retrata uma refeição dos nobres, vemos a mesa e alguns convidados pela fresta da porta. Durante a festa da passagem da linha do equador, d. Leopoldina está no castelo de proa, acima da tripulação que dança, perto de onde o pintor se posicionou. E no dia do desembarque no Rio de Janeiro, a princesa está no alto da escada, já com o vestido branco e as plumas que usaria em seu casamento algumas horas depois. Frühbeck é como um intruso que nos permite ter um vislumbre do que foram os quase três meses da travessia.

Thomas Ender, que viajava na fragata *Áustria*, deixou o registro dos animais que eram embarcados vivos e pouco a pouco abatidos para abastecimento da enorme tripulação de cada navio. Na *D. João VI*, onde viajava d. Leopoldina, eram novecentas pessoas a bordo, muitas das quais dormiam sob uma enorme tenda armada no convés. Além de vacas, bezerros, ovelhas, patos e 4 mil galinhas, havia ainda dezenas de pássaros para entreter as pessoas a bordo. Como Metternich bem comentou, em comparação a *D. João VI*, a arca de Noé parecia um brinquedo de criança!

Após partirem do porto de Livorno no dia 15 de agosto de 1817, importante dia católico por se comemorar nesta data a Ascensão de Nossa Senhora, os dois navios portugueses, *D. João VI* e *São Sebastião*, passaram pelo porto de Gibraltar, onde não pararam para não perder o vento favorável, passando a ser seguidos pela fragata *Augusta*, que ali esperava por eles havia praticamente dois meses. Em paralelo, os três navios seguiram até a Ilha da Madeira, onde fizeram uma escala.

Por alguns dias, os pintores retrataram a capital, Funchal, e seus arredores. A tripulação tratou de reabastecer o navio com frutas e água potável, e d. Leopoldina recebeu suas primeiras homenagens como princesa portuguesa. Recepcionada pelo já idoso governador Florêncio José Corrêa de Melo, a comitiva seguiu por ruas cobertas de hortênsias, flores tropicais e folhas aromáticas de louro até a catedral, onde o bispo do Funchal celebrou uma missa para os viajantes. À noite, toda a cidade e, inclusive, as montanhas que a circundam foram iluminadas em honra a d. Leopoldina. Segundo o comentário de Frühbeck, um espetáculo inesquecível.

Após dois dias conhecendo a ilha, d. Leopoldina recebeu como presente de despedida diversos macacos e aves tropicais para alegrar o dia a dia nos dois meses seguintes, enquanto atravessariam o Atlântico.

A obra de Frühbeck retratando a viagem é ingênua e muito colorida, rica pela espontaneidade do artista, representando desde o embarque em Livorno, algumas cenas da Ilha da Madeira e, principalmente, cenas da vida a bordo, como uma missa, os trabalhos na cozinha, o almoço dos marinheiros, as damas e cavalheiros jogando para passar o tempo, e até a festa do batismo equatorial, comemorada quando a linha do equador foi ultrapassada.

Chegando ao Rio de Janeiro, ele retrataria a cidade como dezenas de outros artistas profissionais e amadores antes e depois dele fizeram. No entanto, duas das imagens registradas por Frühbeck mostram ângulos únicos da iconografia carioca: o Campo de Santana pronto para uma tourada, uma das festividades preparadas para comemorar a chegada de d. Leopoldina, e a visão completa de seu desembarque. Debret pintou duas cenas desse dia: uma com enfoque na família real recebendo a arquiduquesa e outra mostrando a estrutura montada para a recepção de d. Leopoldina aos pés do Convento de São Bento.

Já Taunay desenhou o palanquim e parte dos militares perfilados no Arsenal da Marinha. Mas é Frühbeck quem nos dá a real ideia das tropas e de toda a comemoração envolvendo o desembarque, com bandeiras portuguesas e austríacas tremulando no Rio de Janeiro.

Logo após a chegada ao Rio de Janeiro no início de novembro de 1817, Frühbeck assumiu seus deveres como assistente do bibliotecário de d. Leopoldina, supervisionando o desembarque das caixas que continham seus livros, em sua maioria obras de ciências naturais, e, depois, ajudando na organização do gabinete de estudos da princesa no Palácio de São Cristóvão. O trabalho do bibliotecário e seu ajudante, no entanto, terminou logo, fazendo com que o dr. Schüch partisse para Minas Gerais, onde adquiriu em Itabira do Mato Dentro, perto da serra de Capanema, uma fábrica que produzia folhas de ferro. Seu filho, Wilhelm Schüch, se tornaria mais tarde barão de Capanema.

Frühbeck, porém, não quis se estabelecer no Brasil e ficou aguardando o retorno da comitiva que viera trazendo d. Leopoldina. A volta, prevista inicialmente para janeiro de 1818, foi adiada por diversos motivos, entre os quais a espera pela aclamação de d. João VI, que ocorreria no aniversário do rei, em 13 de maio.

Assim, Frühbeck acabou morando no Rio de Janeiro por seis meses e meio numa casa alugada perto do Palácio de São Cristóvão, de onde atravessava de canoa até o centro, pagando 8 vinténs por cada viagem. Com muito tempo livre, ele se dedicou a retratar a cidade. Como era comum entre artistas naquela época, Frühbeck teve acesso a obras de outros pintores viajantes e copiou algumas cenas que não presenciou, mas julgou exóticas e interessantes, como uma festa do grupo indígena puris, ou as margens do rio São Francisco.

Uma boa parte dos artistas, damas e cientistas que haviam integrado a expedição em novembro de 1817 voltou entre maio e junho de 1818, assim como Frühbeck.

Thomas Ender, que retratara febrilmente tudo que vira desde a partida da Europa, chegou a conhecer o Rio de Janeiro, o Vale do Paraíba e a cidade de São Paulo, mas não pôde acompanhar Spix e Martius ao interior do Brasil, como pretendia, pois adoeceu na capital paulista e retornou para a Áustria com o conde Eltz, o cientista Mikan e o pintor Buchberger no início de junho de 1818. Infelizmente, sem Ender, perdeu-se a oportunidade de um registro iconográfico minucioso da jornada dos cientistas bávaros.

Finalmente, no dia 22 de maio de 1818, logo após os festejos da aclamação do rei, Frühbeck embarcou de volta para a Europa; desta vez, a bordo de outro navio português, o *São Sebastião*. O destino era Lisboa, onde ele passou três semanas hospedado no Palácio da Ajuda, e desta estada restaram três vistas conhecidas: um panorama da cidade pintado de Cacilhas, uma imagem do Castelo de Belém e uma vista do Grande Aqueduto das Águas Livres.

Em agosto de 1818, Frühbeck completou o último trecho de sua viagem embarcando de Lisboa para Livorno, de onde voltou por terra para Viena, sendo recepcionado por sua irmã, que não o notou até que ele falasse com ela, pois estava tão bronzeado pelo sol que se tornara irreconhecível.

Após o regresso à Áustria, Frühbeck se estabeleceu na pequena cidade de Krieglach, onde voltou a viver como comerciante. Logo no ano seguinte, em 1819, se casou com Aloisia Bindl, com quem teve dois filhos: Georg, nascido em 1824, e Wilhelm Franz, em 1826. Porém, logo após o nascimento do segundo filho, ele abandonou a família e partiu em viagem pela Europa. Em janeiro de 1827, em apuros financeiros, sua esposa vendeu para um *marchand* doze desenhos a guache e quatro esboços feitos por Frühbeck durante a viagem ao Brasil como pagamento por empréstimos que ele lhe concedera. Este primeiro lote de imagens foi vendido nos anos seguintes e acabou sendo comprado pela Hispanic Society, onde hoje se encontra, tendo sido estudado por Gilberto Ferrez e Robert Smith para a elaboração do único livro a respeito do pintor: *Franz Frühbecks Brazilian Journey*, publicado na Filadélfia (EUA) no ano de 1960.

No ano de 1829, quando o Brasil voltou a ser tema de interesse no mundo germânico devido às segundas núpcias de d. Pedro I com a princesa bávara d. Amélia de Leuchtenberg, Frühbeck organizou uma exposição em Viena onde anunciava a exibição de doze imagens "nunca vistas de sua viagem ao Brasil". Até então, algo parecido só havia sido feito pelo britânico Robert Burford, que, em 1828, havia exibido em Londres um panorama do Rio de Janeiro pintado por ele em 1823, acompanhado da venda de uma brochura de doze páginas descrevendo a cidade e seus costumes.

Em abril de 1830, Frühbeck organizou uma nova exposição, mais elaborada, para as vistas, para a qual escreveu um livreto explicativo que podia ser adquirido junto com o ingresso. A obra, hoje extremamente rara, intitulava-se *Skizze meiner Reise nach Brasilien* e descrevia detalhadamente a viagem e as imagens.

Esta segunda mostra ocupava cinco salas da galeria vienense Sign of the Brown Hart, onde, além das imagens, havia uma projeção em lanterna mágica e uma reprodução do navio com deque, quatro cadeiras e alguns canhões. Os visitantes podiam ainda olhar pelas escotilhas montadas na entrada e ver de um lado o porto de Livorno, enquanto do outro observavam o perfil da Ilha da Madeira e alguns marinheiros almoçando. Segundo a propaganda do pintor, quem visitasse sua exposição poderia desfrutar das peripécias de sua viagem sem ter que se submeter aos seus riscos e incômodos: "uma viagem numa cabine mágica ao Brasil, sem desconforto, sem perigos, sem perda de tempo, sem custos, sem interrupção do seu estilo de vida, nada do que inescapavelmente se conecta a viagens reais espera pelo curioso espectador!".

O sucesso da exposição em Viena levou Frühbeck a organizar em setembro de 1830 uma mostra em Munique, capital do Reino da Baviera, cidade onde d. Amélia, a nova imperatriz do Brasil, vivera até se casar. Os jornais da época[2] relataram o êxito do empreendimento, o que certamente animou o pintor a percorrer outras cidades da Alemanha com suas aquarelas. Em dezembro do mesmo ano, após vender duas imagens em Munique, ele levou sua exposição para Regensburg,[3] onde expôs logo na entrada da mostra a declaração escrita pelo próprio irmão de d. Amélia, d. Augusto de Leuchtenberg, que acompanhara a irmã ao Rio de Janeiro, atestando que as paisagens retratavam fielmente o Brasil e eram autênticas.

Essa preocupação em buscar um aval para seus quadros nos mostra quanto as pessoas da época podiam ser céticas em relação à veracidade de imagens que retratassem um país tão distante e pouco conhecido como o Brasil. Era preciso provar que ele realmente estivera lá e que as paisagens, de fato, mostravam cenas brasileiras. Na exposição de Praga, Frühbeck apresentou uma declaração parecida redigida e assinada pelo próprio dr. Mikan, um dos chefes da expedição científica e professor da Universidade de Praga.

Após o sucesso na Áustria e na Baviera, Frühbeck percebeu que suas dez imagens do Brasil despertavam interesse aonde quer que ele fosse, levando-o a percorrer toda a Europa nos anos seguintes: Praga, Paris, Genebra, Schaffhausen, Londres, Porto. Há relatos de suas exposições em diversas cidades até o ano de 1836,[4] quando cessam notícias do pintor e até hoje não se sabe seu paradeiro, ou o dessas dez obras, após essa data.

Além do valor das entradas e da venda do livreto, Frühbeck sobreviveu pelo menos uma década fazendo cópias das aquarelas expostas para quem se interessasse, o que nos permite, vez ou outra, encontrar em leilões europeus alguns de seus quadros. Um dos temas mais recorrentes mostra o largo do Paço, com o palácio e a capela reais e uma pequena carruagem levando d. Pedro I acompanhado de sua guarda e sendo saudado pela tropa armada.

Por muitos anos acreditou-se que a obra de Frühbeck se resumia às doze imagens exibidas em suas exposições (e eventualmente reproduzidas pelo próprio pintor) e ao lote vendido por sua esposa. Mas enquanto Carlos H. Oberacker Jr. pesquisava entre as famílias de descendentes das damas que acompanharam d. Leopoldina ao Brasil para escrever sua biografia sobre a imperatriz, ele encontrou na Áustria os diários, as cartas e o álbum de aquarelas da condessa de Kühnburg bem guardados pelos descendentes de seu sobrinho e herdeiro. Oberacker publicou em 1973 o livro *A imperatriz Leopoldina, sua vida e sua época*, no qual divulgou suas fontes austríacas. Com essa informação em mãos, a Livraria Kosmos do Rio de Janeiro adquiriu o "lote Kühnburg" e o revendeu em 1975 para o colecionador paulista Érico Stickel. Após sua morte em 2005, esse material foi dividido nos anos seguintes entre a Fundação Hercule Florence e o Instituto Moreira Salles.

Entre algumas imagens da Europa, flores secas e outras recordações coladas no álbum da condessa de Kühnburg, encontram-se desenhos, esboços e muitas aquarelas pintadas por Frühbeck durante sua viagem ao Brasil. Cenas inéditas que são parcialmente reproduzidas agora pela primeira vez. Não se sabe se Kühnburg ganhou ou comprou essas imagens do pintor com quem viajou no mesmo navio tanto na ida quanto na volta à Europa, mas como ela mesma afirmou numa de suas cartas ao pai: "gostaria de saber desenhar, então, em lugar de um diário, eu retrataria toda a nossa viagem". A fotografia ainda não havia sido inventada, era natural o desejo de eternizar suas lembranças em imagens que retratassem os longos dias a bordo e a inesquecível estada no Rio de Janeiro. Em algum momento, a condessa percebeu que o assistente do bibliotecário com quem viajava fizera um registro fiel da travessia e da estada no Rio e recebeu dele diversas imagens que colou cuidadosamente em seu álbum. Aparentemente, Frühbeck vendeu ou deu para a condessa imagens que já havia copiado, pois as encontramos no lote que sua esposa vendeu e que hoje se encontra na Hispanic Society, algumas cenas repetidas, porém pintadas com mais detalhes.

Com esse novo conjunto de desenhos e aquarelas provenientes do álbum Kühnburg, temos mais de cinquenta imagens conhecidas retratadas por Frühbeck. O pintor amador que soube aproveitar o interesse que as paisagens desconhecidas e exóticas do Brasil despertavam na Europa e que lhe permitiu viver por tantos anos mostrando apenas dez cenas de uma aventura nos trópicos.

É interessante perceber que da mesma forma que no século XIX as pessoas tinham curiosidade pelas paisagens desconhecidas do Brasil, hoje, em pleno século XXI, nos sentimos atraídos pelas imagens intimistas do cotidiano da comitiva da imperatriz atravessando o Atlântico. Frühbeck nos permite um olhar pelo buraco da fechadura dentro dos aposentos do navio que trouxe d. Leopoldina.

E, exatos duzentos anos depois, sua obra continua despertando nossa curiosidade.

Cláudia Thomé Witte
Escritora e pesquisadora luso-brasileira, biógrafa da imperatriz Amélia de Leuchtenberg e vencedora do Prêmio da Academia Portuguesa da História em 2024

POSFÁCIO

A primeira imperatriz do Novo Mundo

Em 14 de dezembro de 1826, no Rio de Janeiro, milhares de pessoas acompanharam, com lágrimas silenciosas, o enterro de uma jovem austríaca de 29 anos, para quem a população pretendia o título de "Anjo Tutelar do Império". Apenas quatro anos antes, em 1º de dezembro de 1822, essa jovem — Maria Leopoldina Carolina Josefa de Habsburgo-Lorena —, pela coroação de seu marido, o príncipe regente d. Pedro, tornara-se imperatriz do Brasil. Foi o desfecho de um movimento vitorioso, que fizera do Reino Unido a Portugal um Estado politicamente independente. Desde sua adesão à causa emancipacionista, gozava d. Leopoldina dessa popularidade que se manifestava, de forma consagradora, no momento de sua morte, evidenciando, como diria Gonçalves Ledo, "o amor, que os brasileiros mostrarão sempre a sua Imperatriz".[1] A imagem de Leopoldina determinante dessa comoção talvez não encontre melhor síntese que o fecho do discurso de Lino Coutinho à Câmara dos Deputados em 21 de julho de 1827, ao se manifestar favoravelmente ao projeto de lei pelo qual a nação brasileira assumia o pagamento das dívidas[2] deixadas pela soberana: "Não por ter ela sido unicamente imperatriz do Brasil, mas por ter sido amiga deste país, e por ter sido uma imperatriz virtuosa e santa."[3]

Ambos os elementos — o amor ao Brasil, materializado em sua participação na luta pela Independência, e uma vida virtuosa, expressa, sobretudo, na bondade para com o próximo e no sofrimento resignado de esposa infeliz — marcam, de modo geral, as manifestações de seus contemporâneos e a produção que a rememora.

Essa produção não se mostra tão pequena quanto ela própria afirma ser, pois, num levantamento parcial, referenciei 139 itens, entre biografias, artigos, romances, crônicas, edições de documentos e peças teatrais, bem como várias matérias na grande imprensa, em jornais locais e da colônia alemã, considerando-se aqui somente aqueles que têm a imperatriz como objeto principal. Além disso, durante os 190 anos que decorreram de seu falecimento, pelo menos vinte homenagens foram tributadas direta e exclusivamente a d. Leopoldina; a maioria já no período republicano.

Longe de ter sido excluída da "memória nacional", sua presença nela não cessou desde sua morte, em 1826, até nossos dias, em registros que não se limitam à historiografia, estando presentes na literatura, na dramaturgia, na música e nos monumentos. O que se modifica no tempo são os autores, a periodicidade, a intensidade e as características específicas dessa rememoração.

Não que a continuidade dessa memória se tenha dado sem hiatos de esquecimento e sem enfrentar obstáculos. Eu diria mesmo que a história de d. Leopoldina ainda está distante do povo brasileiro, contribuindo para isso razões historiográficas, políticas e culturais.

Mas precisamos considerar o pouco espaço que a historiografia e a literatura histórica deram à atuação política das mulheres até pelo menos a década de 1980, e o manto de silêncio ou desprestígio com que a história, a literatura e o ensino no Brasil envolveram os personagens do período imperial após os anos 1970. O fato de não se ter conseguido apagar o papel da imperatriz no processo de Independência e de ser d. Leopoldina ainda hoje admirada e amada por muitos já indica a importância dessa participação.

De inspiradora do libertador a liderança da Independência: uma história em transformação

Foi em meados do século XIX que tivemos a publicação da primeira biografia de Leopoldina, não no Brasil — fato interessante —, mas na França, por Antoinette Celliez, em seu livro *Les Impératrices*.[4] Baseado provavelmente em depoimento de Antônio Menezes Vasconcelos Drummond, colaborador do movimento da Independência vinculado ao grupo dos Andrada, o texto exalta o ativo engajamento de d. Leopoldina na campanha de emancipação.

Em 1880, surgiu uma pequena biografia da imperatriz do Brasil, de autoria de Joaquim Manoel de Macedo, no suplemento ao seu *Anno Biographico*,[5] que parece condensar as recordações que se tinha dela naquele momento, destacando sua atuação caridosa e os sofrimentos de sua vida conjugal. Com relação à sua participação política, coloca, num primeiro momento, que "não há fatos positivos que autorizem a asseveração; há, porém, conjecturas para se admitir e acreditar que a princesa consorte de d. Pedro era muito favorável à ideia da Independência do Brasil desde dezembro de 1821" para, em seguida, afirmar:

> Durante a ausência do Esposo, a Ilustre Princesa exerceu a regência com espírito patriota e decididamente pronunciado a favor da causa do Brasil. A 7 de setembro de 1822, d. Pedro recebeu [...] cartas da Princesa sua Esposa em que ela, instante e fervorosamente, o aconselhava a proclamar a Independência do Brasil.[6]

Há outros trabalhos em que sua atuação política é mencionada, como a *História da Independência do Brasil*, de Varnhagen. Da mesma forma, rememoraram-na diversos artigos na imprensa, sobretudo no momento da transladação de seus restos mortais do Convento da Ajuda para o de Santo Antônio, em 1911. Porém, na pequena produção sobre d. Leopoldina existente até o início do século XX, sobressaem as imagens da esposa martirizada e da "mãe dos infelizes", solidária com os necessitados.

Foi no bojo das homenagens pelo centenário de sua morte, em 1926, que surgiram as duas primeiras obras brasileiras importantes sobre a imperatriz: uma edição de documentos preparada pelo Arquivo Nacional — *A imperatriz Maria Leopoldina*[7] — e o estudo de Max Fleiuss — o primeiro documentado —, cujo título, *A paladina da Independência*, ficaria, através das décadas, ligado ao nome de nossa primeira soberana.[8]

Aos poucos, cartas, diários e anotações foram sendo doados a arquivos, museus e institutos históricos, e importantes projetos de cópia de documentos no exterior começaram a ser desenvolvidos por estes institutos, possibilitando ao que era baseado na tradição adquirir contornos de conhecimento histórico.

Entre os anos 1950 e 1970, d. Leopoldina foi objeto de uma série de artigos, livros e crônicas, como a biografia romanceada de Olga Obry, *Grüner Purpur*;[9] a tese de doutorado de Emmi Baum, *Empress Leopoldina: Her Role in the Development of Brazil*, apresentada à Universidade de Nova York;[10] o trabalho de Johanna Prantner, *Kaiserin Leopoldine von Brasilein*;[11] e, em 1973, a melhor e mais bem documentada biografia da soberana, *A imperatriz Leopoldina: sua vida e sua época*,[12] de Carlos H. Oberacker Jr., fruto de um interesse pela personagem que já se evidenciava em seu *A contribuição teuta à formação da nação brasileira*, de 1955.[13]

Em período anterior, já haviam surgido algumas das principais obras sobre d. Pedro I: *A vida de d. Pedro I* (1952), de Otávio Tarquínio de Sousa, e *As quatro coroas de d. Pedro I* (1941) e *Every Inch a King* (1950), de Sérgio Corrêa da Costa. Nas primeiras décadas do século XX, foram publicadas também as principais biografias de sua mais notória amante, Domitila de Castro Canto e Melo (marquesa de Santos): *D. Pedro I e a marquesa de Santos* (1915), de Alberto Rangel, e *A marquesa de Santos* (1938), de Carlos Maul. Nessas páginas, travou-se uma batalha entre os biógrafos de d. Pedro e da marquesa de Santos e os de d. Leopoldina.

Os primeiros buscavam minimizar e até negar à imperatriz qualquer participação política, estigmatizando-a como estrangeira e aristocrata, a quem opunham uma Domitila de Castro brasileira, de origens populares (que, na verdade, ela não tinha) e com um papel na Independência (que ela nunca desempenhou). Essa tendência é exemplarmente representada por Carlos Maul, que atribui "ao sentimentalismo dos brasileiros em presença das vicissitudes por que passou Leopoldina em sua casa [...]" o fato de lhe atribuírem "na obra política da Independência uma colaboração que ela não teve" e "à lenda", a pretensão de "fazer de Leopoldina uma criatura estremecida pelos seus súditos".[14] Nesse mesmo contexto, reforçada pelo prestígio do historiador Alberto Rangel, criou-se a imagem da imperatriz, em contradição com retratos e depoimentos, como uma mulher feia, sem vaidade e até mesmo apática e que, portanto, "não podia agradar a um homem como d. Pedro".

A tendência oposta tem certamente em Carlos H. Oberacker Jr. seu maior representante. Não negando que "o tratamento por parte do marido estouvado e sua ligação escandalosa com a marquesa de Santos tinham elevado grandemente a Imperatriz no conceito do povo", salienta, porém, que este "a venerava desde a sua colaboração decisiva no movimento de emancipação" — colaboração comprovada, ao longo do livro, por uma análise com extensa base documental. O autor derruba, de maneira brilhante, os mitos em torno da imagem física e da personalidade de d. Leopoldina, bem como de seu relacionamento com d. Pedro, trazendo à luz imagens e documentos europeus até então desconhecidos ou não veiculados no Brasil. Também afirma a identificação cada vez maior da soberana com os brasileiros, opondo-a ao afastamento progressivo entre d. Pedro e o país, concluindo que "raras vezes uma estrangeira foi tão querida e reconhecida por um povo como ela".[15]

De maneira geral, história e ficção atribuem a d. Leopoldina um papel no processo da Independência que, entretanto, comporta muitas nuances, que se sucedem e, muitas vezes, convivem.

Podemos dizer que, até a década de 1970, esse papel era rememorado essencialmente como o de inspirar, apoiar, aconselhar e concordar com o príncipe; surgia vinculado não a opções políticas, mas ao sentimento, à emoção em relação ao Brasil, desenhando-se aí o estereótipo do papel feminino ainda vigente, sobretudo quando nos reportamos a uma produção que, em sua maioria, deixou as mulheres, durante muito tempo, "na sombra da história". Grande parte dos trabalhos a seu respeito destaca a "aura de fatalidade", o caráter trágico que assinalou sua vida, pois, paradoxalmente, no momento da proclamação da Independência, em que ela conheceu o auge de seu prestígio político, iniciou-se sua desgraça pessoal, com a entrada em cena de Domitila de Castro. Incapaz de se opor ao relacionamento de d. Pedro com a posterior marquesa de Santos, teria, a partir daí, sofrido até a morte, passivamente, as mais diversas humilhações e afrontas por parte do marido.

No entanto, a mulher que emerge da documentação é outra: forte e determinada, com posicionamentos políticos definidos e disposta a pagar o preço por eles, tornando-se, antes mesmo da adesão do marido, ativa no movimento da Independência. Uma mulher que exerceu o poder indiretamente, como consorte do soberano, e diretamente, quando substituiu o príncipe regente e posterior imperador ausente no governo do país, que ficou pela primeira vez em mãos femininas.

Manifestações contemporâneas à imperatriz[16] e as dela própria retratam sua participação no processo da Independência. Não como a participação "discreta" que Oliveira Lima visualizou, mas pública e ostensiva, a ponto de gerar dois manifestos de apoio assinados exclusivamente por mulheres — um destinado diretamente à então princesa real e outro já à imperatriz — e de permitir ao arcebispo da Bahia dirigir à Câmara, em 1827, a pergunta: "Qual é o brasileiro que não sabe quanto ela se identificou com os nossos interesses e com a causa da pátria [...]?"[17]

A atuação de d. Leopoldina inspirou mesmo trechos de um interessante hino, publicado por uma senhora brasileira recolhida ao Convento da Ajuda no final de 1822 e impresso pela Typographia do Diario. Além da singularidade da composição, confeccionada por uma mulher reclusa em instituição religiosa, mas que teve a oportunidade de divulgá-la pela imprensa, cabe ressaltar que os versos exaltam a figura de d. Pedro, porém especialmente a de d. Leopoldina, como exemplifica o trecho a seguir:

> Imperatriz do Brasil
> Quis o povo Te eleger,
> Pois dizes com Teu Esposo
> Independência ou Morrer.[18]

Se essa ação política ainda precisa ser mais bem dimensionada, outros matizes da trajetória pública dessa mulher, em certos pontos à frente do seu tempo, quase nenhum espaço ocuparam na produção a seu respeito: sua atuação solidária junto a grupos sociais desfavorecidos, como brancos pobres e escravizados, seu papel na obtenção e difusão de conhecimentos sobre a natureza brasileira, não só por meio da proteção a naturalistas europeus e do estímulo à criação de instituições científicas brasileiras, como o Museu Nacional, mas também realizando ela própria excursões de pesquisa pela Mata Atlântica, na área próxima ao Rio de Janeiro.

O vanguardismo dessas atitudes naturalmente tornou d. Leopoldina alvo dos preconceitos de seus contemporâneos (sobretudo por parte da corte luso-brasileira). Porém, o modo como os enfrentou, não permitindo que interferissem em seu pensamento nem em sua ação política, social e científica, demonstra a independência e a força de sua personalidade. O surpreendente é que a maior parte da historiografia e das obras de ficção a seu respeito, como já mencionado, não cansou de reforçar o discurso preconceituoso daquele início do século XIX, e continua a reafirmá-lo hoje, mascarando-o com as roupagens tão atuais da "desconstrução do herói".

Por outro lado, como ressalta Maria de Lourdes Viana Lyra, seu comportamento de vanguarda e sua determinada atuação nas questões de governo, "certamente, devem ter influenciado no realce de seu papel de liderança política".[19]

Nessa direção, o silêncio digno e o autocontrole com que suportou as múltiplas humilhações por parte do marido e sua concubina não podem ser vistos como resignação ou passividade, mas como parte da plena consciência do seu papel público. De quão bem-sucedido foi esse papel — exercido de modo carismático e consequente — fala-nos a grande popularidade de d. Leopoldina, chegando alguns pasquins a exigir "que se afastasse d. Pedro e a 'dona' e que se reconhecesse o príncipe herdeiro sob a tutela da Imperatriz".[20]

Emmi Baum, Johanna Prantner e Carlos H. Oberacker Jr. já haviam caminhado no sentido dessa interpretação, mas foi na década de 1990 — com a valorização da mulher na cena histórica e com a renovação do interesse pelo processo da Independência — que esse redimensionamento da figura de d. Leopoldina ganhou força. Há um novo e instigante olhar sobre a documentação a ela referente, um olhar com o qual compartilho e que, pelas próprias limitações de cada momento histórico, não se teve no passado.

Nos anos 2000, seguindo a mesma linha, foram publicadas duas importantes biografias sobre a imperatriz: a de Maria de Lourdes Viana Lyra e a de Marsilio Cassotti. Viana Lyra,[21] especialista na formação do Estado imperial brasileiro, vê d. Leopoldina no "papel de protagonista no cenário político da época", resumindo do seguinte modo a personalidade e atuação de sua biografada: "Leopoldina acabou me seduzindo por se revelar vibrante e apaixonada, erudita e politizada, plenamente consciente do papel que lhe competia desempenhar como mulher e Imperatriz."[22] A partir dessa perspectiva, seu trabalho traz uma interessante análise da atuação política da soberana.

Já Marsilio Cassotti, em seu *Biografia íntima de Leopoldina, a imperatriz que conseguiu a Independência do Brasil*,[23] baseado no que contam (e ocultam) as cartas de Leopoldina, busca traçar suas experiências desde a infância e juventude como arquiduquesa da Áustria (a meu ver, parte em que oferece a contribuição mais interessante) até sua morte, em 1826. E o faz porque vê na imperatriz um personagem decisivo na história do Brasil, como o próprio título da obra já anuncia.

A história não comporta versões definitivas, é de sua natureza transformar-se à medida que novas fontes e novas abordagens surgem. Mas o que podemos afirmar é que a visão hoje predominante é a de que a imperatriz Leopoldina soube conquistar um lugar para si na história brasileira como coparticipante do processo histórico.

Uma austríaca enfeitiçada pelo Brasil

Filha de Francisco de Habsburgo-Lorena, último imperador do Sacro Império Romano-Germânico e primeiro imperador da Áustria, e de sua segunda esposa, Maria Teresa de Bourbon-Sicília, Leopoldina Carolina Josefa de Habsburgo-Lorena[24] nasceu a 22 de janeiro de 1797, já com o título de arquiduquesa da Áustria, como as demais princesas da Casa Imperial. Nascia membro de uma dinastia secular, que reunia tradição, poder e cultura; que mantinha seu trono e a autoridade imperial, entre outras razões, por ter sabido atualizar-se diante de uma Europa em transformação, reconhecendo, desde Leopoldo II, que

> [...] hoje em dia, quando um dos nossos herda um trono, já não se trata, como outrora, de uma propriedade devidamente adquirida — mas sim de um cargo, de uma pesada incumbência e é preciso quebrar-se a cabeça para reinar tanto quanto possível de acordo com os desejos dos seus súditos.[25]

Do ponto de vista externo, os Habsburgo notabilizaram-se por estender sua influência por meio da mais hábil política de casamentos entre as casas reais. O destino de Leopoldina foi traçado por essa política: deveria casar-se com d. Pedro de Bragança e Bourbon, filho e herdeiro de d. João VI, rei de Portugal, do Brasil e de Algarves. A aliança era vantajosa para ambos os lados. Para Portugal, significava uma possibilidade de escapar à dependência da Inglaterra. À casa da Áustria, permitia fazer-se presente, por meio da futura rainha, num dilatado império, que incluía uma promissora terra americana recentemente elevada a reino unido — o Brasil. A *Gazeta de Lisboa* de 13 de maio de 1817 transcrevia notícias de Londres que já demonstravam o interesse comercial da Áustria em relação ao Brasil:

> Extrato de uma carta de Trieste datada a 10 de abril: Darão à vela para o Rio de Janeiro duas Fragatas Austríacas, a *Áustria* [...] e a *Augusta* [...], levando a frete e proteção muitas toneladas de Fazendas do Império, como um estímulo aos seus habitantes para principiarem uma comunicação direta com o Brasil.[26]

O casamento realizou-se, por procuração, em Viena, a 13 de maio de 1817, e, a 13 de agosto, a arquiduquesa deixou a Europa.

Alegre, cheia de vida, disposta a enfrentar seus temores e a demonstrar força e coragem sempre que necessário, com uma profunda fé cristã e uma sólida formação científica e cultural, que incluía política e noções de governo, e preparada para reinar, d. Leopoldina aceitara, com o noivado, o desafio de ser a primeira princesa europeia a se casar no continente americano.

O Brasil, aliás, teria sido objeto do interesse de Leopoldina muito antes de seu casamento, fruto de uma visão romântica que ela possuiria do país desconhecido e misterioso. Essa interpretação aparece, em crônicas de época ou posteriores, ligada a uma ideia de predestinação, que encontra apoio numa afirmação da própria arquiduquesa em carta à sua tia, Maria Amélia de Orléans, de 16 de dezembro de 1816: "A viagem não me assusta. Creio que isto está predestinado, pois sempre tive um singular pendor pela América e mesmo quando criança dizia eu sempre que queria ir lá."[27] De fato, d. Leopoldina, particularmente empenhada nos estudos sobre a natureza, possuía, ainda em Viena, conhecimentos sobre a vastidão da flora e da fauna do universo tropical, a partir das visões da América transmitidas pelos viajantes que já a haviam visitado e sobre ela escrito. Por isso mesmo, apesar das incertezas da viagem e da dor pela separação da família amada, a aventura de conhecer o Novo Mundo fascinou a arquiduquesa.

A respeito do impacto do encontro com a nova terra sobre a agora princesa real, ela própria o mencionou na correspondência com a família, como na carta ao pai de 8 de novembro de 1817: "A entrada no porto é sem par, e acho que a primeira impressão que o paradisíaco Brasil faz a todo estrangeiro é impossível de descrever com qualquer pena ou pincel."[28]

Entretanto, é preciso ver em d. Leopoldina sua condição de alguém que, vindo de outro espaço geográfico e com outras origens culturais, necessita adaptar-se a uma realidade bem diversa da sua. Nesse sentido, os estudos sobre a imperatriz caem, via de regra, em extremos questionáveis: ora apresentando-a como uma espécie de "corpo estranho", a europeia totalmente inadaptada ao mundo brasileiro, ora abrasileirando-a completamente, falando "de sua excepcionalíssima resignação ao nosso clima, aos nossos hábitos, à nossa pobreza, ao nosso plebeísmo".[29]

Não se pode negar o estranhamento diante de uma terra e uma sociedade tão diferentes da sua e a dificuldade de adaptar-se a elas. Ao paraíso sonhado, sucedeu uma vida real não raro hostil e cheia de obstáculos a ser ultrapassados, que iam do clima aos hábitos da corte e ao temperamento do próprio marido. Já em março de 1818, confessava à irmã predileta — Maria Luísa — ter passado por tantas experiências e tido tantos aborrecimentos nos poucos meses em que vivia em meio a outra gente e numa outra terra que ela, espontânea e franca por natureza, tornara-se um tanto desconfiada e mais cautelosa.

De olhos claros, pele alva e delicada, nascida num país com verões amenos e rigorosos invernos, d. Leopoldina era extremamente sensível ao sol intenso e ao calor constante. Os efeitos negativos disso sobre a aparência e a saúde da imperatriz podem ser percebidos em sua correspondência e nos relatos que sobre ela deixaram seus contemporâneos.

Maior que o choque físico certamente foi o contraponto cultural, sobretudo com os setores mais conservadores da corte, pois d. Leopoldina não correspondia, como apontou Carlos H. Oberacker Jr., ao tipo tradicional de mulher com o qual estavam habituados. Cortesãos que desprezavam o trabalho manual viviam num intrincado jogo de bajulação e intrigas — dependentes que eram das boas graças dos príncipes

— e acreditavam que saber ler e escrever era instrução mais do que suficiente para mulheres destinadas a habitar a casa e os salões. Assim, viam com desconfiança aquela princesa culta, que buscava se manter intelectualmente atualizada, que tratava com educação e respeito seus serviçais e até mesmo os escravos, não recompensava o servilismo, procurando manter-se longe do circuito das intrigas, a quem agradava estar ao ar livre, fazer longas caminhadas e cavalgadas, apreciar e estudar a natureza, cultivar suas plantas e tratar de seus animais, que fazia questão de acompanhar o marido por toda parte e se intrometia nas questões de Estado. Para eles, Leopoldina seria sempre "a estrangeira".

Por seu lado, d. Leopoldina sentia falta de uma vida social e cultural mais intensa — que o Rio de Janeiro da época estava longe de possuir — e raramente encontrou pessoas do mesmo nível intelectual com quem pudesse manter uma conversa mais complexa do que aquela sobre a vida doméstica. Com poucas exceções, nunca conseguiu estabelecer laços fortes de amizade com os fidalgos; ao contrário, desprezava-os, buscando seus amigos mais íntimos fora do círculo cortesão.[30] Desse isolamento, queixou-se frequentemente a amigos e parentes.

Apesar desses contrastes e conflitos, e em vez de se dedicar somente a lamentações, Leopoldina procurou abrir-se para compreender e aceitar a nova terra, até por considerar ser esse o seu dever. Com o "sentimento de solidão e estranheza diante dos costumes da Corte Brasileira na época" conviveu "a sua crescente paixão pelo Brasil".[31]

Demonstrando grande disposição para superar as próprias limitações, não desanimou de explorar em seus detalhes a natureza da qual a amostra nas estufas de Schönbrunn já a impressionava. Para espanto da maioria — sobretudo dos europeus que aqui aportavam —, adotou um traje que incluía calças, botas de cano alto e chapéu largo, capaz, portanto, de protegê-la da inclemência do clima e dos perigos da mata, permitindo-lhe prosseguir em suas pesquisas e tornar-se a companheira inseparável de d. Pedro.[32]

Foi capaz de ver não só a beleza, mas as possibilidades do Reino, que foi passando a considerar uma nação distinta de Portugal, com características e anseios próprios. Adotou a língua portuguesa em sua vida diária, de tal modo que progrediu significativamente em seu domínio, chegando mesmo, como ela o confessou ao marquês de Marialva, a esquecer um pouco o francês e o alemão, seu idoma de origem. Esse processo de adaptação não fez d. Leopoldina negar suas raízes culturais. Continuava a se sentir austríaca, tinha saudades de sua terra e seus costumes, mas, ao mesmo tempo, sentia-se, como diria ao pai, "brasileira do fundo do coração", com uma história de vida já ligada ao país.

Um aspecto que, se pesquisado em profundidade, certamente contribuirá para uma melhor compreensão do relacionamento da imperatriz com sua nova pátria é sua atuação como naturalista.

Quando se menciona o envolvimento de d. Leopoldina com as ciências naturais, costuma-se destacar a Missão Austro-Bávara de 1817 e, com menor detalhamento, o apoio da imperatriz a cientistas em visita ao Brasil e ao então Museu Real (hoje Museu Nacional). Suas excursões científicas pela Mata Atlântica, a coleta de material feita durante elas, os estudos desses espécimes, a troca de correspondência com cientistas na Europa são sempre comentados de forma passageira, como comprovação da cultura de Leopoldina ou até mesmo como uma faceta "exótica" de sua personalidade. Nem mesmo Carlos H. Oberacker Jr. — seu melhor biógrafo — escapou à regra.

Essa atividade, que a levava a se embrenhar nas matas com o marido, com um pequeno séquito ou sozinha, foi, aliás, alvo de estranhamento por parte de seus contemporâneos e de autores da primeira metade do século XX. Apenas recentemente, com as discussões em torno das questões ambientais, essa relação da imperatriz com a natureza tem sido valorizada e é, hoje, reavaliada como evidência de sua consciência de vanguarda com relação à importância do meio ambiente, porém sem uma base documental que sustente as afirmações.

Desvendar detalhes do contato entre d. Leopoldina e a natureza brasileira, que se estreitou e permaneceu ao longo dos nove anos em que ela aqui viveu, nos permitiria aprofundar a visão que tinha do país, das populações que encontrou, do cenário desenhado pela exuberância e pelo inusitado do mundo tropical, que ela soube perceber e descrever, como bem apontou Maria de Lourdes Viana Lyra, "com a sensibilidade do artista que olha o entorno e capta o que ele tem de mais belo".[33]

Fazê-lo exige examinar com esse olhar sua correspondência destinada à Europa. Os poucos trechos citados por Olga Obry e Carlos Oberacker Jr. — muito mais como ilustração dos hábitos cotidianos de d. Leopoldina no Brasil do que como narrativas a merecer análise — dão conta de extensos e interessantes relatos de suas viagens pelos caminhos de São Paulo e Minas Gerais e pela serra dos Órgãos, entre outras localidades do Rio de Janeiro. Infelizmente, ainda não temos sua reprodução integral disponível no país.

Outra fonte de grande importância para o aprofundamento dessa questão seria a produção pictórica de d. Leopoldina no Brasil.[34] Não há dúvida de que ela realizou esses trabalhos, muitos deles retratando paisagens, plantas e animais. Existem depoimentos de época nesse sentido, como o do viajante e pintor francês Jacques Arago, que afirma: "Tive a honra de tornar a ver diversas vezes a excelente Leopoldina, com quem desenhava muitas vezes nos arredores de São Cristóvão."[35] Não há, porém, notícias dessa produção. Faço minha a pergunta que d. Carlos Tasso de Saxe-Coburgo e Bragança deixa em seu artigo sobre a formação artística da imperatriz Leopoldina: onde estariam os desenhos e pinturas que ela produziu no Brasil? Encontrar esse material permitiria não só avaliar melhor seus dons artísticos — são trabalhos da maturidade — como traria um novo elemento: a imagem para a reconstituição da sua visão do país.

A grande conspiradora: atuação política de d. Leopoldina

A dedicação de d. Leopoldina às ciências da natureza, marcadas pelo romantismo dominante no início do século XIX — que fez com que ela percebesse a paisagem brasileira não apenas como extenso campo de investigação, mas como cenário poético e encantador —, tem sido evocada em várias oportunidades para justificar sua adesão ao movimento da Independência. Sua participação na luta pela emancipação política aparece como consequência natural de seu fascínio pelo país. "O seu amor a estas gentes e a estes climas floresceu em propaganda",[36] afirma o historiador Pedro Calmon. A ideia de uma adesão natural, predestinada, à causa da emancipação foi sintetizada pelo arcebispo da Bahia na oração fúnebre em memória da imperatriz: "Deus havia lhe dado [...] um coração todo brasileiro".[37]

A constatação de sua ação política consciente e contínua coloca, porém, a necessidade de aprofundar quer seus caminhos, quer seus fundamentos ideológicos. Maria de Lourdes Viana Lyra fala do "conservadorismo de seu pensamento político", fiel aos preceitos absolutistas de sua casa de origem. No entanto, a percepção dos grupos com os quais d. Leopoldina interage e aos quais se alia me leva a pensar que a questão é mais complexa.

Obviamente, não creio que reprimiu seu conservadorismo por amor a d. Pedro, como afirma Neill Macaulay, nem que o marido — de nível cultural inferior e com formação política menos consistente — pudesse exercer sobre ela qualquer influência decisiva no sentido de "convertê-la" ao liberalismo, como desejaria Otávio Tarquínio de Sousa. O que menos se pode inferir da documentação existente é que suas opções políticas tenham fundamento em seus sentimentos pelo príncipe; ao contrário, a independência do pensamento político de Leopoldina, muitas vezes divergente do pensamento do marido, foi causa de tensões entre o casal. Se desejarmos atribuir sua ação a algum sentimento, a própria d. Leopoldina menciona, em 1826, a seu secretário Johann Martin Flach,[38] um bem mais coletivo: "o amor ao Brasil".[39]

Sem desconsiderar sua formação e o peso que teve em sua vida, parece-me proveitoso tentar perceber as experiências vividas no Brasil pela princesa e imperatriz num momento revolucionário cheio de questionamentos e incertezas e o modo pelo qual, a partir disso, reelaborou seus posicionamentos e em que direções.

Embora os caminhos da adesão de d. Leopoldina à causa brasileira sejam um ponto ainda nebuloso, não há dúvida de que sua cooptação para o círculo dos chamados "patriotas" — ou seja, os adeptos da autonomia e, mais tarde, da separação — aconteceu antes da de d. Pedro. Comprovam-no seus bilhetes, na época do "Fico", ao seu secretário particular, Georg Anton von Schäffer, em que informa aos aliados o trabalho que vinha realizando no sentido de convencer o príncipe regente a decidir-se a favor dos brasileiros. Pergunto-me por que parte da historiografia brasileira, que, há muito, conhece e utiliza essa documentação, insiste em omitir que a adesão da princesa precedeu à de d. Pedro e que sua influência sobre ele era, naquele momento, tão grande que motivou os patriotas a desejarem-na como aliada, uma conspiradora no topo do poder, com acesso direto ao regente. Além de Oberacker,[40] em 1973, e, mais recentemente, Maria de Lourdes Lyra[41] e Paulo Rezzutti,[42] ousou essa interpretação, em 1977, Jorge Americano, para quem "José Bonifácio [...] elaborou um plano de ação. Primeiramente procurou e conseguiu o apoio de d. Leopoldina. A Princesa, culta, inteligente, conhecedora de política internacional, acabou por abraçar com entusiasmo a causa".[43] Não me parece, no entanto, que esse pudesse ter sido um plano individual de José Bonifácio, que então nem se encontrava no Rio de Janeiro. É mais provável que o elo entre d. Leopoldina e os autonomistas tenha sido seu secretário particular — pelo menos a correspondência trocada o coloca como intermediário — e que essa ligação passe, como sugere Neill Macaulay,[44] por membros do clero que já integravam o movimento, como frei Sampaio e o cônego Januário da Cunha Barbosa.

Mas por que d. Leopoldina, tão consciente de seus deveres para com a Casa Real Portuguesa, teria aderido a um movimento que seria considerado subversivo pelo governo português?

Porque ela fez uma opção política pelo Brasil, uma opção para a qual evoluiu lentamente e que saiu vitoriosa de uma dura luta interior, sendo, a partir daí, firme e definitiva. Sacrificou seus interesses pessoais — rever sua terra e sua família, estar num ambiente mais favorável a ela emocional e fisicamente — por um ideal político: a criação de um grande império na América, um império novo, uno e rico, em cujo futuro promissor acreditava, profetizando que ele "nunca poderá ser subjugado pela Europa, mas que, com o decorrer do tempo, facilmente poderá arvorar-se em seu legislador".[45]

Ao reconhecer não a inevitabilidade do rompimento, como aponta Oliveira Lima, mas a vaga revolucionária que não permitiria mais ilusões quanto ao fim da ordem antiga, dedicando-se a estudar os teóricos liberais e as experiências políticas em curso (incluindo a dos Estados Unidos), convenceu-se da validade do projeto monárquico-constitucional defendido pelos setores mais moderados do movimento — entre os quais estavam os irmãos Andrada —, projeto que conciliava as reivindicações liberais com a preservação da monarquia e de prerrogativas essenciais da realeza. Engajou-se na sua estruturação e implantação no "amado Brasil", que imaginava, assim, salvo das "ameaças de república".

Não considerava esse ato uma deslealdade para com a Coroa portuguesa, na medida em que, na sua visão, as Cortes, eleitas após a Revolução Liberal de 1820, desrespeitavam a pessoa e as prerrogativas do rei e o mantinham prisioneiro de sua vontade. É bem verdade que, mesmo quando d. João VI recuperou o poder absoluto, nunca cogitou a reunificação dos dois países, defendendo intransigentemente o reconhecimento da Independência.

O rompimento com Portugal era, contudo, apenas um dos caminhos naquela década de 1820. Para concretizá-lo, era preciso enfrentar os opositores internos, como reconhecia a própria princesa em bilhete a José Bonifácio de Andrada e Silva: "Ainda muitas pessoas acreditam na união do Brasil com o Portugal, achando que só assim podem ser felizes." Ao trilhar esse caminho, d. Leopoldina estava consciente dos riscos, que iam desde a derrota para as Cortes — o que os colocaria na posição de traidores — até a vitória de setores republicanos do movimento — o que os deixaria sem pátria. Tudo era incerto e possível. Mas, com a força e a coragem que lhe eram peculiares, afirmava estar disposta a dar sua vida pelo que considerava "o bem público e da Nação Brasileira", à qual se estimava "felicíssima de pertencer".[46]

D. Leopoldina adotou explicitamente a nacionalidade brasileira, o que passou a deixar claro em suas cartas: "Nós brasileiros os desprezamos", "Escrevo como Brasileira", "Serei sempre Brasileira de coração". Compreendendo o processo de afirmação da nacionalidade por que passava o país, não usava e não estimulava o uso de idiomas estrangeiros na corte, "dizendo a todos que falassem português" e ajudando os que nisso tinham dificuldade.[47]

"Brasil", relembrava frei Sampaio ao prantear a morte da imperatriz, "tu ouviste então o novo juramento da Heroína de dois mundos; apertaram-se mais os vínculos do seu compatriotismo; Ela se despediu para sempre da Europa, reconhecendo-te por sua Pátria adotiva."[48]

A partir de então, suas posições foram incisivas "no resguardo das prerrogativas do Reino do Brasil".[49]

Evoluímos, assim, da percepção de uma d. Leopoldina cuja "influência na história nacional mede-se pelas suas próprias virtudes, sua pureza e doçura, a cultura de seu espírito"[50] para a Leopoldina estadista, extraordinária na lucidez com que visualizou e soube agir em seu momento histórico. Dela, o que menos se pode dizer é que "nunca interveio nos negócios políticos, porque era naturalmente modesta".[51] Sua modéstia manifestava-se no trato com o próximo. Quanto à ação política, considerava-a um dever, embora afirmasse: "Deus sabe que nunca tive ambição de governar."

Seu primeiro grande momento de atuação deu-se no episódio do "Fico", isto é, durante a campanha de dezembro de 1821 a janeiro de 1822 para que d. Pedro desobedecesse às ordens das Cortes de Lisboa e permanecesse no Brasil como regente.

"A ela", diz Jorge Americano, "caberia converter o marido". Para isso, é claro, usaria sua posição privilegiada de esposa, mas seria ingênuo imaginar que tão somente com suas armas de mulher conseguiria convencer o príncipe. Não porque d. Leopoldina não as tivesse ou não as soubesse empregar, e sim porque possuía outras mais consistentes. "Muito mais instruída do que d. Pedro [...] e tendo-se formado noutro meio", assevera Oliveira Lima, identificando melhor a fonte de sua bem-sucedida influência, "ela dispunha sobre o ânimo do marido de um poder de sedução que lhe não era infelizmente dado exercer sobre o seu temperamento."[52]

Seus esforços para que d. Pedro decidisse pela permanência no Brasil são minuciosamente informados aos patriotas por intermédio de seus bilhetes a seu secretário Schäffer. Anunciava satisfeita que "ele está mais bem-disposto para com os brasileiros do que eu imaginava". Não só prestava contas da principal missão que lhe fora confiada, como também de sua interferência para que fossem adotadas medidas administrativas de interesse dos autonomistas, como a substituição de ministros portugueses por brasileiros, além de aconselhá-los sobre o melhor modo de agir junto a um homem altivo e emocionalmente instável como d. Pedro, pois, do contrário, "tudo então estaria perdido". Num dos bilhetes, desabafava: "Muito me tem custado alcançar tudo isto. Só desejaria insuflar uma decisão mais firme."[53]

Em 9 de janeiro de 1822, d. Pedro tomou a tal "decisão mais firme": ficou no Brasil. Dois dias de festa iluminaram o Rio de Janeiro. No dia 11, porém, a Divisão Auxiliadora pôs em prática seu plano de levar presos a Lisboa o príncipe e a princesa rebeldes às determinações das Cortes. A vitória do regente sobre as tropas portuguesas com o apoio das milícias brasileiras foi espetacular, mas custou a Pedro e Leopoldina o filho João Carlos, de onze meses, que não suportou a precipitada viagem para a Fazenda de Santa Cruz, onde o príncipe procurara colocar a família a salvo da batalha.

Significativo indício de quanto, a essa altura, d. Leopoldina já se encontrava envolvida na política do Reino é o conhecimento preciso que possuía sobre a chegada da deputação de São Paulo, que vinha hipotecar seu apoio à permanência do regente, e a ansiedade com que a aguardava, mandando seu coche particular para conduzi-los do Porto de Sepetiba ao Rio de Janeiro. A deputação dispensou o transporte, pois já o tinha, mas não a visita à princesa, então em Santa Cruz. Nessa oportunidade, d. Leopoldina conheceu pessoalmente José Bonifácio de Andrada e Silva, membro destacado da política paulista e cientista de renome internacional, que seu marido convidaria para ocupar o mais alto cargo do novo ministério. Com sua linha de ação, a princesa identificou-se completamente, aprofundando sua participação nas discussões políticas e nas decisões de Estado. Aliás, a admiração era recíproca. Em carta a d. Pedro, José Bonifácio refere-se a d. Leopoldina como "nossa boa e incomparável Ama, que Deus nos deu como mimo e presente seu".[54] E em bilhete à própria princesa diz não ter palavras "para agradecer a Vossa Alteza Real [...] o interesse que toma pela felicidade e sossego do seu Reino do Brasil".

Leopoldina tornava-se, cada vez mais, um elemento encorajador e moderador do projeto de separação. Foi uma articuladora incansável com os partidários dessa vertente, aparando arestas entre eles e o príncipe, passando-lhes informações, para cuja obtenção fazia trabalhar o próprio encarregado de negócios da Áustria, identificando os "do partido oposto". Dividia com o marido o trabalho de governar, como comprova uma carta de 1823 à sua tia Maria Amélia, na qual justifica seu prolongado silêncio com a afirmação "ajudo meu Esposo nos negócios", colocando a serviço do Estado independente em gestação os conhecimentos que a disciplinada formação da casa paterna lhe proporcionara. De fato, d. Leopoldina e d. Pedro partilhavam então o mesmo ideal político; sua íntima colaboração pode ser facilmente percebida na correspondência entre ambos durante as viagens do príncipe a Minas Gerais e São Paulo.

Sua atuação alcançou tal destaque que atraiu a lealdade das mulheres brasileiras, reunindo-as em torno de sua figura, sentimento expresso em dois manifestos. O primeiro, de 23 de agosto de 1822, assinado por 186 mulheres baianas, felicitava a princesa pela parte tomada nas decisões do esposo. O segundo, de 13 de outubro de 1822 — no dia seguinte à aclamação —, assinado por 55 mulheres paulistas, protestava à agora imperatriz amor, respeito e gratidão. Por seu lado, d. Leopoldina aproveitava a comunicação a d. Pedro de que receberia a deputação das baianas para expressar sua visão sobre a presença das mulheres na política, dizendo-lhe que a atitude daquelas senhoras "prova que as mulheres têm mais ânimo e são mais aderentes à causa boa".

Nessa época, a princesa receberia a maior comprovação da confiança política que nela se depositava. Era nomeada por d. Pedro, por meio do decreto de 13 de agosto de 1822, sua substituta durante a viagem dele a São Paulo, de modo que poderia, "com os referidos Ministros e Secretários de Estado, tomar todas as medidas urgentes e necessárias ao bem e à salvação do Estado, e de tudo me dará imediatamente parte para receber a minha aprovação e ratificação".[55]

Em fins de agosto, chegavam notícias de Lisboa que davam conta de que as Cortes, entre outras deliberações, ordenavam o retorno imediato do príncipe, determinavam a prisão dos ministros e anulavam os atos da regência. O "bem e a salvação do Estado" exigiam, então, que a princesa exercesse amplamente a autoridade que lhe fora conferida, para além das rotinas administrativas, que vinha cumprindo com competência e invejável vigor, apesar do discurso de fragilidade com que sabia envolver o marido. A 2 de setembro de 1822, sob a presidência de d. Leopoldina, reuniu-se o Conselho de Estado, posicionando-se favoravelmente à separação e estabelecendo um primeiro plano de defesa para a nação que nascia.

Restavam, como o decreto previa, a aprovação e ratificação do regente, que, no presente caso, eram urgentíssimas; era uma oportunidade que não se podia perder, daí a pressa com que os emissários foram enviados a São Paulo.

D. Leopoldina e José Bonifácio não confiaram, porém, apenas aos documentos oficiais a missão de mostrar a d. Pedro a necessidade de aprovar a deliberação do Conselho. Escreveram-lhe cartas particulares.

Há divergências quanto à carta de d. Leopoldina que teria sido entregue ao príncipe. Tradicionalmente, considera-se a de 29 de agosto. Mas, além de ter data anterior à reunião do Conselho, essa missiva, apesar de preocupante, nada contém que justifique o comentário de Vasconcelos Drummond de que, ao lê-la, teve ocasião de admirar o espírito e a sagacidade da princesa.[56] Concordo com a tese de Carlos H. Oberacker Jr. de que a carta entregue fora outra, a que consta de um manuscrito raro, de 1826, contendo o depoimento de uma testemunha do Sete de Setembro, o padre Belchior Pinheiro de Oliveira, e que aparece transcrita por cronistas da década de 1920. Embora não se tenha notícia da carta ou do manuscrito, em abono dessa tese há a declaração de "um dos amigos mais dedicados do Imperador D. Pedro I", em que afirmava que as instâncias para a Independência na carta da princesa não eram menores que as de José Bonifácio e que, em toda ela, revelava-se o sangue de Maria Teresa (sua bisavó), recordando-se de uma única frase, que consta efetivamente da carta em questão: "O pomo está maduro, colhei-o já, senão apodrecerá."[57] De fato, o texto é impressionante; revela uma grande habilidade política, um profundo conhecimento do destinatário e manifesta, sem dúvida, um pensamento político que era o de d. Leopoldina.

> Pedro, o Brasil está como um vulcão. Até no Paço há revolucionários. Até portugueses são revolucionários. Até oficiais das tropas são revolucionários. As Cortes Portuguesas ordenam a vossa partida imediata, ameaçam-vos e humilham-vos. O Conselho de Estado aconselha-vos a ficar. Meu coração de mulher e de esposa prevê desgraças se partirmos agora para Lisboa. Sabemos bem o que têm sofrido nossos pais. O Rei e a Rainha de Portugal não são mais reis, não governam mais, são governados pelo despotismo das Cortes que perseguem e humilham os soberanos a quem devem respeito. Chamberlain vos contará tudo o que sucede em Lisboa. O Brasil será em vossas mãos um grande país. O Brasil vos quer para seu monarca. Com o vosso apoio ou sem o vosso apoio ele fará a sua separação. O pomo está maduro, colhei-o já, senão apodrecerá. Ainda é tempo de ouvirdes o conselho de um sábio que conheceu todas as cortes da Europa, que, além de vosso Ministro fiel, é o maior de vossos amigos. Ouvi o conselho do vosso Ministro, se não quiserdes ouvir o da vossa amiga. Pedro, o momento é o mais importante de vossa vida. Já dissestes aqui o que ireis fazer em São Paulo. Fazei, pois. Tereis o apoio do Brasil inteiro e, contra a vontade do povo brasileiro, os soldados portugueses que aqui estão nada podem fazer.
>
> — Leopoldina.[58]

Às quatro e meia da tarde de 7 de setembro de 1822, d. Pedro ratificava a decisão do Conselho, proclamando a Independência.

A felicidade de d. Leopoldina por esse passo decisivo é expressa de forma eloquente no episódio dos laços de fita. Definido que todo adepto da Independência usaria no braço uma fita verde — a cor da casa de Bragança —, e não havendo mais fitas verdes no Paço, a princesa arrancou as que enfeitavam seus travesseiros e distribuiu-as entre os presentes, como relata Vasconcelos Drummond, um dos ganhadores do honroso laço.[59]

Foram adotadas como cores nacionais o verde e o amarelo (ou cor de ouro), simbolizando a nova dinastia, fruto da união entre Bragança e Habsburgo. Na concepção da nova bandeira, o losango dourado indicava de forma inequívoca a presença de uma mulher Habsburgo-Lorena na fundação da nova nação.

Entretanto, sabia d. Leopoldina que a luta estava apenas começando, uma longa e dura luta, interna e externa, pela consolidação do Império. E, embora autores como Pedro Calmon cheguem a afirmar que "a política inebriara-a em 1822; já não a interessava em 1825; em 1826 é, no Paço, uma espécie de secretária para negócios estrangeiros",[60] sua participação política não se esgotou em 1822.

A partir de 1823, teve que enfrentar, é certo, graves obstáculos, com a queda e o exílio de importantes aliados, como os Andrada, e a progressiva ocupação dos espaços de poder por seus adversários, que não se restringiam à marquesa de Santos, mas tinham nela forte apoio, e cuja oposição não se limitava a questões domésticas. Mesmo assim, continuou a trabalhar pela causa que abraçara, beneficiada pela confiança do imperador, que seus inimigos nunca conseguiram destruir. Atuou firmemente na busca do reconhecimento da Independência, a serviço do qual colocou seus contatos e suas relações familiares na Europa, incentivou a imigração alemã para o Brasil e, com ela, o trabalho livre, e colaborou na obtenção de soldados mercenários que reforçariam as incipientes tropas imperiais na Guerra da Independência.

A carta ao pai, Francisco I, datada de 6 de abril de 1823, revela o modo como, a partir do processo vivido, reinterpretou, independentemente da concordância de sua casa de origem, aquela que sua formação lhe apontava como a principal missão de sua vida: "representar dignamente a ideia monárquica, servir ao seu povo e fazê-lo feliz".[61]

> Caríssimo papai! Antônio Teles, camarista de meu esposo, homem muito honrado e honesto, é o portador desta correspondência e de meus sinceros e calorosos votos pela sua saúde e pela futura grandeza do Brasil. Como a oportunidade me permite falar sinceramente, quero contar tudo ao Senhor, querido pai, e expor-lhe o que, infelizmente, até agora lhe foi apresentado sob um falso ponto de vista, ou por malícia para nos prejudicar, ou por falta de conhecimentos, o que não pretendo decidir [...] Desde que o meu marido tomou o leme do estado, Deus o sabe, não por ambição do poder ou por vanglória, mas para satisfazer ao desejo do probo povo brasileiro, que se sentia sem regente e dilacerado no seu íntimo pelos partidos; obrigaram-no ameaças de anarquia ou de república — e qualquer outra pessoa que se tivesse encontrado na mesma situação, teria procedido de modo idêntico — a aceitar o título de imperador para satisfazer a todos e para fundamentar a unidade. Estou convencida, prezado pai, de que lhe disseram e escreveram que aqui querem uma constituição igual à das infames cortes portuguesas ou das sanguinárias espanholas. É mentira forte e como prova tomo a liberdade de anexar os artigos principais. A Família Imperial não está somente garantida; mas goza até o amor e a confiança do povo, do qual recebemos realmente as mais comovedoras e constantes demonstrações [...]. É meu dever apresentar-me como advogada do nobre povo brasileiro, pois tudo devemos a ele; nas ocasiões críticas, fizeram os maiores sacrifícios que o amor da pátria pode oferecer para proteger a sua unidade e a realeza. [...] Caso contarem ao senhor, prezado pai, que falta dinheiro e poder marítimo, mentem ou pretendem iludi-lo. As finanças, em consequência

> de uma sensata e conveniente direção, nunca se encontraram em situação melhor, e todos contribuem espontaneamente para as necessidades do estado. Dentro em breve, uma poderosa marinha estará à nossa disposição, e já se encontra em começo. Todas as províncias se reúnem, o mesmo interesse e os mesmos desejos animam-nas. Agora não me resta mais nada do que desejar que o Senhor, prezado pai, se apresente como nosso verdadeiro amigo e aliado. Será certamente para mim e meu marido um dos mais alegres dias quando recebermos esta certeza. De mim, caríssimo pai, o Senhor pode estar convencido de que, se para desgraça minha, acontecer o contrário, sempre serei brasileira de coração, pois a isso me obrigam os meus deveres de esposa e mãe, e a gratidão para com um povo leal, que estava pronto, quando nos vimos abandonados de todas as potências, a constituir o nosso apoio, não temendo os maiores sacrifícios nem perigos.[62]

Nessas linhas, expunha com firmeza e desembaraço suas posições: defendia a opção pela separação de Portugal e o projeto de Estado — monárquico-constitucional — em curso no Brasil, fundamentando ambos na vontade popular, e solicitava o apoio do pai para o reconhecimento da nova nação. Sabia, porém, que ao chefe da conservadora e legitimista Santa Aliança seria praticamente impossível conceder esse apoio, exagerando então as condições favoráveis do Brasil para uma possível guerra, na tentativa de obter, pelo menos, sua neutralidade. Ao final, não pedia a sanção paterna: comunicava sua decisão de permanecer ao lado do Brasil, mesmo contra sua pátria e casa de origem, invocando seu dever para com o marido e os filhos — que, havia muito, reconhecia brasileiros —, mas também a gratidão para com o povo, "nobre" e "leal", que era agora o seu povo, a quem, cumprindo seu destino de princesa, cabia-lhe fazer feliz.

O silêncio da historiografia sobre essa atuação faz, porém, com que ela seja pouco detalhada e mesmo desconhecida. Após 1822, d. Leopoldina desaparece como agente político para dar lugar à esposa sofredora, humilhada e abatida. Como num passe de mágica, a mulher que estava pronta a dar a vida pelo país que adotara transforma-se num ser humano passivo e sem vontade.

A documentação desse período precisa e começa certamente a ser vista sob um novo prisma. A correspondência da imperatriz entre 1824 e 1826, por exemplo, deixa menos perceber lamentos pessoais do que sua oposição aos rumos que o governo de d. Pedro vinha tomando, a diminuição de seu poder de influência junto a ele — poder que já fora tão extenso — e seu crescente isolamento político, social e intelectual. É nesse sentido que se deve ler o famoso trecho de sua carta de 8 de outubro de 1826 a Schäffer, então na Alemanha, como agenciador de soldados e colonos para o Império:

> Aqui infelizmente anda tudo errado, pois, falando sinceramente, mulheres infames iguais a uma Pompadour e Maintenon!!, e ainda piores, visto lhes faltar a educação, e ministros vendidos completamente à Europa e à Santa Ignorância governam tudo e os outros [um recurso para se referir a ela mesma] devem calar-se [...].[63]

Oberacker usa esse trecho como uma comprovação do "alto grau de desespero e de tédio de vida a que chegara a Imperatriz". Em vez de desespero, vejo aqui indignação. Indignava-a a intervenção da amante do marido e de políticos que considerava contrários aos interesses brasileiros nos negócios públicos, distanciando d. Pedro do projeto pelo qual ambos lutaram em 1822 e no qual ainda acreditava.

O reconhecimento do empenho de d. Leopoldina pela causa do Brasil permanece gravado num belíssimo presente dado à imperatriz: um conjunto de colar e brincos, hoje no Museu Imperial, em que o projeto vitorioso em 1822 — aquele pelo qual lutou e com o qual sempre concordaria — encontra-se perfeitamente sintetizado.

> O colar é composto por 17 esferas armilares em ouro filigranado, 14 delas dispostas em 2 segmentos, interligadas por dois ramos, um de café e outro de tabaco, e ordenadas segundo o tamanho, em ordem crescente, a contar do fecho para o centro sendo cada uma delas envolta por uma faixa zodiacal, esmaltada em branco, onde aparece gravado, em itálico, o nome das províncias do Brasil [...]. No centro do colar, 3 esferas, representando São Paulo, Rio de Janeiro e Minas Gerais, aparecem, ligadas por 2 ramos de café e tabaco cruzados e atados por um laço em ouro cinzelado, dando apoio à coroa imperial cravejada com 19 esmeraldas, 17 rubis orientais e encimada por um globo crucífero, encastoado de 1 esmeralda. [...] Os brincos reproduzem a forma da coroa imperial de onde pende 1 esfera armilar também entremeada por 2 ramos de café e tabaco, representando cada esfera, de cada brinco, as Províncias do Maranhão e Mato Grosso.[64]

A historiadora Maria de Lourdes Viana Lyra dedicou um capítulo de seu livro *A utopia do poderoso império* à análise dessas peças, considerando que

> O que chama mais a atenção no colar da imperatriz é o fato de não se tratar de uma simples cópia das divisas nacionais, representadas alegoricamente em mais uma fina e rica joia [fato comum na época]. Na sua composição, o desenho cuidadoso dos elementos emprestados do escudo nacional, a caprichosa distribuição interligada desses elementos traduz, com clareza, a mensagem política que se tomava como dogma naquele momento: é a união das províncias que mantém a Monarquia e o poder do Império. [...] um todo rico e poderoso, integrado e harmônico.[65]

A Mãe dos Brasileiros: a relação entre o povo e sua imperatriz

Carlos H. Oberacker Jr., nas últimas páginas de sua alentada obra, conclui: "D. Leopoldina, sem dúvida, perdera o coração do marido infiel, conquistara, todavia, em compensação, o coração de um povo inteiro."[66] É sobre os caminhos dessa conquista que refletimos nesta parte do estudo.

A empatia entre a imperatriz e os brasileiros contemporâneos a ela foi registrada pela imprensa da época, por viajantes e cronistas, impressionando estes últimos pela intensidade e pela unanimidade. Esse fator, em geral, mereceu destaque na historiografia a seu respeito.

Ainda não foi possível precisar o momento em que essa ligação se estabeleceu e se estreitou. Mas, em 1822, a imagem de d. Leopoldina já havia passado da princesa austríaca que despertara a curiosidade da população para a de "Mãe dos Brasileiros". O jornal *O Espelho*, ao narrar a entrada do príncipe em São Paulo, lamentava

> [...] que este prazer foi algum tanto minguado por não vir S.A. Real acompanhado, como se esperava, de sua augusta consorte a Sereníssima Sra. D. Maria Leopoldina Josepha Carolina, Princesa Real do Reino Unido, Arquiduquesa de Áustria, a adorada Mãe dos Brasileiros, e especialmente dos paulistas, a quem honra, chamando-os — seus paulistas.[67]

Almeida Magalhães chega a dizer que "ao se tornar Imperatriz, [d. Leopoldina] ocupa oficialmente o lugar que já tinha no coração do povo".[68] Até pelo menos 1823, d. Pedro compartilhava com a esposa essa popularidade. A escritora inglesa Maria Graham, na época no Rio de Janeiro, não só a mencionou como procurou explicá-la:

> Notei que os brasileiros nunca dizem O Imperador, mas nosso imperador e nossa imperatriz e raramente falam em um deles sem um epíteto de afeição [...]. Segundo todos os depoimentos, Suas Majestades parecem ser extremamente populares. A

> mocidade, a graça, a situação singular em que estão colocados, tudo interessa. É raro que um Príncipe Herdeiro ouse pôr-se à frente da causa da libertação ou independência, e o fato de um filho da Casa de Bragança e de uma filha da Casa d'Áustria encaminharem para o caminho da independência este grande Império não pode senão excitar tanto o amor quanto a admiração de seus felizes súditos.[69]

D. Leopoldina confirma a observação da inglesa ao dizer, na já transcrita carta ao pai de abril de 1823, que "a Família Imperial [...] goza o amor e a confiança do povo", dos quais havia recebido "as mais comovedoras e constantes demonstrações".

No que se refere a d. Pedro, essa "lua de mel" com seus súditos acabaria logo e sua popularidade despencaria ao longo de seu reinado. Contribuíram para isso medidas consideradas autoritárias e contrárias aos interesses brasileiros, além de uma vida pessoal crivada de escândalos. Já a imperatriz seguiria um caminho ascendente de prestígio popular, que se encontrava no auge quando de sua morte.

Paulo Setúbal, em artigo de dezembro de 1926, explica esse amor por dois fatores. O primeiro deles já exploramos anteriormente e apareceu igualmente no comentário de Maria Graham: a participação de Leopoldina no movimento da Independência.

Pois essa princesa que havia sacrificado seus interesses pessoais, colocado sua cultura, seu vigor, sua capacidade de articulação a serviço da emancipação política passou a viver uma triste sina de esposa desditosa desde que o marido levou para o Rio, em 1823, Domitila de Castro, sua amante favorita. "Para mais simpatizá-la, para torná-la mais romântica aos olhos do povo, houve ainda aqueles seus incontáveis infortúnios conjugais",[70] que incluíram humilhações em público, conforme despacho do representante da Suécia no Rio de Janeiro, Lars Westin, de 19 de agosto de 1826. A altivez e a dignidade com que suportou essas afrontas, mantendo-se inabalável em seu papel de soberana, colocando os interesses do Estado e da nação acima dos seus sentimentos, foi, sem dúvida, um importante elemento para a ampliação do apoio e da simpatia popular que já possuía.

Vista por essa ótica, a conduta de d. Leopoldina — aparentemente tão incompreensível — ganha uma nova dimensão. Ela não foi ditada por uma passividade que a imperatriz jamais conheceu, mas pela plena consciência de seus deveres como soberana. Era preciso preservar a imagem da família imperial, minimizar escândalos que pudessem abalar a confiança no trono diante de um império ainda marcado pelas lutas internas e de um difícil processo externo de reconhecimento da Independência. Se o imperador agia de modo a antipatizar com a sociedade, era sua obrigação trilhar o caminho oposto: tornar-se um símbolo de comportamento moral e virtuoso, capaz de inspirar amor e respeito à instituição monárquica e à nação que representava.

Não quero com isso negar sua dor nem atenuar a violência emocional que sofreu. Propensa a momentos de melancolia desde a infância, esse estado tornou-se profundo, revelando o sofrimento psíquico de quem se vê presa num círculo: não se conformava com a situação (como demonstram as cartas a Flach e Schäffer),[71] mas não podia se evadir dela, pois estavam em jogo relações políticas dentro e fora do Brasil. Parece ter tentado uma saída politicamente aceitável, pois, segundo informações vindas de Viena e transcritas nas páginas de *A Gazeta de Lisboa*, de 7 de abril de 1827:

> [...] o Imperador Francisco, assim como a Família Imperial, contavam no consentimento que S.M.I. teria conseguido de seu Esposo, D. Pedro, para vir, na Primavera, à Europa, a fim de restabelecer a sua saúde, na qual o clima do Brasil parece ter tido singular influência.[72]

A atitude que adotou — e não só o clima do Brasil — teve para ela um alto custo, a ponto de comprometer definitivamente sua saúde ou, no mínimo, agravar um estado já abalado, mas revela uma força e uma determinação admiráveis. Ao contrário do que se apregoa, tal atitude conduziu-a à vitória, não a pessoal, mas aquela como imperatriz. Comprovam-na os depoimentos de época, como o de Vasconcelos Drummond:

> Tive em minhas mãos provas inconcussas de que ainda se não tinha passado um ano, já em maio de 1824, a tropa tencionava fazer o que pôs em prática em 1831, e que só a respeitosa veneração que todos tributavam à Imperatriz Leopoldina é que a pode demover de seu intento.[73]

A conduta que a tornou exemplo do que se espera de uma grande imperatriz não se esgota, porém, na atitude firme e digna diante das afrontas do marido; expressa-se, sobretudo, no carisma que dela emanava no trato pessoal e no modo como soube tornar-se próxima da população.

A senhora recolhida ao Convento da Ajuda, já referida, explicita em seu hino o que se esperava de d. Leopoldina:

> Sede Mãe e Intercessora
> daqueles que vás reger,
> porque eles Te juraram
> Independência ou Morrer.[74]

E Leopoldina foi essa mãe, "exemplarmente caridosa, de facílimo acesso, de coração aberto à beneficência, [...] foi amada e quase idolatrada pelo povo".[75]

Os testemunhos deixados sobre a imperatriz falam, com eloquência e de forma recorrente, sobre as qualidades pessoais que a faziam encantar "todos os que a conheciam" e inspirar-lhes "admiração, respeito e amor".[76] "Ela é, sob todos os pontos de vista, uma mulher amável e respeitável" (Maria Graham); "Sua fisionomia meiga e aberta denunciava uma mulher excelente" (Bougainville); "Havia na sua bondade natural tanta benevolência, o costume de sofrer tinha-a tornado tão perfeitamente boa, que eu não sabia como manifestar o meu reconhecimento" (Jacques Arago); dotada de "uma paciência sem limites e de uma bondade igual para com todos" (barão de Mareschal); "A encantadora simpatia que falava em todos os seus gestos e palavras, a grande bondade, que de par com a brandura e a majestade transluzia de cada um de seus movimentos, [...] tudo realçava aquela figura encantadora" (Karl Seidler).[77]

Um norte-americano que se encontrava no Rio de Janeiro em agosto de 1822 descreveu, impressionado, a proximidade entre a imperatriz e as pessoas:

> Ao findar a cerimônia [na Igreja de Nossa Senhora da Glória do Outeiro], surpreendeu-me vê-la escoltada por não mais do que dois ou três senhores [...]. Ao descer alguns degraus [...], mãos de plebeus de todas as categorias rápida e sucessivamente seguravam suas mãos e as beijavam. Estivesse eu suficientemente perto, teria aproveitado a oportunidade para tentar fazer o mesmo, [...] sua gentil condescendência poderia ter me inspirado a fazê-lo com o suficiente respeito.[78]

Essas qualidades, ancoradas numa sólida formação humanista e, mais uma vez, na consciência de seu papel de soberana, d. Leopoldina materializou-as ainda em ações concretas a favor dos necessitados. Maria Graham menciona em seu *Diário de uma viagem ao Brasil* que "nenhuma pessoa miserável jamais recorre a ela em vão; e seu comportamento, tanto público como privado, inspira justamente a admiração e o amor de seus súditos a sua família".[79] A descrição dos modos pelos quais se dava esse socorro é detalhada na oração fúnebre que lhe dedicou frei Francisco de Paula, do Mosteiro de São Bento:

> Socorria a todas as pessoas indigentes que iam suplicar-lhe algum socorro, não somente nas portas do Palácio ou nas suas viagens e passeios, mas em todos os tempos e lugares onde aparecia às vistas públicas. [...] ali [na Igreja do Outeiro] concorriam com frequência de toda a Capital e seus contornos as vítimas da fome e da miséria. [...] [a Imperatriz] a todos

> recebia com agrado, a todos escutava com clemência, a todos consolava com ternura, a todos socorria com largueza. [...] Ah se acaso eu pudesse aqui expor-vos a lista, que depois de sua morte se achou no seu próprio gabinete, que pasmo não seria então o vosso, vendo a enorme despesa que fazia nos socorros mensais com que amparava tantas pessoas pobres e infelizes de toda a idade, sexo e condição.[80]

A relação entre o povo e sua imperatriz foi assim descrita pelo alemão Julius Mansfeldt, presente no Rio de Janeiro no segundo semestre de 1826:

> A doçura, a suavidade e as altas qualidades que enfeitavam o rosto da imperatriz eram um espelho de sua alma. Os vivas que o povo gritava nas ruas para o casal imperial eram o cumprimento de um dever perante o imperador, mas os gritos para sua esposa eram expressão de fiel amor e alegria em ver sua amada soberana.
>
> O povo amava a imperatriz e por toda a parte aonde ela ia era recebida com júbilo. Sim! O amor de seus súditos fiéis é a mais alta felicidade de um soberano.[81]

A imagem positiva de Leopoldina advinda desse complexo conjunto de fatores e quanto ela foi introjetada pela sociedade evidenciou-se durante sua doença fatal. O Rio de Janeiro manteve-se num estado de comoção, e imagens sagradas eram levadas em procissão por pessoas em lágrimas. A casa da marquesa de Santos teve que ser protegida pela polícia contra a população irada, que lhe imputava indireta, e mesmo diretamente, o iminente fim da imperatriz. No dia de sua morte, em 11 de dezembro de 1826, antes da determinação do luto oficial, "todo mundo já se mostrava de luto" (Mareschal),[82] e "uma dor muda, de desespero, tomava todas as fisionomias".[83] Os jornais encheram-se de necrológios; cartas e dezenas de poesias foram publicadas em sua homenagem. Uma dessas cartas era de uma mulher que afirmava nunca ter imaginado

> [...] que houvesse motivo algum que me obrigasse a ser sua Correspondente, mas — [justifica] — sou *brasileira*, esposa e mãe, e não me é possível resistir ao dever de patentear a minha dor. [...] Quem haverá que não pranteie essa morte? quem dotado de humano coração e sensível que não se abandone a luctuosos sentimentos, quando deixa de existir a melhor das Princesas, a mais prudente das Esposas, e a mais digna das mães?[84]

Outra carta, assinada por "um Brasileiro", sintetiza a reação popular:

> Perdemos a nossa augusta, a nossa boa IMPERATRIZ, e um sentimento unânime, onde se confundem todas as opiniões e partidos, se tem manifestado pela sua perda. As virtudes que a ornavam, sua moderação e prudência, sua caridade e sofrimentos tornarão-a [sic] interessante ao povo sincero, e que adora sempre nos Príncipes as qualidades de um coração benigno, e justo: assim não é a adulação, nem a tática Cortesã, que chama lágrimas aos olhos de todos os Cidadãos; que os veste espontaneamente de um luto geral; e os faz enfim desafogar em pranto e em louvores o peso interno de mágoa, e de saudade, que os oprime. Também, meu Sr. Redator, quis acompanhá-los em tão justa pena, e já que não posso elevar-me mais alto, busquei ao menos consagrar a tão veneranda e chorada memória estes poucos versos, filhos do coração, os quais espero haja por favor de inserir no seu estimavel Periódico.

SONETO

Lágrimas, oh Brasil, e luto, e pranto:
Morreu!... Oh Morte, Morte enfurecida!...
Morreu!... Ou antes foi aos Céus subida
Quem a nós, quem ao mundo honrava tanto.

Extremo de candura, o níveo manto
Da virtude a vestiu durante a vida:
Modéstia, Caridade enternecida
Seu caráter formarão puro, e santo.

Carolina expirou!... aquela Augusta!...
Sublime dom a Mão Onipotente,
Ao pesar foi roubada, e dor mais justa.

Corra do pranto, solte-se a torrente;
Que este golpe tirano a Mãe nos custa,
E que Mãe!!! Sabe o Céu; a Terra o sente.[85]

O sentimento de orfandade emana da maior parte dos registros, e frei Sampaio avançou a ponto de afirmar que "vós lhe consagrastes uma canonização civil pela pública harmonia dos vossos sentimentos em seu louvor".[86] A certeza da perenidade de sua lembrança ficou marcada no epitáfio que lhe dedicaram:

Aqui repousam os preciosos restos
da adorada Imperatriz Maria Leopoldina.
Seu espírito, cremos, habita os céus.
Sua memória não gastarão os séculos.

A comoção popular por ocasião da morte de d. Leopoldina foi amplamente registrada por viajantes e representantes diplomáticos no Rio de Janeiro. Um desses viajantes, Ferdinand Denis, que presenciou os acontecimentos, afirma: "Mas, sem contradita, a cerimônia fúnebre mais tocante que teve lugar no Rio de Janeiro, nestes últimos anos, foi a que se observou nas exéquias da jovem Imperatriz."[87]

A imperatriz Leopoldina no eterno presente da memória

Estranhamente, apesar de o encarregado de negócios da Áustria comunicar ao seu país, em 1831, que não seria difícil sugerir a edificação de um monumento a d. Leopoldina, não encontrei, até o momento, evidências de que ela tenha sido objeto regular de rememoração pública, seja pela nação, seja por grupos sociais específicos, durante a Regência e o Segundo Império. A não ser que consideremos os libelos dos jornais liberais contra uma possível volta ao Brasil de d. Pedro, já ex-imperador, em que relembravam os sofrimentos de d. Leopoldina como esposa desditosa.

Todos os anos, em 11 de dezembro, dia de sua morte, d. Pedro II assistia à missa em intenção da mãe no Convento da Ajuda, onde a imperatriz se encontrava sepultada, mas essa cerimônia parece ter tido sempre um caráter particular.[88] A única homenagem de que se tem notícia precisa é a realizada pela Casa dos Expostos da Santa Casa de Misericórdia de Salvador, em 11 de dezembro de 1863, e os versos declamados na ocasião parecem indicar que, de fato, ao menos até aquele ano, não houve outras:

> Era já tempo de sagrar um culto
> A quem tratou-nos, como a filhos seus, [...]
> Era já tempo... e, no entanto, dela
> Em sete lustros... não cuidou ninguém![89]

"Poucos se lembravam dela", afirmava Escragnolle Dória, em 1911, para, em seguida, contradizendo sua posição anterior, explicitar melhor: "Envolvia-lhe a saudade o véu desbotado das lendas populares, que a faziam mártir das afeições conjugais desiludidas."[90] Contudo, um acontecimento relacionado às transformações urbanas do Rio de Janeiro daquele início de século viria a avivar a memória dos brasileiros em outra dimensão.

A demolição do Convento da Ajuda, para a construção da Cinelândia e a abertura da avenida Rio Branco, e a decorrente necessidade de se trasladarem os despojos da imperatriz Leopoldina, de uma sua filha e uma neta para outro local instauraram a polêmica sobre a natureza da cerimônia numa República que ainda se consolidava e com a família imperial exilada. Na defesa ardorosa de uma solenidade com honras de heroína nacional à imperatriz, o tenente-coronel Gomes de Castro liderou uma intensa campanha pela imprensa no sentido de resgatar a figura de d. Leopoldina como soberana amada pelo povo e, pela primeira vez em anos, o seu papel de destaque na Independência. A campanha foi vitoriosa, e, a 9 de novembro de 1911, realizou-se, com toda a pompa e o apoio do próprio Governo Federal, a trasladação de seus restos mortais para o Convento de Santo Antônio, ao som do Hino da Independência e com seu esquife coberto de flores pela população.

O centenário da Independência, num ambiente em que o governo se esforçou por demonstrar ser de conciliação nacional, revogando, até, o banimento da família imperial, tornou possível trazer novamente à cena histórica a imagem do príncipe libertador e de sua esposa. É desse período a concepção do grandioso salão nobre do Museu Paulista, onde, à direita do quadro "Independência ou morte", de Pedro Américo, encontra-se o retrato de d. Leopoldina, encomendado por Afonso Taunay ao pintor Domenico Falucci, significativamente não na condição de imperatriz, mas de mãe — cercada de seus cinco filhos vivos em 1826 —, rememorando-a não apenas "como vetor de tranquilidade e continuidade", segundo análise de Ulpiano Bezerra de Meneses,[91] mas materializando a imagem, construída já durante sua vida, de "Mãe da Nação", a que vela pelo país recém-nascido.

Quatro anos mais tarde, o centenário de sua morte recolocou com intensidade a figura de d. Leopoldina para a sociedade brasileira por intermédio de inúmeros artigos na imprensa e de diversos eventos promovidos por entidades culturais, científicas e ligadas a obras sociais. Entre essas homenagens, estava a peça *Um sarau no Paço de São Cristóvão*, escrita por Paulo Setúbal[92] a pedido da Liga das Senhoras Católicas e apresentada no Theatro Municipal de São Paulo em 11 e 12 de dezembro. Nessa peça, por meio de seus amigos, reunidos para festejar seu aniversário, a imperatriz aparece em dimensões características: discreta, caráter firme, apaixonada pelas ciências, "a alma da independência" e, sobretudo, como "imensa, grande qualidade", o espírito de caridade. Esse perfil, Setúbal detalharia em longo artigo, publicado no jornal *O Estado de S. Paulo* de 11 de dezembro. Planejava-se mesmo a inauguração de um mausoléu para abrigar seus despojos que relembrasse sua atuação na história do país, o que afinal se concretizou em 1954.

Por iniciativa do Instituto Histórico e Geográfico de São Paulo, como parte das comemorações do Quarto Centenário da cidade, foi realizada a trasladação de seus restos mortais do Convento de Santo Antônio para a Capela do Monumento à Independência,[93] às margens do Ipiranga, naquela cidade. O percurso recordava a jornada de 1822, porém quem partia agora "para São Paulo nos braços da nacionalidade que seu marido fundou é ela mesma, a Imperatriz da Independência, que vem repousar no sítio histórico, onde nasceu o Brasil politicamente soberano".[94] A 12 de outubro de 1954, em meio a uma solenidade que mobilizou os três níveis de governo, as Forças Armadas e a Igreja, acompanhado por uma multidão e com grande e favorável cobertura pela imprensa, o sepultamento da imperatriz em "túmulo que, significando a Nação independente, simboliza ao mesmo tempo o auge de sua curta vida"[95] tornava concreta a união entre a memória de d. Leopoldina e a da Independência, entre a sua imagem e a do Brasil nascente.

Em 1972, os 150 anos da Independência provocaram uma avalanche de eventos em torno do tema. D. Leopoldina não foi esquecida. Entre outras homenagens, seu busto foi inaugurado nos jardins do Museu Imperial;[96] no Congresso de História da Independência, aprovou-se moção apresentando-a como "Modelo das Mães Brasileiras", a partir de indicação assinada unicamente por historiadoras;[97] e Kate Hansen revivia-a, pela primeira vez, nas telas, em *Independência ou morte*, filme que biografava as principais lideranças do movimento emancipacionista.

"Leopoldina, a Imperatriz do Brasil", enredo apresentado pela Escola de Samba Imperatriz Leopoldinense no Carnaval de 1996, levou a história de d. Leopoldina, com enfoques inovadores, para milhões de pessoas no Brasil e no exterior. Apesar de partir de seu casamento com d. Pedro, tem nesse episódio apenas o pretexto para a essência do enredo, que abre mão de focalizá-la como a esposa apaixonada e infeliz para permitir-se apresentar uma mulher cheia de vida e alegria e fazer sobressair o que o Brasil significou para ela e o que ela significou para o Brasil. A narrativa do desfile fala de uma mulher avançada para a época, que trabalhava ao lado do marido, montava a cavalo usando calças, preocupava-se com o meio ambiente e possuía, enfim, um papel próprio a ser rememorado.[98]

No bicentenário de seu nascimento, em 1997, uma série de eventos por todo o Brasil a homenageou e rediscutiu seu papel em nossa história. Entre essas homenagens, destacou-se a materialização perene de sua memória em pedra e bronze num monumento, fruto do esforço de instituições brasileiras e austríacas, inaugurado a 18 de março na Quinta da Boa Vista, no Rio de Janeiro. Mais uma vez, a imagem escolhida foi a da mãe — d. Leopoldina é retratada com seus dois filhos que reinaram: d. Pedro II do Brasil e d. Maria II de Portugal; a inscrição eterniza a gratidão nacional: "À Imperatriz Leopoldina, o Brasil Independente." Cabe destacar o caráter binacional que essas homenagens e o debate em torno de d. Leopoldina têm assumido, com uma presença mais evidente da Áustria, que reassume a sua arquiduquesa como parte também de sua história. Emanuel Helige, então cônsul-geral da Áustria no Rio de Janeiro, em texto introdutório ao catálogo da exposição sobre d. Leopoldina no Instituto Histórico e Geográfico Brasileiro, ressaltou que "é do interesse da Áustria e também do Brasil dar à figura de sua primeira imperatriz, da família Habsburgo austríaca, o merecido lugar na lembrança dos cidadãos de ambos os países".[99]

A celebração em 2017 do bicentenário de sua chegada ao Brasil foi mote para novos estudos e eventos, como as exposições *Com a palavra D. Leopoldina, Imperatriz do Brasil*, no Museu Histórico Nacional, e *D. Leopoldina, Princesa da Independência, das Artes e da Ciência*, no Museu de Arte do Rio de Janeiro.

Nos últimos anos, registramos também a publicação de alguns livros paradidáticos sobre a imperatriz, destinados ao público infantojuvenil. Destacamos a obra *Maria Leopoldina, imperatriz brasileira*, quarto volume da Coleção Fundadores da Nação, editada pela Secretaria da Educação de São Paulo para distribuição nas escolas públicas estaduais. Essa coleção é assim apresentada: "Pretende-se, com esse projeto de longa duração, edificar uma galeria de figuras notáveis, o nosso Panteão. Aqueles que pensaram a construção de um Brasil Independente."[100]

Inúmeros outros eventos e locais de memória poderiam ser citados, mas preferi me ater àqueles que demonstram suficientemente a trajetória dessa rememoração.

Pierre Nora, em *Os lugares da memória*, chama a atenção para o fato de que o caráter afetivo e mágico da memória é capaz de produzir essas "repentinas revitalizações, depois de guardar longos períodos de amortecimento". E esses momentos podem trazer, como vimos, novos modos de lembrar. A par dessas variações, verifiquei igualmente a prevalência da imagem da imperatriz Leopoldina como personagem nacional e mãe entre os pais fundadores da nação. Por isso, ela foi, é e será lembrada.

Sua figura complexa e carismática, sua vida intensa e breve, ainda distante, em seus múltiplos aspectos, de grande parte da população brasileira, merecem, pois, ser pesquisadas, analisadas e divulgadas. O livro de Paulo Rezzutti é uma expressiva contribuição nesse sentido.

Viviane Tessitore

Mestra em História Social pela Faculdade de Filosofia, Letras e Ciências Humanas da Universidade de São Paulo

ANEXO

D. LEOPOLDINA DA ÁUSTRIA — IMPERATRIZ DO BRASIL: DOENÇA E MORTE

A doença e a morte de d. Leopoldina da Áustria, primeira imperatriz do Brasil, estão envoltas numa aura de especulações, rumores e informações contraditórias. Das várias biografias existentes, não é possível chegar a nenhuma conclusão medicamente aceitável ou mesmo plausível.

Porém, a excelente biografia de Paulo Rezzutti,[1] assim como a consulta aos boletins clínicos facultados pelo autor,[2] o que muito agradecemos, permite-nos, pela primeira vez, estabelecer um diagnóstico de presunção sobre a doença e a causa de morte da primeira imperatriz do Brasil.

Uma das hipóteses mais habitualmente comentadas seria um alegado pontapé de d. Pedro no abdômen de d. Leopoldina, estando ela grávida, durante uma discussão acalorada acerca da marquesa de Santos (amante "oficial" do imperador). Mas, como o autor desta biografia muito bem afirma, tal hipótese não é plausível dado o espaço de tempo decorrido entre o suposto pontapé e o aborto. Esse aborto, na opinião do autor e na nossa, foi uma consequência e não a causa da doença de d. Leopoldina.

Apesar de a linguagem médica utilizada à época ser hoje desconhecida e apenas em certas ocasiões vagamente perceptível, a riqueza da descrição e transcrição dos seus sintomas e sinais nos permite levantar hipóteses que nos parecem credíveis e sustentadas.

Referências na biografia acerca da doença de d. Leopoldina:[3]

- "Meus receios pela saúde dessa augusta princesa são compartilhados por boa parte das pessoas [...]. Uma febre será provavelmente fatal [...]" (relatório de Mareschal, 13 de junho de 1826).
- "[...] Apanhei umas dores reumáticas nos dedos da mão direita [...]" (carta de d. Leopoldina a Maria Graham, 7 de junho de 1826).
- "Como eu me espantei ao encontrar a augusta princesa na flor da idade tão pálida, quase se esvaecendo [...]. Suas forças físicas estavam se acabando [...]" (carta de Julius Mansfeldt, segundo semestre de 1826).
- "No dia 3 deste mês d. Leopoldina fora atacada por um acesso de febre" (relatório de Mareschal, 27 de novembro de 1826).
- "A imperatriz D. Maria Leopoldina adoeceu nos primeiros dias de novembro de 1826, estando grávida de três meses [...]. Ela sofria dor em uma perna, e ataques de melancolia [...]" (carta de Melo Morais).
- "[...] No dia 19 [de novembro de 1826] o médico notou que d. Leopoldina sofria com 'dores de cadeiras, e alguma evacuação mucosa-sanguínea pela via anterior [vagina], o que fez desconfiar encaminhamento para mau sucesso [aborto]'" (boletim de 30 de novembro de 1826 do dr. Vicente Navarro de Andrade).
- "Apesar de ainda extraordinariamente fraca, pois durante 18 dias tive uma febre biliar e ainda que não posso dormir bem, nem comer coisa alguma [...]. A minha fraqueza extraordinária, as minhas permanentes dores [...]" (carta de d. Leopoldina ao pai).
- "Consistia o padecimento de S.M. a Imperatriz na inchação erisipelosa de toda a coxa, perna e pé, e nos incômodos, que são inseparáveis desta moléstia" (relatório do barão de Inhomirim para o marquês de São João da Palma, 5 de dezembro de 1826). "Devido à recaída de d. Leopoldina e seus sintomas, os médicos temeram

uma convulsão [...]. A febre, pois, bem que diminuísse no dia 30 de manhã, continuou todavia com o mesmo caráter, tipo renitente, mas irregularmente [...]" (relatório médico, data não especificada).

- "Nesse dia D. Leopoldina teve uma piora [...]. Ofereceu novidades mui graves, a saber, sono inquieto e pouco, fastio, tosse, língua mucosa, excitamento cerebral e espasmos, incêndio nas faces e esmorecimento de espírito com ansiedade e frequência de pulso, e este mole" (boletim médico, 2 de dezembro de 1826).

- "Depois do abortamento [ocorrido a 3 de dezembro de 1826], entrou em delírio quase contínuo [...]. O dr. Vicente Navarro de Andrade estava indeciso quanto ao diagnóstico, mas assegurou ao barão [de Mareschal] que a febre biliosa inicial dera lugar a uma febre nervosa: 'Há uma afecção moral que produz os espasmos e indica o verdadeiro núcleo da doença'" (carta do barão de Mareschal ao conde Neipperg, 24 de dezembro de 1826).

- "Julgamos do nosso dever e fidelidade comunicar a V.M.I. que S.M. a Imperatriz durante a Sua cruel Enfermidade sofreu alternadamente violentas convulsões e ataques nervosos com perturbação do cérebro [...]". (carta do marquês de Paranaguá a d. Pedro, que estava no sul do país).

- "Durante o período em que ficou acamada, d. Leopoldina, alternando entre um estado comatoso e delírios [...]" (relato sem designação de autor, in REZZUTTI, 2017, p. 322).

- "Sua Majestade a Imperatriz tem passado pior, as suas forças vão desaparecendo, e tudo quanto faz parte de sua enfermidade tem piorado" (16º Boletim Médico).

- "Sua Majestade continuava a estar num estado convulsivo, o desânimo aumentando a cada momento e não lhe permitindo mais do que tons de fracos gemidos; a respiração extremamente curta, o pulso muito fraco depois de 24 horas [...]" (relato do barão de Mareschal para Viena).

- "Foi Deus servido chamá-la a si pelas dez horas e um quarto" (17º e último Boletim Médico).

Referências nos boletins clínicos de d. Leopoldina:[4]*

- 30 de novembro: Começou a sua enfermidade com uma constipação, que durou poucos dias, e a cujo melhoramento se seguiram vigílias teimosas [?] [...].
- Manifestou-se uma diarreia biliosa e muito abundante, e com a sua terminação diminuíram consideravelmente todos os sintomas gástricos e nervosos [...]. Tem havido umas vezes movimento febril, outras vezes pulso natural [...]. Apareceram por vezes dores de cadeiras e alguma evacuação muco-sanguínea pela via anterior [vaginal], o que faz desconfiar encaminhamento para mau sucesso [aborto], sem embargo de não haverem sinais de contração do útero. Esta evacuação tem-se repetido moderadamente, e com intervalo de um até dois dias; e até ao presente, bem que de todo não tenham cessado, não aparece ainda sinal de perda, segundo a exploração feita pelo Conselheiro Cirurgião-Mor do Império, continuando todavia o receio de que venha a verificar-se... Este dia porém ofereceu novidades muito graves, a saber sono inquieto e pouco, fastio, tosse, língua mucosa, excitamento cerebral e espasmos violentos na região epigástrica, tremores, suores profusos, incêndio nas faces, e esmorecimento de espirito, com ansiedade e frequência de pulso, e este mole.
- 1º de dezembro: Como se renovassem as evacuações pela via anterior [...]
- 2 de dezembro: Continuando todavia a evacuação mucoso-sanguínea pela via anterior, e com aumento, e pela volta da uma

* O português dos boletins clínicos foi mantido, tendo-se apenas atualizado o acordo ortográfico.

hora manifestaram-se sinais de contração de útero, e começou o trabalho de um parto prematuro, rompendo-se as águas com pouca demora, e realizando-se pelas duas horas o aparecimento de um feto de sexo masculino, que mostrava ter de dois e meio a três meses pareceu pela inspeção que a cessação de Sua vida era muito recente, preparada talvez por eleito do crescimento febril, e desordem extraordinária do sistema nervoso havidos no dia 30 de novembro [...]. Uma hora depois do parto prematuro saíram as secundinas [placenta], e em todo o trabalho houve a maior regularidade da parte da Natureza. Depois deste sucesso SUA MAJESTADE IMPERIAL descansou [...].

- 3 de dezembro: [...] A febre conservou-se do mesmo modo que dantes, as evacuações biliosas, abundantes e numerosas, a tosse gutural teimosa, o sono pouco interrompido e não eficiente; pelas 8 horas da noite houve um ligeiro espasmo de garganta com algum suor durante o mesmo espasmo. As dejeções perto da noite tornaram-se menos biliosas, e como pela qualidade e cópia eram menos conferentes, e a tosse fosse um dos motivos que afastava e interrompia o sono, e tivesse havido não só o espasmo da garganta, mas algum tremor de mãos e meteorismo [...].

- 4 de dezembro: Houveram [sic] muitas evacuações biliosas e profusas, o pulso conservou-se todavia sem abatimento, a pele mais fresca, e o estado de funções intelectuais em bom estado, dormiu pequenos sonos, e não houve exacerbação notável. Durante a noite passou SUA MAJESTADE sem novidade, houve contudo um assalto espasmódico com grande ansiedade em consequência de um pesadelo [...]. Desde as dez horas até hoje pelas oito horas as dejeções foram só duas e biliosas, a febre diminuiu alguma coisa, refrescou a pele, e o estado cerebral regular [...]. Queixando-se SUA MAJESTADE de uma sensação de desfalecimento, que atribuía à boca do estômago, sentiu-se aliviada pela aplicação de um sinapismo no sobredito lugar.

- 5 de dezembro: SUA MAJESTADE A IMPERATRIZ passou a tarde de ontem menos tranquila, do que a manhã do mesmo dia. Às três horas houve exacerbação até às seis, durante a qual tornou-se o pulso muito frequente, pequeno, e às vezes linear, porém depois do paroxismo apresentou-se o pulso mais cheio e com pouca diferença da frequência notada antes do crescimento. Durante o acréscimo SUA MAJESTADE tomou somente caldos. A remissão foi acompanhada de suor geral, quente, mas pouco abundante; diminuição notável de tosse, e bom estado de língua [...]. Houveram [sic] desde ontem ao meio-dia até hoje à mesma hora 13 evacuações biliosas com bastante cópia e mau cheiro. Dormiu pequenos sonos, e com algum sossego, e apareceu pelas seis horas da manhã a mesma sensação de desfalecimento, que ontem tivera, sobre o estômago [...]. Ao meio-dia principiou uma exacerbação anunciada por inquietação e uma espécie de impaciência, não tendo podido conciliar sono desde as dez horas, por cujo motivo se fez parar com os remédios interinamente, administrando-se somente caldos. As evacuações desde o meio-dia tem [sic] sido quatro, e uma com alguma matéria excrementícia. Verteu águas duas vezes e sedimentosas. Às quatro horas houve um vômito com algumas porções de catarro: das 5 para as 6 horas teve SUA MAJESTADE uma grande ansiedade, com rubor de faces, que diminui pela ação de sinapismos nas extremidades inferiores. A respiração sofrível, língua úmida e mais limpa, e vai diminuindo sensivelmente a exacerbação.

- 6 de dezembro: [...] Estado cerebral um pouco mais preocupado, e o sono pouco; enquanto às circunstâncias da febre não houve empioramento [...]. As evacuações alvinas mais numerosas, porque tem sido quatorze desde ontem pelas 6 horas até o presente, o caráter delas é ainda bilioso, e arrastam alguma porção de fezes bem manifestas em forma de farrapos. As urinas continuam a ser lactescentes e sedimentosas, e há presentemente, como por outras ocasiões tem havido, alguns subsultos e tremor de dedos.

- 6 de dezembro: [...] Tem continuado todos os sintomas do mesmo modo que de manhã, e como o estado do cérebro e dos nervos, cujas funções apareceram hoje mais perturbadas, exigia uma atenção mais particular [...].
- 7 de dezembro: SUA MAJESTADE dormiu alguma coisa; os principais sintomas que acompanham a sua enfermidade não têm empiorado, o pulso e a respiração parecem ter um princípio de melhora.
- 8 de dezembro: SUA MAJESTADE A IMPERATRIZ passou mal a noite. Logo que acabou a curta remissão do crescimento da tarde de ontem, começou outro pelas 9 horas e 10 minutos, que durou com pouca remissão até às 4 e um quarto da madrugada de hoje. A esta mesma hora começou outro crescimento, que entrou a diminuir (mas pouco) das 7 e meia por diante. Não houveram sintomas novos, mas cresceram infelizmente alguns dos que mais tem figurado, como delírio, subsultos, tremores, sonolência, e as forças diminuem.
- 9 de dezembro: [...] SUA MAJESTADE se achasse talvez mais perturbada de cérebro e nervos [...]. Os lóquios [perdas de sangue por via vaginal que se iniciam após o parto], que tinham parado no terceiro dia depois do parto, deram indícios ontem de aparecer, e hoje por esta hora houve demonstração disso, pois que com efeito se vão manifestado.
- 10 de dezembro: SUA MAJESTADE A IMPERATRIZ passou mal a noite, e o seu estado atual é o mesmo ontem anunciado.
- 11 de dezembro: SUA MAJESTADE A IMPERATRIZ tem passado pior, as Suas forças vão desaparecendo, e tudo quanto faz parte da Sua enfermidade tem empiorado [...]. SUA MAJESTADE ainda vive, e as diligências continuam, mas o Seu estado é para desanimar [...]. 10 horas e um quarto: pela maior das desgraças se faz público, que a enfermidade de Sua Majestade a Imperatriz resistiu a todas as diligências médicas empregadas com todo o

cuidado por todos os Médicos da Imperial Câmara. Foi Deus servido chamá-la a Si pelas dez horas e um quarto.

Pelo relato exaustivo dos boletins clínicos, parece-nos claro ter se tratado de uma doença infecciosa, progressiva, que, pela inexistência de tratamento antibiótico à época, conduziu d. Leopoldina à morte.

Todo o quadro é muito sugestivo de ter se tratado de febre tifoide, já que os sintomas e sinais que podemos apurar, apesar da linguagem médica da época, são em tudo coincidentes com essa patologia.

A febre tifoide[5] é uma doença sistêmica caracterizada por febre e dor abdominal causada pela disseminação da bactéria *Salmonella typhi* ou *Salmonella paratyphi*. Na maioria dos casos, é contraída pela ingestão de alimentos ou água contaminados.

A febre está presente em mais de 75% dos casos, enquanto a dor abdominal surge em apenas 20% a 40% das situações. A febre costuma ser elevada (38,8°C a 40,5°C), e existem pródromos tais como calafrios, cefaleias (dores de cabeça), anorexia (falta de apetite), tosse, fraqueza generalizada, dor de garganta, tonturas e dores musculares. A diarreia é acompanhada de dores abdominais e hipersensibilidade à palpação abdominal. Sem tratamento (o que aconteceu pela inexistência deste), os doentes manifestam sintomas neuropsiquiátricos descritos como "delírio balbuciante" ou "coma vígil". O curso natural da doença conduz a peritonite por perfuração ou hemorragia gastrointestinal e morte.

Além disso, e de acordo com a literatura médica,[6] a febre tifoide pode ser responsável por aborto ou parto prematuro, tal como aconteceu com d. Leopoldina. Todos esses sintomas e sinais estão descritos nos boletins clínicos.

Essa teoria explica também o fato de não se ter identificado nenhum achado esclarecedor na análise do esqueleto de d. Leopoldina quando da exumação do seu cadáver em abril de 2012, por se tratar de uma infecção sistêmica e que não tem repercussões na matriz óssea.

Pedro de Freitas, MD, PhD

Agosto de 2019

Bibliografia

AMSTER, Reuben *et al.* "Typhoid fever complicating pregnancy." *Acta Obstetricia et Gynecologica Scandinavica*, v. 64, n. 8, 1985.

KASPER, Dennis L. *et al. Harrison's Principles of Internal Medicine.* 16 ed. New York: McGraw Hill, 2005.

RAVNEET, Kaur; PURABI, Barman. "A case of *Salmonella typhi* infection leading to miscarriage." *Journal of Laboratory Physicians*, v. 3, n. 1, p. 61-2, 2011.

REZZUTTI, Paulo. *D. Leopoldina*: a mulher que arquitetou a Independência do Brasil. São Paulo: LeYa Brasil, 2017.

SETHI, Shveta *et al.* "Vertical transmission of *Salmonella enterica* serotype Paratyphi A leading to abortion." *JMM Case Reports*, v. 4, n. 11, e005127, 2017.

VIGLIANI, Marguerite B.; BAKARDJIEV, Anna I. "First trimester typhoid fever with vertical transmission of *Salmonella typhi*, an intracellular organism." *Case Reports in Medicine*, v. 2013, Article ID 973297, 2013.

WOODBRIDGE, John Eliot. "Further reports on the abortion of typhoid fever." *JAMA*, v. XXIV, n. 1, p. 2-6, 1895.

CRONOLOGIA

1790

18 de agosto
Casamento de Francisco II/I com sua segunda esposa, Maria Teresa, pais de d. Leopoldina.

1791

12 de dezembro
Nascimento de Maria Luísa, irmã mais próxima de d. Leopoldina.

1792

29 de abril
A França declara guerra à Áustria.

14 de julho
Coroação de Francisco II como imperador do Sacro Império Romano--Germânico.

1793

16 de outubro
Execução da rainha Maria Antonieta, tia-avó de d. Leopoldina.

1797

22 de janeiro
Nascimento de d. Leopoldina em Viena.

27 de dezembro
Nascimento de Domitila de Castro em São Paulo.

1798

12 de outubro
Nasce d. Pedro em Lisboa.

1806

6 de agosto
Francisco II abdica o trono do Sacro Império.

1807

13 de abril
Morte da imperatriz Maria Teresa, mãe de d. Leopoldina.

29 de novembro
Partida da família real portuguesa para o Brasil.

1808

6 de janeiro
Casamento de Francisco I com Maria Ludovica.

7 de janeiro
Desembarque da família real portuguesa no Rio de Janeiro.

1810

11 de março
Casamento de Maria Luísa com Napoleão.

13 de março
Partida de Maria Luísa de Viena.

1814

11 de abril
Abdicação de Napoleão.

21 de maio
Retorno de Maria Luísa a Viena.

23 de novembro
Início do Congresso de Viena.

1815

6 de março
Término do Congresso de Viena.

16 de dezembro
Elevação do Brasil a Reino Unido.

1816

7 de março
Maria Luísa parte para Parma.

7 de abril
Morte de Maria Ludovica, terceira esposa de Francisco I.

29 de novembro
Assinado em Viena o tratado de casamento entre d. Pedro e d. Leopoldina.

1817

9 de janeiro
D. Pedro recebe o título de príncipe real do Reino Unido de Portugal, Brasil e Algarves.

17 de fevereiro
Entrada do marquês de Marialva em Viena.

1º de maio
Nasce a primeira filha de Maria Luísa e do conde de Neipperg.

13 de maio
Celebrado em Viena o casamento de d. Pedro com d. Leopoldina por procuração.

1º de junho
Festa do Casamento Brasileiro, realizada em Viena pelo marquês de Marialva.

3 de junho
Partida de d. Leopoldina de Viena.

8 de junho
D. Leopoldina revê a irmã em Pádua e visita Veneza com ela.

13 de junho
D. Leopoldina chega a Florença.

7 de agosto
Chegada de d. Leopoldina a Livorno.

13 de agosto
Embarque de d. Leopoldina na nau *D. João VI*.

11 de setembro
Chegada de d. Leopoldina à Ilha da Madeira.

5 de novembro
Chega ao Rio de Janeiro d. Leopoldina.

6 de novembro
Desembarque de d. Leopoldina e celebração da bênção da união entre d. Pedro e d. Leopoldina na Capela Real.

1818

6 de fevereiro

D. João VI é aclamado rei de Portugal, Brasil e Algarves no Rio de Janeiro.

1819

4 de abril

Nasce no Palácio de São Cristóvão no Rio de Janeiro, às 17h, a primogênita de d. Pedro e d. Leopoldina, a princesa d. Maria da Glória, futura d. Maria II de Portugal.

3 de maio

D. Maria da Glória é batizada na Capela Real, tendo os avós, d. João VI e d. Carlota, como padrinhos.

1820

24 de agosto

Início da Revolução Liberal na cidade do Porto, em Portugal.

17 de outubro

Chegada de notícias da revolução ao Rio de Janeiro.

1821

6 de março

Nasce, no Paço de São Cristóvão, Rio de Janeiro, o príncipe da Beira, d. João Carlos, filho do príncipe d. Pedro e de d. Leopoldina.

22 de abril

D. João VI nomeia d. Pedro regente e lugar-tenente do rei, a fim de governar o Brasil em sua ausência.

25 de abril

D. João VI retorna para Portugal, ficando no Rio de Janeiro o príncipe herdeiro, d. Pedro, como regente do Brasil.

5 de junho

Os militares portugueses no Rio de Janeiro obrigam d. Pedro a jurar às bases da Constituição.

9 de dezembro

D. Pedro recebe as ordens das Cortes Constitucionais para retornar a Lisboa.

1822

9 de janeiro

Dia do Fico.

11 de janeiro

Levante da Divisão Auxiliadora Portuguesa no Rio de Janeiro. D. Leopoldina foge para a Fazenda de Santa Cruz com os filhos.

17 de janeiro

D. Leopoldina conhece pessoalmente José Bonifácio durante a viagem deste de São Paulo ao Rio de Janeiro.

19 de janeiro

D. Leopoldina retorna para o Rio de Janeiro.

4 de fevereiro

Falece, no Paço de São Cristóvão, d. João Carlos, príncipe da Beira.

11 de março

Nasce, no Paço de São Cristóvão, a princesa d. Januária, filha de d. Pedro e d. Leopoldina, cognominada "Princesa da Independência".

25 de março
Partida de d. Pedro para Minas Gerais.

25 de abril
Retorno de d. Pedro ao Rio de Janeiro.

13 de agosto
D. Leopoldina é nomeada regente na ausência do marido.

14 de agosto:
D. Pedro parte para São Paulo.

29 de agosto
D. Pedro e Domitila de Castro conhecem-se.

2 de setembro
D. Leopoldina preside o Conselho de Ministros que discute as novas ordens prestes a chegar de Portugal exigindo o retorno imediato do príncipe e de sua família.

7 de setembro
D. Pedro proclama a Independência do Brasil.

9 de setembro
D. Pedro parte de São Paulo em retorno ao Rio de Janeiro.

18 de setembro
Por decreto de d. Pedro I, são estabelecidas as novas armas e bandeira do Brasil.

12 de outubro
Por proposta de José Clemente Pereira, apresentada a 21 de setembro, d. Pedro I, em sessão extraordinária, é aclamado Imperador Constitucional do Brasil.

1º de dezembro
Coroação e sagração de d. Pedro I, na Capela Imperial, como Imperador Constitucional e Defensor Perpétuo do Brasil. Criada por d. Pedro I a

Ordem Imperial do Cruzeiro para celebrar a sua aclamação e sagração. Criada a Imperial Guarda de Honra D. Pedro I.

1823

17 de fevereiro
Nasce, no Paço de São Cristóvão, a princesa d. Paula Mariana, filha de d. Pedro I e d. Leopoldina.

3 de maio
É instalada a Assembleia Geral Constituinte e Legislativa.

19 de maio
Maria Graham é apresentada a d. Leopoldina.

30 de junho
D. Pedro tem uma violenta queda de cavalo e passa dias imobilizado.

17 de julho
Demissão dos Andrada do ministério.

16 de outubro
Maria Graham é aceita como preceptora da princesa d. Maria da Glória.

11/12 de novembro
Fechamento da Assembleia Nacional Constituinte.

15 de novembro
Os Andrada são exilados do Brasil e partem para a França.

1824

25 de março
D. Pedro outorga a primeira Carta Constitucional do Brasil, que vigoraria por 65 anos.

30 de abril
Revolta de d. Miguel, conhecida por Abrilada, por instigação de sua mãe, a rainha d. Carlota Joaquina.

21 de maio
Separação judicial de Domitila de Felício, seu primeiro marido.

23 de maio
Nasce, no Rio de Janeiro, Isabel Maria de Alcântara Brasileira, primeira filha de d. Pedro I e de Domitila de Castro Canto e Melo.

26 de maio
Os Estados Unidos da América reconhecem a independência do Brasil.

2 de agosto
Nasce, às 21h, no Palácio de São Cristóvão, a princesa d. Francisca Carolina, filha de d. Pedro I e d. Leopoldina.

3 de setembro
Maria Graham retorna ao Rio de Janeiro.

4 de setembro
Maria Graham assume no Paço a tutoria das princesas.

10 de outubro
Maria Graham é demitida.

1825

4 de abril
Domitila é nomeada dama camarista da imperatriz.

29 de agosto
Portugal reconhece a independência do Brasil.

8 de setembro
Maria Graham parte definitivamente do Brasil.

12 de outubro
Domitila torna-se viscondessa de Santos.

25 de outubro
Inicia-se uma guerra entre Brasil e Argentina pela Província Cisplatina.

2 de dezembro
Nasce, no Palácio de São Cristóvão, d. Pedro, sétimo filho de d. Pedro I e de d. Leopoldina, futuro d. Pedro II.

7 de dezembro
Nasce Pedro de Alcântara Brasileiro, segundo filho de d. Pedro I e de Domitila de Castro Canto e Melo.

27 de dezembro
A Áustria reconhece a independência do Brasil.

1826

2 de fevereiro
Viagem dos imperadores à Bahia.

10 de março
Morre, no Real Palácio da Bemposta, em Lisboa, aos 59 anos, d. João VI.

13 de março
Falece no Rio de Janeiro Pedro de Alcântara Brasileiro, segundo filho de d. Pedro e Domitila.

1º de abril
Retorno dos imperadores da Bahia.

26 de abril
D. Pedro é reconhecido pela regência e pelas Cortes Gerais Portuguesas como legítimo herdeiro do trono de Portugal.

29 de abril
D. Pedro outorga a Carta Constitucional de Portugal.

2 de maio

D. Pedro abdica condicionalmente o trono português em favor de sua filha, d. Maria da Glória, que passa a ser conhecida como d. Maria II.

6 de maio

É aberta por d. Pedro I a primeira legislatura da Assembleia Legislativa do Império do Brasil.

20 de maio

D. Pedro reconhece oficialmente como filha Isabel, que passa a se chamar Isabel Maria.

24 de maio

Isabel Maria recebe o título de duquesa de Goiás, com tratamento de Alteza.

29 de julho

É jurada a Constituição outorgada por d. Pedro I aos portugueses.

12 de outubro

Domitila é elevada a marquesa de Santos, seu pai torna-se visconde de Castro e diversos parentes recebem benesses do imperador.

Início de novembro

D. Leopoldina começa a se queixar de sua saúde e passa a ser atendida pelo dr. Vicente Navarro de Andrade, barão de Inhomirim.

2 de novembro

Falece o visconde de Castro.

14 de novembro

O barão de Inhomirim nota que, devido aos sintomas físicos da imperatriz, a gravidez seria difícil.

23 de novembro

Embarque de d. Pedro para a Guerra da Cisplatina.

2 de dezembro:
D. Leopoldina aborta um feto masculino.

11 de dezembro
Morre, no Rio de Janeiro, a imperatriz d. Leopoldina às 10h25 da manhã.

NOTAS

Abreviações

AN — Arquivo Nacional
BN — Biblioteca Nacional
AHMI — Arquivo Histórico do Museu Imperial
AIHGB — Arquivo do Instituto Histórico e Geográfico Brasileiro
IHF — Instituto Hercule Florence

Os Habsburgo

1. Ave de rapina usada na falcoaria, semelhante ao falcão. Ambos pertencem à mesma ordem, a dos falconiformes.
2. Um dos títulos usados pelos imperadores do Sacro Império Romano-Germânico ao ser eleitos pelos príncipes eleitores do império. Além de rei da Germânia, ou ainda dos germanos, o rei eleito recebia também o título de *Rex Romanorum*, rei dos romanos. O título de imperador do Sacro Império Romano-Germânico (*Imperator Romanorum*) só era outorgado após o eleito ser sagrado pelo papa, em Roma, o que não ocorreu com Rodolfo I.
3. Debris, "*Tu, felix Austria, nube*", p. 113.
4. Moréri, *Le Grand dictionnaire historique*, p. 319.
5. Coleção de quinze poemas epistolares compostos pelo poeta romano Ovídio, nascido em 43 a.C. As cartas são de heroínas mitológicas a seus amantes.
6. Primeira baixa da Guerra de Troia.
7. Coreth e outros, *Pietas Austriaca*, p. 1-80.
8. Marr, *Uma história do mundo*, p. 315.
9. Kean, *O polegar do violinista*, p. 62.

Uma infância entre a guerra e a paz

1. Art nouveau austríaco.
2. *Apud* Bragança, *A Imperatriz Dona Leopoldina, sua presença nos jornais de Viena*, p. 546-547.
3. *Ibidem*, p. 547.
4. Oberacker, *A Imperatriz Leopoldina*, p. 11.
5. Kann e Lima, *Cartas de uma imperatriz*, p. 56.
6. Ingrao, *The Habsburg Monarchy*, p. 222.
7. Corrente revolucionária francesa radical que se reunia inicialmente no Convento de São Jacó, de onde se originou seu nome. Eram mais radicais que os girondinos e defendiam ideias de extrema esquerda.
8. Obry, *Grüner Purpur*, 1958, p. 9.
9. Oberacker, *op. cit.*, p. 12.
10. Obry, *Grüner Purpur*, 1958, p. 10.
11. *Ibidem*.
12. *Ibidem*.
13. *Ibidem*, p. 11.
14. *Correspondance de Marie Louise 1799-1847*, 1887, p. 52.
15. *Ibidem*, p. 59.
16. Obry, *op. cit.*, 1958, p. 171.
17. Obry, *op. cit.*, 1958, p. 13.
18. Ofen era o nome alemão da cidade de Buda, que em 1873 seria unida a Peste, do outro lado do rio Danúbio, formando Budapeste, capital da Hungria.
19. Atual Brno, na República Tcheca.
20. Williams, *Josefina*, p. 342.
21. Região na fronteira entre a antiga Áustria-Hungria, a Polônia e a Rússia. Não confundir com Galiza, na Espanha.
22. Obry, *op. cit.*, p. 14.
23. *Correspondance de Marie Louise 1799-1847*, 1887, p. 75.
24. Obry, *op. cit.*, p. 15.
25. Oberacker, *op. cit.*, p. 15-16.
26. *Idem*.
27. Seckendorff, *Das Reisejournal des Grafen Friedrichvon Spreti*, p. 233.
28. Obry, *op. cit.*, p. 16.

29. Tritsch *apud* Oberacker, *op. cit.*, p. 16.
30. Príncipes eleitores do Sacro Império Romano-Germânico, posteriormente reis da Prússia e da Alemanha.
31. Obry, *op. cit.*, p. 16.
32. Kann e Lima, *op. cit.*, p. 64.
33. Obry, *op. cit.*, p. 17.
34. *Ibidem.*
35. Obry, *op. cit.*, p. 18.
36. *Correspondance de Marie Louise 1799-1847*, 1887, p. 82-83.
37. Obry, *op. cit.*, p. 21.
38. Obry, *op. cit.*, p. 23.
39. *Correspondance de Marie Louise 1799-1847*, 1887, p. 85-85.
40. *Ibidem*, p. 94.
41. Kann e Lima, *Cartas de uma imperatriz*, 2006, p. 171.
42. *Correspondance de Marie Louise 1799-1847*, 1887, p. 96.
43. Obry, *op. cit.*, p. 24.
44. Obry, *op. cit.*, p. 25.
45. *Correspondance de Marie Louise 1799-1847*, 1887, p. 113-114.
46. *Ibidem*, p. 130.
47. Ingrao, *op. cit.*, p. 237.
48. Obry, *op. cit.*, p. 20.
49. Willians, *op. cit.*, p. 399.
50. *Correspondance de Marie Louise 1799-1847*, 1887, p. 142.
51. *Ibidem*, p. 145.
52. Obry, *op. cit.*, p. 27.
53. Kann e Lima, *op. cit.*, p. 449.
54. Kann e Lima, *op. cit.*, p. 66.
55. Obry, *op. cit.*, p. 27-28.
56. Tritsch *apud* Oberacker, *op. cit.*, p. 20.
57. *Ibidem*, p. 13.
58. *Idem.*
59. Obry, *op. cit.*, p. 5.
60. Steiner *apud* Kann e Lima, *op. cit.*, p. 65.
61. Georg Felbender, professor de desenho da corte.
62. Joseph Obernaub, jurista.
63. Vincenz Darnaut, teólogo e professor de História da Igreja.

64. Johann Wilhelm Ridler, professor do Estado e de História Mundial na Universidade de Viena.
65. Kann e Lima, *op. cit.*, p. 187.
66. *Ibidem*, p. 211.
67. Oberacker, *op. cit.*, p. 34.
68. Kann e Lima, *op. cit.*, p. 183.
69. *Idem*.
70. *Ibidem*, p. 181.
71. *Ibidem*, p. 64.
72. *Ibidem*, p. 210.
73. *Ibidem*, p. 192.
74. *Ibidem*, p. 197.
75. *Ibidem*, p. 182.
76. Kann e Lima, *op. cit.*, p. 201.
77. *Idem*.
78. Obry, *op. cit.*, p. 6-7.
79. Oberacker, *op. cit.*, p. 14.
80. IHF: Coleção condessa de Kühnburg, 2-3.
81. Kann e Lima, *op. cit.*, p. 182.
82. Obry, *op. cit.*, p. 28.
83. Obry, *op. cit.*, p. 27.
84. Kann e Lima, *op. cit.*, p. 185.
85. Obry, *op. cit.*, p. 29.
86. Obry, *op. cit.*, p. 30.
87. Obry, *op. cit.*, p. 31.
88. Obry, *op. cit.*, p. 32.
89. Obry, *op. cit.*, p. 35.
90. *Ibidem*.
91. *Ibidem*.
92. Obry, *op. cit.*, p. 38.
93. Obry, *op. cit.*, p. 39.
94. *Ibidem*, p. 208-209.
95. Obry, *op. cit.*, p. 61.
96. *Ibidem*, p. 197.
97. *Ibidem*, p. 212.
98. Obry, *op. cit.*, p. 59.
99. Obry, *op. cit.*, p. 61.

Viena, o esplendor absolutista

1. Abrantès, *Mémoires de Madame la duchesse d'Abrantès*, p. 332.
2. Kann e Lima, *op. cit.*, p. 215.
3. AHMI: I POB [*c.*1817] L. B. do 1-11.
4. Antiga medida de comprimento. No caso específico, Leopoldina afirma que a barriga do rei devia cair aproximadamente 23 centímetros abaixo da cintura.
5. Kann e Lima, *op. cit.*, *loc. cit.*
6. Principal parque público de Viena na época.
7. Ofício n. 12 de 25 de janeiro de 1815 *apud* Lima, *D. João VI no Brasil*, v. 1, p. 519.
8. *Ibidem*, p. 424.
9. Ramirez, *As relações entre a Áustria e o Brasil*, p. 6.
10. Ofício secretíssimo do marquês de Aguiar ao marquês estribeiro-mor, em 15 de março de 1816, *apud* Monteiro, *A elaboração da Independência*, v. 1, p. 157.
11. Resende, *Correspondência do marquês de Rezende*, p. 208-209.
12. Martins, *História de Portugal*, p. 527.
13. Kann e Lima, *op. cit.*, p. 216.
14. Obry, *Grüner Purpur*, 1958, p. 73.
15. Obry, *op. cit.*, p. 75.
16. Kann e Lima, *op. cit.*, p. 218.
17. Obry *apud* Oberacker, *op. cit.*, p. 29.
18. Kann e Lima, *op. cit.*, p. 224.
19. *Idem*.
20. Obry, *op. cit.*, p. 102.
21. *Ibidem*, p. 219.
22. *Ibidem*, p. 220.
23. *Apud* Oberacker, *op. cit.*, p. 30.
24. *Idem*.
25. Kann e Lima, *op. cit.*, p. 231.
26. *Ibidem*, p. 234.
27. *Apud* Monteiro, *A elaboração da Independência*, v. 1, p. 154.
28. Kann e Lima, *op. cit.*, p. 237.
29. *Ibidem*, p. 61.
30. Carta de d. Leopoldina a Maria Luísa em 24 de setembro de 1816, *Ibidem*, p. 247.
31. Ambiel, *Estudos de arqueologia forense...*, p. 138.

32. Tavares, *Autos da autópsia do corpo de d. Pedro de Alcântara, duque de Bragança*, p. 1.
33. Macaulay, *Dom Pedro I*, p. 48-49.
34. Walsh, *Notices of Brazil in 1828 and 1829*, v. I, p. 183.
35. Macaulay, *op. cit.*, p. 53.
36. Walsh, *op. cit.*, *loc. cit.*
37. Macaulay, *op. cit.*, p. 54.
38. Pereira, *Os filhos de El-Rey*, p. 74.

A embaixada portuguesa à Áustria

1. Luís, *O último marquês de Marialva*, p. 37-52.
2. *Ibidem*, p. 249.
3. *Ibidem*, p. 251.
4. *Ibidem*, p. 270.
5. *Ibidem*, p. 274.
6. *Idem.*
7. *Ibidem*, p. 252.
8. Oberacker, *op. cit.*, p. 58.
9. Kann e Lima, *op. cit.*, p. 253.
10. *Ibidem*, p. 256.
11. *Ibidem*, p. 257.
12. *Idem.*
13. Despacho n. 39 do marquês de Marialva para o marquês de Aguiar *apud* Norton, *A Corte de Portugal no Brasil*, p. 233.
14. *Idem*, p. 234.
15. Montet, *Souvenir de la Baronne du Montet*, p. 175.
16. Ambiel, *op. cit.*, p. 111.
17. Obry, *Grüner Purpur*, 1958, p. 104.
18. Despacho n. 39 do marquês de Marialva para o marquês de Aguiar *apud* Norton, *op. cit.*, p. 233.
19. Rezzutti, *D. Pedro*, p. 90.
20. Despacho n. 39 do marquês de Marialva para o marquês de Aguiar *apud* Norton, *idem.*
21. Kann e Lima, *op. cit.*, p. 265.
22. Despacho n. 40 do marquês de Marialva para o marquês de Aguiar *apud* Norton, *op. cit., p.* 238.

23. Kann e Lima, *op. cit.*, p. 258.
24. *Ibidem*, p. 261.
25. *Idem.*
26. *Ibidem*, p. 259.
27. *Idem.*
28. Vasconcelos, *A casa e seus mestres*, p. 133.
29. Kann e Lima, *op. cit.*, p. 446.
30. Despacho n. 40 do marquês de Marialva para o marquês de Aguiar *apud* Norton, *op. cit.*, p. 240.
31. Despacho n. 44 do marquês de Marialva para o marquês de Aguiar *apud ibidem*, p. 258.
32. Despacho n. 44 do marquês de Marialva para o marquês de Aguiar *apud idem.*
33. Kann e Lima, *op. cit.*, p. 262.
34. *Idem.*
35. *Ibidem*, p. 268.
36. *Ibidem*, p. 269.
37. *Ibidem*, p. 272.
38. *Ibidem*, p. 275.
39. *Ibidem*, p. 276.
40. AHMI: II-POB-09.01.1824-Men.c 1-9.
41. Montet, *op. cit.*, p. 174-5.
42. Carta do arquiduque Luís a Maria Luísa em 16 de abril de 1817 *apud* Oberacker, *op. cit.*, p. 60.
43. Norton, *op. cit.*, p. 52.
44. Lima, *D. João VI no Brasil*, p. 876.
45. Sousa, *A vida de d. Pedro I*, v. 1, p. 95.
46. Ofício Reservado n. 7, de 25 de agosto de 1816, *apud* Norton, *op. cit.*, p. 32.
47. Ofício n. 41 do marquês de Marialva para o marquês de Aguiar *apud ibidem*, p. 242.
48. Equivalente em valores atuais a 52.800 euros.
49. Equivalente a 176 mil euros.
50. Ofício n. 40 do marquês de Marialva para o marquês de Aguiar *apud ibidem*, p. 239.
51. Oberacker, *op. cit.*, p. 67.
52. Ver p. 33.

53. Ofício n. 41, de 30 de novembro de 1816, *apud* Norton, *op. cit.*, p. 244.
54. Monteiro, *A elaboração da Independência*, v. 1, p. 175.
55. Uniforme que os criados de casas nobres usavam, cada casa tinha o seu próprio padrão de vestimenta e cores específicas.
56. *Idem.*
57. Obry, *op. cit.*, p. 108.
58. Kann e Lima, *op. cit.*, p. 275.
59. *Apud* Monteiro, *op. cit.*, p. 178.
60. Obry, *op. cit.*, p. 108.
61. Levando-se em conta que a saca de café de 60 quilos era negociada na época a 12.240 réis e hoje é a aproximadamente 450 reais. Na época, com 68 contos de réis daria para comprar 5.556 sacas. Hoje, a mesma quantidade seria comprada a 2,5 milhões de reais. Para ter uma dimensão maior do valor, a dotação anual de d. Leopoldina, aprovada em 1827, seria de 60 contos de réis. No entanto, todas as suas despesas anuais com a sua corte e doações giravam em torno de 34 mil réis.
62. Arquivo do Museu Imperial: II-POB-[1826]-L.B.-dc.
63. Graham, *Diário de uma viagem ao Brasil*, p. 359.
64. Norton, *op. cit.*, p. 55.
65. Obry, *op. cit.*, p. 109.
66. Arquivo do Museu Imperial: II-POB-[1826]-L.B.-dc.
67. Kann e Lima, *op. cit.*, p. 282.
68. *Ibidem*, p. 283.
69. *Ibidem*, p. 284.
70. *Ibidem*, p. 285.
71. *Ibidem*, p. 286.
72. *Apud* Bragança, *op. cit.*, p. 547.
73. Santos, *Maria e João continuam a ser os nomes mais populares em Portugal.*
74. Kann e Lima, *op. cit.*, p. 288.
75. Oberacker, *A imperatriz Leopoldina*, 1973, p. 77.
76. Kann e Lima, *op. cit.*, p. 291.
77. Obry *apud* Oberacker, p. 71.
78. *Wiener Zeitung*, 16 de maio de 1817, *apud* Ramirez, *As relações entre a Áustria e o Brasil*, p. 8.
79. Montet, *Souvenir de la Baronne du Montet*, p. 175.

80. *Apud* Bragança, *op. cit.*, p. 555.
81. Blanco, *Significado, representação sociopolítica e aspectos retóricos de danças em contexto: o caso das* Tänze des Brasilianischen Ballfestes *de Joseph Wilde.*
82. Kann e Lima, *op. cit.*, p. 293.
83. Oberacker, *op. cit.*, p. 95.
84. *Ibidem*, p. 99.
85. *Allgemeine Zeitung*, n. 160, 9 de junho, *apud* Bragança, *op. cit.*, p. 557.
86. *Gazeta do Rio de Janeiro*, 20 de setembro de 1817.
87. *Gazeta do Rio de Janeiro*, 20 de setembro de 1817.
88. *Zeremonialprotokoll* de 1817, doc. 38 e ss. *apud* Ramirez, *op. cit.*, p. 8.
89. *Idem.*

Um drama italiano

1. *Allgemeine Zeitung*, 4 de junho de 1817, *apud* Bragança, *op. cit.*, p. 558.
2. Esmoler-mor era o responsável pela supervisão de todas as obras caritativas e esmolas dadas por um membro de uma casa reinante.
3. Monteiro, *A elaboração da Independência*, v. 1, p. 180, nota 30.
4. A grafia desse nome aparece em diversos documentos como Kuenburg, Künburg e Kühnburg. Aqui, foi adotada a que aparece mais frequentemente: Kühnburg.
5. Kann e Lima, *op. cit.*, p. 295.
6. *Ibidem*, p. 283.
7. Posto, no caso, são os pontos na estrada onde se trocavam os cavalos e muitas vezes comiam e descansavam um pouco do sacolejar da estrada.
8. IHF: Coleção condessa de Kühnburg/Item 5/1-1.

Maria Luísa

1. *Gazeta de Lisboa*, n. 162, de 14 de julho de 1817, p. 2.
2. Kann e Lima, *op. cit.*, p. 295.
3. *Gazeta de Lisboa*, n. 162, de 14 de julho de 1817, p. 2.
4. Kann e Lima, *op. cit.*, p. 281.
5. *Ibidem*, p. 279.
6. *Ibidem*, p. 252.

7. *Ibidem*, p. 296.
8. *Ibidem*, p. 29
9. IHF: Coleção condessa de Kühnburg/Item 5/2-3.
10. *Gazeta de Lisboa*, n. 162, de 14 de julho de 1817, p. 2.
11. Kann e Lima, *op. cit.*, p. 298.
12. Obry, *Grüner Purpur*, 1958, p. 138.
13. *Idem*.
14. Oberacker, *op. cit.*, p. 92, nota.
15. IHF: Coleção condessa de Kühnburg, 3-4.
16. Kann e Lima, *op. cit.*, p. 299.
17. *Ibidem*, p. 298-299.
18. IHF: *op. cit.*, 4-5.
19. *Ibidem*, 5-6.
20. *Idem*.
21. Kann e Lima, *op. cit.*, p. 307.
22. IHF: *op. cit.*, 5-6.
23. Kann e Lima, *op. cit.*, p. 301.
24. Damas de companhia de Leopoldina.
25. *Ibidem*, 6-7.
26. *Ibidem*, 7-8.
27. Kann e Lima, *op. cit.*, p. 302.
28. IHF: *op. cit.*, 7-8.
29. *Ibidem*, 9-10.
30. Kann e Lima, *op. cit.*, p. 303.
31. *Ibidem*, p. 305.
32. Oberacker, *op. cit.*, p. 94.
33. *Ibidem*, p. 97.
34. *Ibidem*, p. 96.
35. IHF: *op. cit.*, 10-11.
36. A calmaria podia ser pior do que uma tempestade. Existem relatos de navios parados por mais de um mês em alto-mar devido à falta de ventos.
37. Oberacker, *op. cit.*, p. 96.
38. Kann e Lima, p. 391.
39. IHF: *op. cit.*, 12-13.
40. *Ibidem*, 13-14.

Atrasos e intrigas

1. *Apud* Bragança, *op. cit.*, p. 559.
2. Lima, *op. cit.*, v. 2, p. 881.
3. Kann e Lima, *op. cit.*, p. 307.
4. IHF: *op. cit.*, 17-18.
5. "Staatskanzlei", suplemento às instruções ao conde Eltz, de 14 de agosto de 1817, *apud* Ramirez, *Relações entre a Áustria e o Brasil*, p. 15.
6. 10 de novembro de 1817 *apud* Lima, *D. João VI no Brasil*, p. 883.
7. Monteiro, *A elaboração da Independência*, v. 1, p. 181.
8. IHF: *op. cit.*, 16-17.
9. *Idem.*
10. *Ibidem*, 17-18.
11. *Ibidem*, 18-19.
12. *Ibidem*, 16-17.
13. *Idem.*
14. Karl Joseph, conde de Kühnburg, marido de Nanny.
15. *Ibidem*, 19-20.
16. *Ibidem*, 20-21.
17. *Idem.*
18. *Idem.*
19. *Idem.*
20. *Idem.*
21. Carta de Leopoldina à condessa von Lazansky em 8 de agosto de 1817 *apud* Oberacker, *op. cit.*, p. 99.
22. IHF: *op. cit.*, 20-21.
23. Oberacker, *op. cit.*, p. 99.
24. Obry, *op. cit.*, p. 144.
25. Obry, *op. cit.*, p. 145.
26. IHF: *op. cit.*, 20-21.
27. *Idem.*
28. Oberacker, *op. cit.*, p. 103.
29. Na mitologia grega, Cérbero era um cão de três cabeças que guardava o inferno.
30. IHF: Coleção condessa de Kühnburg. Carnet a Ernestine, p. 9-10.
31. Monteiro, *A elaboração da Independência*, v. 1, p. 182.
32. *Idem.*

Atlântico

1. IHF: *op. cit.*, 21-21.
2. *Idem.*
3. Kann e Lima, *op. cit.*, p. 308.
4. IHF: *op. cit.*, 21-22.
5. Kann e Lima, *op. cit.*, 309.
6. IHF: *op. cit.*, 22-23.
7. *Idem.*
8. *Idem.*
9. *Idem.*
10. Oberacker, *op. cit.*, p. 87.
11. IHF: *op. cit.*, 22-23.
12. *Idem.*
13. *Idem.*
14. Kann e Lima, *op. cit.*, p. 311.
15. *Idem.*
16. *Ibidem*, p. 312.
17. IHF: *op. cit.*, 22-23.
18. Kann e Lima, *op. cit.*, p. 310.
19. *Ibidem*, p. 309.
20. IHF: Coleção condessa de Kühnburg. Carnet a Ernestine, p. 2.
21. *Ibidem*, p. 10.
22. Frühbeck, *Skizze meiner Reise nach Brasilien*, p. 13-14.
23. IHF: Coleção condessa de Kühnburg. Carnet a Ernestine, p. 12.
24. *Idem.*
25. Dia de São Carlos Borromeu, em 4 de novembro, quando se comemorava o onomástico da rainha Carlota Joaquina.
26. *Ibidem*, p. 16.

D. Leopoldina portuguesa

1. *Gazeta do Rio de Janeiro*, n. 90, 8 de novembro de 1817, p. 1 e ss.
2. *Idem.*
3. Kann e Lima, *op. cit.*, p. 313.
4. O camareiro a quem a condessa se refere é o conde de Viana, enviado por d. João VI.

5. IHF: *op. cit.*, 23-24.
6. Morais, *Chronica geral do Brasil*, v. 2, p. 180.
7. IHF: *op. cit.*, 23-24.
8. D. Maria Teresa de Bragança, irmã de d. Pedro, viúva desde 1812.
9. D. Sebastião de Bourbon e Bragança, filho de d. Maria Teresa com o príncipe d. Pedro Carlos, falecido em 1812.
10. A infanta Isabel Maria assumiria, em nome de d. Pedro, a regência de Portugal em 1826, devido ao falecimento do rei d. João VI. Seria uma das poucas irmãs a defender o direito de d. Pedro a assumir o trono português.
11. *Idem.*
12. *Idem.*
13. *Idem.*
14. *Gazeta do Rio de Janeiro*, n. 90, 8 de novembro de 1817, p. 1 e ss.
15. IHF: *op. cit.*, 23-24.
16. Oberacker, *op. cit.*, p. 114.
17. Santos, *Memórias para servir à história do Reino do Brasil*, v. 2, p. 183.
18. *Gazeta do Rio de Janeiro*, n. 91, quarta-feira, 12 de novembro de 1817, p. 1 ss.
19. IHF: *op. cit.*, 23-24.
20. *Gazeta do Rio de Janeiro*, n. 90, 8 de novembro de 1817, p. 1 e ss.
21. Debret, *Viagem pitoresca*, tomo II, p. 403.
22. Kann e Lima, *op. cit.*, p. 325.
23. IHF: *op. cit.*, 23-24.
24. Kann e Lima, *op. cit.*, p. 313.
25. *Gazeta do Rio de Janeiro*, n. 90, quarta-feira, 12 de setembro de 1817, p. 1 e ss.
26. Lima, *D. João VI*, v. 2, p. 885.
27. Graham, *Escorço biográfico de dom Pedro I*, p. 63.
28. Monglave, *Correspondance de Don Pèdre Premier*, p. 23.
29. Rangel, *Dom Pedro I e a marquesa de Santos*, p. 70.
30. Obry, *Grüner Purpur*, 1958, p. 90.
31. Graham, *op. cit.*, p. 61-62.
32. *Ibidem*, p. 62.
33. Morais, *Chronicas da História do Brasil*, v. 2, p. 261.
34. *Ibidem*, p. 174.
35. *Idem.*

36. D. João IV, antes de sua aclamação como rei de Portugal, quando era somente o oitavo duque de Bragança, teria se irritado com um irmão leigo franciscano que havia ido lhe pedir esmolas. Sem paciência, mandou o religioso retirar-se e aplicou-lhe um pontapé na canela, criando um machucado em forma de escama de peixe. Ressentido pela forma como havia sido maltratado sem razão alguma, o franciscano rogou a seguinte praga: "A sua descendência nunca passará pelo primogênito, e os que lhe sucederem, Deus permita, tenham o mesmo sinal na perna que o senhor me produziu." Tanto d. João VI quanto d. Pedro (I no Brasil e IV em Portugal) e d. Pedro II eram os segundos de uma longa linhagem de filhos homens a assumirem o trono.
37. Graham, *op. cit.*, p. 64.
38. *Ibidem*, p. 185.
39. Marrocos, *Correspondência de Luís Joaquim dos Santos Marrocos*, 1934, p. 304.
40. *Apud* Prado, *Thomas Ender*, p. 100.
41. Kann e Lima, *op. cit.*, p. 325-326.
42. Obry, *op. cit.*, 1958, p. 170.
43. Obry, *op. cit.*, 1958, p. 171.
44. *Idem.*
45. *Ibidem*, p. 313.
46. *Ibidem*, p. 317.
47. *Ibidem*, p. 324.
48. IHF: *op. cit.*, 27-37.
49. Kann e Lima, *op. cit.*, p. 325.
50. *Ibidem*, p. 319.
51. IHF: Coleção condessa de Kühnburg, 23-24
52. Kann e Lima, *op. cit.*, p. 325.
53. *Ibidem*, p. 331.
54. *Ibidem*, p. 333.
55. *Ibidem*, p. 332-333.
56. Obry, *op. cit.*, p. 176.
57. Kann e Lima, *op. cit.*, p. 336.
58. *Ibidem*, p. 317-318.
59. *Ibidem*, p. 333.
60. *Ibidem*, p. 334.
61. *Idem.*

62. *Ibidem*, p. 317.
63. Obry, *op. cit.*, p. 176.
64. Kann e Lima, *op. cit.*, p. 314.
65. *Idem.*
66. *Ibidem*, p. 316.
67. *Ibidem*, p. 328-329.
68. *Ibidem*, p. 330.
69. *Ibidem*, p. 343.
70. *Gazeta do Rio de Janeiro*, 14 e 21 de outubro de 1818.
71. Kann e Lima, *op. cit.*, p. 346.
72. Obry, *op. cit.*, p. 180.
73. Obry, *op. cit.*, p. 186.
74. Obry, *op. cit.*, p. 192.
75. Kann e Lima, *op. cit.*, p. 315.
76. *Ibidem*, p. 316.
77. *Ibidem*, p. 318.
78. *Ibidem*, p. 320.
79. IHF: *op. cit.*, 24-25.
80. Pequeno objeto de luxo oriundo da China ou feito na Europa segundo modelo chinês.
81. Montet, *op. cit.*, p. 173-174.
82. Ofício do intendente de polícia em 26 de setembro de 1822. AN, Fundo Polícia da Corte, códice 330, v. 1.
83. Kann e Lima, *op. cit.*, p. 335.
84. *Idem.*
85. *Ibidem*, p. 336.
86. Carta de 31 de janeiro de 1818 *apud* Lima, *D. João VI no Brasil*, v. 2, p. 886.
87. Kann e Lima, *op. cit.*, p. 330.
88. Obry, *op. cit.*, p. 172.
89. Marrocos, *O bibliotecário do rei*, 2007, p. 211-212.
90. Oberacker, *A imperatriz Leopoldina*, 1972, p. 155.
91. Porto, *A imperatriz em 2014*, 2016, p. 171.
92. *Ibidem.*
93. Augustat, *Beyond Brazil, Johann Natterer and the Ethnographic Collections from the Austrian Expedition to Brazil (1817-1835)*, p. 16 *apud* Porto, *A imperatriz em 2014*, 2016, p. 171.

94. Fleiuss, *Páginas de história,* 1930, p. 244.
95. Kann e Lima, *op. cit.*, p. 316.
96. *Ibidem*, p. 340.
97. *Ibidem*, p. 344.
98. *Kann e Lima, Cartas de uma imperatriz,* 2006, p. 347-348.
99. Fleiuss, *Páginas de história,* 1930, p. 244.
100. IHF: *op. cit.*, 30-29.
101. Kann e Lima, *op. cit.*, p. 350.
102. Rezzutti, *D. Pedro*, p. 107-108.
103. Kann e Lima, *op. cit.*, p. 355.
104. *Ibidem*, p. 359.
105. Kann e Lima, *Cartas de uma imperatriz,* 2006, p. 355.
106. Kann e Lima, *op. cit.*, p. 359.
107. *Ibidem*, p. 463.
108. *Ibidem*, p. 364.
109. Obry, *op. cit.*, p. 204.
110. Obry, *op. cit.*, p. 221.
111. Obry, *op. cit.*, p. 220.
112. Kann e Lima, *op. cit.*, p. 372.
113. Obry, *op. cit.*, p. 206.
114. Kann e Lima, *op. cit.*, p. 371.
115. *Ibidem*, p. 372.
116. *Ibidem*, p. 373.
117. Monglave, *Correspondance*, p. 17.
118. Ramirez, *op. cit.*, p. 16.
119. Norton, *op. cit.*, p. 159.
120. *Ibidem*, p. 378.
121. Oberacker, *op. cit.*, p. 204.
122. Kann e Lima, *op. cit.*, p. 376.
123. AHMI: I-POB-09.01.1822-PI.B.c 1-7.
124. Kann e Lima, *op. cit.*, p. 379.
125. *Idem.*
126. *Ibidem*, p. 370.
127. *Ibidem*, p. 369.
128. *Ibidem*, p. 373.
129. *Ibidem*, p. 371.

130. *Ibidem*, p. 217.
131. *Ibidem*, p. 381.
132. *Idem*.
133. *Ibidem*, p. 382.
134. Kann e Lima, *op. cit.*, p. 384.
135. *Ibidem*, p. 383.

A matriarca da Independência

1. Monglave, *Correspondance de Don Pèdre Premier*, p. 13.
2. Mareschal, Ofício de 7 de janeiro de 1822.
3. Kann e Lima, *op. cit.*, p. 270.
4. O nome da princesa Januária foi uma homenagem do pai ao Rio de Janeiro.
5. *A imperatriz Maria Leopoldina*, p. 129.
6. Morais, *História do Brasil Reino e do Brasil Império*, tomo I, p. 96.
7. *Cartas e mais peças officiaes dirigidas a Sua Magestade o Senhor D. João VI pelo príncipe real...*, p. 23-24.
8. 119 Monglave, *op. cit.*, p. 21.
9. *A imperatriz Maria Leopoldina*, p. 130.
10. *Idem*.
11. Morais, *op. cit.*, p. 98.
12. Graham, *Escorço*, p. 71-72.
13. Monteiro, *A elaboração da Independência*, v. 1, p. 416.
14. Graham, *op. cit.*, p. 73.
15. *Documentos para a história da Independência*, p. 371.
16. Morais, *op. cit.*, p. 113.
17. D. Leopoldina usava a medida de Fahrenheit, em Celsius é o equivalente a 36º.
18. *Apud* Norton, *A corte no Brasil*, p. 147-148.
19. Galvão, *O púlpito no Brasil*, p. 136.
20. Kann e Lima, *op. cit.*, p. 391.
21. *Apud* Oberacker, *op. cit.*, p. 249.
22. Kann e Lima, *op. cit.*, p. 396.
23. *Ibidem*, p. 393.
24. *Ibidem*, p. 394.

25. *Ibidem*, p. 396.
26. *Idem*.
27. Obry, *Grüner Purpur*, 1958, p. 238.
28. Obry, *op. cit.*, 1958, p. 239.
29. *A Imperatriz Maria Leopoldina*, p. 215.
30. Oberacker, *op. cit.*, p. 255.
31. Kann e Lima, *op. cit.*, p. 406.
32. Oberacker, *op. cit.*, p. 255.
33. Kann e Lima, *op. cit.*, p. 407.
34. Oberacker, *op. cit.*, p. 256.
35. Kann e Lima, *op. cit.*, p. 399-400.
36. *Ibidem*, p. 402.
37. *Ibidem*, p. 403.
38. Oberacker, *op. cit.*, p. 267.
39. *The Courier*, 14 de setembro de 1822.
40. Kann e Lima, *op. cit.*, p. 394.
41. *Ibidem*, p. 404.
42. *Ibidem*, p. 400.
43. *Ibidem*, p. 407.
44. *Idem*.
45. Kann e Lima, *op. cit.*, p. 405.
46. *Idem*.
47. AHMI: I-POB-19.08.1822-L.B.c 1-5 (d2).
48. *A Imperatriz Maria Leopoldina*, p. 33.
49. Oberacker, *op. cit.*, p. 274.
50. Morais, *op. cit.*, p. 384.
51. Revista *Galileu*, ano 8, n. 86, setembro de 1998, p. 88.
52. Drummond, *Anotações*, p. 40.
53. Celliez *apud* Oberacker, *op. cit.*, p. 375.
54. Oberacker, *O grito do Ipiranga*, p. 446-7.
55. Peixoto, *Duas palavras sobre d. Pedro I*, p. 11.
56. Sobre essa questão, ver: Oberacker, *O grito do Ipiranga*.
57. Taunay, *A história da cidade de São Paulo*, p. 239.
58. Rezzutti, *D. Pedro*, p. 155.
59. Drummond, *op. cit.*, p. 42.

60. *Idem.*
61. Rezzutti, *op. cit.*, p. 156.
62. AHMI: II-POB-22.09.1822-PI.B.c 1-2.

Imperatriz do Brasil

1. Morais, *História do Brasil Reino e do Brasil Império*, tomo I, p. 402.
2. Atualmente, com diversas reformas e modificações, o edifício é sede da Faculdade de Direito da Universidade Federal do Rio de Janeiro.
3. *Correio do Rio de Janeiro*, n. 154, de 16 de outubro de 1822, p. 8 e ss.
4. *Idem.*
5. *Ibidem*, p. 404.
6. *Idem.*
7. Norton, *op. cit.*, p. 156.
8. Rodrigues, *Independência, revolução e contra-revolução*, v. 1, p. 269.
9. Fleiuss, *Páginas de história*, p. 185.
10. Oberacker, *A Imperatriz Leopoldina*, p. 302.
11. Kann e Lima, *op. cit.*, p. 414.
12. Rezzutti, *D. Pedro*, p. 140.
13. Kann e Lima, *op. cit.*, p. 447-448.
14. *Ibidem*, p. 419.
15. *Apud* Oberacker, *Comentários às cartas da imperatriz Leopoldina...*, p. 185.
16. *Ibidem*, p. 185-186.
17. *Cartas da 1a imperatriz do Brasil*, p. 127.
18. Bosche, *Quadros alternados*, p. 142.
19. *Ibidem*, p. 139.
20. Lemos, *Os mercenários do imperador*, p. 67.
21. *Apud A Imperatriz Maria Leopoldina*, p. 177 e ss.
22. Schlichthorst, *Rio de Janeiro como é*, p. 24.
23. Seidler, *Dez anos no Brasil*, p. 76.
24. Mansfeldt, *Meine Reise nach Brasilien in Jahre 1826*, v. 1, p. 85.
25. *Idem*, vol. 1, p. 86.
26. Graham, *Diário de uma viagem ao Brasil*, p. 258.
27. Kann e Lima, *op. cit.*, p. 420.
28. Graham, *Escorço biográfico de d. Pedro I*, p. 84.

29. Graham, *Diário de uma viagem ao Brasil*, p. 276.
30. *Idem*, p. 272.
31. *Anais da Constituição*, tomo II, p. 113.
32. Kann e Lima, *op. cit.*, p. 421.
33. *Ibidem*, p. 423.
34. *Ibidem*, p. 420.
35. *Proclamações, cartas, artigos de imprensa*, p. 177-179.
36. Kann e Lima, *op. cit.*, p. 421.
37. *Apud* Oberacker, *Comentários às cartas da imperatriz Leopoldina...*, p. 182.
38. Drummond, *Anotações*, p. 85.
39. Celliez *apud* Oberacker, *op. cit.*, p. 321.
40. Kann e Lima, *op. cit.*, p. 419.
41. Kotzebue, *O Rio de Janeiro em 1823*, p. 521.
42. *Ibidem*, p. 522-523.

As amizades dos imperadores

1. Rezzutti, *Domitila*, p. 43 e ss.
2. Rangel, *Cartas de Pedro I à marquesa de Santos*, p. 53.
3. Rezzutti, *Titília e o Demonão*, p. 87.
4. Rangel, *Cartas de Pedro I à marquesa de Santos*, p. 516.
5. Kann e Lima, *op. cit.*, p. 431.
6. AHMI: I-POB-[1822/1825]-L.B.c 1-22.
7. Kann e Lima, *op. cit.*, p. 391.
8. *Ibidem*, p. 435.
9. Rezzutti, *Titília e o Demonão*, p. 93.
10. Macedo, *Memórias da rua do Ouvidor*, p. 92.
11. Graham, *Diário de uma viagem ao Brasil*, p. 280.
12. Rezzutti, *Domitila*, p. 148.
13. Rezzutti, *Titília e o Demonão*, p. 131.
14. *Ibidem*, p. 107.
15. Rangel, *op. cit.*, p. 407.
16. Rezzutti, *op. cit.*, p. 105.
17. Andrada, *Cartas andradinas*, p. 14 e ss.
18. Oberacker, *A Imperatriz Leopoldina*, p. 380.

19. Rezzutti, *op. cit.*, p. 133.
20. Maria Leopoldina.
21. Rangel, *op. cit.*, p. 615.
22. Graham, *Escorço biográfico de dom Pedro I*, p. 163.
23. Oberacker, *Comentários às cartas da imperatriz Leopoldina...*, p. 199.
24. Kann e Lima, *op. cit.*, p. 450.
25. Rezzutti, *Domitila*, p. 104.
26. Gaham, *Diário de uma viagem...*, p. 274.
27. *Ibidem*, p. 281.
28. *Ibidem*, p. 359.
29. Graham, *Escorço biográfico de dom Pedro I*, p. 88.
30. *Idem.*
31. *Ibidem*, p. 94.
32. Morais, *Chronica geral do Brasil*, tomo II, p. 149.
33. Kann e Lima, *op. cit.*, p. 429.
34. Graham, *op. cit.*, p. 123.
35. *Ibidem*, p. 126.
36. Kann e Lima, *op. cit.*, p. 431.
37. *Ibidem*, p. 433.
38. *Ibidem*, p. 431.
39. Graham, *op. cit.*, p. 128.
40. *Ibidem*, p. 131.
41. *Ibidem*, p. 134.
42. *Ibidem*, p. 135.
43. *Ibidem*, p. 140.
44. *Ibidem*, p. 136.
45. Kann e Lima, *op. cit.*, p. 432.
46. *Ibidem*, p. 433.

A "mártir de paciência"

1. Graham, *Escorço biográfico de d. Pedro I*, p. 217.
2. Sousa, *Fatos e personagens em torno de um regime*, p. 177.
3. Kann e Lima, *op. cit.*, p. 435.
4. *Apud* Oberacker Jr., Carlos. *A Imperatriz Leopoldina*, p. 379.
5. 29 de agosto de 1825.

6. Na realidade Domitila, nascida em 27 de dezembro de 1797, fazia 28 anos.
7. Rangel, *Cartas de Pedro I à marquesa de Santos*, p. 101.
8. Graham, *op. cit.*, p. 220.
9. *Idem.*
10. *Ibidem*, p. 221.
11. Graham, *Diário de uma viagem ao Brasil*, p. 297.
12. AHMI: I-POB-08.04.1827-Cha.c 1-6.
13. Lyra, *D. Pedro II*, v. I, p. 42.
14. Kann e Lima, *op. cit.*, p. 442.
15. *Apud* Mareschal, *Correspondência*, n. 339, p. 180-181.
16. Kann e Lima, *op. cit.*, p. 443.
17. *Idem.*
18. Morais, *Chronica do Brasil Império*, tomo II, p. 250.
19. *Ibidem*, p. 251.
20. Palácio da Justiça.
21. *Ibidem*, p. 252.
22. AHMI: II-POB-28.02.1826-PI.B.do.
23. Morais, *op. cit.*, p. 252.
24. Bougainville, *Journal*, p. 623.
25. *Apud* Rangel, *Cartas de Pedro I à marquesa de Santos*, p. 110 e ss.
26. Rezzutti, *D. Pedro*, p. 201.
27. Kann e Lima, *op. cit.*, p. 442.
28. *Ibidem*, p. 443.
29. *Idem.*
30. *Ibidem*, p. 445.
31. *Ibidem*, p. 447.
32. *Ibidem*, p. 448.
33. *Ibidem*, p. 449.
34. Relatório n. 13, de 13 de junho de 1826, *apud* Mareschal, *Correspondência*, n. 339, p. 185.
35. AHMI: II-POB-24.05.1826-PI.B.de.
36. Relatório n. 13, de 13 de junho de 1826, *apud* Mareschal, *op. cit.*, p. 184.
37. *Ibidem*, p. 185.
38. AHMI I-POB-1826-IM.do.
39. Dória, *A Imperatriz Leopoldina*, p. 414.
40. Relatório n. 13, de 13 de junho de 1826, *apud* Mareschal, *op. cit.*, p. 186.

41. *Idem.*
42. Mansfeldt, *op. cit.*, v. 1, p. 167.
43. *Idem.*
44. *Idem.*
45. *Idem.*
46. *Ibidem*, p. 86.
47. Relatório n. 15, de 5 de julho de 1826, *apud* Mareschal, *op. cit.*, p. 189.
48. Relatório n. 18, de 12 de agosto de 1826, *apud Ibidem*, p. 193-194.
49. Morais, *op. cit.*, v. 2, p. 254.
50. Graham, *Escorço biográfico de dom Pedro I*, p. 93.
51. Mansfeldt, *op. cit.*, v. 1, p. 168.
52. Morais, *op. cit.*, v. 2, p. 255.
53. Relatório n. 20-C, de 28 de agosto de 1824, *apud* Mareschal, *op. cit.*, n. 340, p. 155.
54. *Idem.*
55. *Idem.*
56. Kann e Lima, *op. cit.*, p. 450.
57. Monteiro, *História do Império*: o primeiro reinado, v. 2, p. 104.
58. Kann e Lima, *op. cit.*, p. 438.
59. *Idem*, p. 439.
60. *Apud* Oberacker, *Comentários às cartas da Imperatriz Leopoldina a João Martinho Flach*, p. 175.
61. Mansfeldt, *op. cit.*, v. 1, p. 167.
62. *Apud* Oberacker, *op. cit.*, p. 182.
63. Pensão anual dos funcionários do Paço em 1829 — lista dos pagamentos 1829/1830:

Marquesa de Santos	12.000$000
Francisco Gomes da Silva	1.200$000
Mariana Carlota da Verna	960$000
Açafata (mínimo)	300$000

64. AN, Fundo Marquês de Barbacena BR AN, RIO Q1.0.DIL.103.
65. *Ibidem*, BR AN, RIO Q1.0.DIL.107.
66. *Apud* Oberacker, *op. cit.*, p. 199.
67. *Annaes do Parlamento Brasileiro*, 1827, tomo I, p. 194.
68. Monteiro, *op. cit.*, v. 2, p. 121.
69. Magna, *Oração fúnebre*, p. 13.

70. Seixas, *Memórias*, p. 52-55.
71. *Annaes do Parlamento Brazileiro*. Primeiro ano da quarta legislatura, v. 2, p. 46.
72. Processo Verbal, anexo ao Relatório n. 31-F, de 16 de dezembro de 1826, *apud* Mareschal, *op. cit.*, n. 348, p. 165.
73. Kann e Lima, *op. cit.*, p. 430.
74. AIHGB: Lata 326 D19_VI.
75. Morais, *op. cit.*, v. 2, p. 255.
76. *Ibidem*, p. 256.
77. Leopoldo, *Memórias*, p. 66.
78. Relatório de 27 de novembro de 1826 *apud* Mareschal, *op. cit.*, n. 344, p. 252.
79. *Idem*.
80. Inhomirim, *Bolletins sobre o estado de Sua Magestade a Imperatriz.*
81. Boletim de 30 de novembro de 1826. *In:* Inhomirim, *Bolletins sobre o estado de Sua Magestade a Imperatriz.*
82. *Apud* Oberacker, *A Imperatriz Leopoldina*, p. 436-437.
83. Pós-escrito do relatório n. 25-C, de 27 de novembro de 1826. Mareschal, *op. cit.*, n. 344, p. 252.
84. Oberacker, *op. cit.*, p. 427.
85. Rangel, *D. Pedro I e a marquesa de Santos*, p. 158.
86. Daiser, *Sete de Abril*, p. 303.
87. Morais, *Chronica geral do Brasil*, tomo II, p. 256-257.
88. Oberacker, *A Imperatriz Leopoldina*, p. 431.
89. Oberacker, *op. cit.*, p. 53.
90. *Apud* Rangel, *Textos e pretextos*, p. 201.
91. *Idem*.
92. Oberacker, *op. cit.*, p. 54.
93. Boletim médico do dia 2 de dezembro de 1826. *In:* Inhomirim, *Bolletins sobre o estado de Sua Magestade a Imperatriz.*
94. *Idem*.
95. Breda, *A enfermidade da imperatriz Leopoldina*, p. 49-55.
96. Carta de 24 de dezembro de 1826 do barão de Mareschal ao conde Neipperg *apud* Oberacker, *op. cit.*, p. 433.
97. AHMI: I-PAN-08.02.1826-Bar.c 1-9.
98. Breda, *op. cit.*, p. 51-52.

99. Boletim n. 1. *In*: Inhomirim, *Bolletins sobre o estado de Sua Magestade a Imperatriz.*
100. *Diário Fluminense*, de 4 de dezembro de 1826, n. 30, p. 521.
101. Oberacker, *Os ofícios do cônsul prussiano von Theremin sobre a morte da imperatriz Leopoldina*, p. 211.
102. *Diário Fluminense*, 7 de dezembro de 1826, n. 133, p. 533-534.
103. Sampaio, *A sensibilidade nacional...*, p. 13-14.
104. Walsh, *Notices of Brazil in 1828 and 1829*, v. 1, p. 259.
105. Kann e Lima, *op. cit.*, p. 265.
106. *Diário Fluminense*, de 16 de dezembro de 1826, n. 140, p. 561-563.
107. *Idem.*
108. *Espectador Brasileiro*, de 15 de dezembro de 1826.
109. *Idem.*
110. *Annaes do Parlamento Brasileiro*, 1827, tomo I, p. 194.
111. Fleiuss, *Páginas de história*, p. 298.
112. *Ibidem*, p. 301.
113. *Cartas andradinas*, p. 39.
114. Nota de Américo Lourenço Jacobina Lacombe sobre a morte de Leopoldina, as ações de Pedro I após o ocorrido e a influência da marquesa de Santos na corte. S.l., 19--. Original, manuscrito, 13p. Localização: 63,05,002 n. 352. BN: Fundo/Coleção: Tobias Monteiro. Série: Pesquisas e anotações.
115. Carta do barão de Mareschal ao príncipe de Metternich. Rio de Janeiro, 2 de fevereiro de 1827. BN. Localização: 64,01,005 n. 007.
116. Rangel, *Cartas de Pedro I à marquesa de Santos*, p. 159.
117. *Apud* Norton, *A corte de Portugal no Brasil*, p. 201.
118. AIHGB, coleção Hélio Viana, DL175-38, pasta 5.
119. AHMI: I-POB-08-12-1826-L-B-c.

Posfácios

Frühbeck e a redescoberta do Brasil

1. França, *Mulheres viajantes no Brasil*, p. 37.
2. *Münchner Tagesblatt*, de 22 de setembro de 1830.
3. *Regensburger Zeitung*, de 18 de dezembro de 1830.
4. *Der Telegraph österreichisches Conversationsblatt*, de 24 de junho de 1836.

A primeira imperatriz do Novo Mundo

1. *ANNAES DO Parlamento Brazileiro.* Sessão de 21 de julho de 1827.
2. A ausência de uma dotação à princesa regente e, posteriormente, à imperatriz, embora, neste último caso, prevista na Constituição do Império, levou d. Leopoldina a recorrer a empréstimos para despesas particulares e para a manutenção dos auxílios a pessoas e entidades que a ela reclamavam socorro. A pedido do próprio d. Pedro, o arcebispo da Bahia e deputado-geral d. Romualdo Antonio de Seixas propôs que o Tesouro Nacional as assumisse, projeto que, vencendo todos os impedimentos legais, foi aprovado por unanimidade, como um testemunho público de gratidão, em 28 de setembro de 1827.
3. *Idem.*
4. Celliez, *Léopoldine d'Autriche*, p. 581-601.
5. Macedo, *D. Carolina Josepha Leopoldina, Imperatriz*, p. 193-198.
6. *Ibidem*, p. 194-195.
7. *A IMPERATRIZ Maria Leopoldina: Documentos interessantes...*
8. Fleiuss, *Páginas de história*, p. 205-269.
9. Obry, *Grüner Purpur. Brasiliens erste Kaiserin, Erzherzogin Leopoldine.*
10. Baum, *Empress Leopoldina: her role in the development of Brazil (1817 a 1826).* Essa tese é pouco conhecida no Brasil e nunca citada em trabalhos brasileiros. Tive conhecimento dela por meio de uma biografia de d. Pedro I, elaborada por Neill Macaulay, brasilianista norte-americano.
11. Prantner, *Kaiserin Leopoldine von Brasilien. Der Beitrag des Hauses Habsburg-Lothringen und österreichischen Geistesgutes zur Entwicklung Brasiliens während der Monarchie im 19. Jahrhundert.* Wien, Munique: Verlag Herold, 1974. Essa obra foi traduzida para o português por iniciativa do Consulado Geral da Áustria no Rio de Janeiro e publicada em 1997 pela Editora Vozes como *Imperatriz Leopoldina do Brasil: a contribuição da Casa Habsburg-Lothringen e da cultura austríaca ao desenvolvimento do Brasil durante a Monarquia no século XIX.*
12. Oberacker Jr., *A Imperatriz Leopoldina: sua vida e sua época. Ensaio de uma biografia.* Rio de Janeiro, IHGB, Conselho Federal de Cultura, 1973. Há uma edição brasileira desta obra em alemão, de 1975, e outra austríaca, de 1988, com outro título, na coleção Grandes Mulheres da Política Mundial, da Editora Analthea; em ambas há modificações com relação ao primeiro texto.

13. No fim da década de 1950, houve mesmo o projeto de uma produção cinematográfica sobre a imperatriz, mencionado pelo jornal paulista *Deutsche Nachrichten*, na edição de 12 de junho de 1957.
14. *Apud* Oberacker, *op. cit.*, p. XXVI.
15. Oberacker, *op. cit.*, p. 442.
16. Manifestações que aparecem na Câmara, na imprensa, nos depoimentos de viajantes e de outros integrantes do movimento de emancipação.
17. *Annaes do Parlamento Brasileiro.* Sessão de 28 de maio de 1827.
18. Suplemento do Museu Paulista/USP. *Diário Oficial do Estado de São Paulo*, p. 3.
19. Lyra, *Relações diplomáticas e interesses políticos no casamento de D. Leopoldina. In:* Schubert, *200 anos da Imperatriz Leopoldina*, p. 147.
20. *Apud* Oberacker, *op. cit.*, p. 440.
21. Lyra, *Leopoldina de Habsburgo (1797-1826)*, p. 161-369.
22. *Ibidem*, p. 163-164.
23. Cassotti, Marsilio. *Biografia íntima de Leopoldina.*
24. A arquiduquesa adotaria o nome de Maria Leopoldina por ocasião do Ato de Renúncia à sucessão e herança da casa da Áustria, talvez por perceber ser esse nome um costume na casa de Bragança, à qual passaria a pertencer.
25. *Apud* Oberacker, *op. cit.*, p. 13.
26. *Gazeta de Lisboa*, n. 112, de 13 de maio de 1817, p. 3.
27. *Apud* Calmon, *O rei cavaleiro*, p. 43.
28. *Apud* Oberacker, *op. cit.*, p. 108.
29. Corrêa, *Em casa do patriarcha*, p. 117-118.
30. Já na Áustria, manifestara, em cartas e diários, quanto lhe desagradava a vida na corte, que considerava artificial e ociosa.
31. D. Leopoldina e suas cartas. *Tribuna de Petrópolis.*
32. Aliás, ao contrário do que afirmam seus biógrafos, d. Pedro foi um dos poucos que não se importavam com o traje de amazona da esposa; ao menos não há registros documentais que indiquem isso.
33. Lyra, *op. cit.*, p. 144.
34. Foram localizados apenas doze trabalhos realizados por Leopoldina na adolescência, pertencentes hoje ao Arquivo de Imagens da Biblioteca Nacional Austríaca. Eles encontram-se reproduzidos no artigo "A formação artística da imperatriz Leopoldina", de d. Carlos Tasso de Saxe-Coburgo,

que foi publicado na *Revista do Patrimônio Histórico* e *Artístico Nacional* (Rio de Janeiro, SPHAN, 15, 1961), e na obra *A arquiduquesa d. Leopoldina, I imperatriz do Brasil*, de Maria Amélia Arruda Botelho de Souza Aranha (São Paulo, IHGSP, 1970; Instituto Genealógico Brasileiro, 1985).

35. *Apud* Oberacker, *op. cit.*, p. 356.
36. Calmon, Pedro. "Mulher Providencial". *O Cruzeiro.*
37. Seixas, *Oração fúnebre da...*, p. 15.
38. Após 1823, o suíço Johann Martin Flach substituiu, nas funções de secretário particular da imperatriz, Georg Anton von Schäffer, enviado pelo imperador à Alemanha para obter colonos e soldados.
39. *Apud* Oberacker, *op. cit.*, p. 365.
40. Oberacker, *op. cit.*, p. 213-246.
41. Lyra, *Leopoldina de Habsburgo (1797-1826)*, p. 161-369; 275-284.
42. Rezzutti, *D. Pedro*, p. 132-134.
43. Leite e Scatimburgo, *História da municipalidade de São Paulo*, p. 206.
44. Macaulay, *D. Pedro I. A luta pela liberdade no Brasil e em Portugal*, p. 134-135.
45. Carta ao pai de 8 de agosto de 1822. *Apud* Oberacker, *op. cit.*, p. 250.
46. Bilhete a José Bonifácio, de agosto de 1822.
47. Graham, *Diário de uma viagem ao Brasil*, p. 379.
48. Sampaio, *Oração fúnebre...*
49. Lyra, *A utopia do poderoso império*, p. 240.
50. Alcântara, *Dona Leopoldina, consorte e inspiradora do Libertador*, p. 166.
51. *Idem.*
52. Lima, *O Movimento da Independência*, p. 120.
53. *Cartas da Imperatriz Leopoldina ao Sr. Schäffer apud* Arquivo Nacional, *A Imperatriz Maria Leopoldina*, p. 127-134.
54. *Apud* Oberacker, *op. cit.*, p. 256.
55. *Ibidem*, p. 268.
56. *Ibidem*, p. 275.
57. Peixoto, *Duas palavras sobre d. Pedro I*, p. 11.
58. *Apud* Oberacker, *op. cit*, p. 281.
59. *Ibidem*, p. 290.
60. Calmon, *O rei cavaleiro*, p. 135.
61. Oberacker, *op. cit.*, p. 13.
62. *Apud* Oberacker, *op. cit.*, p. 325-326.

63. *Ibidem*, p. 418-419.
64. Lyra, *A utopia do poderoso império*, p. 235-237.
65. *Ibidem*, p. 239.
66. Oberacker, *op. cit.*, p. 442.
67. Notícia da entrada que fez na Cidade de S. Paulo... *O Espelho*.
68. Magalhães, *Dona Leopoldina, a Imperatriz da Independência*, p. 251.
69. Graham, *Diário de uma viagem ao Brasil*, p. 264-280.
70. Setúbal, *A Imperatriz Leopoldina*, p. 255.
71. Ver Oberacker, *Comentários às cartas da Imperatriz Leopoldina a João Martinho Flach* (p. 171-202) e *Cartas da Imperatriz Leopoldina ao Sr. Schäffer*. Arquivo Nacional, *A Imperatriz Maria Leopoldina*, p. 127-134.
72. *A Gazeta de Lisboa*, n. 84, de 7 de abril de 1827.
73. *Apud* Oberacker, *A Imperatriz Leopoldina: sua vida e sua época*, p. 321.
74. Suplemento do Museu Paulista/USP. *Diário Oficial do Estado de São Paulo*, p. 3.
75. Macedo, *op. cit.*, p. 196.
76. Celliez, *op. cit.*
77. Graham, *op. cit.*, p. 317; Oberacker, *op. cit.*, p. 356, 405-419; Seidler, *Dez anos no Brasil*, p. 85.
78. Burns, *Como foi acolhida nos Estados Unidos a Independência do Brasil*, p. 207.
79. Graham, *op. cit.*, p. 317.
80. Magna, *Oração fúnebre...*
81. Mansfeldt, *Meine Reise nach Brasilien im Jahre 1826*, p. 167.
82. Oberacker, *op. cit.*, p. 442.
83. Seidler, *op. cit.*, p. 89.
84. *Últimos momentos da senhora D. Maria Leopoldina...*, p. 45-46.
85. *Astréa*, de 12 de dezembro de 1826 *apud ibidem*, p. 47-48.
86. Sampaio, *Oração fúnebre...*
87. Denis, *Brasil*, p. 148.
88. Trata-se de uma conclusão preliminar, pois não consegui a descrição de nenhuma dessas cerimônias anuais.
89. *Apud* Oberacker, *op. cit.*, p. 473-474.
90. Dória, *Homens e épocas. A imperatriz Leopoldina*, p. 410-415.
91. Meneses, *O salão nobre do Museu Paulista e o Teatro da História*, p. 25-29.

92. Setúbal, *Um sarau no Paço de São Cristóvão: peça em 3 atos*. São Paulo, Banco Itaú, 1994. (Encenada em 11 de dezembro de 1926, como homenagem a d. Leopoldina, no centenário de sua morte.)
93. Transformada em capela, como condição da família imperial para permitir a trasladação de d. Leopoldina, já que não desejava ela ver um de seus membros em sepultura não cristã, a Cripta do Monumento havia sido construída pela Prefeitura de São Paulo com o objetivo explícito de abrigar os corpos de d. Pedro I e da primeira imperatriz, como lideranças do movimento da Independência.
94. Magalhães, *Dona Leopoldina, a Imperatriz da Independência*, p. 251.
95. Oberacker, *op. cit.*, p. 451.
96. Falcão, *Resgate de uma dívida*.
97. Homenagem a d. Leopoldina. *Anais do Congresso de História da Independência do Brasil*, p. 49-50; 66-68.
98. Esse enredo foi tema da exposição fotográfica *Imagem na fantasia. Der andere Karneval. Leopoldine von Habsburg, Kaiserin von Brasilien im Karneval von Rio de Janeiro 1996*, realizada pelas fotógrafas austríacas Bele Marx e Valerie Rosenburg, nas Salas Bergl do Palácio de Schönbrunn, de 22 de abril a 25 de maio de 1997.
99. Helige, *D. Leopoldina, Mãe da Independência. In:* Schubert, *op. cit.*, p. 194.
100. Aquino, *Maria Leopoldina, Imperatriz Brasileira*, p. 5.

D. Leopoldina da Áustria — Imperatriz do Brasil: doença e morte

1. Rezzutti, 2017.
2. Inhomirim, Barão de. *Bolletins sobre o estado de enfermidade de Sua Magestade a Imperatriz*. 30 de novembro a 11 de dezembro de 1826. Biblioteca Nacional Austríaca.
3. Rezzutti, *ibidem*.
4. Inhomirim, Barão de. *Bolletins sobre o estado de enfermidade de Sua Magestade a Imperatriz*. 30 de novembro a 11 de dezembro de 1826. Biblioteca Nacional Austríaca.
5. Kasper, 2005.
6. Ravneet & Purabi, 2011; Sethi *et al.*, 2017; Woodbridge, 1895; Amster *et al.*, 1985; Vigliani & Bakardjiev, 2013.

BIBLIOGRAFIA

Fontes manuscritas

Arquivo Nacional (Brasil). Fundo Casa Real e Imperial/Mordomia. Documentos manuscritos.

Arquivo Nacional (Brasil). Fundo Marquês de Barbacena. Documentos manuscritos.

Biblioteca Nacional (Brasil). Coleção Independência do Brasil. Disponíveis na Seção de Manuscitos.

Biblioteca Nacional (Brasil). Coleção Linhares. Disponíveis na Seção de Manuscitos.

Biblioteca Nacional (Brasil). Coleção Tobias Monteiro. Disponíveis na Seção de Manuscitos.

Biblioteca Nacional (Brasil). Documentos e peças relativas aos Despozorios de S.A. a Arquiduqueza D. Carolina Josefa Leopoldina da Áustria com o Príncipe D. Pedro de Alcântara de Portugal e Brasil. Disponíveis na Seção de Manuscitos.

Instituto Hercule Florence. Coleção condessa de Kühnburg.

Instituto Histórico e Geográfico Brasileiro. Arquivo Hélio Viana.

Instituto Histórico e Geográfico Brasileiro. Arquivo Wanderley Pinho.

Instituto Histórico e Geográfico de São Paulo. Documentos relativos à trasladação do corpo da imperatriz d. Leopoldina para São Paulo. Disponíveis no Arquivo Histórico.

Museu Imperial. Bilhetes de d. Leopoldina a José Bonifácio de Andrada e Silva e cartas ao príncipe d. Pedro (1822). Disponíveis no Arquivo da Casa Imperial do Brasil.

Museu Imperial. Bilhetes de d. Leopoldina ao seu afilhado. Disponíveis no Arquivo da Casa Imperial do Brasil.

Museu Imperial. Cartas de d. Pedro I. Disponíveis no Arquivo da Casa Imperial do Brasil.

Museu Imperial. Cartas de José Bonifácio de Andrada e Silva a d. Leopoldina (1822). Disponíveis no Arquivo da Casa Imperial do Brasil.

Museu Paulista. Bilhetes de d. Leopoldina a José Bonifácio de Andrada e Silva (1822) da Coleção José Bonifácio de Andrada e Silva. Disponíveis no Setor de Documentação da USP.

Província Franciscana da Imaculada Conceição no Brasil. Documentos relativos à trasladação do corpo da imperatriz d. Leopoldina para São Paulo. Disponíveis no Arquivo Histórico.

Fontes primárias impressas

Coleções, jornais e relatórios

Allgemeine Zeitung, 4 jun. 1817.

Anais da Câmara, 1833, tomo II.

Anais da Constituição, tomo II.

Annaes do Parlamento Brazileiro: Camara dos Srs. Deputados. Segundo Anno da Primeira Legislatura. Sessões de 1827, tomos 1-5. Brasília, Centro de Documentação e Informação da Câmara dos Deputados, 1982. (Reimpressão da edição de 1874).

Cartas e mais peças officiaes dirigidas a sua Magestade o Senhor D. João VI pelo Príncipe Real o Senhor D. Pedro de Alcântara. Lisboa: Imprensa Nacional, 1822.

Coleção das Leis do Brasil de 1821.

Diário Fluminense, n. 133, 7 dez. 1826, p. 533-534.

Diário Fluminense, n. 140, 16 dez. 1826, p. 561-563.

Diário Fluminense, n. 30, 4 dez. 1826, p. 521.

Documentos para a história da independência. Rio de Janeiro: Officinas Graphicas da Biblioteca Nacional, 1923.

Gazeta de Lisboa, n. 84, 7 abr. 1817.

Gazeta de Lisboa, n. 112, 13 maio 1817.

Gazeta de Lisboa, n. 162, 14 jul. 1817.

Gazeta do Rio de Janeiro, n. 76, 20 set. 1817.

Gazeta do Rio de Janeiro, n. 90, 8 nov. 1817, p. 1 ss.

Gazeta do Rio de Janeiro, n. 91, 12 nov. 1817, p. 1 ss.

INHOMIRIM, Barão de. *Bolletins sobre o estado de Sua Magestade a Imperatriz*. Rio de Janeiro: Imprensa Imperial e Nacional, 1826.

MAGNA, Francisco de Paula de Santa Gertrudes, Fr. *Oração Fúnebre que nas Exéquias de Sua Magestade Imperial, a Senhora Dona Maria Leopoldina Josefa Carolina, Archiduqueza d'Áustria e Primeira Imperatriz do Brazil, celebradas no Mosteiro de S. Bento, recitou...* Rio de Janeiro: Typographia Imperial e Nacional, 1827.

NOTÍCIA da entrada que fez na Cidade de S. Paulo, o Serenissimo Sr. D. Pedro de Alcantara, Principe Real do Reino Unido de Portugal, Brazil e Algarves, Regente e Defensor Perpetuo do Reino do Brazil. *O Espelho*, Rio de Janeiro, ago. 1822.

Proclamações, cartas, artigos de imprensa. Rio de Janeiro: Biblioteca do Sesquicentenário, 1973.

SAMPAIO, Francisco de Santa Thereza, Fr. *Oração Fúnebre que nas Exéquias do Anniversario da Morte da Augusta Senhora D. Maria Leopoldina Josepha Carolina, Archiduqueza d'Áustria e Primeira Imperatriz do Brazil solennizadas por ordem de S.M. o Imperador, no Convento de Nossa Senhora D'Ajuda, recitou., pregador de S.M.I.* Rio de Janeiro: Typographia Imperial de Plancher-Seignot, 1827.

SEIXAS, Romualdo Antônio de. *Oração fúnebre da [...] senhora D. Maria Leopoldina Josefa Carolina [...] que nas solennes Exéquias celebradas no dia 6 de março deste ano na Igreja da Sta. Caza de Misericórdia.* Rio de Janeiro: Typographia de Plancher-Seignot, 1827.

Spectador Brasileiro, 15 dez. 1826.

SUPLEMENTO do Museu Paulista/USP. *Diário Oficial do Estado de São Paulo*, São Paulo, seção I, v. 109, n. 74, 4 set. 1999.

TAVARES, João Fernandes. *Autos da autópsia do corpo de d. Pedro de Alcântara, duque de Bragança.* Lisboa: Impressão de João Nunes Esteves e Filho, 1834.

Últimos momentos da senhora D. Maria Leopoldina Carolina Josepha Beatriz, primeira imperatriz do Brasil, ou Colleção das prosas e das poesias... Rio de Janeiro: Typographia de Plancher-Seignot, 1827.

Livros e artigos

A imperatriz Maria Leopoldina: documentos interessantes publicados para comemorar o primeiro centenário da sua morte, ocorrida no dia 11 de dezembro de 1826. Rio de Janeiro: Arquivo Nacional, 1926.

ABRANTÈS, Duchesse de. *Mémoires de la Duchesse d'Abrantès*. 12. ed. Paris: Société d'Éditions Littéraires et Artistiques, 1902.

ALCÂNTARA, Glyce Salles. Dona Leopoldina, consorte e inspiradora do Libertador. *Revista do Instituto do Ceará*, Fortaleza, p. 165-168, jul./dez. 1972. Tomo especial.

ARMITAGE, João. *História do Brasil desde o período da chegada da família de Bragança em 1808 até a abdicação de D. Pedro I em 1831, compilada à vista dos documentos públicos e outras fontes originais, formando uma continuação da história do Brasil de Southey*. Belo Horizonte: Itatiaia; São Paulo: Edusp, 1981.

BANDEIRA, Júlio; WAGNER, Robert. *Viagem ao Brasil nas aquarelas de Thomas Ender*. Petrópolis: Kapa, 2000.

BLOM, Philipp; KOS, Wolfgang. *Angelo Soliman: Ein Afrikaner em Wien*. Viena: Brandstätter, 2011.

BOSCH, Eduardo Teodoro. Quadros alternados de viagens terrestres e marítimas, aventuras, acontecimentos políticos, descrições de usos e costumes e povos durante uma viagem ao Brasil. *Revista do Instituto Histórico e Geográfico Brasileiro*, Rio de Janeiro, tomo 38, 1918.

BOUGAINVILLE, Louis-Antoine de. *Journal de la navigation autour du globe, tomo I*. Paris: Bertrand, 1837.

BRAGANÇA, Dom Carlos Tasso de Saxe-Coburgo. A Imperatriz Leopoldina. *In:* INSTITUTO HISTÓRICO E GEOGRÁFICO DE SÃO PAULO. *D. Pedro e D. Leopoldina perante a História*: vultos e fatos da Independência. São Paulo, 1972.

BRAGANÇA, Dom Carlos Tasso de Saxe-Coburgo. A formação artística da Imperatriz Leopoldina. *Revista do Patrimônio Histórico e Artístico Nacional*, Rio de Janeiro, n. 15, p. 109-119, 1961.

BRAGANÇA, Dom Carlos Tasso de Saxe-Coburgo. A Imperatriz Dona Leopoldina: sua presença nos jornais de Viena e a sua renúncia à Coroa imperial da Áustria. *Anais do Museu Histórico Nacional*, v. 40, Rio de Janeiro, 2008.

BRANDÃO, Raul. *El-Rei Junot*. 2. ed. Porto: Renascença Portuguesa, 1919.

BREDA FILHO, Odorino. A enfermidade da imperatriz Leopoldina. *Revista do Instituto Histórico e Geográfico*, São Paulo, v. 71, 1974.

BURNS, Bredford. Como foi acolhida nos Estados Unidos a Independência do Brasil. *Anais do Congresso de História da Independência do Brasil*, Rio de Janeiro, v. 5, p. 189-209, 1975.

CALMON, Pedro. Mulher Providencial. *O Cruzeiro*, Rio de Janeiro, 26 jul. 1966.

CALMON, Pedro. *O Rei Cavaleiro*. São Paulo: Saraiva, 1949.

CARTAS da 1ª imperatriz do Brasil. *Revista do Instituto Histórico e Geográfico Brasileiro*, Rio de Janeiro, tomo 75, parte 2, 1913.

CASSOTTI, Marsilio. *Biografia íntima de Leopoldina, a imperatriz que conseguiu a Independência do Brasil*. São Paulo: Planeta, 2015.

CELLIEZ, Antoinete. Léopoldine d'Autriche. *In:* CELLIEZ, Antoinete. *Les Impératrices*: France, Russie, Autriche, Brésil. Paris, Eugéne Dicrocq, [18--?]. p. 581-601.

CORETH, Anna; LEITGEB, Anna Maria; BOWMAN, William David. *Pietas Austriaca*. West Lafayette: Purdue University Press, 2004.

Correspondance de Marie Louise 1799-1847. Lettres intimes et inèdites à la contesse de Colloredo et à mlle. de Poutet. Viena: Charles Gerold Fils, 1887.

CORRÊA, Manuel Viriato. Em casa do Patriarcha. *In: Gaveta de Sapateiro*: miudezas desarrumadas da história nacional. São Paulo: Companhia Editora Nacional, 1932. p. 117-118.

D. PEDRO d'Alcântara de Bragança 1798-1834: Imperador do Brasil, Rei de Portugal. 2. ed. Lisboa: Of. Gráficas Manuel A. Pacheco, 1987.

DA LEOPOLDINA e suas cartas. *Tribuna de Petrópolis*, Petrópolis, mar. 1997.

DAISER, Barão. Sete de Abril. *Revista do Instituto Histórico e Geográfico Brasileiro*, [*s. l.*], tomo LXXXIV, 1919.

DEBRET, Jean-Baptiste. *Viagem pitoresca e histórica ao Brasil*. São Paulo: Martins, 1954.

DEBRIS, Cyrille. *Tu, felix Austria, nube:* la dynastie de Habsbourg et sa politique matrimoniale à la fin du Moyen Âge (XIIIe-XVIe siècles) Turnhout: Brepols, 2005.

DENIS, Ferdinand. *Brasil*. Belo Horizonte: Itatiaia; São Paulo: Edusp, 1980.

DÓRIA, Luiz Gastão d'Escragnolle. A imperatriz Leopoldina. *Revista do Instituto Histórico e Geográfico Brasileiro*, São Paulo, v. 16, p. 410-415, 1911.

DENIS, Ferdinand. Uma testemunha diplomática do Sete de Abril. *Revista do Instituto Histórico e Geográfico Brasileiro*, Rio de Janeiro, tomo LXXIV, parte II, 1911.

DRUMMOND, A.M.V. Anotações de A.M.V. de Drummond à sua Biografia. *Anais da Biblioteca Nacional*, Rio de Janeiro, v. XIII, parte 3, 1885-1886.

FALCÃO, Rubens. Resgate de uma dívida. *Revista do Instituto do Ceará*, p. 178-181, jul.-dez. 1972. Tomo especial.

FERREIRA, Silvestre Pinheiro. Memórias e cartas biográficas. *Anais da Biblioteca Nacional*, Rio de Janeiro, v. 2, 1877.

FERREZ, Gilberto. *A muito leal e heroica cidade de São Sebastião do Rio de Janeiro*. Paris: [*s. n.*], 1965.

FERREZ, Gilberto. *O velho Rio de Janeiro nas gravuras de Thomas Ender*. São Paulo: Melhoramentos, 1970.

FERREZ, Gilberto; SMITH, Robert C. *Franz Frühbeck's Brazilian Journey*: A Study of Some Paintings and Drawings Made in the Years 1817 and 1818 and Now in the Possession of the Hispanic Society of America. Philadelphia: University of Pennsylvania Press, 1960.

FLEIUSS, Max. *Páginas de história*. 2. ed. Rio de Janeiro: Imprensa Nacional, 1930.

FLEIUSS, Max. Centenário do falecimento da Imperatriz Dona Maria Leopoldina. *Revista do Instituto Histórico e Geográfico Brasileiro*, v. 153, 1926.

FRANÇA, Jean-Marcel Carvalho. *Mulheres viajantes no Brasil (1764-1820)*. Rio de Janeiro: José Olympio, 2007.

FRANÇA, Mario Ferreira França. A doença que vitimou Dona Leopoldina. *In:* INSTITUTO HISTÓRICO E GEOGRÁFICO DE SÃO PAULO. *D. Pedro e D. Leopoldina perante a História*: vultos e fatos da Independência. São Paulo, 1972.

FRÜHBECK, F. J. *Skizze meiner Reise nach Brasilien*. Viena: [*s. n.*], 1830.

GALVÃO, Ramiz. O púlpito no Brasil. *Revista do Instituto Histórico e Geográfico Brasileiro*, v. 92, 1922.

GARCIA, Rodolfo. O Rio de Janeiro em 1823, conforme a descrição de Otto von Kotzebue, official da Marinha russa. *Revista do Instituto Histórico e Geográfico Brasileiro*, v. 80, 1916.

GRAHAM, Maria Dundas. *Diário de uma viagem ao Brasil e de uma estada nesse país durante parte dos anos 1821, 1822, 1823*. São Paulo: Nacional, 1956.

GRAHAM, Maria Dundas. Escorço biográfico de dom Pedro I. *Anais da Biblioteca Nacional*, Rio de Janeiro, v. LX, 1938.

GRAHAM, Maria Dundas. *Escorço biográfico de dom Pedro I*. Rio de Janeiro: Fundação Biblioteca Nacional, 2010.

GUIMARÃES, A. C. D'Araújo. *A Corte no Brasil*: figuras e aspectos. Porto Alegre: Ed. Globo, 1936.

HAMMOND, Graham Eden. *Os diários do almirante Graham Eden Hammond*. Rio de Janeiro: J.B., 1984.

HENDERSON, James. *A History of the Brazil*. Londres: Longman, 1821.

HERSTAL, Stanislaw. *Dom Pedro, estudo iconográfico*. São Paulo; Lisboa, 1972.

HOMENAGEM a Dona Leopoldina. *Anais do Congresso de História da Independência do Brasil*, Rio de Janeiro, v. 7, p. 49-50; 66-68, 1975.

INGRAO, Charles. *The Habsburg Monarchy 1618-1815*. Cambridge: University Press, 1994.

KANN, Bettina; LIMA, Patrícia Souza. *Cartas de uma imperatriz*. São Paulo: Estação Liberdade, 2006.

KEAN, San. *O polegar do violinista e outras histórias da genética sobre amor, guerra e genialidade*. Rio de Janeiro: Zahar, 2013.

LEITE, Aureliano; SCATIMBURGO, João. *História da municipalidade de São Paulo, v. 2*. São Paulo: Câmara Municipal de São Paulo/Prefeitura Municipal de São Paulo, 1977.

LEMOS, Juvêncio Saldanha. *Os mercenários do imperador*. Rio de Janeiro: Biblioteca do Exército, 1996.

LIMA, Manuel de Oliveira. D. João VI no Brasil. 1808-1821. *Jornal do Commercio*, Rio de Janeiro, 1908. 2 v.

LIMA, Manuel de Oliveira. *O movimento da Independência (1821-1822)*. Belo Horizonte: Itatiaia; São Paulo: Edusp, 1989.

LOPES, Claudio Fragata. Leopoldina nos bastidores do grito. *Galileu*, ano 8, n. 86, p. 87-96, set. 1998.

LUCCOCK, John. *Notas sobre o Rio de Janeiro*. São Paulo: Nacional, 1969.

LUÍS, Nuno Castro. O último marquês de Marialva: um embaixador na Europa de Viena. *História*: Revista da FLUP, Porto, série 4, v. 5, 2015.

LYRA, Heitor. *História de D. Pedro II, v. 1*. São Paulo: Companhia Editora Nacional, 1938.

LYRA, Maria de Lourdes Viana. Leopoldina de Habsburgo (1797-1826). *In: Rainhas de Portugal no Novo Mundo*. Lisboa: Círculo de Leitores, 2012. (Rainhas de Portugal, 16).

LYRA, Maria de Lourdes Viana. *A utopia do poderoso império*. Rio de Janeiro: Sete Letras, 1994.

MACAULAY, Neill. *Dom Pedro I*: a luta pela liberdade no Brasil e em Portugal, 1798-1834. Rio de Janeiro: Record, 1993.

MACEDO, Joaquim Manoel de. *D. Carolina Josepha Leopoldina, Imperatriz*. Rio de Janeiro: Typographia Perseverança, 1880. p. 193-198. Supllemento ao Anno Biographico Brasileiro, v. 1.

MACEDO, J. M. de. *Memórias da rua do Ouvidor.* Rio de Janeiro: Ediouro, [18--?].

MAGALHÃES, Almeida. Dona Leopoldina, a Imperatriz da Independência. *Revista do Instituto Histórico e Geográfico,* São Paulo, v. 55, p. 249-252, 1959.

MALLINCKRODT, Rebekka von; LENTZ, Sarah; KÖSTLBAUER, Josef. *Beyond Exceptionalism*: Traces of Slavery and the Slave Trade in Early Modern Germany, 1650—1850. Berlin; Boston: De Gruyter, 2021.

MANSFELDT, Julius. *Meine Reise nach Brasilien im Jahre 1826.* 2 v. Magdeburg: Gedrucktbei E. Bansch, 1828.

MARESCHAL, Felipe Leopoldo Wenzel, barão de. Correspondência. *Revista do Instituto Histórico e Geográfico Brasileiro,* Rio de Janeiro, tomo 77, v. 129, 1914.

MARESCHAL, Felipe Leopoldo Wenzel, barão de. Correspondência. *Revista do Instituto Histórico e Geográfico Brasileiro,* Rio de Janeiro, tomo 80, v. 134, 1916.

MARESCHAL, Felipe Leopoldo Wenzel, barão de. Correspondência. *Revista do Instituto Histórico e Geográfico Brasileiro,* Rio de Janeiro, n. 329, 1980.

MARESCHAL, Felipe Leopoldo Wenzel, barão de. Correspondência. *Revista do Instituto Histórico e Geográfico Brasileiro,* Rio de Janeiro, n. 335, 1982.

MARESCHAL, Felipe Leopoldo Wenzel, barão de. Correspondência. *Revista do Instituto Histórico e Geográfico Brasileiro,* Rio de Janeiro, n. 337, 1982.

MARESCHAL, Felipe Leopoldo Wenzel, barão de. Correspondência. *Revista do Instituto Histórico e Geográfico Brasileiro,* Rio de Janeiro, n. 339, 1983.

MARESCHAL, Felipe Leopoldo Wenzel, barão de. Correspondência. *Revista do Instituto Histórico e Geográfico Brasileiro,* Rio de Janeiro, n. 340, 1983.

MARESCHAL, Felipe Leopoldo Wenzel, barão de. Correspondência. *Revista do Instituto Histórico e Geográfico Brasileiro,* Rio de Janeiro, n. 341, 1983.

MARESCHAL, Felipe Leopoldo Wenzel, barão de. Correspondência. *Revista do Instituto Histórico e Geográfico Brasileiro,* Rio de Janeiro, n. 342, 1984.

MARESCHAL, Felipe Leopoldo Wenzel, barão de. Correspondência. *Revista do Instituto Histórico e Geográfico Brasileiro,* Rio de Janeiro, n. 343, 1984.

MARESCHAL, Felipe Leopoldo Wenzel, barão de. Correspondência. *Revista do Instituto Histórico e Geográfico Brasileiro,* Rio de Janeiro, n. 344, 1984.

MARESCHAL, Felipe Leopoldo Wenzel, barão de. Correspondência. *Revista do Instituto Histórico e Geográfico Brasileiro,* Rio de Janeiro, n. 345, 1984.

MARESCHAL, Felipe Leopoldo Wenzel, barão de. Correspondência. *Revista do Instituto Histórico e Geográfico Brasileiro,* Rio de Janeiro, n. 346, 1985.

MARESCHAL, Felipe Leopoldo Wenzel, barão de. Correspondência. *Revista do Instituto Histórico e Geográfico Brasileiro*, Rio de Janeiro, n. 347, 1985.

MARESCHAL, Felipe Leopoldo Wenzel, barão de. Correspondência. *Revista do Instituto Histórico e Geográfico Brasileiro*, Rio de Janeiro, n. 348, 1985.

MARESCHAL, Felipe Leopoldo Wenzel, barão de. Correspondência. *Revista do Instituto Histórico e Geográfico Brasileiro*, Rio de Janeiro, n. 349, 1985.

MARR, Andrew. *Uma história do mundo*. Rio de Janeiro: Intrínseca, 2012.

MARROCOS, Luís Joaquim dos Santos. Correspondência de Luís Joaquim dos Santos Marrocos. *Anais da Biblioteca Nacional*, v. 56, 1934.

MARROCOS, Luís Joaquim dos Santos. *O bibliotecário do rei*. Rio de Janeiro: Biblioteca Nacional, 2007.

MARTINS, Oliveira. *História de Portugal*. 3. ed. 2 v. Lisboa: Viúva Bertrand, 1882.

MENESES, Ulpiano Toledo Bezerra de. *O Salão Nobre do Museu Paulista e o Teatro da História: como explorar um Museu Histórico*. São Paulo: Museu Paulista/USP, 1992. p. 25-29.

MONGLAVE, Eugène de. *Correspondance de Don Pèdre Premier, Empereur Constitutionnel du Brésil, avec le Feu Roi de Portugal Don Jean VI, son Père, durant les Troubles du Brésil; traduite sur les lettres originales; précédée de la Vie de cet Empereur et suivie de pièces justificatives*. Paris: Tenon, 1827.

MONTEIRO, Tobias. *História do Império*: a elaboração da Independência. 2 v. Belo Horizonte: Itatiaia, 1981.

MONTEIRO, Tobias. *História do Império*: o Primeiro Reinado. 2 v. Belo Horizonte: Itatiaia, 1982.

MONTET, Baronne du. *Souvenis de la baronne du Montate*. Paris: Plon, 1904.

MORAIS, A. J. de Melo. *A independência e o Império do Brasil*. Brasília, DF: Senado Federal, Conselho Editorial, 2004.

MORAIS, A. J. de Melo. *História da trasladação da corte portuguesa para o Brasil*. Rio de Janeiro: E. Dupont, 1872.

MORAIS, A. J. de Melo. *Crônica Geral do Brasil*. 2 v. Rio de Janeiro: Garnier, 1886.

MORAIS, A. J. de Melo. *História do Brasil Reino e do Brasil Império*. 2 v. Belo Horizonte: Itatiaia; São Paulo: Edusp, 1982.

MORÉRI, Louis. *Le Grand dictionnaire historique*. 9. ed. Amsterdam/La Haye: La Compagnie, 1702.

NORTON, Luiz. *A corte de Portugal no Brasil*. 2. ed. São Paulo: Nacional, 1979.

OBERACKER Jr., Carlos H. *A Imperatriz Leopoldina*: sua vida e sua época: ensaio de uma biografia. Rio de Janeiro: IHGB; Brasília, DF: Conselho Nacional de Cultura, 1973.

OBERACKER Jr., Carlos H. Comentários às cartas da Imperatriz Leopoldina a João Martinho Flach. *Revista do Instituto Histórico e Geográfico Brasileiro*, v. 93, 1997.

OBERACKER Jr., Carlos H. Os ofícios do cônsul prussiano von Theremin sobre a morte da imperatriz Leopoldina. *Revista do Instituto Histórico e Geográfico Brasileiro*, n. 348, 1995.

OBERACKER Jr., Carlos H. O grito do Ipiranga: problema que desafia os historiadores: certezas e dúvidas acerca de um acontecimento histórico. *Revista de História*, São Paulo, n. 92, 1972.

OBRY, Olga. *Grüner Purpur*: Brasiliens erste Kaiserin, Erzherzogin Leopoldine. Viena: Rohrer Verlag, 1958.

PEDROSA, Manuel Xavier de Vasconcellos. Perfil e diário da arquiduquesa Dona Leopoldina. *In:* INSTITUTO HISTÓRICO E GEOGRÁFICO DE SÃO PAULO. *D. Pedro e D. Leopoldina perante a História*: vultos e fatos da Independência. São Paulo, 1972.

PEIXOTO, José Maria Peixoto. Duas palavras sobre D. Pedro I na época da Independência. *Revista do Instituto Histórico e Geográfico Brasileiro*, Rio de Janeiro, v. 56, parte 2, 1893.

PEREIRA, Ana Cristina; TRONI, Dana. *A vida privada dos Bragança*: de D. João IV a D. Manuel II: o dia a dia na Corte. Lisboa: Esfera dos Livros, 2011.

PEREIRA, Ângelo. *As senhoras infantas filhas d'El Rey D. João VI*. Lisboa: Editorial Labor, 1938.

PEREIRA, Ângelo. *D. João VI, Príncipe e Rei*. Lisboa: Empresa Nacional de Publicidade, 1953-1958. 4 v.

PINHEIRO, José Feliciano Fernandes. Memórias do visconde de S. Leopoldo José Feliciano Fernandes Pinheiro. *Revista do Instituto Histórico e Geográfico Brasileiro*, Rio de Janeiro, tomo XXXVIII, parte 2, 1875.

POHL, Johann Emmanuel. *Viagem ao interior do Brasil*. Belo Horizonte: Itatiaia; São Paulo: Edusp, 1976.

PRADO, J. F. de Almeida. Tomas Ender. *Pintor austríaco na Corte de d. João VI no Rio de Janeiro*: um episódio da formação da classe dirigente brasileira: 1817/1818. São Paulo: Nacional, 1955.

PRANTNER, Johanna. *Imperatriz Leopoldina do Brasil*: a contribuição da Casa Habsburg-Lothringen e da cultura austríaca ao desenvolvimento do Brasil durante a Monarquia no século XIX. Petrópolis: Vozes, 1997.

RAFFARD, Henri. Apontamentos acerca de pessoas e coisas do Brasil. *Revista do Instituto Histórico e Geográfico Brasileiro*, Rio de Janeiro, tomo LXI, parte 2, 1899.

RAMIREZ, Ezekiel Stanley. *As relações entre a Áustria e o Brasil 1815-1889*. São Paulo: Nacional, 1968.

RANGEL, Alberto. *Dom Pedro Primeiro e a marquesa de Santos*. 2. ed. Tours: Arrault e Companhia, 1928.

RANGEL, Alberto. *Os dois ingleses*: Strangford e Stuart. Rio de Janeiro: Arquivo Nacional, 1972.

RANGEL, Alberto. *Textos e Pretextos*. Tours: Arrault e Companhia, 1926.

RANGEL, Alberto. *Trasanteontem (Episódios e Relatos Históricos)*. São Paulo: Martins, 1943.

RANGEL, Alberto (Notas); ARAÚJO, Emanuel (Coord.). *Cartas de Pedro I à marquesa de Santos*. Rio de Janeiro: Nova Fronteira, 1984.

REZENDE, Marquês de. Correspondência. *Revista do Instituto Histórico e Geográfico Brasileiro*, Rio de Janeiro, n. 134, tomo LXXX, 1916.

REZZUTTI, Paulo. *Titília e o Demonão*: cartas inéditas de D. Pedro I à Marquesa de Santos. São Paulo: Geração Editorial, 2011.

REZZUTTI, Paulo. *Domitila, a verdadeira história da marquesa de Santos*. São Paulo: Geração Editorial, 2013.

REZZUTTI, Paulo. *D. Pedro, a história não contada*. São Paulo: LeYa Brasil, 2015.

REZZUTTI, Paulo. Leopoldina, a primeira governante do Brasil. *História Viva*, 114. ed., abr. 2013.

REZZUTTI, Paulo. Os segredos da família imperial. *Carta Fundamental*, 47. ed., abr. 2013.

RODRIGUES, José Honório. *Independência, revolução e contra-revolução*. 5 v. Rio de Janeiro: Francisco Alves, 1975.

SANTOS, Amílcar Salgado dos. *A Imperatriz D. Leopoldina*. São Paulo: Escolas Profissionais Lyceu Coração de Jesus, 1927.

SANTOS, Luís Gonçalves dos. *Memórias para servir à história do Reino do Brasil*. 2 v. Lisboa: Imprensa Régia, 1825.

SCHLICHTHORST, C. *O Rio de Janeiro como é (1824-1826)*. Brasília: Senado Federal, 2000.

SCHUBERT, Mons. Guilherme (Coord.). *200 anos*: Imperatriz Leopoldina. Rio de Janeiro: IHGB, 1997.

SECKENDORFF, Suzane Freifrau von. *Das Reisejournal des Grafen Friedrich von Spreti*: Brasilianische Kaiserhochzeit 1829. Munique: *[s.n.]*, 2008.

SEIDLER, Carl. *Dez anos no Brasil*. São Paulo: Martins Fontes, 1941.

SEIXAS, D. Romualdo Antônio de. *Memórias do marquês de Santa Cruz*. Rio de Janeiro: Typographia Nacional, 1861.

SETÚBAL, Paulo. A Imperatriz Leopoldina. *Revista do Instituto Histórico e Geográfico Brasileiro*, n. 321, p. 250-263, out.-dez. 1978.

SETÚBAL, Paulo. *Um sarau no Paço de São Cristóvão*: peça em 3 atos. São Paulo: Banco Itaú, 1994.

SILVA, José Bonifácio de Andrada e; ANDRADA, Antônio Carlos Ribeiro de; ANDRADA, Martim Francisco Ribeiro de. *Cartas andradinas*: correspondência particular de José Bonifácio, Martim Francisco e Antônio Carlos dirigida a Antônio de Meneses Vasconcelos de Drummond. Rio de Janeiro: Leuzigner & Filhos, 1890.

SILVA, Maria Beatriz Nizza da. *Cultura e sociedade no Rio de Janeiro (1808-1821)*. São Paulo: Nacional, 1978.

SOUSA, Octávio Tarquínio de. *A vida de D. Pedro I*. 3 v. Rio de Janeiro: José Olympio, 1952.

SOUSA, Octávio Tarquínio de. *História dos fundadores do Império do Brasil*: fatos e personagens em torno de um regime. Belo Horizonte: Itatiaia; São Paulo: Edusp, 1988.

SPIX, Johann Baptist von; MARTIUS, Carl Friedrich Philipp von. *Viagem pelo Brasil*. São Paulo: Melhoramentos, 1976.

SCHMUTZER, Kurt; FEEST, Christian F. Brazil in Vienna: encounters with a distant world. Viena: *Archiv Weltmuseum*, 63-64, 2014. p. 266-85.

TAUNAY, Affonso de E. Depoimentos vários sobre a corte de D. Pedro I e sobre este monarcha. *In: Do reino ao império*. São Paulo: Diário Official, 1927.

TAUNAY, Affonso de E. *A história da cidade de São Paulo*. Brasília: Senado Federal, 2004.

TRASLADAÇÃO dos restos mortais da Imperatriz Leopoldina, em 12 de outubro de 1954, para o Panteão do Ipiranga e comemoração do acontecimento com a criação e outorga da Medalha Cultural Imperatriz Leopoldina em 5 de novembro de 1955. *Revista do Instituto Histórico e Geográfico Brasileiro*, v. 55, p. 238-323, 1959.

VASCONCELOS, Maria Celi Chaves. *A casa e os seus mestres*: a educação no Brasil de oitocentos. Rio de Janeiro: Gryphus, 2005.

VENTURA, Antonio; LYRA, Maria de L. Viana. *Rainhas de Portugal no novo mundo*: Carlota Joaquina, Leopoldina de Habsburgo. Lisboa: Círculo de Leitores, 2011.

WALSH, Rev. R. *Notices of Brazil in 1828 and 1829*. 2 v. London: Frederick Westley and A. H. Davis, 1830.

WILLIAMS, Kate. *Josefina*: desejo, ambição, Napoleão. São Paulo: LeYa Brasil, 2014.

Artigos acadêmicos e teses

AMBIEL, Valdirene do Carmo. *Estudos de Arqueologia Forense aplicados aos remanescentes humanos dos primeiros imperadores do Brasil depositados no monumento à Independência*. 2013. Dissertação (Mestrado em Arqueologia)—Museu de Arqueologia e Etnologia, Universidade de São Paulo, São Paulo, 2013. Disponível em: <http://www.teses.usp.br/teses/disponiveis/71/71131/tde-27032013-173516/>. Acesso em: 10 jun. 2016.

BAUM, Emmi. *Empress Leopoldina*: Her Role in the Development of Brazil (1817 a 1826). 1965. Tese (Doutorado em História)—New York University, Nova York, 1965.

PORTO, Nuno. A imperatriz em 2014: a coleção do Pacífico no Museu Nacional do Rio de Janeiro e as lutas contemporâneas pela indigenização da Colúmbia Britânica, Canadá. *In: D. LEOPOLDINA e seu tempo*: sociedade, política e arte no século XIX. Edição especial da Revista do Museu Histórico Nacional, Rio de Janeiro, 2016. p. 166-78.

SOTUYO BLANCO, P. Significado, representação sócio-política e aspectos retóricos de danças em contexto: o caso das *Tänze des Brassilianischen Ballfestes* de Joseph Wilde. *In:* CONGRESSO DA ANPPOM, 23., [2013]. *Anais eletrônicos...* Disponível em: <http://www.anppom.com.br/congressos/index.php/23anppom/Natal2013/paper/view/1991/451>. Data de acesso: 11 jun. 2016.

Palestras/conferências

REZZUTTI, Paulo. *Da Áustria ao Brasil*: as diversas faces de uma princesa. Informação verbal. Palestra proferida no Seminário Internacional do Museu

Histórico Nacional com o tema “D. Leopoldina e seu tempo: sociedade, política, ciência e arte no século XIX” realizado em Rio de Janeiro de 14 a 17 de outubro de 2014.

REZZUTTI, Paulo. *D. Leopoldina e as ciências*. Palestra proferida no Colégio Visconde de Porto Seguro. São Paulo, 5 de setembro de 2022.

Mídia digital

HORTA, Maria Lourdes Pereira (Dir.). *Pedro I*: um brasileiro. [S. l.]: Ministério da Cultura/IPHAN/Museu Imperial, [20--?]. CD-ROM.

Webgrafia

SANTOS, Maria Lima dos. *Maria e João continuam a ser os nomes mais populares em Portugal*. [20--?]. Disponível em: <http://lifestyle.sapo.pt/familia/noticias-familia/artigos/maria-e-joao-continuam-a-ser-os-nomes-mais-populares-em-portugal>. Acesso em: 31 mar. 2016.

THE WORLD of the Habsburgs. [20--?]. Disponível em: <http://www.habsburger.net/en>. Acesso em: 6 jun. 2016.

AGRADECIMENTOS

Se nenhum homem é uma ilha, como disse John Donne, o escritor não consegue trabalhar sem isolamento, ao menos este aqui. Mas, ao longo do processo, surgem dúvidas, algo precisa ser discutido ou até mesmo alguma descoberta é feita, e o desejo de compartilhá-la — e que alguém entenda sobre o que eu estou falando — é irresistível. Três pessoas dividiram muitos desses momentos comigo desde o início: Adriana, minha esposa, e as amigas Cláudia Witte e Viviane Tessitore, que assinam textos nesta obra.

Cláudia, especialista em iconografia brasileira do século XIX e na imperatriz d. Amélia, até em gótico alemão se meteu para contar o que Frühbeck viu e relatou. Essa foi a sua segunda aventura por aquelas letras esquisitas: a primeira deu-se durante uma discussão sobre trechos do livro do mercenário alemão Julius Mansfeldt a respeito do que este efetivamente teria visto no Rio de Janeiro em 1826. O relato deste, no que tange ao contato que teve com d. Leopoldina e às histórias coletadas pelas ruas na época, aparece pela primeira vez traduzido na íntegra nesta obra, graças à perseverança e à competência da profissional em questão. Para essa nova reedição, Cláudia compartilhou cartas e documentos importantes que localizou em Lisboa e em Viena, além dos trechos que traduziu da obra de Olga Obry. Isso permitiu que esta nova edição incluísse informações importantes que aparecem pela primeira vez em português.

Quanto a Viviane, a história do Primeiro Reinado e dos seus protagonistas uniu-nos. Sempre recorri a ela quando tive dúvidas a respeito de fatos ou do porquê de d. Leopoldina ou d. Pedro agirem de tal modo e não de outro em algum momento. Quando a dúvida não era em comum, as respostas dela me mostravam como eu estava ainda anos-luz de saber o tanto que ela sabia, principalmente a respeito da primeira imperatriz brasileira, a quem Viviane se dedicava há tantos anos, com mais profundidade do que qualquer outro pesquisador ou historiador brasileiro. Creio que soube mais sobre nossa primeira imperatriz do que a própria um dia veio a conhecer sobre si mesma. Por toda a ajuda e, principalmente, pela imensa generosidade em compartilhar as suas informações e sanar as minhas dúvidas ao longo de cinco longos anos em diversos momentos, livros e acontecimentos, o meu muito obrigado e meu eterno reconhecimento. Sem Viviane, esta obra jamais existiria.

Também gostaria de agradecer a todos os profissionais, amigos e conhecidos que de alguma maneira contribuíram para esta obra:

Ao sr. Cássio Ramiro Mohallem Cotrim, meu agradecimento pelas informações que levaram à coleção Kühnburg.

À sra. Julia Kovensky, coordenadora de Iconografia do IMS.

À sra. Francis Melvin Lee, meus agradecimentos sinceros pela acolhida e pela ajuda, extensivos ao sr. Antônio Francisco Álvares Florence, fundador do Instituto Hercule Florence, pela autorização da pesquisa e do uso das informações obtidas. À Hispanic Society of America, em especial ao dr. Marcus Burke, curador sênior de pinturas e desenhos, e ao dr. John O'Neill, curador de manuscritos e livros raros, e à sra. Stephanie McClure.

Às equipes de todos os museus, instituições e arquivos em que pesquisei, o meu obrigado pela acolhida sempre gentil e prestativa, em especial a Ana Luísa Alonso de Camargo e Aline Maller Ribeiro, do Museu Imperial.

À profª dra. Maria Celi Chaves Vasconcelos pela análise de trechos desta obra e pelas informações sobre os hábitos das cortes, sobretudo no que tange à educação dos príncipes durante o período retratado.

Ao arquiteto Victor Hugo Mori, pelas imagens dos restos mortais de d. Leopoldina.

Este livro foi composto na tipografia Minion Pro,
em corpo 11,5/15,5, e impresso em
papel off-white no Sistema Cameron da
Divisão Gráfica da Distribuidora Record.